전면개정판

5급 공채·입법고시

경제학 기출문제
답안과 강평

강 평 교수진

김시원(전남대학교) / 김영신(계명대학교) / 김윤영(단국대학교)

박성훈(조선대학교) / 오상근(동아대학교) / 이동수(충북대학교)

임봉욱(대전대학교)

고시계사

머리말

경제고시라는 말이 나올 정도로 5급 공채(행정고등고시)와 입법고등고시에 있어서 경제학은 가장 큰 수험비중을 차지한다. 그 이유는 공부해야 할 분량이 많다는 점과 이해하는데 많은 시간이 필요하다는 점 때문일 것이다.

수험경제학에서 답안작성의 최고의 생명은 간결성과 명확성이라고 생각된다. 수험가에서 최고의 답안으로 선택되는 답안을 보면 정답을 맞히는 것은 기본이고, 그래프와 수식이 간결하고 명확하게 표현되어 한 눈에 풀이과정을 파악할 수 있는 답안이다. 경제학은 답이 정해져 있는 과목이기 때문에 풀이과정이 좋아도 정답이 틀리면 점수를 얻기 힘든 과목이다. 따라서 빠르고 정확한 균형도출이 가장 기본이 되어야 하고, 그래프를 많이 사용하여야 한다. 시험채점자의 시각에서 보자면 답안에서 가장 먼저 눈에 들어오는 것이 그래프이고, 그래프를 맞게 그렸다면 다른 내용도 맞을 것이라 생각하고 답안을 보게 될 것이라 생각된다. 수험생들은 그래프를 통해 어떻게 단숨에 고득점을 할 것인가를 연구하는 것이 매우 중요하다고 생각된다.

이 교재는 2007년에 처음으로 도서출판 고시계사에 출간한 『5급 공채(행정고등고시) 기출해설과 예상논점-경제학』을 바탕으로 하여 매년 새롭게 업데이트 하여 출간되고 있다.

이번 전면개정판에도 많은 수험생들의 의견에 따라 2023년도를 포함하여 연도별로 5급 공채(행정고등고시) 기출문제의 『답안과 강평』을 바탕으로 입법고등고시 기출문제에 대한 『어드바이스』 및 『답안구성 예』를 부가하여 이번에도 새롭게 출간한 수험경제학의 보조교재이다.

지금까지 출제되었던 기출문제의 분석은 모든 수험공부의 시작이자 종착점이다. 앞으로 출제경향의 분석이나 수험방향의 흐름을 파악하는데 있어서 기출문제의 분석은 수험생들에게는 절대적으로 유용한 수험공부의 기본패턴이다.

이번 전면개정판에도 전면적으로 수험생들의 기대에 부응하기 위해 다음과 같은 내용을 담아 전면개정판을 출간하게 되었다.

첫째, 2023년부터 2007년도까지의 총 17년 간의 5급 공채(행정고등고시)경제학 기출문제(필수/선택, 재경직렬)와 입법고등고시(2023년~2007년)를 기본으로 하여 구성하였다.

둘째, 연도별 기출문제의 정제된 답안은 5급 공채(행정고등고시)시험에 우수한 성적으로 합격한 합격자분들 중에서 경제학 과목의 점수가 우수한 합격자분들이 실제시험에서의 실제답안처럼 작성하여 답안의 오류를 잡았다.

셋째, 5급 공채(행정고등고시)의 정제된 기출문제의 답안에 전국 여러 대학의 주요 경제학관련 학부의 출제위원급 교수님들께서 직접 작성하신 출제분석과 출제의도, 중요 논점, 모범답안의 답안작성 방법 등을 강평으로 첨부하여 수험생 여러분들이 스스로도 자가학습이 가능하도록 하였다.

넷째, 2023년도부터 2007년도까지 입법고등고시 기출문제는 경제학 과목에서 좋은 점수를 받은 사무관님들께서, 각각의 설문마다 답안작성에 필요한 『Advice』와 『답안구성 예』를 두어 답안의 중요 논점과 전체 답안 맥락의 파악 및 답안의 서술전개를 파악할 수 있게 하였다.

수험생 여러분들은 본인이 가지고 있는 기존의 경제학 기본교재와 함께 이 보조교재를 가지고 수험공부를 진행한다면 경제학의 고득점에 한 걸음 더 다가설 수 있다고 확신한다.

각각의 기출문제의 답안마다 일일이 상세하게 강평을 해 주신 김시원 교수님(전남대학교), 김영신 교수님(계명대학교), 김윤영 교수님(단국대학교), 박성훈 교수님(조선대학교), 이동수 교수님(충북대학교), 임봉욱 교수님(대전대학교), 오상근 교수님(동아대학교), 그리고 정제된 답안을 작성하여 주신 여러 사무관님들 및 이 교재의 구성에 좋은 정보를 제공해 주신 경제학의 여러 강사님들께도 진심으로 감사를 드린다.

부디 이 교재가 많은 수험생들에게 한 알의 밀알이 되었으면 바람이다.

2023년 9월

고시계 편집국

Contents

5 2019년도 기출문제(필수/선택)

6 2018년도 기출문제(필수/선택)

7 2017년도 기출문제(필수/선택)

8 2016년도 기출문제(필수/선택)

Contents

13   2012년도 기출문제(필수/선택)

14   2012년도 기출문제(재경직)

15   2011년도 기출문제(필수/선택)

Contents

| 제1문 | 어느 시골 마을에서 n명의 동질적인 농부가 공용목초지에 소를 방목하고 있다. 따라서 소의 사육비용은 들지 않고 소 마릿수에도 제한이 없다. 농부 i가 사육하는 소의 숫자는 x_i, 마을 전체 소의 숫자는 $X = \sum_{i=1}^{n} x_i$ 이며, 이 마을 소에 대한 수요함수는 $P = 1,000 - X$ 이다. 다음 물음에 답하시오. (단, $n \geq 2$이다) (총 24점, 선택 총 12점)

(1) 자신의 이윤을 극대화하려는 농부들이 독립적으로 그리고 동시에 x_i를 결정한다면, 각 농부는 몇 마리의 소를 사육하고, 마을의 공용목초지에는 총 몇 마리의 소가 사육되는지 구하시오. (8점)

(2) 만약 마을 전체의 이윤을 극대화하고자 하는 '이장'(social planner)이 먼저 마을 전체의 소 사육 마릿수를 결정하고 농부들에게 균등하게 나누어 사육하게 한다면, 각 농부는 몇 마리의 소를 사육하게 되는지 구하시오. (8점)

(3) (1)과 (2)의 결과를 비교 설명하고, 정책적 함의를 논하시오. (8점)

답안작성　　　　　　　　　　　박 ○ ○ / 2022년도 5급 공채 재경직 합격

Ⅰ. 설문 (1)

1. 꾸르노 경쟁의 의의

꾸르노 경쟁이란 생산량을 전략변수로 하여 상대방의 전략을 주어진 것으로 받아들이는 가운데 의사

결정을 하는 경쟁상태를 의미한다. 설문의 경우 n명의 동질적인 농부가 소를 방목하여 기르며 경쟁하는 상황으로 꾸르노 경쟁상태에 해당한다.

2. 농부들의 이윤 극대화 결정

$$\cdot \underset{\chi_i}{Max}\, \pi_i = (1{,}000 - \chi_1 - \chi_2 - \cdots\cdots - \chi_i - \cdots\cdots - \chi_n) \times \chi_i$$

$$foc : \frac{\Delta \pi_i}{\Delta \chi_i} = 1{,}000 - \chi_1 - \chi_2 - \cdots\cdots - 2\chi_i - \cdots\cdots - \chi_n = 0$$

⇒ 일계조건에 따라 개별 농부의 반응곡선은 다음과 같다.

$$BR_i : \chi_i = \frac{1000 - \displaystyle\sum_{k=1,\,k\neq i}^{n} \chi_k}{2}$$

모든 농부들은 동질적이므로 반응곡선 또한 동일하다. 이에 따른 개별 농부의 최적 사육두수와 마을 전체사육두수 및 가격, 마을 총이윤, 사회후생은 다음과 같다.

$$\therefore \chi_i^* = \frac{1}{(1+n)}1{,}000, \quad X = \frac{n}{(1+n)}1{,}000, \quad P = \frac{1{,}000}{(1+n)}$$

$$\pi_\forall = \frac{1}{(1+n)^2}1{,}000{,}000, \quad SW = \frac{n^2}{(1+n)^2}500{,}000, + \frac{n}{(1+n)^2}1{,}000{,}000$$

3. 균형의 도해

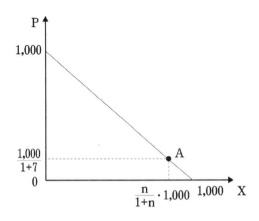

Ⅱ. 설문 (2)

1. 상황의 정리

마을 전체의 이윤은 다음과 같다.

$$\cdot \; \pi_\forall = (1{,}000 - X)X$$

마을 이장은 마을 이윤을 극대화시켜 농부들에게 균등하게 나누어주려 할 것이다.

2. 마을 이윤 극대화의 원리

$$\cdot \; \underset{X}{Max} \, \pi_\forall = (1{,}000 - X)X$$

$$foc : \frac{\Delta \pi_\forall}{\Delta X} = 1{,}000 - 2X = 0$$

일계조건에 따라서 마을 최적 생산량과 가격, 개별 농부들의 생산량, 마을 총이윤, 사회후생은 다음과 같다.

$$\therefore \; X^* = 500, \; P = 500, \; \chi_l = \frac{500}{n} \, , \; \pi_\forall = 250{,}000, \; SW = 375{,}000$$

3. 상황의 도해

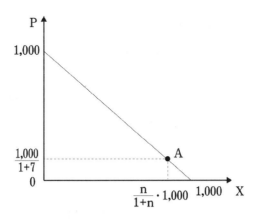

Ⅲ. 설문 (3)

1. 설문 (1)과 설문 (2)의 비교

(1) 사회후생

- 설문 (1)의 경우 : $SW = \dfrac{n^2}{(1+n)^2}500{,}000, + \dfrac{n}{(1+n)^2}1{,}000{,}000$
- 설문 (2)의 경우 : $SW = 375{,}000$

⇒ ($n \geq 2$)인 경우 설문 (2)의 사회후생이 더 낮아 설문 (1)이 정태적으로 보았을 때 마을 전체 관점에서 바람직하다. 한편 ($n=1$)인 경우는 설문 (1)과 설문 (2)의 결과가 동일해진다.

(2) 마을의 이윤

- 설문 (1)의 경우 : $\pi_\forall = \dfrac{1}{(1+n)^2}1{,}000{,}000$
- 설문 (2)의 경우 : $\pi_\forall = 250{,}000$

⇒ ($n \geq 2$)인 경우 설문 (1)의 마을 이윤은 더 낮아 설문 (2)가 소 사육 농가들 관점에서 바람직하다. 한편 ($n=1$)인 경우는 설문 (1)과 설문 (2)의 결과가 동일해진다.

(3) 생산량 및 가격

- 설문 (1)의 경우 : $X = \dfrac{n}{(1+n)}1{,}000, \quad P = \dfrac{1{,}000}{(1+n)}$
- 설문 (2)의 경우 : $X = 500, \quad P = 500$

⇒ ($n \geq 2$)인 경우 설문 (1)의 생산량은 더 커지고 가격은 더 낮아진다. 이는 농부들의 한계비용과 시장가격의 괴리를 축소시켜 시장생산에 있어서는 설문 (2)의 경우보다 효율적이라고 볼 수 있다.

2. 정책적 함의

(1) 공용 목초지의 의미

공용 목초지란 경합성은 있으나 비배제성의 특성을 갖는 공유재의 성질을 갖는다. 이러한 공유재의 경우 그 특성으로 인해 개별 주체의 합리적 판단에 의하여 사용될 경우 고갈되어 지속가능한 사용이 불가능해질 수 있다. 이는 단기적으로 당장의 사회후생을 극대화시킬 수 있으나 장기적으로 보았을 때 사회 전체적인 관점에서 비합리적이다. 이러한 문제를 구성의 오류 혹은 집단행동의 딜레마라고 한다.

마을의 공용 목초지 또한 이러한 딜레마로 인해 개별 농부들이 각자 합리적인 판단에 의해 생산을 할 경우 최대한 많은 수의 소를 사육하게 되어 공용 목초지가 황폐해질 수 있다.

(2) 정부 개입의 필요성

이러한 구성의 오류 혹은 집단행동의 딜레마 방지를 위해 정부의 개입이 필요하다. 문제의 경우 정부의 역할을 할 마을이장의 공용 목초지 사용에 대한 개입으로 목초지의 지속적인 사용을 보장하고 마을 전체 이윤과 장기적인 사회후생을 극대화할 수 있다.

(3) 개입 방식

마을 이장은 공용 목초지 사용에 있어 소 사육두수의 제한($x_i = \dfrac{500}{n}$)을 공표하거나 별도 거래비용이 발생하지 않는다는 가정 하에 목초지 사용에 대한 바우처 지급 등 소유권을 부여함으로써 문제를 해결할 수 있을 것이다.

| 강 평 |

1. 설문 (1)에 대한 실제 답안은 문제를 쿠르노 경쟁에 대한 문제로 해석하여 답안을 작성하였다. 결과적으로는 정답을 추출하였으나 보다 문제를 정확히 인식하면 좀 더 다르게 해석할 수도 있다.

2. 즉 쿠르노 경쟁은 상대방의 반응을 보고 내가 반응하고 또 그 반응을 보고 내가 반응하는 과정이 균형에 도달할 때까지 반복되는 다기간 게임이 본질이다. 따라서 반응함수라는 개념 (reaction function) 이라는 개념이 나오는 것이다. 그런데 문제를 보면 "자신의 이윤을 극대화하려는 농부들이 독립적으로 그리고 동시에 χ_i를 결정한다면," 이라고 가정하고 있다. 이는 다기간 게임 균형과는 다른 일회성 게임 가정이다. 따라서 상대방 j의 생산량 선택에 대한 기대를 $E\chi_i$로 하여 농부 i의 이윤극대화 문제를 푼다고 가정하는 것이 좋다.

$$\cdot \underset{\chi_i}{Max}\, \pi_i = (1{,}000 - E\chi_1 - E\chi_2 - \cdots\cdots - \chi_i - \cdots\cdots - E\chi_n) \times \chi_i$$

그러면 이윤 극대화 1계 조건은 다음과 같이 주어진다.

$$foc : \frac{\Delta \pi_i}{\Delta \chi_i} = 1{,}000 - E\chi_1 - E\chi_2 - \cdots\cdots - 2\chi_i - \cdots\cdots - E\chi_n = 0$$

⇒ 일계조건에 따라 개별 농부 i의 생선량 선택은 다음과 같다.

$$BR_i : \chi_i^* = \frac{1000 - \sum_{k=1,\, k \neq i}^{n} E\chi_k}{2}.$$

3. 다음으로 '동질적'인 농부라는 조건에서 농부 i의 최적 선택은 다른 농부 j의 최적선택과 그 기대가 동일하다.

   즉 $\chi_i^* = E\chi_j = \chi_j^*$. 결론적으로 이러한 새로운 시각은 답안에 제시된 것과 해는 동일하나 그 해석은 상이하다.

| 제2문 | 기업 A는 직원의 노력 수준 e에 대해 정확히 알지 못한다. 직원의 노력 수준과 관찰 가능한 재화의 생산량 q간에는 $q = e+u$의 관계가 성립하며, 불확실성을 반영하는 u의 평균과 분산은 각각 $E(u) = 0$, $Var(u) = \sigma^2$이다. 한편, 직원의 노력 수준에 대한 비용함수는 $c(e) = \frac{1}{2}e^2$이며, 해당 직원이 다른 회사에서 일하는 경우 받을 수 있는 최대 보수는 ω_0이다.

기업 A가 적용하는 직원에 대한 임금체계는 $s(q) = \alpha + \beta q$이며, 이 기업은 기대이윤을 극대화하는 (α, β)를 설계하고자 한다. 해당 기업이 생산하는 재화의 가격은 1이며, 직원과 기업은 모두 위험중립적이다. 다음 물음에 답하시오.

(단, $e \geq 0$, $q \geq 0$, $\beta \geq 0$, $0 < \omega_0 < \frac{1}{2}$ 이다) (총 26점, 선택 총 13점)

(1) 주어진 (α, β)하에서 직원의 최적 노력 수준을 구하시오. (10점)

(2) 기업의 기대이윤을 극대화하는 (α^*, β^*)를 구하고, 그 의미를 설명하시오.(16점)

Ⅰ. 설문 (1)

1. 직원의 행동원리
  (1) 참여제약
  (2) 기대보수 극대화 원리
2. 최적 노력 수준의 도출

Ⅱ. 설문 (2)

1. 기대이윤의 도출
2. 기대이윤 극대화의 원리
3. 기업이 설정한 보수구조의 의미

답안작성

박○○ / 2022년도 5급 공채 재경직 합격

Ⅰ. 설문 (1)

1. 직원의 행동원리

직원은 다른 회사에서 일하는 경우 받을 수 있는 최대보수를 받으면서도 자신이 받을 기대보수를 극대화할 수 있는 선택을 할 것이다. 이를 구체적으로 나타내면 다음과 같다.

(1) 참여제약

• $E(s) \geq \omega_0$,

(2) 기대보수 극대화 원리

$$\cdot \underset{e}{Max} E(s) = \{(E(s) = \alpha + \beta \cdot E(q) - \frac{1}{2}e^2 = \alpha + \beta \cdot e - \frac{1}{2}e^2\}$$

2. 최적 노력 수준의 도출

$$\cdot \underset{e}{Max} E(s) - \frac{1}{2}e^2$$

$$foc : \frac{\Delta E(s)}{\Delta e} = \beta - e = 0$$

⇒ 일계조건에 따라서 최적 노력 수준은 다음과 같다.

$$\therefore e^* = \beta \quad (\text{다만, 이 때 } \alpha + \frac{1}{2}\beta^2 \geq \omega_0 \text{ 여야 한다.})$$

Ⅱ. 설문 (2)
1. 기대이윤의 도출

$$\cdot E\pi = E(q) - \alpha - \beta \cdot E(q) = e - \alpha - \beta \cdot e = (1-\beta)e - \alpha$$

2. 기대이윤 극대화의 원리

$$\cdot \underset{\alpha,\beta}{Max} E\pi = (1-\beta)e - \alpha \quad s.t. e = \beta, \ \alpha \geq \omega_0 - \frac{1}{2}\beta^2$$

⇒ 제약식을 반영하여 기대이윤식을 단순화하여 β에 관한 식으로 정리하여 나타내면 다음과 같다.

$$\cdot \underset{\beta}{Max} E\pi \ (= \beta - \frac{1}{2}\beta^2 - \omega_0)$$

$$foc : \frac{\Delta E\pi}{\Delta \beta} = 1 - \beta = 0$$

⇒ 일계조건에 따라 도출된 β와 이를 제약식에 대입하여 얻은 결과를 나타내면 다음과 같다.

$$\cdot \alpha^* = \omega_0 - \frac{1}{2}, \ \beta^* = 1$$

3. 기업이 설정한 보수구조의 의미

기업이 설정하는 보수구조에서 α 값은 고정급여이고, β 값은 노력에 의한 생산량에 따른 성과급이라고 볼 수 있다. 따라서 도출된 α, β 값에 따른 보수구조는 기업이 근로자에게 α 만큼의 근로 참여비용을 받아 항상 일정한 수입을 확보하고($0 < \omega_0 < \frac{1}{2}$ 이므로) 근로자는 자신의 노력에 따른 불확실한 생산량을 급여로 받게 된다. 이는 기업이 근로자에게 모든 위험을 전가하는 보수구조를 설계함을 의미한다.

강 평

먼저 II. 설문 (2) 2. 기대이윤 극대화의 원리에 대한 다음 문제를 풀 때,

$$\cdot \underset{\alpha\beta}{Max\,E\,\pi} = (1-\beta)e-\alpha \quad s.t.e = \beta, \; \alpha \geq \omega_0-\frac{1}{2}\beta^2$$

답안은 생략하고 있는데 보다 엄밀하게는 다음과 같이 부등제약에서의 라그랑쥐 함수 극대화 문제를 풀어야 한다. 즉,

$$\underset{\alpha\beta}{Max\,L} = (1-\beta)\beta-\alpha+\lambda(\alpha-\omega_0+\frac{1}{2}\beta^2).$$

여기서 λ는 라그랑쥐 승수이며 극대화 1계 조건은 다음으로 주어진다.

$$L_\alpha = -1+\lambda = 0.$$
$$L_\beta = (1-\beta)-\beta+\lambda\beta = 0.$$
$$L_\lambda = \alpha-\omega_0+\frac{1}{2}\beta^2 = 0.$$

이 세 개의 방정식을 풀면 제시된 답과 동일한 해를 얻을 수 있다.

| 제3문 | 솔로우 성장모형에서 생산함수가 다음과 같이 콥－더글라스 형태로 주어져 있다.

$$Y_t = K_t^{\alpha}(A_t L_t)^{1-\alpha}, \quad 0 < \alpha < 1$$

(단, Y_t는 국내총생산, A_t는 기술수준, K_t는 자본량, L_t는 노동량, s는 저축률, δ는 감가상각률, n은 인구증가율, g는 기술진보율이다)

효율적 노동자 1인당 자본량과 효율적 노동자 1인당 생산량을 각각 $K_t = \dfrac{K_t}{A_t L_t}$와 $y_t = \dfrac{Y_t}{A_t L_t}$ 라고 할 때, 다음 물음에 답하시오. (총 20점, 선택 총 10점)

(1) 효율적 노동자 1인당 자본량의 운동 방정식을 제시하고, 균제상태(steady state)에서의 효율적 노동자 1인당 자본량을 구하시오. (8점)

(2) 일시적 전염병으로 인해 노동량이 감소하는 외생적 충격이 발생하였다. 충격발생 이후 장기 균제상태로 복귀하는 과정에서의 국내총생산, 1인당 국내 총생산($\dfrac{Y_t}{L_t}$), 효율적 노동자 1인당 자본량의 변화를 각각 그래프로 나타내고 설명하시오. (단, 그래프에서 횡축은 시간, 종축은 각 변수의 로그 수준을 표시한다) (12점)

I. 설문 (1)
1. 효율적 노동자 1인당 자본량의 운동 방정식
2. 균제상태
 (1) 의 의
 (2) 균제상태에서의 효율적 노동자 1인당 자본량의 도출

II. 설문 (2)
1. 일시적 전염병의 영향
2. Y_t, $\dfrac{Y_t}{L_t}$, k_t의 변화
 (1) Y_t의 변화
 (2) $\dfrac{Y_t}{L_t}$의 변화
 (3) k_t의 변화

답안작성

박 0 0 / 2022년도 5급 공채 재경직 합격

I. 설문 (1)

1. 효율적 노동자 1인당 자본량의 운동 방정식

일국의 투자는 국내총저축액과 같고 순투자와 대체투자의 합이므로 다음과 같이 나타낼 수 있다.

- $I = sY_t$
- $I = \Delta K_t + \delta K_t$

⇒ 이러한 등식 관계에 따라서 효율적 노동자 1인당 자본량의 운동 방정식을 도출할 수 있다.

$$\cdot \; sY_t = \Delta K_t + \delta K_t$$

$$\Rightarrow \frac{sY_t}{K_t} = \frac{\Delta K_t}{K_t} + \delta$$

$$\Rightarrow \frac{sy_t}{k_t} = \frac{\Delta k_t}{k_t} + n + g + \delta$$

$$\Rightarrow \frac{\Delta k_t}{k_t} = \frac{sy_t}{k_t} - (n + g + \delta)$$

2. 균제상태

(1) 의 의

균제상태란 총량변수의 변화가 있는 가운데 그 변화율이 균형을 이루는 상태를 의미한다. 효율적 노동자 1인당 자본량의 운동방정식에서 $\frac{\Delta k_t}{k_t} = 0$인 경우 균제상태라 할 수 있다.

(2) 균제상태에서의 효율적 노동자 1인당 자본량의 도출

$$\cdot \; \frac{sy_t}{k_t} = n + g + \delta$$

$$\Rightarrow S \cdot k_t^{\alpha-1} = n + g + \delta \;(\because y_t = k^\alpha)$$

$$\therefore k_t^* = (\frac{n+g+\delta}{s})^{\frac{1}{\alpha-1}}$$

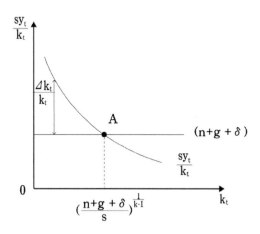

⇒ 이 때 $\frac{\Delta k_t}{k_t} = 0, \; \frac{\Delta \frac{Y_t}{L_t}}{\frac{Y_t}{L_t}} = g, \; \frac{\Delta Y_t}{Y_t} = n + g$ 이다.

Ⅱ. 설문 (2)

1. 일시적 전염병의 영향

일시적 전염병으로 인해 일국은 인구(L_t)감소를 경험한다. 그러나 이러한 영향이 인구증가율(n)에 영향을 미치지는 않는다.

2. Y_t, $\dfrac{Y_t}{L_t}$, k_t의 변화

(1) Y_t의 변화

$Y_t = K_t^{\alpha}(A_t L_t)^{1-\alpha}$이므로 인구($L_t$)감소로 인하여 일시적으로 급격한 Y_t변화율 하락을 경험하지만 이내 (n+g)의 비율로 증가할 것이다.

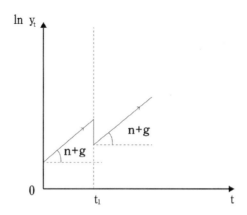

(2) $\dfrac{Y_t}{L_t}$의 변화

인구감소율($\dfrac{\Delta L_t}{L_t}$)에 비해 Y_t의 감소율{$\dfrac{\Delta Y_t}{Y_t}$, $\Delta Y_t = (1-\alpha)K_t^{\alpha}A_t^{1-\alpha}L_t^{-\alpha} \cdot \Delta L_t$}은 상대적으로 작다. 이에 따라 일시적인 $\dfrac{Y_t}{L_t}$변화율의 급격한 증가를 발생시킨다. 그러나 이내 (g)의 비율로 증가하게 된다.

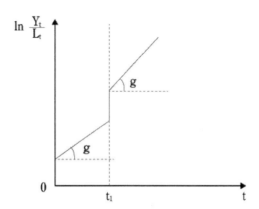

(3) k_t의 변화

인구감소에 따라서 효율적 노동자 1인당 자본량은 일시적으로 급격한 증가율을 보인다. 그러나 이내 증가율은 0으로 수렴하여 다시 균제상태로 돌아가게 된다.

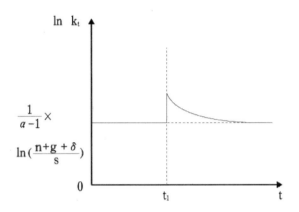

┤ 강 평 ├

1. 설문 (1)에 대한 운동방정식의 유도 과정을 다음과 같이 분명히 할 필요가 있다. 즉 다음의 정의로부터

$$k_t = \frac{K_t}{A_t L_t}$$

로그를 취한 후 시간 미분하면 다음이 주어진다.

(i) $\ln k_t = \ln k_t - \ln A_t - \ln L_t$

(ii) $\dfrac{dk_t}{k_t} = \dfrac{dk_t}{k_t} - \dfrac{dA_t}{A_t} - \dfrac{dL_t}{L_t} = \dfrac{sY_t - \delta K_t}{K_t} - g - n$

$\qquad = \dfrac{sy_t}{k_t} - \delta - g - n.$

2. 다음으로 설문 (2)를 좀 더 자세히 설명하면 $Y_t = K_t^{\alpha}(A_t L_t)^{1-\alpha}$의 로그 형태 $\ln Y_t = \alpha \ln K_t + (1-\alpha)(\ln A_t + \ln L_t)$를 구한다. 다음으로 $\ln L_t$가 전염병으로 $\ln L_t - b$ 만큼 하락하였다고 하자. 이 경우 $\ln Y_t$는 시점 t에 $-b(1-\alpha)$ 만큼 감소하게 된다. 그러나 이는 균제상태에서의 증가율 즉 n+g 에는 영향을 미치지 못한다. 따라서 $\ln Y_t$가 하방 점프 이후 다시 n+g 의 기울기로 증가하게 된다. 여기서 유의할 점은 $\ln Y_t$와 시간 t로 구성되는 2차원 평면에서 기울기는 다음 시간 미분식에서 주어짐을 인식할 필요가 있다(이하 사례도 동일원칙 적용).

$$\frac{\partial \ln Y_t}{\partial t} \equiv \frac{\partial Y_t / \partial t}{Y_t} \equiv \frac{dY_t}{Y_t} = n+g.$$

유사하게 $\ln \dfrac{Y_t}{L_t} = \alpha \ln k_t + (1-\alpha)\ln A_t - \alpha \ln L_t$ 이므로 $\ln L_t$가 전염병으로 $\ln L_t - b$ 만큼 하락한 경우 $\ln \dfrac{Y_t}{L_t}$는 시점 t에 αb 만큼 증가하게 된다. 그러나 이는 균제상태에서의 증가율 즉 g 에는 영향을 미치지 못한다. 따라서 $\ln \dfrac{Y_t}{L_t}$는 상방 점프 이후 다시 g의 기울기로 증가하게 된다.

3. 마지막으로 $\ln k_t \equiv \ln \dfrac{Y_t}{A_t L_t} = \alpha \ln k_t - \alpha \ln A_t - \alpha \ln L_t$이므로 $\ln L_t$가 전염병으로 $\ln L_t - b$ 만큼 하락한 경우 $\ln k_t$는 시점 t에 역시 αb 만큼 증가하게 된다. 여기서 $\ln k_t$는 시점 t에 균제상태에 있었음으로 수평선을 유지하다가 상방 점프 이후 다시 수평선으로 복귀하게 된다.

| 제4문 | 변동환율제 하에서 자본 이동이 완전히 자유로운 소규모 개방경제 모형은 다음과 같다.

○ 소비함수: $C = 70 + 0.75Y$

○ 투자함수: $I = 80 - 10i$

○ 정부지출: $G = 100$

○ 순수출함수: $NX = 5E - 100$

○ 화폐수요함수: $M^D = P(Y - 40i)$

○ 외환시장의 균형: $i = i^* = 5$

　(단, Y는 국민소득, i(%)는 이자율, i^*(%)는 세계이자율, E는 외국통화 1단위와 교환되는 국내통화의 단위로 표시한 환율, P(물가)=1이다)

무자본특수법인인 중앙은행의 자산은 순외화자산(NFA) 300과 국내여신(DC) 200, 부채는 본원통화(H)로만 구성되며, 통화승수는 2라고 가정하자.

재화시장의 균형을 나타내는 환율과 국민소득의 조합은 GG곡선, 화폐시장의 균형을 나타내는 환율과 국민소득의 조합은 MM곡선이다. 다음 물음에 답하시오.(총 30점, 선택 총 15점)

(1) GG곡선과 MM곡선을 도출하고 균형에서의 환율, 국민소득, 순수출을 구하시오.(10점)

(2) (1)과 비교하여 정부지출이 150으로 증가하는 경우 환율, 국민소득, 순수출을 구하고, 그 의미를 설명하시오. (10점)

(3) (1)과 비교하여 국내여신이 300으로 증가하는 경우 환율, 국민소득, 순수출을 구하고, 그 의미를 설명하시오. (10점)

Ⅰ. 설문 (1)
　1. GG곡선의 도출
　2. MM곡선의 도출
　　(1) 화폐공급량의 도출
　　(2) MM곡선
　3. 균형의 도출
Ⅱ. 설문 (2)
　1. GG의 변화
　2. 균형의 도출
　3. 균형 변화의 의미
Ⅲ. 설문 (3)
　1. MM의 변화
　2. 균형의 도출
　3. 균형 변화의 의미

Ⅰ. 설문 (1)

1. GG곡선의 도출

GG곡선은 거시경제에서 재화시장의 균형을 나타내고 다음과 같이 정리할 수 있다.

$$\cdot\ Y = C+I+G+NX$$
$$\Rightarrow E = 0.05Y-20$$

2. MM곡선의 도출

MM곡선은 화폐시장의 균형을 나타내고 중앙은행의 대차대조표를 고려하여 통화공급량을 도출한 후 다음과 같이 정리할 수 있다.

(1) 화폐공급량의 도출

중앙은행은 대차대조표가 균형을 이루도록 자산($NFA+DC$)과 부채(H)를 구성한다.

$$\cdot\ NFA+DC = H$$

이 때 통화공급량은 본원통화에 통화승수를 곱한 값과 같으므로 통화공급량은 다음과 같다.

$$\cdot\ M^S = 2(300+200) = 1{,}000$$

(2) MM곡선

$$\cdot\ M^S = M^D = P(Y-40i)$$
$$\Rightarrow Y = 1{,}200\ (\because i = 5,\ M^S = 1{,}000)$$

3. 균형의 도출

GG곡선과 MM곡선의 균형을 (Y,E) 평면에 나타내면 다음과 같다.

$$\cdot\ Y = 1{,}200\ E = 40\ NX = 100$$

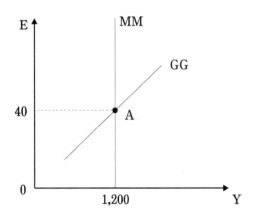

II. 설문 (2)

1. GG의 변화

정부지출이 150으로 증가하는 경우 GG곡선은 다음과 같다.

$$\cdot\ E = 0.05Y - 30$$

2. 균형의 도출

$$\cdot\ Y = 1{,}200\ E = 30\ NX = 50$$

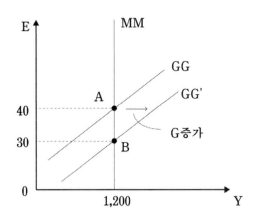

3. 균형 변화의 의미

이러한 결과는 재정정책을 시행했을 때 국민소득의 변화가 발생하지 않고 환율 하락과 더불어 경상수지 악화가 발생함을 보인다. 이는 변동환율제도 하에서 재정정책의 무용성이 나타남을 보인다.

Ⅲ. 설문 (3)

1. MM의 변화

국내여신(DC)이 300으로 증가함에 따라 M^s가 1,200으로 증가하는 경우 MM은 다음과 같이 변화한다.

$$\cdot \ Y = 1,400$$

2. 균형의 도출

$$\cdot \ Y = 1,400 \ E = 50 \ NX = 150$$

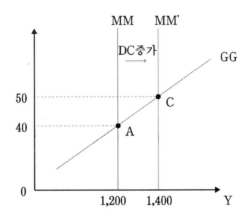

3. 균형 변화의 의미

이러한 결과는 통화정책을 시행했을 때 국민소득이 증가하고 환율은 상승하며 경상수지가 개선됨을 보인다. 이는 변동환율제도 하에서 통화정책의 유효성이 있음을 보인다.

| 강 평 |

1. MM곡선의 경우 외환시장의 균형 조건을 다음의 이자율평가설(interest rate parity)을 반영하여 보다 일반화 할 수 있다. 즉

   외환시장의 균형: $i-i^* = i-5 = \dfrac{E^e-E}{E}$, 여기서 E^e 는 미래환율 E의 기댓값이다.

2. 이 경우 MM곡선은 화폐시장의 균형 조건 $1000 = Y-40i$와 위의 외환시장의 균형 조건을 동시에 만족시키는 E와 Y의 조합 즉 $1160 = Y-40\dfrac{E^e}{E}$로 주어진다.

   수험생들은 이러한 일반적인 MM곡선에 대하여 문제 (1)~(3)을 풀어보길 권한다.

2023년도 입법고등고시 기출문제와 어드바이스 및 답안구성 예

| 제1문(40점) |

한 선거구에 충분히 많은 수의 유권자들이 있으며 이들의 정치성향은 '극좌'부터 '극우'까지 동일한 비율로 고르게 분포하고 있다.

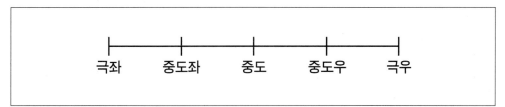

후보자들은 다섯 가지 정치성향 중 하나만을 선택할 수 있으며 유권자들은 후보자들이 선택한 정치성향을 보고 자신의 정치성향과 가장 가까운 후보자에게 투표한다. 이웃한 정치성향 간의 간격은 모두 동일하다고 가정한다. 후보는 가능한 최대의 득표를 얻고자 한다. 유권자는 자신의 정치성향과 가장 가까운 후보자가 여럿인 경우 임의로 그들 중 하나에 투표한다.

(1) 후보자가 두 명이며, 각 후보는 다른 후보의 선택을 관찰하지 못하고 동시에 선택해야 한다. 이 경우 각 후보자가 모두 중도 성향을 선택하는 것이 유일한 내쉬균형(Nash equilibrium)이 됨을 증명하시오. (15점)

(2) 이제 후보자가 세 명이라고 하자. 두 명의 후보자가 먼저 동시에 정치 성향을 선택하고 나머지 한 명의 후보자는 이를 관찰한 뒤 나중에 정치 성향을 선택한다. 역진귀납법(backward-induction)을 이용하여 일반적인 내쉬 균형에서의 정치 성향 선택 ('중도좌', '중도', '중도우')결과가 서브게임-완전 내쉬 균형(subgame-perfect Nash equilibrium)에서도 나타남을 증명하시오. (15점)

(3) 이제 후보자들의 선택가능한 정치성향이 동일한 비율의 연속적인 분포를 따른다고 하자. 다시 말해, '극좌'와 '극우' 사이의 어떤 정치성향—예를 들어, '중도좌'와 '중도' 사이의 1/3 지점—이라도 하나를 선택할 수 있다. (1)과 마찬가지로 후보자는 두 명 이며 다른 후보의 선택을 관찰하지 못한 상태로 동시에 정치성향을 선택해야 한다. 이 때, 유일 내쉬균형은 무엇인지 기술하시오. (10점)

Advice

I. 설문 (1)
유권자들의 정치성향이 균등분포되어 있을 때, 동시게임에서의 내쉬균형을 설명하는 문제이다.

내쉬균형의 의미를 설명하고, 상대방의 전략이 고정되었다고 가정하고 각 후보자의 전략선택에 따른 득표율의 차이를 분석하여 두 후보자 모두 전략을 변경할 유인이 없는 지점이 모두 중도 성향을 선택하는 것임을 보이면 된다.

II. 설문 (2)

2명의 후보자가 먼저 정치성향을 선택하고 나중에 다른 한명의 후보자가 정치성향을 선택하는 순차게임에서 서브게임완전내쉬균형(SPNE)을 찾는 문제이다. 역진귀납에 따라서 나중에 정치성향을 선택하는 후보자의 득표율을 극대화하는 선택을 먼저 찾고(① 중도좌, ② 중도, ③ 중도우 각각의 전략의 득표율이 동일하여 3가지를 선택 가능), 이를 제약으로 삼아 제1차 동시게임에서 내쉬균형이 후발주자의 선택에 따라 ① (중도, 중도우), ② (중도좌, 중도우), ③ (중도좌, 중도)가 됨을 논리적으로 보이면 된다.

III. 설문 (3)

전략적으로 선택가능한 정치성향이 연속변수인 경우에 해당한다. ① 정치성향이 같은 경우 ② 정치성향이 다른 경우로 분석수준을 나누어서 분석 가능하다. 정치성향이 같은 경우에는 중도에서 같은 경우와 중도가 아닌 곳에서 같은 경우로 나누어 전략을 변경할 유인이 있는지 판단하여 중도로 같은 경우 내쉬균형이 될 수 있음을 보일 수 있다. 정치성향이 다른 경우에는 어떠한 경우도 전략을 변경할 유인이 있음을 논리적으로 보여 내쉬균형이 달성되지 않음을 보일 수 있다. 이로써 중도로 정치성향이 같은 것이 유일 내쉬균형임을 보일 수 있다.

답안구성 예

I. 설문 (1)
  1. 내쉬균형의 의의
  2. 내쉬균형의 도출
   (1) 후보자1의 선택
   (2) 후보자2의 선택
   (3) 내쉬균형의 도출
  3. 설문의 해결

II. 설문 (2)
  1. 서브게임 완전 내쉬균형의 의의
  2. 후발주자의 선택
   (1) 선발주자들 중 한명이 (극좌) 선택
   (2) 선발주자들 중 한명이 (극우) 선택
   (3) 선발주자들이 (중도좌, 중도) 선택

  (4) 선발주자들이 (중도, 중도우) 선택
  (5) 선발주자들이 (중도좌, 중도우) 선택
  (6) 선발주자들이 (중도, 중도) 선택
  3. 선발주자들의 선택
   (1) 후발주자가 (중도좌) 선택시
   (2) 후발주자가 (중도) 선택시
   (3) 후발주자가 (중도우) 선택시
  4. 서브게임 완전 내쉬균형의 도출

III. 설문 (3)
  1. 정치성향이 같은 경우
  2. 정치성향이 다른 경우
  3. 설문의 해결

| 제2문(30점) |

산업A의 생산물의 가격은 1원이며, 노동의 한계생산(MP_L)과 공급(L^S)은 각각 다음과 같이 주어져 있다.

$$MP_L = 90-L \ (L : \text{고용량})$$
$$L^S = \omega \ (\omega : \text{임금})$$

이 산업에 최저임금(minimum wage)제도가 도입될 때의 (단기) 효과와 관련한 아래의 질문들에 답하시오. 단, 최저임금제도에 의해 직접적인 영향을 받는 것은 미숙련 노동자들 뿐이며, 모든 기업은 최저임금을 준수한다고 가정한다. 또한 생산비용은 노동비용 뿐이라고 가정한다.

(1) 이 산업의 노동시장이 완전경쟁적인 경우, 다음의 질문에 답하시오. (9점)
  (i) 이 산업의 노동수요곡선을 도출하고, 균형 고용량과 균형 임금을 구하시오.
  (ii) 최저임금이 50원으로 설정되는 경우, 고용 수준과 실업자 수 각각의 변화의 방향과 규모를 구하시오.
(2) "최저임금제도 도입은 효과적인 빈곤퇴치 정책이다"라는 주장에 대해 경쟁 노동시장의 이론적 관점에서 평가하시오. (6점)
(3) 이 산업에 기업이 하나뿐이어서 노동시장이 수요독점(monopsony) 상태인 경우, 다음의 질문에 답하시오. (15점)
  (i) 이 기업의 노동의 한계지출(ME_L) (또는 노동의 한계비용(MC_L))식을 도출하시오.
  (ii) 수요독점 하에서의 균형 임금과 균형 고용량을 구하고, 이 산업이 경쟁적이었을 경우의 균형과 비교하시오.
  (iii) 수요독점 균형 임금보다 높은 수준의 최저임금을 설정하는 경우, 고용량을 늘릴 수 있는 최저임금의 범위를 구하시오.

Advice

I. 설문 (1)
완전경쟁시장인 노동시장에서 시장에서 가격수용자로 행동하는 기업의 노동수요곡선을 도출($\omega = 90-L$)하여 주어진 노동공급함수와의 균형을 찾을 수 있다. 이때 최저임금 50원은 균형임금보다 높음을 보이고 고용 수준과 실업자 수의 변화를 나타내면 된다.

II. 설문 (2)
설문 (1)에서 보인 결과를 토대로 경쟁노동시장에서는 최저임금제도가 오히려 고용량을 감소시킴으로써 빈곤퇴치 정책이 될 수 없음을 보일 수 있다.

III. 설문 (3)
생산물시장이 완전경쟁시장인 가운데 노동시장에서 수요독점기업의 지위를 갖는 기업의 행동원리를 우선 제시하여야 한다. 이윤극대화 원리에 따라서 $MRP_L = MC_L$ 이 성립하는 고용량을 결정함을 제시하면 된다. 이후 노동에 투입되는 비용에 관한 식을 적시하고, 노동공급함수에서 임금이 결정된다는 제약 하에 비용 극소화 원리를 적용하여 MC_L을 도출할 수 있다. 수요독점기업의 행동원리에 따라서 결정된 균형고용량에 따라 노동공급함수에서 임금이 결정됨을 설명하고 균형 고용량과 임금을 제시할 수 있다. 이 때의 균형고용량보다 많은 고용량을 달성하는 최저임금을 구하면 된다. 경쟁균형인 때보다 높은 임금이더라도 수요독점일 때보다 많은 고용량을 유지한다면 이 또한 문제에서 요구하는 임금 범위에 해당한다.

답안구성 예

Ⅰ. 설문 (1)
1. 노동수요곡선의 도출
2. 균형고용량과 균형 임금의 도출
3. 최저임금에 따른 고용수준과 실업자 수
4. 설문의 도해

Ⅱ. 설문 (2)
1. 주장에 대한 평가

Ⅲ. 설문(3)
1. 수요독점기업의 노동시장에서 행동 원리
2. MC_L의 도출
3. 균형 임금과 고용량의 도출
4. 수요독점시장과 경쟁시장의 비교와 도해
5. 최저임금의 범위와 도해

| 제3문(30점) |

자본이동이 완전히 자유로운 상황에서 변동환율제를 채택하고 있는 개방거시모형을 상정하여 다음 물음에 답하시오.

(1) 한 대국 개방경제의 거시균형은 아래와 같이 결정된다고 하자.

$$Y = C+I(r)+G+NX(e), \ C = \alpha +b(Y-T)$$

$$\frac{M^D}{P} = L(r, Y), \ M^S = \overline{M^S}$$

$Y, C, T, I, r, G, NX, e, M^D, P, M^S$는 각각 국민소득, 소비, 조세, 투자, 실질이자율, 정부지출, 순수출, 외국통화 한 단위당 자국통화 교환비율로 정의된 환율, 화폐수요, 물가수준, 화폐공급을 가리키며, α, b는 양수의 상수이다. 실질화폐수요함수 $L(r, Y)$는 국민소득의 증가함수, 실질이자율의 감소함수이며, 단기적으로 물가수준 및 기대인플레이션율은 고정되어 있다고 가정한다.

(i) 외환시장 균형식을 이용하여 해외로부터의 순자본유입은 무역적자와 일치함을 보이고, 국민소득 균형식을 이용하여 국내 총투자는 민간저축, 정부저축, 해외로부터의 순자본유입의 합이 됨을 보이시오. (10점)

(ii) 현재 이 국가에 무역적자가 발생하고 있다. 순수출이 환율 의 증가함수이고 순자본유입은

이자율 의 증가함수라고 할 때, 무역적자를 개선하기 위해 정책당국이 취할 수 있는 재정 정책과 통화정책을 각각 제시하고 그 효과를 분석하시오. (10점)

(2) 두 국가 A, B로 이루어진 2국 개방경제모형을 상정하고 두 나라 각각에서 화폐수량설, 구매 력평가설, 피셔효과가 성립한다고 가정하자. 또한 물가수준의 신축성과 합리적 기대가설이 성립한다. A국이 인플레이션율을 낮추기 위해 통화증가율을 낮추는 수축적 통화정책을 시 행할 때, A국의 명목환율 및 명목이자율이 어떻게 변화할지 설명하시오. (10점)

Advice

I. 설문 (1)

(i) 외환시장에서의 외환 수요(자본유출, 수입)와 외환 공급(자본유입, 수출)이 같을 때 균형이 달성 됨을 보이고 순자본유입(자본유입 - 자본유출)은 무역적자와 같아짐을 보이면 된다.
국민소득균형식($Y = C+I+G+NX$, $Y = C+S+T$)을 활용하여 $I = S_p+S_g-NX = S_p+S_g-CFI(\because CFI = -NX)$ 임을 보이면 된다.

(ii) 긴축적 재정정책과 확장적 통화정책으로 인한 실질이자율의 감소가 자본유출을 확대하여 무역 적자를 완화할 수 있음을 앞에서 도출한 관계를 이용하여 논리적으로 기술하면 된다.

II. 설문 (2)

화폐수량설, 구매력평가설, 물가수준의 신축성, 합리적 기대가설의 성립하는 2국 개방경제모형으로 는 거시적 환율결정이론 중 저량접근법에서 가격신축통화론자모형에 해당한다고 볼 수 있다.
이러한 모형에서 통화증가율의 하락을 위한 A국의 통화공급량 감소는 물가수준을 낮춰 피셔효과에 의해 명목이자율을 낮추게 되고 명목환율도 낮추게 됨을 논리적으로 기술하면 된다.

답안구성 예

I. 설문 (1)
　　1. (i)의 경우
　　　(1) 순자본유입과 무역적자의 관계
　　　　1) 외환시장 균형식의 도출
　　　　2) 관계의 도출
　　　(2) 국내 총투자와 민간저축, 정부저 축, 순자본유입간의 관계
　　　　1) 국민소득 균형식의 도출
　　　　2) 관계의 도출
　　2. (ii)의 경우
　　　(1) 긴축적 재정정책과 그 효과

　　　(2) 확장적 통화정책과 그 효과

II. 설문 (2)
　　1. 가격신축통화론자 모형
　　　(1) 기본가정
　　　(2) 내 용
　　2. 긴축적 통화정책과 명목환율 및 명 목이자율의 변화
　　　(1) 긴축적 통화정책의 효과
　　　(2) 명목환율 및 명목이자율의 변화
　　3. 설문의 해결

| 제1문 | 독점적으로 운영되는 놀이공원이 이윤극대화를 목표로 가격정책을 모색하고 있다. 놀이공원을 이용하는 소비자는 두 그룹(그룹1 및 그룹2)으로 구분되는데, 그룹1에 속하는 소비자는 100명이며 그룹2에 속하는 소비자는 400명이다. 두 그룹의 연간 개별 수요함수는 다음과 같다. (단, Q_i는 그룹 i에 속하는 개별 소비자의 연간 입장 횟수, P는 개별 소비자가 지불하는 회당 입장권 가격이다)

$$그룹1: Q_1 = 20 - \frac{1}{1,000}P$$

$$그룹2: Q_2 = 2 - \frac{1}{10,000}P$$

개별 소비자의 입장에서 소비자의 후생 수준(소비자 잉여)이 동일하다면 소비자는 한 번이라도 더 많이 놀이공원을 이용하는 것을 선호한다. 놀이공원의 연간 운영비용은 입장객 수와 관계없이 2천만 원이며, 놀이공원 측은 개별 수요자가 그룹1인지 그룹2인지 사전적으로 구분할 수 없다. 다음 물음에 답하시오. (총 50점. 선택 총 25점)

(1) 놀이공원이 책정할 회당 입장권 가격과 이윤을 구하시오. (8점)

(2) 놀이공원이 회당 입장권을 (1)에서 도출된 가격에 판매하는 동시에 1년간 입장 횟수에 제한 없이 이용할 수 있는 연간 회원권을 별도로 판매할 때, 연간 회원권의 가격과 놀이공원의 이윤이 얼마인지 구하시오. (10점)

(3) 놀이공원이 회당 입장권 판매를 중지하고 연간 회원권만을 판매할 때, 연간 회원권의 가격과 놀이공원의 이윤이 얼마인지 구하시오. (10점)

(4) 놀이공원이 회당 입장권 가격과 연간 회원권 가격을 자유롭게 책정할 수 있다고 하자. 이윤극대화를 위한 회당 입장권 가격, 연간 회원권 가격, 놀이공원의 연간 이윤이 얼마인지 구하시오. (단, 현실적으로 입장 횟수는 소수가 될 수 없으므로 반올림한다. 예를 들어 수요가 0.6이면 1회 입장하는 것으로 간주하고, 수요가 1.2이면 1회 입장하는 것으로 간주한다) (16점)

(5) (1)과 (4)의 결과에 근거하여 연간 회원권 판매가 자원배분 효율성에 미친 영향과 그 이유를 설명하시오. (6점)

답안작성   박ㅇㅇ / 2021년도 5급 공채·입시 재경직 합격

Ⅰ. 설문 (1)의 해결

1. 설문의 분석: 독점기업의 단일가격 설정

독점기업인 놀이공원은 소비자가 어느 그룹에 속하는지 사전에 구분할 수 없으므로 회당 입장권 가격 설정 시 가격을 1가지로만 설정 가능하다. 즉, 기업이 직면하는 수요곡선은 두 소비자집단의 수요곡선의 수평합과 같다.

2. 놀이공원의 행동원리

(1) 총수요의 도출

집단 별 소비자의 수가 그룹 1은 100명, 그룹 2는 400명이므로 총수요 Q는

$$Q = 100 \cdot Q_1 + 400Q_2$$
$$= 100(20 - \frac{1}{1000}P) + 400(2 - \frac{1}{10000}P)$$
$$= 2800 - \frac{7}{50}P \text{ 이다.}$$

(2) 이윤극대화 조건 풀이

$$Max_Q \Pi = P \cdot Q - TC$$
$$= (20000 - \frac{50}{7}Q) \cdot Q - 20000000$$
$$f.o.c : \frac{\partial \Pi}{\partial Q} = 20000 - \frac{100}{7}Q = 0$$

3. 설문의 해결

(1) 이윤극대화 조건을 풀면, $Q = 1400$, $P = 10000$이다.

(2) 따라서 이윤은 $\Pi = 1400 \cdot 10000 - 20000000 = -6000000$

4. 그래프의 도해

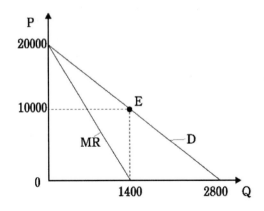

Ⅱ. 설문 (2)의 해결

1. 설문의 분석

회원권 구입 시 입장 횟수의 제한이 없으며 구입비용은 고정비용(fixed price)이다. 상품 구입비용이 고정비용으로만 구성된 경우 소비자는 한계편익(MB)이 0이 될 때까지 상품을 이용한다. 놀이공원은 이러한 소비자의 행동원리에 따라 연간 회원권 및 입장권 판매를 통해 이윤을 극대화한다.

2. 소비자의 행동원리: 소비자잉여의 극대화

소비자는 회당 입장권 구입 시 소비자잉여 CS_a와 회원권 구입 시 소비자잉여 CS_b를 비교하여 상품 구입을 결정한다. 즉, $CS_a \leq CS_b$는 회원권 구입의 필요조건이다.

(1) 그룹1의 분석

설문 (1)에서 입장권 가격이 10000원이므로 $CS_a^1 = \frac{1}{2} \times 10000 \times 10 = 50000$이다. 회원권 가격이 χ일 경우 $CS_b^1 = \frac{1}{2} \times 20000 \times 20 - \chi = 200000 - \chi$이므로, 그룹1이 회원권을 구입하기 위한 조건은 $\chi \leq 150000$이다.

(2) 그룹2의 분석

같은 원리로, $CS_a^2 = \frac{1}{2} \times 10000 \times 10 = 5000$이고, $CS_b^2 = \frac{1}{2} \times 20000 \times 2 - \chi = 20000 - \chi$이므로 그룹2가 회원권을 구입하기 위한 조건은 $\chi \leq 15000$이다.

3. 놀이공원의 행동원리: 이윤극대화

(1) $\chi = 15000$으로 설정 시

그룹1과 그룹2는 모두 회원권을 구입한다. 이때 놀이공원의 이윤은 $\Pi = 15000 \times 500 - 20000000 = -1250000$이다.

(2) $\chi = 150000$으로 설정 시

그룹1은 회원권을, 그룹2는 회당 입장권을 구입한다. 이때 놀이공원의 이윤은 $\Pi = 150000 \times 100 + 10000 \times 1 \times 400 - 20000000 = -1000000$이다.

4. 설문의 해결

놀이공원은 $P = 10000$, $\chi = 150000$으로 가격을 설정하여 -1000000의 이윤을 얻는다.

Ⅲ. 설문 (3)의 해결
1. 설문의 분석

독점기업인 놀이공원은 "$CS_b \geq 0$일 때 회원권을 구입"하는 개별 소비자의 행동원리를 이용하여 연간 회원권의 가격을 설정할 것이다.

2. 소비자의 행동원리
(1) 그룹1의 행동원리

$CS_b^1 = 0$이 되는 연간 회원권의 가격은 $\chi = 200000$이다. 따라서 그룹1의 소비자는 $\chi \leq 200000$ 일 때 연간 회원권을 구입한다.

(2) 그룹2의 행동원리

$CS_b^2 = 0$이 되는 연간 회원권의 가격은 $\chi = 20000$이다. 따라서 그룹2의 소비자는 $\chi \leq 20000$일 때 연간 회원권을 구입한다.

3. 놀이공원의 행동원리
(1) 그룹1에게만 판매할 때: $\Pi = 0$
$\chi = 200000$으로 설정 시 그룹 1만 연간 회원권을 구입한다. 따라서 이때의 이윤은 $\Pi = 200000 \times 100 - 20000000 = 0$이다.

(2) 두 그룹 모두에 판매할 때: $\Pi = -10000000$
$\chi = 20000$으로 설정 시 두 그룹 모두 연간 회원권을 구입한다. 따라서 이때의 이윤은 $\Pi = 20000 \times 500 - 20000000 = -10000000$이다.

(3) 소 결
놀이공원은 그룹 1에게만 판매할 때 이윤이 더 크므로 $\chi = 200000$으로 설정한다.

4. 설문의 해결
연간 회원권만의 판매만 가능할 때, 놀이공원은 $\chi = 200000$으로 설정하여 $\Pi = 0$을 얻는다.

Ⅳ. 설문 (4)의 해결
1. 설문의 분석
(1) 설문 (1) ~ (3)의 결과를 종합해봤을 때, 놀이공원이 사전적인 소비자 그룹 사이 식별이 불가능한 경우 설문 (3)에서와 같이 연간 회원권의 가격 $\chi = 200000$으로 설정하는 경우 $\Pi = 0$로 이윤이 가장 크다.
(2) 그러나 놀이공원이 소비자 그룹이 구분되는 것을 알 수 있다면 개별 그룹의 유인일치제약에 따라 각 그룹 별로 다른 상품을 구매하도록 하는 가격설정으로 이윤을 극대화할 수도 있다.

2. 반올림 조건을 반영한 수요의 도출
(1) 그룹1의 경우
$Q_1 = 0(20000 \geq P > 19500)$, $1(19500 \geq P > 18500)$, $\cdots$, $20(500 \geq P \geq 0)$

(2) 그룹2의 경우
$Q_2 = 0(20000 \geq P > 15000)$, $1(15000 \geq P > 5000)$, $2(5000 \geq P \geq 0)$

3. 그룹1에게는 회원권, 그룹2에게는 입장권을 판매하고자 하는 경우
(1) 입장권 가격(P)의 설정
반올림된 그룹2의 수요조건에 따라 총수입을 극대화하기 위해서는, 다음과 같은 가격설정을 고려할 수 있다.

P = 5000일 때 Q_2 = 2이므로 TR^2 = 10000이고, P = 15000일 때 Q_2 = 1이므로 TR^2 = 15000이다. 이에 따라 놀이공원은 그룹2에게 P = 15000라는 가격설정으로 입장권을 판매한다.

(2) 회원권 가격(χ)의 설정

그룹1의 유인일치제약 $CS_a^1 \leq CS_b^1$이 만족되는 경우, 그룹1이 회원권을 구입하도록 유인할 수 있다. 이 때 P = 15000인 것을 감안하면, $CS_a^1 = \frac{1}{2} \times 5 \times 5000 \leq CS_b^1 = 200000 - \chi$이므로 $\chi \leq 1875000$이다.

(3) 소 결

그룹1에게는 회원권, 그룹2에게는 입장권을 판매하는 경우 Π = 1875000×100+15000×400− 20000000 = 4750000이다.

4. 그룹1에게는 입장권, 그룹2에게는 회원권을 판매하고자 하는 경우

그룹 1의 수요가 그룹 2의 수요보다 매우 큰 상황에서 그룹1만 입장권을 구매하도록 유인일치제약의 설정이 불가하다.

5. 설문의 해결

자유로운 가격 책정이 가능한 경우 놀이공원은 P = 15000, χ = 187500의 가격설정을 통해 Π = 4750000을 실현한다.

Ⅴ. 설문 (5)의 해결

1. 자원배분의 효율성의 의미

(1) 자원배분의 효율성(efficiency)는 '파레토 효율성'과 같이 다양한 의미로 정의될 수 있다.

(2) 이하에서는 독점에 따른 자중손실(deadweight loss)와 관련하여 사회후생(SW)을 극대화하는 상 태를 자원배분이 효율적인 상태라고 할 수 있다. 이때 사회후생은 소비자잉여(CS)와 놀이공원의 이윤(Π)으로 정의할 수 있다.

2. 판매전략에 따른 사회후생의 비교

(1) 설문 (1)의 경우: $SW = (CS^1 + CS^2) + \Pi = \frac{1}{2} \times 10000 \times 1400 - 6000000 = 1000000$

(2) 설문 (4)의 경우: $SW = CS^1 + CS^2 + \Pi = 1250000 + 0 + 4750000 = 6000000$

(3) 위 결과를 종합하면 설문 (4)의 사회후생이 설문 (1)에서보다 크므로 자원배분의 효율성이 더 크 다고 할 수 있다. 이는 놀이공원이 판매전략을 설문 (4)에서의 결과와 같이 바꿈에 따라 자중손실을 유발하던 과소생산의 문제가 일부 완화되었기 때문이다. 다만, 분배의 형평성 측면에서 소비자잉 여 중 일부가 기업의 이윤으로 전환된다는 점에서는 판단의 여지가 존재한다.

| 강 평 |

1. 이 문제는 독점시장에서 두 소비자 그룹의 수요함수가 상이할 때 독점가격이 어떻게 결정되는지를 점검하는 문제이다.

2. 여기서는 놀이공원(독점기업)의 이윤극대화를 가져오는 독점가격은 한계수입이 한계비용과 동일(MR=MC)한 점에서의 가격으로 결정된다는 것이 포인트이다.

3. 수요함수가 상이하다는 것은 수요의 가격탄력성이 다르다는 것을 의미하므로 독점기업의 경우에는 두 소비지 그룹의 수요함수에 따라 가격을 달리 책정해서 이윤을 극대화하고자 하는 유인이 있다.

4. 놀이공원(독점기업)은 회당 입장권 가격과 연간 회원권 가격의 두 가지 가격책정 수단이 있으므로 각 소비자그룹의 수요함수를 고려하여 이윤극대화를 가져 올 수 있는 가격 조합을 찾을 수 있다.

5. 소비자잉여는 개별 소비자의 지불의사가격이 시장가격보다 높다는 것을 의미하는 것이기에 독점기업은 개별소비자들의 지불의사가격을 파악할 수 있다면 가격차별을 통해 이윤을 극대화할 수 있을 것이다. 그룹 1과 그룹 2의 수요함수를 그래프로 표현해서 점검하면 이해하기 용이하다.

6. 자원배분의 효율성은 소비자잉여와 생산자잉여(여기서는 놀이공원의 이윤)의 합인 사회적 후생(social welfare)을 극대화하는 것을 의미하는 것이다. 다만, 자원배분의 효율성과 자원배분의 형평성은 상충될 수 있다는 점을 간과하지 말아야 할 것이다.

| 제2문 | 정부부채와 재정수지는 다음의 관계를 충족한다.

$$G_t + rB_{t-1} = T_t + (B_t - B_{t-1})$$

B, G, T, r는 실질정부부채, 실질정부지출, 실질조세수입 및 실질이자율이다. 실질국내총생산의 증가율과 실질이자율은 일정하다. 다음의 물음에 답하시오. (총 30점, 선택 총 15점)

(1) 실질국내총생산 대비 실질정부부채 비율(B/Y)이 일정하기 위한 조건을 구하라. (8점)

(2) 중앙은행의 통화증발을 통한 정부부채의 화폐화(monetization of government debt)가 가능한 경우, 실질국내총생산 대비 실질정부부채 비율이 일정하기 위한 조건은 (1)과 비교하여 어떻게 달라지는지 답하고, 그 의미를 설명하라. (14점)

(3) (1)과 (2)의 결과를 이용하여 정부부채의 증가가 인플레이션의 원인이 될 수 있다는 주장에 대해 논하라. (8점)

Ⅰ. **설문 (1)의 해결**
　1. 재정적자의 의미
　2. B/Y의 변화식 도출
　3. B/Y가 일정하기 위한 조건

Ⅱ. **설문 (2)의 해결**
　1. 정부부채의 화폐화의 의미

2. 정부부채의 화폐화에 따른 B/Y 변화식
3. B/Y가 일정하기 위한 조건
4. 시사점

Ⅲ. **설문 (3)의 해결**
　1. 주장에 대한 논거
　2. 주장에 대한 반박

답안작성　　　　　　　　　　　　　　　박○○ / 2021년도 5급 공채 · 입시 재경직 합격

Ⅰ. 설문 (1)의 해결

1. 재정적자의 의미

　재정적자는 정부부채가 일정 기간 증가한 정도($B_t - B_{t-1}$)를 나타내는 유량의 개념이다. 지난 기 정부부채에 대한 이자지급액(rB_{t-1})과 당기의 정부 초과지출분을 의미하는 본원적 재정적자($G_t - T_t$)의 합으로 구성된다.

2. B/Y의 변화식 도출

　설문의 주어진 식을 금기 실질정부부채에 대한 식으로 정리하면,

$B_t = (1+r)B_{t-1}+G_t-T_t$이다. 이때 양변을 실질국내총생산 Y_t로 나눈 후 정리하면,

$$\frac{B_t}{Y_t} = \frac{(1+r)B_{t-1}}{Y_t}+\frac{G_t-T_t}{Y_t} = \frac{(1+r)}{(1+g)} \cdot \frac{B_{t-1}}{Y_{t-1}}+\frac{G_t-T_t}{Y_t} \quad (\because \ \frac{\Delta Y_t}{Y_t} = g)$$

$$= (1+r-g) \cdot \frac{B_{t-1}}{Y_{t-1}}+\frac{G_t-T_t}{Y_t} \quad (\because \ \frac{1+r}{1+g} \fallingdotseq 1+r-g)$$

$$\therefore \ \frac{B_t}{Y_t} - \frac{B_{t-1}}{Y_{t-1}} = (r-g) \cdot \frac{B_{t-1}}{Y_{t-1}}+\frac{G_t-T_t}{Y_t}$$

3. B/Y가 일정하기 위한 조건

(1) 상기 변화식에 따르면 B/Y가 일정하게 유지되기 위해서는 $(r-g) \cdot \frac{B_{t-1}}{Y_{t-1}}+\frac{G_t-T_t}{Y_t} = 0$이어야 한다.

(2) 즉, 금기 재정적자가 발생$(G_t > T_t)$하더라도 큰 폭의 경제 성장으로 인해 경제성장률이 실질이자율보다 크다면$(r < g)$ 정부부채의 절대적 크기는 증가하더라도 실질국내총생산 대비 실질정부부채 비율(B_t/Y_t)의 유지가 가능하다.

(3) 이는 2012년 PIGS 국가(포르투칼, 이탈리아, 그리스, 스페인)들의 재정위기 당시 폴 크루그먼(Paul Krugman)이 내핍정책을 비판하는 논거로서, 재정지출의 확대에도 불구하고 높은 경제성장률 하에서 재정의 건전성이 유지될 수 있음을 시사한다.

Ⅱ. 설문 (2)의 해결

1. 정부부채의 화폐화의 의미

(1) 정부부채의 화폐화(monetization of gov't debt)란, 정부가 재정적자를 중앙은행의 화폐 증발을 통해 보전하는 것을 의미한다.

(2) 즉, 일종의 "인플레이션 조세(inflation tax)"로서 정부가 재원 조달을 위해 직접적으로 조세를 징수하는 대신 화폐의 증발을 통해 충당하여 표면적으로는 민간의 가처분소득이 증가하지 않는 것처럼 보이나 실질적으론 민간의 실질잔고가 감소하여 세금을 납부한 효과가 나타난다. 정부의 화폐 증발을 통한 주조차익은 민간의 실질잔고를 세원(tax base)로 하고 통화증가율(μ)을 세율(tax ratio)로 하는 것이다.

$$\text{실질조세수입} = \text{실질주조차익} = \frac{\Delta M}{P} = \frac{\Delta M}{M} \cdot \frac{M}{P}$$

2. 정부부채의 화폐화에 따른 B/Y 변화식

실질주조차익이 정부 재정지출의 재원이 된다는 점을 반영하여 정부부채와 재정수지에 대한 식을 다음과 같이 변형할 수 있다.

$$G_t + rB_{t-1} = T_t + (B_t - B_{t-1}) + \frac{\Delta M_t}{P_t}$$

이때 $\frac{\Delta M_t}{P_t} = \frac{M_t - M_{t-1}}{P_t} = \frac{\mu_t}{1+\pi_t} \cdot \frac{M_{t-1}}{P_{t-1}}$ 이므로 ($\because \mu_t = \frac{M_t - M_{t-1}}{M_{t-1}}, \pi_t = \frac{P_t - P_{t-1}}{P_{t-1}}$)

$\frac{B_t}{Y_t} - \frac{B_{t-1}}{Y_{t-1}} = (r-g) \cdot \frac{B_{t-1}}{Y_{t-1}} + \frac{G_t - T_t}{Y_t} - \frac{\mu_t}{1+\pi_t} \cdot \frac{M_{t-1}}{P_{t-1}} \cdot \frac{1}{Y_t}$ 이다.

3. B/Y가 일정하기 위한 조건

B/Y가 일정하려면 상기 B/Y 변화식의 우변이 0이 되어야 한다. 이는 $r > g$의 경제성장의 둔화나 $G_t > T_t$의 재정적자 상황에서도 정부부채의 화폐화($\mu_t > 0$)를 통해 B/Y를 일정하게 유지할 수 있음을 의미한다.

4. 시사점

(1) 위 결과는 정부가 중앙은행의 발권력을 동원하여 재정수지의 제약을 넘어서고자 하는 유인이 있음을 의미한다. 특히, 저성장 시대에도 불구하고 고령화로 인한 사회복지 요구 증대 등 정부예산의 확대 필요성이 있는 경우 정부부채의 화폐화 유인이 있을 수 있다.

(2) 일본의 경우 GDP를 크게 상회하는 정부부채에도 불구하고 재정건전성이 유지되는 근거로서 낮은 실질이자율과 지속적인 통화증발을 원인으로 이해할 수 있다. 실제로 최근 일본은행(BOJ)의 구로다 총재는 전 세계적인 인플레이션 압력에도 불구하고 지속적인 양적완화 정책을 통한 저금리 정책 기조 및 통화량 증대를 시사한 바 있다.

Ⅲ. 설문 (3)의 해결

1. 주장에 대한 논거

(1) 정부부채가 이미 심각하게 누적되어있거나 경제 침체 상황에서는 정부부채의 화폐화를 정부가 선택할 유인이 있다. 특히, 대내외 경제 상황의 악화로 인해 신규 국채의 발행이 어려운 경우 정부는 중앙은행에 대한 압력을 통해 정부부채의 황폐화를 초래할 수 있다.

(2) 베네수엘라의 경우 차베스 대통령의 집권 이후 포퓰리즘 정책을 위한 재정지출의 확대로 정부부채가 증가한 바 있다. 이는 결과적으로 통화량 증가로 이어졌으며 베네수엘라의 초인플레이션을 유발했다고 할 수 있다.

(3) 또한 민간이 정부부채의 화폐화에 따른 실질잔고의 감소를 예측함에 따라 화폐수요를 줄인다면, 이는 인플레이션의 심화를 가속화할 수 있다.

(4) 결과적으로 정부지출의 증가 등으로 인한 정부부채의 증가는 인플레이션의 원인이 될 수 있다.

2. 주장에 대한 반박

(1) 정부부채가 증가하더라도 정부가 정부부채의 화폐화를 실행하지 않는다면 인플레이션이 일어나지 않을 수 있다. 미국과 같은 신용우량국의 경우 국채 발행이 원활하기 때문에 정부부채를 신규 국채 발행으로 충당 가능하여 정부의 정부부채의 화폐화 유인이 적다.

(2) 또한, 정부부채의 화폐화로 인한 통화량 증가에도 불구하고 인플레이션이 일어나지 않을 수 있다. 일본의 경우 1990년대 버블 붕괴 이후 지속적인 양적 완화 정책 및 2010년대 이후 "아베노믹스"등 지속적인 통화량 증가 정책에도 불가하고 러시아-우크라이나 전쟁 이전까지 사실상 디플레이션을 경험했다. 이는 시중에 유동성이 증가하더라도 민간의 소비 상승에 대한 기대심리가 사실상 없는 경우 인플레이션이 발생하지 않을 수 있음을 의미한다.

(3) 따라서 정부부채가 증가하더라도 인플레이션이 발생하지 않을 수 있다.

┤ 강평 ├

1. 이 문제는 정부의 재정안정성과 지속가능성을 유지 할 수 있는 방안을 점검하는 문제이다.

   (1) 실질국내총생산 대비 실질정부부채 비율이 일정하게 유지하게 되는 것을 나타내기 위해
   서는 문제에서 주어진 정부부채와 재정수지의 관계식을 실질국내총생산 대비 실질정부부
   채로 우변으로 정리하여 증가율이 영(제로)이 되도록 설명하는 것이 관건이다.

   (2) 정부부채가 증가하는 근본원인은 재정적자에 기인하는데, 여기서 이자율이 음(마이너스)
   이나 영(제로)이 아닌 이상 정부부채의 부담이 커지지만 경제성장률이 이를 상쇄 할 수 있
   다는 설명이 필요하다.

   (3) 2012년 PIGS국가들의 재정위기 당시 폴 크루그만(Paul Krugman)이 내핍정책을 비판하
   는 논거로서 높은 경제성장률이 재정적자로 인한 정부부채의 증가를 상쇄시킬 수 있다는
   설명은 적절한 사례로서는 논란의 여지가 있을 수 있다.
   왜냐하면 당시 이들 국가의 경제성장률은 마이너스를 기록하고 있었을 뿐만 아니라 정부
   지출이 어떤 경로로 경제성장에 기여했으며, 그것이 경제성장의 핵심요인이라고 단정하
   기에는 무리가 있기 때문이다.

2. 정부부채의 화폐화는 통화량을 증가시켜 인플레이션을 유발하게 되고, 그로 인해 민간이
   보유한 화폐의 가치를 하락시켜 증세의 결과를 초래하게 된다.
   따라서 실질국내총생산 대비 실질정부부채 비율로 정리된 식의 좌변에 정부부채의 화폐화
   항목을 추가하여 영(제로)이 될 수 있음을 설명하면 된다.

3. 정부부채의 증가가 인플레이션의 원인이 될 수 있다는 논거로 베네수엘라를 비롯한 남미 국가
   들의 사례가 적절하지만, 미국과 같은 신용우량국의 경우에는 그렇지 않을 수 있다는 반대 논
   거로 볼 때 결국 기축통화 여부에 따라 결론이 달라질 수 있다는 점이 중요하다고 볼 수 있다.
   또한 정부의 화폐화로 인한 인플레이션이 발생하면 민간소비가 위축되어 시차를 두고 경기
   침체가 발생하고 물가상승이 약화될 수 있다.

| 제3문 | 두 국가(자국, 외국)와 차별화된 제품에 대해 가격경쟁을 하는 세 기업(A, B, C)이 있다. A와 B는 자국, C는 외국의 기업이다. 자국 시장에서 A는 가격선도 기업이고, A와 B의 수요함수는 각각 다음과 같다.

$$P_A^{자국} = 6 - \frac{Q_A^{자국}}{2} + \frac{P_B}{2}, \quad P_B = 6 - \frac{Q_B}{2} + \frac{P_A^{자국}}{2}$$

동시에 A는 외국 시장으로 수출하며 C와 경쟁을 통해 가격을 동시에 결정한다. 이때 각각의 수요함수는 다음과 같다.

$$P_A^{외국} = 6 - \frac{Q_A^{외국}}{2} + \frac{P_C}{2}, \quad P_C = 6 - \frac{Q_C}{2} + \frac{P_A^{외국}}{2}$$

P는 가격, Q는 판매량을 나타낸다. 각 기업의 고정비용과 가변비용은 0이고, A의 수출비용도 0이다. 자국과 외국 내 각 소비자는 상대국 시장에서 제품을 재판매할 수 없다. 다음 물음에 답하시오. (총 20점, 선택 총 10점)

(1) 자국과 외국의 내쉬균형에서 A의 가격, 판매량 및 이윤을 각각 구하시오. (12점)

(2) 외국 정부가 A에 대해 반덤핑조치를 시행할 수 있는지를 판단하고, A가 이를 회피하기 위해 C에 가격담합을 제안할 유인이 있는지에 대해 근거를 제시하면서 설명하시오. (8점)

Ⅰ. 설문 (1)의 해결

1. 설문의 분석

(1) 자국 시장의 경우 A와 B의 복점 상황에서 A가 가격선도 기업, B는 이를 추종하는 기업으로 경쟁이 이뤄지고 있다. 즉, 상대방의 반응행태를 자신의 제약조건으로 인식하는 선도자(leader)가 존재하는 슈타켈버그(Stackelberg) 모형에 해당한다.

(2) 외국 시장의 경우 A와 C의 복점 상황에서 상대방의 가격을 주어진 것으로 보는 가운데 동시에 자신의 가격 결정이 이뤄진다. 이때 두 기업의 상품이 차별화되어 있으므로 차별과점에서의 베르뜨랑(Bertrand) 모형에 해당한다고 할 수 있다.

2. 자국시장의 분석

(1) 기업 B의 행동원리

자국 내 각 기업의 수요함수를 Q에 관한 식으로 정리하면,

$Q_A^{자국} = 12 - 2P_A^{자국} + P_B$이고 $Q_B = 12 - 2P_B + P_A^{자국}$이다.

$$Max_{P_B} \Pi_B = P_B \cdot Q_B = P_B(12 - 2P_B + P_A^{자국})$$

$$f.o.c : \frac{\partial \Pi_B}{\partial P_B} = 0 \quad \therefore BR_B : P_B = 3 + \frac{1}{4}P_A$$

(2) 기업 A의 행동원리 - 슈타켈버그 가격선도자

$$Max_{P_A^{자국}} \Pi_A^{자국} = P_A^{자국} \cdot Q_A^{자국} = P_A^{자국}(12 - 2P_A^{자국} + P_B)$$

$$s.t. \ P_B = 3 + \frac{1}{4}P_A^{자국}$$

$$f.o.c : \frac{\partial \Pi_A^{자국}}{\partial P_A^{자국}} = 0 \quad \therefore P_A^{자국} = \frac{30}{7}\text{이고, 이를 } BR_B\text{에 대입 시 } P_B = \frac{57}{14}\text{이다.}$$

(3) 설문의 해결

위에서 구한 A의 자국 설정가격을 A의 자국 내 수요함수 및 B의 반응함수에 대입하면 다음과 같다.

$$P_A^{자국} = \frac{30}{7}, \ Q_A^{자국} = \frac{15}{2}, \ \Pi_A^{자국} = \frac{225}{7}$$

(4) 그래프의 도해

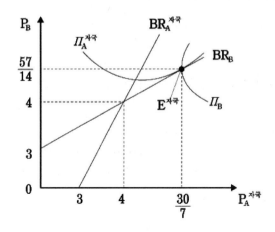

2. 외국시장의 분석

(1) 각 기업의 행동원리

우선 기업 A는 외국에서 이윤극대화를 위해 다음과 같이 행동한다.

$$Max_{P_A^{외국}} \Pi_A^{외국} = P_A^{외국}(12 - 2P_A^{외국} + P_C)$$

$$f.o.c : \frac{\partial \Pi_A^{외국}}{\partial P_A^{외국}} = 0, \quad \therefore BR_A^{외국} : P_A^{외국} = 3 + \frac{1}{4}P_A^{외국} 이다.$$

같은 원리로, 기업 C는 $Max_{P_C} \Pi_C = P_C(12 - 2P_C + P_A^{외국})$으로 행동하므로

$$BR_C : P_C = 3 + \frac{1}{4}P_A^{외국} 이다.$$

(2) 설문의 해결

베르뜨랑 모형에서 내쉬 균형(Nash Equilibrium)은 각 기업의 반응함수의 교점에서 이뤄진다. 따라서 $BR_A^{외국}$와 BR_C의 교점인 $P_A^{외국} = 4$, $P_C = 4$가 균형이다.

$$\therefore P_A^{외국} = 4, Q_A^{외국} = 8, \Pi_A^{외국} = 32 \text{ 이다.} (\text{이때}, P_C = 4, Q_C = 8, \Pi_C = 32\text{이다})$$

(3) 그래프의 도해

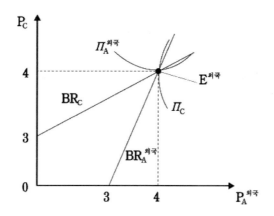

Ⅱ. 설문 (2)의 해결

1. 반덤핑조치 시행 가능 여부

(1) 덤핑(dumping)이란 해외 시장의 점유율을 높이기 위해 수출 기업이 자국 내 상품가격보다 낮은 가격으로 해외에 수출하는 행위를 가리킨다. 이러한 덤핑 행위로 인한 수입국의 자국 내 산업을 보호하기 위해 수입국은 반덤핑조치로서 관세를 부과하기도 한다.

(2) 설문의 경우 $P_A^{자국} = \dfrac{30}{7} > P_A^{외국} = 4$이므로 덤핑의 상황에 해당한다. 즉, 외국 정부는 반덤핑조치로서 관세의 부과가 가능하다.

2. 가격담합 제안의 유인 존재 여부

(1) 외국시장에서 A와 C가 담합을 한다면, 독점기업의 행동원리와 같이 아래처럼 행동할 것이다.

$$Max_{P_A, P_A} \Pi_{A+C}^{외국} = P_A(12-2P_A+P_C)+P_C(12-2P_C+P_A)$$

$$f.o.c : \dfrac{\partial \Pi_{A+C}^{외국}}{\partial P_A^{외국}} = 12-4P_A+P_C+P_A = 0, \quad \dfrac{\partial \Pi_{A+C}^{외국}}{\partial P_C} = P_A+12-4P_C+P_A = 0$$

$P_A^{외국} = P_C = 6$ 이므로, $Q_A^{외국} = Q_C = 6$이다.

따라서 두 기업의 결합이윤은 $\Pi_A^{외국} = \Pi_C = 36$이다.

(2) 따라서 기업 A는 담합하지 않은 경우의 이윤 32보다 담합한 경우의 이윤이 36으로 더 크기 때문에 담합을 제안할 유인의 있다.

(3) 이러한 결과에 따라 만약 A와 C는 가격담합을 하는 유인이 존재하므로, 그런 상황에서는 $P_A^{외국} = 6 > P_A^{자국} = \dfrac{30}{7}$이므로 외국 정부는 반덤핑조치를 시행할 수 없다.

(4) 즉, 결과적으로 기업 A는 외국 시장에서 기업 C와 가격경쟁을 하기보다 기업 C에게 담합을 제안하여 외국 정부의 반덤핑조치를 피할 것으로 예상할 수 있다.

강 평

1. 이 문제는 자국 2개의 기업이 존재하는 자국내 과점시장과 자국기업과 담합의 유인이 있는 외국기업의 과점시장을 분석하는 문제이다. 자국 과점시장은 의사결정 순서가 있는 슈타켈버그 선도자-추종자 모형(Stackelburg leader-follower)으로 후방귀납(backward induction)을 이용하여 풀 수 있다.

  (1) 여기서는 비협조적 게임 상황에서의 가격이 전략변수이다. 기업B는 추종자이므로 기업A의 가격을 주어진 것으로 보고 이윤극대화 1계 조건을 이용하여 기업B의 가격을 구하고, 이를 기업A의 이윤극대화 제약조건으로 두고 해결하는 문제이다.
  (2) 자국기업 A와 외국기업 C는 차별화된 제품의 가격경쟁에 있는 베르뜨랑(Bertrand) 모형으로 각 기업의 이윤극대화 조건을 풀어 각 기업의 (최적)반응함수(BR)를 도출하여 내쉬균형을 찾을 수 있다.

2. 내쉬균형 하에서 기업A의 자국내 가격과 외국으로의 판매가격과 비교하여 반덤핑가능성의 여부를 판정할 수 있다. 만약 기업A의 제품이 반덤핑 가격에 해당된다면 기업A는 제품가격 조정을 통해 반덤핑을 피하고자 할 것이다. 비협조적 게임 상황에서 협조적 게임 상황으로 전환할 유인이 있다. 즉, 외국기업 C와의 담합을 통해 과점시장을 독점시장상황으로 전환하여 가격 설정이 가능하기에 가격담합을 제안할 유인이 있다.
여기서 간과하지 말아야 할 것은 동질적인 제품과 달리 차별화된 제품의 경우에는 두 제품 간에 가격의 차이가 있다고 하더라도 완전한 수요변화가 나타나지는 않는다는 것이다.

2022년도 입법고등고시 기출문제와 어드바이스 및 답안구성 예

| 제1문 (30점) |

경제에 시장소득(y)이 서로 다른 개인들이 무수히 존재하며 이들의 총수는 편의상 1로 정규화한다. 시장소득은 연속균등분포(uniform distribution) $U[0, \bar{y}]$에 따라 분포되어 있다. 정부는 다음과 같은 소득재분배 정책을 시행한다. 시장소득이 기준소득($\hat{y}$)보다 작은 개인에게는 기준소득과 시장소득 차이에 대해 s의 비율로 보조금을 지급하며 반대로 시장소득이 기준소득($\hat{y}$)보다 큰 개인에게는 기준소득과 시장소득 차이에 대해 t의 비율로 세금을 부과한다. (단, $0 \leq s \leq 1$, $0 \leq t \leq 1$)

(1) $s > t$인 경우, 개인의 가처분소득(y^d)을 나타내는 식을 구하고 이를 (y, y^d) 평면에 그림으로 표현하시오. (5점)

ⓐdvice

설문의 주어진 모형은 '부의 소득세(Negative Income Tax)'모형에 해당한다는 것을 알 수 있다. 즉, 개인의 가처분소득은 기준소득($\hat{y}$)과의 대소 비교를 통해 $y > \hat{y}$인 경우와 $y < \hat{y}$인 경우로 구분하여 가처분소득에 대한 식을 도출한다. 다만, $s > t$이므로 $y > \hat{y}$인 경우보다 $y < \hat{y}$의 가처분소득에 관한 식의 기울기가 더 가파르다는 것을 그래프에 표출하여야 한다.

(2) 정부의 총조세수입과 총보조금지급액을 나타내는 식을 각각 도출하고 정부의 예산균형을 달성하는 $\hat{y}$을 구하시오. (15점)

ⓐdvice

1. 총조세수입 및 총보조급지급액은 (y, y^d) 평면에 나타낸 개인의 가처분소득의 식을 활용하여 적분을 통해 구할 수 있다. 다만, 개인의 총수가 1로 정규화되어 있고 시장소득이 연속균등분포 $U[0, \bar{y}]$를 따르므로, $\int_0^{\bar{y}} f(y) dy = 1$임을 감안하면 $f(y) = \frac{1}{\bar{y}}$이다.

2. 따라서 총조세수입은 $T = \int_{\hat{y}}^{\bar{y}} t(y - \hat{y}) \frac{1}{\bar{y}} dy$ 로, 총보조금지급액은 $S = \int_0^{\hat{y}} s(\hat{y} - y) \frac{1}{\bar{y}} dy$로 구할 수 있다. 이때 정부의 예산균형은 총조세수입과 총보조금지급액이 동일할 때 달성된다.

(3) 정부가 $\hat{y}$을 최저생계비로 인식하여 시장소득이 이에 미달하는 모든 개인의 가처분소득이 $\hat{y}$
이 되도록 보조금을 지급한다고 하자. 예산균형을 달성하면서 지급할 수 있는 $\hat{y}$의 최대값을 구
하고 이때 s와 t의 값을 각각 구하시오. 또한 이 경제의 가처분소득분포에 대해 설명하시오.
(10점)

🅰️dvice

1. 설문의 경우 최저생계비에 따른 보조금 지급은 '최저소득 보장제도(Guaranteed Minumum Income)'에 해당한다. 즉, $y < \hat{y}$인 경우 보조율이 $s = 1$인 상황이라고 할 수 있다.

2. 이를 설문 (2)에서 구한 정부의 예산균형 조건에 대입하면 $\hat{y} = \dfrac{\sqrt{t}}{1+\sqrt{t}} \bar{y}$ 임을 구할 수 있다. 이때 $\dfrac{\partial \hat{y}}{\partial t} = 0$을 통해 $t = 1$인 경우 $\hat{y} = \dfrac{\bar{y}}{2}$일 때 최대가 됨을 알 수 있다. 즉, 이러한 가처분소득의 분포는 모든 사람들의 소득이 $\dfrac{\bar{y}}{2}$가 되는 극단적인 상황에 해당함을 알 수 있다.

답안구성 예

Ⅰ. 설문 (1)의 해결
  1. 설문의 분석: 부의 소득세
  2. 가처분 소득 식의 도출
   (1) $y > \hat{y}$인 경우
   (2) $y < \hat{y}$인 경우
  3. 그래프의 도해
Ⅱ. 설문 (2)의 해결
  1. 설문의 분석

  2. 총조세수입의 도출
  3. 총보조급지급액의 도출
  4. 정부 예산균형 조건의 도출
Ⅲ. 설문 (3)의 해결
  1. 설문의 분석: 최저소득 보장제도
  2. 보조율의 도출: $s = 1$
  3. 설문의 해결
  4. 시사점

| 제2문 (20점) |

합리적 기대 하의 총공급 곡선이 $y - \bar{y} = 2(\pi - \pi^e)$로 주어져 있다. 여기서 y는 생산량, $\bar{y}$는 완전고용 생산량, π는 인플레이션율(%), π^e는 기대 인플레이션율(%)을 나타낸다 (단, $\pi \geq 0$). 높은 생산량과 낮은 인플레이션율을 선호하는 중앙은행은 사회후생함수 $U(y, \pi) = y - 0.5\pi^2$을 극대화하기 위해 인플레이션을 통제하며, 민간부문은 합리적 기대를 통해 인플레이션에 대한 기대를 형성한다.

(1) 재량적(discretionary)으로 통화정책을 실시하는 경우, 사회후생을 극대화하는 인플레이션율과 사회후생을 구하고, 이 상황을 그림으로 나타내시오. (10점)

1. 재량적인 통화정책을 실시할 경우, 중앙은행은 기대 인플레이션율과 실제 인플레이션율의 괴리를 통해 높은 생산량을 시도할 유인이 있다. 즉, 중앙은행은 총공급 곡선만을 제약조건으로 하여 사회후생의 극대화를 시도한다.

2. 따라서 $Max\, U(y, \pi) = y-0.5\pi^2\, s.t.\, y - \bar{y} = 2(\pi - \pi^e)$ 와 같이 중앙은행이 행동하게 되며, 민간부문은 합리적 기대를 한다는 가정에서 중앙은행이 달성하고자 하는 인플레이션율을 기대 인플레이션율로 설정한다. 이때 (y, π) 평면에서 세로축에 대하여 볼록한 모양의 사회후생함수를 같이 표시하여 그래프를 완성 가능하다.

(2) 정해진 준칙(rule)을 따라 통화정책을 실시하는 경우, 사회후생을 극대화하는 인플레이션율과 사회후생을 구하고, 이 상황을 그림으로 나타내시오. 재량적인 정책과 준칙에 입각한 정책 중 어떤 정책이 더 우월한지 설명하시오. (10점)

1. 준칙에 입각한 통화정책을 실시하는 경우, 중앙은행은 기대 인플레이션율과 실제 인플레이션과의 괴리를 통한 사회후생 극대화가 불가능하다.

2. 즉, 중앙은행은 설문 (1)과 같은 사회후생 극대화 식에 $\pi = \pi^e$라는 제약조건이 추가된 채로 사회후생 극대화를 하게 된다. 그 결과, '준칙이 재량보다 우월(rules rather than discretion)'이라는 명제에 따라 준칙에 입각한 정책 시행 시 사회후생이 더 극대화되어 우월하다고 평가가 가능하다.

답안구성 예

Ⅰ. 설문 (1)의 해결
1. 재량적 통화정책의 의의
2. 중앙은행의 행동원리: 사회후생 극대화
3. 설문의 해결: $\pi = 2, U = \bar{y}-2$
4. 그래프의 도해

Ⅱ. 설문 (2)의 해결
1. 준칙에 따른 통화정책의 의의
2. 중앙은행의 행동원리: 사회후생 극대화
3. 설문의 해결: $\pi = 0, U = \bar{y}$
4. 그래프의 도해
5. 시사점: rules rather than discretion

| 제3문 (20점) |

어느 나라의 전자제품 시장에서 차별화된 제품을 생산하는 두 기업이 모든 제품을 공급하고 있다. 이 두 기업이 직면하는 시장 수요함수는 각각 $y_1 = D_1(p_1, p_2) = 60-p_1+0.5p_2$와 $y_2 = D_2(p_1, p_2) = 60-p_2+0.5p_1$로 주어져 있다. 분석의 편의상 두 기업의 비용함수는 모든 생산량에 대하여 0으로 고정되어 있다고 하자.

(1) 이 시장에서 두 기업은 Bertrand 방식으로 가격을 동시에 독립적으로 결정하는 경쟁을 하고 있다고 하자. 이 경우 시장균형을 구하시오. (5점)

Advice

두 기업이 베르뜨랑 경쟁에 있는 경우, 각 기업의 반응곡선의 교점이 시장의 균형이 된다. 이때, 반응곡선은 각 기업의 이윤극대화 원리에 따라 $Max\, \Pi_1(p_1) = y_1 p_1$과 $Max\, \Pi_2(p_2) = y_2 p_2$ 식을 풀어 도출 가능하다.

(2) 두 기업이 합병하여 독점기업으로 행동할 경우, 새로운 시장균형을 구하시오. (5점)

Advice

두 기업이 합병하여 독점기업으로 행동하는 경우 독접기업은 결합이윤 극대화를 행동원리로 가지게 된다. 이에 $Max\, \Pi_{1+2}(p_1, p_2) = y_1 p_1 + y_2 p_2$ 식을 풀어 시장균형을 구할 수 있다.

(3) 이제 두 기업이 장기간에 걸쳐, 암묵적인 담합을 유지하면서 그로부터 얻는 이윤을 동일하게 나누어 가진다고 가정하자. 이때 기업들은 미래의 이윤들을 매기에 동일한 할인인자 δ $(0 < \delta < 1)$로 할인하여 현재가치를 계산한다. 만약 한 기업에 의해 담합이 깨질 경우 다른 기업의 방아쇠(trigger) 전략으로 (1)의 Bertrand 경쟁이 영원히 반복된다고 할 때, 암묵적 담합이 유지되기 위한 최소한의 할인인자는 얼마인지 구하시오. (10점)

Advice

1. 암묵적 담합의 유지를 위한 최소한의 할인인자 도출은 답합 유지 시의 이윤과 담합 붕괴 시의 이윤을 비교하여 찾을 수 있다.

2. 즉, 방아쇠 전략이 사용되는 상황에서 시간의 흐름에 따라 붕괴 이후 1기 동안 얻는 이윤 및 그 이후 얻는 베르뜨랑 경쟁에서의 이윤의 할인인자를 반영한 합과 담합 유지 시 기간 별 이윤의 할인인자를 반영한 합을 비교하여 담합을 유지하기 위한 최소한의 할인인자를 도출 가능하다. 이때 (t, Π) 평면에서의 기간별 이윤의 크기를 그래프로 표현할 수 있다.

┌ 답안구성 예 ┐

Ⅰ. 설문 (1)의 해결
 1. 베르뜨랑 경쟁의 의의
 2. 각 기업의 행동원리: 이윤극대화
 3. 설문의 해결: $p_1 = p_2 = 40$

Ⅱ. 설문 (2)의 해결
 1. 기업 합병의 의의
 2. 독점기업의 행동원리: 결합이윤극대화

 3. 설문의 해결: $p_1 = p_2 = 60$

Ⅲ. 설문 (3)의 해결
 1. 설문의 분석: 담합의 붕괴와 방아쇠 전략
 2. 담합 붕괴 시 기간별 이윤의 도출
 3. 설문의 해결: $\delta \geq \dfrac{9}{17}$
 4. 그래프의 도해

| 제4문 (30점) |

100명의 소비자와 다수의 보험회사가 참여하는 화재보험시장을 완전경쟁 시장이론을 이용하여 분석하자. 각 소비자는 가치가 10인 주택을 소유하고 있는데, 화재발생 확률은 1/100이며 화재가 발생할 경우에는 집의 가치가 0으로 떨어진다고 하자. 모든 소비자는 재산 χ에 대한 동일한 von Neumann-Morgenstern 효용함수 $u(\chi) = \ln\chi$를 가지고 있다. 반면에 보험회사들은 위험중립적인(risk neutral) 경제주체로서, 보험료와 보험금을 제외하고는 아무런 추가적인 비용이 없이 보험 서비스를 생산·판매한다. 이 시장에서 가격의 역할을 하는 보험료율 γ는 수요와 공급에 기초한 시장 기구에 의하여 정해진다. 따라서 개별 소비자와 보험회사는 주어진 보험료율 γ 하에서 각각 화재보험에 대한 수요량 또는 공급량으로서 보험금(K)의 크기를 결정한다.

(1) 개별 소비자의 기대효용 극대화 문제를 쓰고, 보험금(K)에 대한 개별 소비자의 수요함수와 시장 수요함수를 구하시오. 그리고 이 함수들이 수요의 법칙을 만족하는지 판단하고, 그 이유를 설명하시오. (10점)

Advice

1. 우선 $u(\chi) = \ln\chi$라는 점을 통해 소비자가 위험기피자임을 알 수 있다. 또한, 보험료율이 γ이고 보험금이 K인 상황에서 보험료 I는 γK이다. 이에 따라 소비자는 $Max\,Eu(\chi) = \frac{9}{10}\times\ln\chi_g + \frac{1}{10}\times\ln\chi_b$의 기대효용 극대화 원리를 가지며 $\chi_b - 0 = -\frac{1-\gamma}{\gamma}(\chi_g - 10)$의 제약조건을 가지는 것을 알 수 있다. 이때 접점조건에 따라 $MRS_{\chi_g\chi_b} = \dfrac{0.9\dfrac{1}{\chi_g}}{0.1\dfrac{1}{\chi_b}} = \dfrac{1-\gamma}{\gamma}$ 을 해결하여 개별 소비자의 수요함수를 구할 수 있다.

2. 또한 100명의 소비자가 존재하는 상황이므로 개별 소비자의 수요함수를 수평합하여 시장 수요함수의 도출이 가능하다. 이때 γ가 커질수록 K가 작아지므로 수요의 법칙을 만족하는 것을 알 수 있다.

(2) 개별 보험회사의 기대이윤 극대화 문제를 쓰고, 보험금(K)에 대한 개별 보험회사의 공급함수와 시장 공급함수를 구하시오. 그리고 이 함수들이 공급의 법칙을 만족하는지 판단하고, 그 이유를 설명하시오. (10점)

Advice

1. 보험회사의 경우 보험료가 수입, 보험금 지급액이 비용과 같으므로 $Max\,E\Pi = \frac{9}{10}\times I + \frac{1}{10}\times(I-K)$의 기대이윤 극대화 행동원리를 가진다.

2. 이를 풀어보면 $\gamma = \frac{1}{10}$을 기준으로 $\gamma > \frac{1}{10}$이면 $K = \infty$이고, $\gamma = \frac{1}{10}$이면 $0 \leq K \leq \infty$이고, $\gamma < \frac{1}{10}$이면 $K = 0$과 같은 수평선의 형태의 공급함수를 가지는 것을 알 수 있다. 따라서 다수의 보험회사가 존재하므로 시장 공급함수를 도출하기 위해 이를 수평합하여도 동일한 형태의 개별 보험회사와 시장 공급함수가 동일함을 알 수 있다. 이때 가격에 해당하는 γ이 넓으면 공급량이 늘어나므로 공급의 법칙을 충족한다고 할 수 있다.

(3) 이 보험시장에서의 완전경쟁균형을 구하시오. 시장 균형에서 개별 소비자가 구매하는 보험금(K)의 크기는 얼마인지 구하시오. 이 시장 균형이 효율적 자원배분인지 판단하고, 그 이유를 설명하시오. (10점)

Advice

1. 우선, 완전경쟁균형의 정의에 따라 모든 경제 주체가 가격수용자로 행동하며 수요와 공급이 일치하는 균형은 시장 수요함수와 공급함수의 교점에서 구할 수 있다. 다만, 이때의 자원배분이 효율적인 지 여부는 파레토 개선의 가능 여부에 따라 달라진다.

2. 설문의 경우 파레토 개선이 불가능한 상황이므로 파레토 효율적인 상황이며, 자원배분의 효율성이 달성된 상황에 해당한다.

답안구성 예

I. **설문 (1)의 해결**
   1. 설문의 분석
   2. 소비자의 행동원리: 기대효용 극대화
   3. 수요함수의 도출
      (1) 개별 소비자의 수요함수: $K^D = \frac{1}{\gamma}$
      (2) 시장 수요함수: $K_T^D = \frac{100}{\gamma}$
   4. 수요의 법칙 만족여부
   5. 그래프의 도해

II. **설문 (2)의 해결**
   1. 설문의 분석
   2. 보험회사의 행동원리: 기대이윤 극대화

3. 공급함수의 도출
   (1) 개별 보험회사의 공급함수
   (2) 시장 공급함수
4. 공급의 법칙 만족 여부
5. 그래프의 도해

III. **설문 (3)의 해결**
   1. 완전경쟁균형의 의미
   2. 시장균형의 도출: $K = 10$
   3. 효율적 자원배분 여부의 판단
   4. 그래프의 도해

| 제1문 | 기업 A의 이윤은 다음 표와 같이 기업에 고용된 관리인의 노력 정도와 외부환경요인에 의해 결정된다. 표 안의 수치는 관리인의 임금을 지불하기 전의 기업이윤을 의미한다.

	나쁜 외부 환경	좋은 외부 환경
관리인의 적은 노력	1,000만 원	2,000만 원
관리인의 많은 노력	2,000만 원	4,000만 원

기업 A의 기업주는 실제로 관리인이 얼마만큼의 노력을 투입했는지 파악할 수 없다. 그리고 기업주와 관리인 모두 어떤 외부 환경이 발생했는지를 정확히 아는 것은 불가능하지만, 나쁜 외부 환경과 좋은 외부 환경이 나타날 확률은 각각 50%로 알려져 있다.

관리인의 개인적인 목표는 임금에서 노력했을 때 드는 비용을 차감한 기대 순임금의 극대화이며, 노력에 따르는 비용은 적은 노력을 기울였을 경우 0원이고 많은 노력을 기울였을 경우에는 400만 원이라고 하자. 또한, 관리인은 기대순임금이 200만 원 이상인 경우에만 일을 한다고 가정하자. 기업주는 이윤에서 임금지급액을 뺀 기대순이윤을 극대화하는 것을 목표로 한다. 기업 A의 기업주와 관리인 모두 위험에 대해 중립적인 태도를 갖는다. 다음 물음에 답하시오. (총 20점, 선택 총 10점)

(1) 기업주가 다음과 같은 임금계약을 제시한다고 하자.

실현된 이윤이 1,600만 원을 초과하면 초과분의 70%를 임금으로 지불하나, 실현된 이윤이 1,600만 원 이하인 경우는 아무것도 지불하지 않는다.

이러한 임금계약 조건하에서 관리인은 어떤 노력수준을 선택하는지 보이시오. (10점)

(2) 기업주가 고정급 대신에 위 (1)의 임금계약과 같은 성과급을 채택할 경우 파레토 개선 여부를 판단하시오. (10점)

답안작성   김 0 0 / 2020년도 5급 공채 재경직 합격

Ⅰ. 설문 (1)의 해결

1. 설문의 분석

관리인이 적은 노력을 들였을 경우와, 많은 노력을 들였을 경우의 기대순임금의 크기를 비교하여 관리인의 최적 행동을 도출한다.

2. 설문의 해결

(1) 적은 노력을 들였을 경우

(기대순임금)$=0.5[(0.7(2000-1600)]+0.5[0]=140$

(2) 많은 노력을 들였을 경우

(기대순임금)$=0.5[(0.7(4000-1600)-400]+0.5[0.7(2000-1600)-400]=580$

3. 결 론

설문의 임금계약 조건 하에서 많은 노력을 들였을 경우의 기대순임금의 크기가 더 크므로 관리인은 '많은 노력 수준'을 선택한다.

Ⅱ. 설문 (2)의 해결

1. 고정급의 도출

(1) 설문에서 주어진 관리인의 참여제약조건을 충족시키기 위해 (고정급)≥ 200(만원)이다.

(2) 고정급의 경우 노력 여하에 관계없이 주어진다는 특성을 가지고 있으므로, 관리인은 언제나 기대순임금이 높은 '적은 노력' 수준을 선택한다. 이는 고정급이 지급되는 경우 기업주가 관리인의 노력 수준을 알 수 없어 나타나는 '도덕적 해이'에 해당한다.

(3) 이를 고려하여 기업주는 최소금액인 200만원을 고정급으로 설정할 것이다.

2. 파레토 개선여부 판단

(1) 파레토 개선

파레토 개선이란 경제주체의 효용이 모두 증가하는 상황을 말한다.

설문의 파레토 개선 여부는 고정급에서 성과급으로 급여체계가 변화하는 경우, 관리인의 기대순임금과 기업주의 기대순이윤이 모두 증가하는지에 따라 판단한다.

(2) 설문의 해결

가. 고정급의 경우

- (관리인의기대순임금) = 200
- (기업주의기대순이윤) = $0.5(1000-200)+0.5(2000-200)=1300$

나. 성과급의 경우

- (관리인의기대순임금) = 580
- (기업주의기대순이윤) = $0.5(2000-280)+0.5(4000-1680) = 2020$

(3) 결론

고정급에서 성과급으로 급여체계가 변화하는 경우, 관리인의 기대순임금과 기업주의 기대순이윤이 모두 증가하므로 "파레토 개선이 발생한다".

| 강 평 |

1. 이 문제는 기본적인 기댓값의 이해와 각각의 상황에서 적절한 산술식을 정확이 이해하면 쉽게 되는 문제이다.

2. 기대 순임금값을 계산하는 단순 문제이므로 크게 문제될 것이 없다.

3. 고정급의 정확한 조건(가정)이 설정되어 있지 않으므로 말 그대로의 고정급(유보임금-reservation wage)의 개념으로 간단하게 접근하는 것이 1차적 문제이고, 파레토 개선이란 '모든 구성원이 이전보다 못하지 않고, 최소한 구성원 하나는 이전보다 나아짐'이란 개념을 적용하여 고정급인 경우와 성과급인 경우를 비교하면 되는 쉬운 문제이다.

| 제2문 | 두 경제주체(i=A, B)가 2기에 걸쳐 한 재화(옥수수)만을 소비하는 경제를 가정하자. 각 경제주체는 현재소비(C_{0i})와 미래소비(C_{1i})로부터 효용을 얻으며, 각 경제주체의 효용함수는 다음과 같다.

$$U = C_{0i}^2 C_{1i} \ (i=\text{A, B})$$

여기서 C_{0i}와 C_{1i}는 경제주체 i가 현재(t=0)와 미래(t=1)에 소비하는 옥수수의 양을 의미한다. 경제주체 A와 B는 0기에만 각각 50단위와 12.5단위의 옥수수를 초기부존량으로 가진다. 각 경제주체는 미래소비를 위해 옥수수를 생산하며, 생산함수는 다음과 같다.

$$Q_{1i} = 6\sqrt{I_{0i}} \ , \ (i=\text{A, B})$$

여기서 I_{0i}는 경제주체 i가 생산을 위해 0기에 투입한 옥수수의 양을 나타내며, Q_{1i}는 경제주체 i가 1기에 수확하는 옥수수의 양이다. 각 경제주체는 옥수수 생산 외에도 서로 옥수수를 빌려주거나 빌릴 수 있으며, 옥수수를 빌리는 경우에 r의 이자율을 지급한다. 다음 물음에 답하시오. (총 30점, 선택 총 15점)

(1) 각 경제주체의 효용극대화 모형과 시장청산 조건을 제시하시오. (16점)

(2) 균형에서의 r, C_{0A}, C_{1A}, C_{0B}, C_{1B}, I_{0A}, I_{0B}를 구하고, 경제주체 간의 거래가 어떻게 이루어지는지 설명하시오. (14점)

Ⅰ. 설문 (1)의 해결	Ⅱ. 설문 (2)의 해결
1. 각 경제주체의 효용극대화 모형	1. A의 효용극대화 모형 풀이
(1) A의 경우	2. B의 효용극대화 모형 풀이
(2) B의 경우	3. 시장청산 조건 풀이
2. 시장청산 조건	4. 설문의 해결

Ⅰ. 설문 (1)의 해결

1. 각 경제주체의 효용극대화 모형

(1) A의 경우

$$\underset{C_{0A},\,C_{1A}}{Max}\ U_A\left[=C_{0A}^{2}\cdot C_{1A}\right]$$

$$s.t\quad C_{0A} + \frac{C_{1A}}{1+r} = 50 - I_{0A} + \frac{Q_{1A}}{1+r}$$

$$Q_{1A} = 6\sqrt{I_{0A}}$$

- I_{0A}는 다음기의 Q_{1A}를 통해 예산제약식의 영역을 확대하는 역할을 한다.
- 즉, 효용극대화를 위해 우선 예산제약영역을 극대화하는 I_{0A}를 도출한다.

- $\dfrac{\delta(50-I_{0A}+Q_{1A})}{\delta I_{0A}} = \dfrac{3}{(1+r)\sqrt{I_{0A}}} - 1 = 0$

$\therefore I_{0A} = \dfrac{9}{(1+r)^2}$

- 효용극대화 식의 해는

$MRS_{0\ 1}^{A} = 2\dfrac{C_{1A}}{C_{0A}} = 1+r$이다.

(2) B의 경우

$$\cdot\ \underset{C_{0B},\,C_{1B}}{Max}\ U_B\left[=C_{0B}^{2}\cdot C_{1B}\right]$$

$$s.t\quad C_{0B} + \frac{C_{1B}}{1+r} = \frac{50}{4} - I_{0B} + \frac{Q_{1B}}{1+r}$$

$$Q_{1B} = 6\sqrt{I_{0B}}$$

- A와 같은 원리로, B의 예산극대화 식과 효용극대화 식은

$I_{0B} = \dfrac{9}{(1+r)^2}$

$MRS_{0\ 1}^{B} = 2\dfrac{C_{1B}}{C_{0B}} = 1+r$ 이다.

2. 시장청산 조건

(1) A와 B 간의 옥수수의 대부, 차입의 양이 동일할 때, 균형이자율(r)이 결정되고 이때 시장청산 조건이 달성된다.

(2) 두 경제주체의 효용함수가 동일하나, A의 옥수수 초기부존량이 더 많은 상태이므로, A를 대부자, B를 차입자로 가정한다.

(3) 시장청산조건 : (A의 옥수수대부량) = (B의 옥수수대부량)= $50 - I_{0A}^* - C_{0A}^* = C_{0B}^* - (\frac{50}{4} - I_{0B}^*)$

(I_{0i}^* : 예산극대화 옥수수투자량,

C_{0i}^* : 효용극대화 소비량)

Ⅱ. 설문 (2)의 해결

1. A의 효용극대화 모형 풀이

$MRS_{0\ 1}^{\ A} = 2\frac{C_{1A}}{C_{0A}} = 1+r,\ I_{0A} = \frac{9}{(1+r)^2}$ 을 예산제약식에 대입하면,

$\frac{3}{2} C_{0A} = 50 + \frac{9}{(1+r)^2}$

$\therefore C_{0A}^* = \frac{100}{3} + \frac{9}{(1+r)^2}$

$\quad C_{1A}^* = \frac{50}{3}(1+r) + \frac{3}{(1+r)}$

2. B의 효용극대화 모형 풀이

$MRS_{0\ 1}^{\ B} = 2\frac{C_{1B}}{C_{0B}} = 1+r,\ I_{0B} = \frac{9}{(1+r)^2}$ 을 예산제약식에 대입하면,

$\frac{3}{2} C_{0B} = \frac{50}{4} + \frac{9}{(1+r)^2}$

$\therefore C_{0B}^* = \frac{25}{3} + \frac{6}{(1+r)^2}$

$\quad C_{1B}^* = \frac{25}{6}(1+r) + \frac{3}{(1+r)}$

3. 시장청산 조건 풀이

• (A의 옥수수대부량) = (B의 옥수수차입량)

즉, $50 - \frac{9}{(1+r)^2} -(\frac{100}{3} + \frac{6}{(1+r)^2}) = (\frac{25}{3} + \frac{6}{(1+r)^2}) - (\frac{25}{2} - \frac{9}{(1+r)^2})$

- 위의 시장청산 조건을 정리하면, $(1+r)^2 = \dfrac{36}{25}$

  $\therefore r = \dfrac{1}{5}$

- 즉, 시장청산을 이루는 이자율 (r)은 $\dfrac{1}{5}$이다.

4. 설문의 해결

- $r = \dfrac{1}{5}$을 대입하여 균형에서의 값을 도출한다.

- $C_{0A}^* = \dfrac{75}{2}$, $C_{1A}^* = \dfrac{45}{2}$

- $C_{0B}^* = \dfrac{25}{2}$, $C_{1B}^* = \dfrac{15}{2}$

- $I_{0A}^* = I_{0B}^* = \dfrac{25}{4}$

- (A의 옥수수대부량) = (B의 옥수수차입량) = $\dfrac{75}{12}$

- 즉, 0기에 B가 A로부터 옥수수를 $\dfrac{75}{12}$ 만큼 빌리고, 1기에 $\dfrac{15}{2}$ 만큼 상환한다.

┤ 강 평 ├

1. 이 문제는 2기 모형을 기반으로 1기의 투자(저축)함수가 포함된 일반균형 모형을 이용한 문제로서 내생변수를 정확히 이해하여 목적함수, 예산 제약식을 구성하고 이후 정확한 균형조건식을 계산하여 풀면 되는 문제이다.

2. 2기 효용극대화 모형은 주어진 설명대로 구성하면 되고, 여기에서 2기의 투자는 1기의 초기 부존량에서 저축과 상대방에 대한 차입(대부)량을 I라는 변수 하나로 통합하여 설명함으로써 기존의 2기모형을 응용한 모형이다.

(1) 주어진 solution에서는 I를 예산제약집합을 극대화하는 방법으로 간단히 풀이하였는데, 이를 풀어서 생각해보면 우선 정상적으로 각기의 최적 소비량을 투자의 함수로 구한다음, 이를 원래의 효용함수에 대입하여 구해진 최적의 효용을 극대화하는 I를 구해도 된다. 이렇게 하면 이 모형은 일반 2기 소비자 모형에서 저축함수를 구하는 과정과 동일하므로 보다 쉽게 (계산은 한스텝 더 필요하지만) 해결책을 구할 수 있다.

(2) 풀이에서는 옥수수 초기부존량이 많은 사람을 대부자로 하여 간단히 풀었는데, 초기 부존량이 많다고 해서 대부자라고 볼 수는 없으므로, 일반균형이론에서와 마찬가지로 각각의 1기 순소비량(초기부존량에서 1기 소비량과 투자량(I)를 뺀 값)을 합하여 0이 되는 시장청산 조건을 이용하여 풀면 시장청산을 이루는 r값을 구할 수 있다.

(3) 이 문제의 응용으로서 서로 다른 투자함수 Q(I)를 이용하면 초기부존량과 기술조건의 관계를 분석할 수 있는데, 예상되는 결론은 같은 효용함수에서 초기부존량이 클수록, 생산성이 낮을수록 대부자가 될 것이다.

| 제3문 | 어떤 경제의 대표적 소비자의 효용함수와 대표적 기업의 생산함수는 다음과 같다.

$$○ \text{ 효용함수: } U = ln(C - \frac{2}{3}BL^{1.5})$$

$$○ \text{ 생산함수: } Y = AL^{0.5}K^{0.5}$$

여기서 C, L, K, A는 각각 소비, 노동, 자본, 생산성을 나타내며, B는 노동의 비효용성을 결정하는 모수이다. 소비자가 공급하는 노동 한 단위에 대한 실질임금은 ω, 자본 한 단위에 대한 실질임대료는 r이다. 자본은 일정하며 모든 시장은 완전경쟁시장이다. 다음 물음에 답하시오. (총 30점, 선택 총 15점)

(1) 노동수요 및 노동공급함수를 도출하시오. (10점)

(2) B=5, K=1일 때, A가 40에서 90으로 증가하면 균형실질임금, 균형노동, 균형산출은 어떻게 변화하는지 답하시오. (14점)

(3) (2)의 결과를 이용하여 실물경기변동론이 경기변동의 정형화된 사실을 어떻게 설명할 수 있는지 논하시오. (6점)

Ⅰ. **설문 (1)의 해결**	(1) $A = 40$
1. 노동수요함수 도출	(2) $A = 90$
2. 노동공급함수 도출	(3) 그래프의 도해
3. 그래프의 도해	Ⅲ. **설문 (3)의 해결**
Ⅱ. **설문 (2)의 해결**	1. 실물경기변동론
1. $B = 5, K = 1$ 일 때, 균형의 도출	2. 설문의 해결
2. 균형의 변화	

답안작성

김 ○ ○ / 2020년도 5급 공채 재경직 합격

Ⅰ. 설문 (1)의 해결

1. 노동수요함수 도출

• $Max\pi\ [=Y-\omega L]\ \ s.t\ \ Y = AL^{0.5}k^{0.5}$
  $_L$

$$f \cdot o \cdot c : \frac{\delta\pi}{\delta L} = \frac{A}{2}(\frac{K}{L})^{0.5} - \omega = 0$$

- 이윤극대화 결과 선택하는 L이 노동수요가 되므로,

$$\therefore L^D : \omega = \frac{A}{2}(\frac{K}{L})^{0.5} \; (= MP_L)$$

2. 노동공급함수 도출

- $\underset{L,C}{Max} \, U[=\ln(C - \frac{2}{3}BL^{1.5})] \;\; s.t \;\; C = \omega L$

$$f \cdot o \cdot c : MRS_{LC} = B\sqrt{L} \; = \omega$$

- 효용극대화 결과 선택하는 L이 노동공급이 되므로

$$\therefore L^S : \omega = B\sqrt{L}$$

3. 그래프의 도해

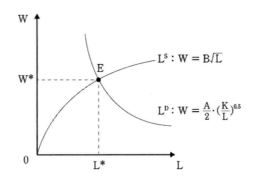

II. 설문 (2)의 해결

1. $B = 5$, $K = 1$ 일 때, 균형의 도출

노동수요와 노동공급이 동일하여 임금 변화 유인이 없을 때, 노동시장의 균형이 이루어진다.

- $L^D = L^S$는 $\omega = B\sqrt{L} \; = \frac{A}{2}(\frac{K}{L})^{0.5}$ 이며,

$B = 5, K = 1$ 이므로 $5\sqrt{L} \; = \frac{A}{2}\frac{1}{\sqrt{L}}$

$$\therefore L^* = \frac{A}{10}, \; \omega^* = \frac{1}{2}\sqrt{10A}, \; Y^* = A\sqrt{\frac{A}{10}}$$

2. 균형의 변화

(1) $A = 40$

$L^* = 4, \; \omega^* = 10, \; Y^* = 80$

(2) $A = 90$

　　$L^{**} = 9,\ \omega^{**} = 15,\ Y^{**} = 270$

(3) 그래프의 도해

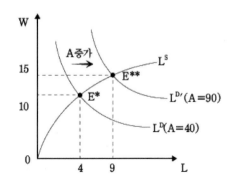

• 생산성 (A)증가로 노동수요가 외생적으로 증가함
• $E^* \rightarrow E^{**}$: 균형의 이동

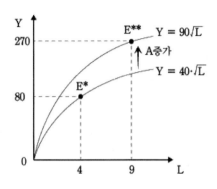

Ⅲ. 설문 (3)의 해결

1. 실물경기변동론

　　실물경기변동론은 노동과 자본을 제외한 솔로우잔차항 (설문에서의 A)의 경기순행성을 근거로 기술충격(설문에서의 A변동)을 경기변동의 주 변수로서 설명하는 이론이다.

2. 설문의 해결

(1) 설문과 관련된 경기변동의 정형화된 사실은 실질임금과 균형고용량의 경기순행성이다.

(2) 설문 (2)에서 A증가의 결과 ω, L, Y가 모두 증가하므로 그 사실을 증명할 수 있다.

(3) 실물경기변동론은 이를 기술충격이 경기변동의 이유인 근거로 제시할 것이다.

강 평

1. 이 문제는 앞의 2기 모형문제에 비해 단순한 문제로서 흔히 볼 수 있는 쉬운 문제이다.

2. 요소수요함수는 기업의 이윤을 극대화 하는 과정에서 파생되는 요소수요함수로서 이윤함수를 정확하게 유도하는 것이 핵심이고, 이후에는 일상적인 이윤극대화 1계조건을 이용하여 풀면된다 ; 여기에서 수요함수는 임금-노동수요량의 관계라는 것을 일관성있게 작성하여야 한다(노동수요를 풀이에서처럼 w(L)이나 아니면 임금의 함수로서 구해도 상관 없다L(w). 이러한 문제는 그림으로서 명확히 설명하는 것이 보다 쉽게 이 문제에 대한 통찰력을 갖게 해 준다. 풀이에서 목적함수(이윤)에서 자본(K)를 생략하였는데, 결과에는 영향을 미치지 않지만 정확한 수식을 위해서는 자본 항목을 넣어야 한다.

3. 미시에서 나오는 비교정태분석으로서 정확한 해만 구한다면 비교적 간단하게 답을 할 수 있다. 그림으로 표현하는 것을 습관으로 하면 도움이 된다.

4. 미시의 결과를 경기변동론과 접목하여 설명하는 것으로서 실물경기변동론의 기본적 사실들을 적시하고, 위의 결과를 이용하여 설명하는 간단한 문제이다.

| 제4문 | 유위험이자율평가(Uncovered Interest Rate Parity)에 따르면, 명목환율과 명목이자율 간 다음의 관계가 성립한다.

$$E_t[logS_{t+1}] - logS_t = R_t - R_t^*$$

여기서 S_t는 현재 t시점의 B국 통화 한 단위당 A국 통화로 표시된 명목환율을 나타내며, $E_t[logS_{t+1}]$은 경제주체가 t시점에 주어진 정보를 이용하여 예상한 t+1시점의 기대 로그명목환율이다. R_t와 R_t^*는 각각 현재 t시점의 A국과 B국의 단기 무위험 명목이자율이고, π_t와 π_t^*는 시점의 A국과 B국의 물가상승률이다.

두 국가의 실질이자율은 $\bar{r}$로 동일하며, 다음과 같이 피셔방정식이 성립한다.

$$R_t^* = \bar{r} + \pi_t^*$$
$$R_t = \bar{r} + \pi_t$$

B국의 물가상승률은 외생적으로 결정되며, 다음과 같은 확률과정(Stochastic Process)을 따른다.

$$\pi_{t+1}^* = \pi_t^* + \varepsilon_{t+1}^*$$

여기서 ε_{t+1}^*은 기댓값이 영(0)인 확률변수이다. 다음 물음에 답하시오. (총 20점, 선택 총 10점)

(1) B국 물가상승률(π_t^*)이 1%p 상승할 때, 다음 각 경우의 현재와 $t+3$시점 간 기대 명목환율 변화율($E_t[logS_{t+3}] - logS_t$)에 미치는 영향을 계산하시오. (12점)

① A국 물가상승률이 $\pi_{t+1} = \pi_t + \varepsilon_{t+1}$의 확률과정을 따른다. 단, ε_{t+1}^*과 ε_{t+1}은 상호독립이며 기댓값이 영(0)인 확률변수이다.

② A국 물가상승률이 $\pi_{t+1} = \pi_t^* + \varepsilon_{t+1}$의 확률과정을 따른다.

(2) 위의 ①, ② 결과를 모두 활용하여 B국 물가상승률의 변동이 A국의 명목이자율과 환율에 미치는 영향을 논하시오. (8점)

Ⅰ. 설문 (1)의 해결
  1. ①의 경우
  2. ②의 경우
Ⅱ. 설문 (2)의 해결
  1. ①의 경우

    (1) A국 명목이자율 변화
    (2) A국 환율 변화
  2. ②의 경우
    (1) A국 명목이자율 변화
    (2) A국 환율 변화

Ⅰ. 설문 (1)의 해결

1. ①의 경우

$$\cdot\ E_t[\log S_{t+3}] - \log S_t$$

$$= E_t[\log S_{t+3}] - E_t[\log S_{t+2}] + E_t[\log S_{t+2}]$$

$$- E_t[\log S_{t+1}] + E_t[\log S_{t+1}] - \log S_t$$

$$= E_t[R_{t+2} - R^*_{t+2}] + E_t[R_{t+1} - R^*_{t+1}]$$

$$+ R_t - R^*_t$$

$$(\because E_t[\log S_{t+3}] - E_t[\log S_{t+2}]$$

$$= E_t[R_{t+2} - R^*_{t+2}]$$

$$E_t[\log S_{t+2}] - E_t[\log S_{t+1}]$$

$$= E_t[R_{t+1} - R^*_{t+1}])$$

$$E_t[R_{t+2} - R^*_{t+2}] + E_t[R_{t+1} - R^*_{t+1}]$$

$$+ R_t - R^*_t$$

$$= E_t[\pi_{t+2} - \pi^*_{t+2}] + E_t[\pi_{t+1} - \pi^*_{t+1}]$$

$$+ (\pi_t - \pi^*_t)$$

①의 경우, $\pi^*t+1 = \pi^*t + \epsilon^*t+1$ 와 더불어 $\pi_{t+1} = \pi_t + \epsilon_{t+1}$ 이며, ϵ^*_{t+1}, ϵ_{t+1} 의 기댓값이 0이므로

$$E_t[\log S_{t+3}] - \log S_t$$

$$= E_t[\pi_{t+2} - \pi^*_{t+2}] + E_t[\pi_{t+1} - \pi^*_{t+1}]$$

$$+ (\pi_t - \pi^*_t)$$

$$= E_t[\pi_t + \epsilon_{t+2} + \epsilon_{t+1} - (\pi^*_t + \epsilon^*_{t+2} + \epsilon^*_{t+1})]$$

$$+ E_t[\pi_t + \epsilon_{t+1} - (\pi^*_t + \epsilon^*_{t+1})]$$

$$+ (\pi_t + \pi^*_t)$$

$$= (\pi_t - \pi^*_t) + (\pi_t - \pi^*_t) + (\pi_t - \pi^*_t)$$

$$= 3\pi_t - 3\pi^*_t$$

$$\therefore\ \frac{\delta(E_t[\log S_{t+3}] - \log S_t)}{\delta \pi^*_t} = -3$$

①의 경우, B국 물가상승률 (π_t^*)이 1%p 상승할 때, 현재와 $t+3$시점 간 기대명목환율 변화율은 3%p 하락한다.

2. ②의 경우

$\pi_{t+1}^* = \pi_t^* + \epsilon_{t+1}^*$ 이며, $\pi_{t+1} = \pi_t^* + \epsilon_{t+1}$ 이므로,

$$\cdot\ E_t[\log S_{t+3}] - \log S_t$$
$$= E_t[\pi_{t+2} - \pi_{t+2}^*] + E_t[\pi_{t+1} - \pi_{t+1}^*] + (\pi_t - \pi_t^*)$$
$$= E_t[\pi_t^* + \epsilon_{t+2} + \epsilon_{t+1} - (\pi_t^* + \epsilon_{t+2}^* + \epsilon_{t+1}^*)] + E_t[\pi_t^* + \epsilon_{t+1} - (\pi_t^* + \epsilon_{t+1}^*)] + (\pi_t + \pi_t^*)$$
$$= \pi_t - \pi_t^*$$

$$\therefore\ \frac{\delta(E_t[\log S_{t+3}] - \log S_t)}{\delta \pi_t^*} = -1$$

②의 경우, B국 물가상승률 (π_t^*)이 1%p 상승할 때, 현재와 $t+3$시점 간 기대명목환율 변화율은 1%p 하락한다.

II. 설문 (2)의 해결

1. ①의 경우

(1) A국 명목이자율 변화

$$\cdot\ R_{t+1} - R_t = (\bar{r} + \pi_{t+1}) - (\bar{r} + \pi_t) = \pi_{t+1} - \pi_t$$
$$\cdot\ \frac{\delta(R_{t+1} - R_t)}{\delta \pi_t^*} = 0$$

• 즉, A국의 명목이자율은 B국의 물가상승률 변동에 영향을 받지 않는다.

(2) A국 환율 변화

$$\cdot\ \frac{\delta(E_t[\log S_{t+1}] - \log S_t)}{\delta \pi_t^*} = -1$$

$$\cdot\ \frac{\delta(E_t[\log S_{t+3}] - \log S_t)}{\delta \pi_t^*} = -3$$

• B국 물가상승률이 상승(하락)하면 A국 환율이 하락(상승) 한다.

2. ②의 경우

(1) A국 명목이자율 변화

$$\cdot\ R_{t+1} - R_t = (\bar{r} + \pi_{t+1}) - (\bar{r} + \pi_t) = \pi_{t+1} - \pi_t = \pi_t^* - \pi_t$$

$$\cdot\ \frac{\delta(R_{t+1} - R_t)}{\delta\pi_t^*} = 1$$

• B국 물가상승률 상승(하락) 시, A국 명목이자율이 상승(하락) 한다.

(2) A국 환율 변화

$$\cdot\ \frac{\delta(E_t[logS_{t+1}] - logS_t)}{\delta\pi_t^*} = -1$$

$$\cdot\ \frac{\delta(E_t[logS_{t+3}] - logS_t)}{\delta\pi_t^*} = -1$$

• B국 물가상승률 상승(하락) 시 A국 환율이 하락(상승)한다.
• 다만, ①의 경우와 달리 장기에 영향력이 더욱 강해지는 경향은 해소된다.

| 강 평 |

1. 화폐(국제)금융론의 기술적 문제에서 기댓값에 대한 정확한 이해를 요구하는 문제로서, 주어진 조건식들이 일견 복잡하게 연관되어 있으므로 이를 정확하고 단순하게 분석하는 능력을 테스트하는 문제이다.

2. 2국가 다기 모형에서 환율과 이자율, 물가의 3가지 주요변수에 대한 3개의 조건식이 있으므로 각 조건식을 적절하게 이용하여 주어진 문제를 풀기 위한 관계식으로 변환시키는 것이 과제이다.

3. 각 조건식과 문제를 정확히 이해한다면 계산과정은 오히려 단순할 수 있으므로 거시에서 다수의 조건식이 주어진 문제에서 필요한 관계식을 유도하는 능력과 기댓값 처리에 대한 능력을 필요로 하고, 이후에는 오히려 평이한 문제로 볼 수 있다.

4. $E_t[\pi_t^* + \epsilon_{t+2} + \epsilon_{t+1} - (\pi_t^* + \epsilon_{t+2}^* + \epsilon_{t+1}^*)]$
$+ E_t[\pi_t^* + \epsilon_{t+1} - (\pi_t^* + \epsilon_{t+1}^*)]$
$+ (\pi_t + \pi_t^*)$

2021년도 입법고등고시 기출문제와 어드바이스 및 답안구성 예

| 제1문 (30점) |

코로나19로 인한 사회적 거리두기가 거시경제에 미치는 영향이 매우 컸다. 이런 상황을 반영한 다음 모형을 가정하자.

$$C = C_0 + b(1-d)Y$$

$$I = I_0 - \alpha(1+d)r$$

$$Y = C + I + \overline{G}$$

$$\frac{\overline{M}}{P} = M_0 + \beta Y - \lambda r$$

단, 여기서 C는 소비, b는 한계소비성향($0<b<1$), d는 사회적 거리두기 지수(d는 $0<d<1$의 값을 가지며 d가 클수록 사회적 거리두기가 강화됨을 의미함), I는 투자, r은 실질이자율, Y는 소득(GDP), $\overline{M}$는 명목통화량, P는 물가수준을 나타낸다. α, β, λ는 모두 양(+)의 값을 가지는 파라미터이며, C_0는 독립소비, I_0는 독립투자지출, $\overline{G}$는 외생적인 정부지출, M_0는 독립통화수요를 나타낸다.

(1) 한계소비성향(b) 및 사회적 거리두기 지수(d)의 크기에 따라 IS곡선의 기울기가 어떻게 변화하는지를 설명하시오. (10점)

Advice

설문에서 주어진 모형은 IS-LM 모형의 변형임을 파악한다. 우선, IS곡선의 의의를 설명하고 식을 도출한다. 이후 식을 이자율(r)에 관한 식으로 전개하여 기울기를 도출한다. 기울기 값을 한계소비성향(b) 및 사회적 거리두기 지수(d)로 각각 미분하여 변화를 설명한다. 사회적 거리두기 지수의 경우, b값의 범위에 따라 미분값의 부호가 달라진다.

(2) 이제 사회적 거리두기가 d_0에서 d_1으로 강화되었다고 하자. 사회적 거리두기가 강화된 상황에서, 통화정책과 재정정책 중 어느 정책이 더 효과적인지 그림을 이용하여 설명하시오.(단, 한계소비성향(b) = 0.7이라고 가정함) (10점)

IS-LM 모형에서 정책효과의 차이를 묻는 설문이다. $b = 0.7$임을 염두에 두고 d증가에 따른 IS곡선과 LM곡선의 기울기 변화를 파악한다. 이후 두 정책 간의 효과를 비교하기 위하여 IS곡선과 LM곡선을 동일한 폭으로 수평 이동한다. 이후 두 곡선 간 교점에서의 Y차이를 통해 정책효과를 나타낸다. 설문에서 '그림을 이용'하라 하였으므로 그래프 상의 설명에 적절한 비중을 할애하도록 유의하며 풀이한다.

(3) 이제 통화시장균형을 나타내는 식이 $\dfrac{M}{P} = M_0 + \beta Y - \lambda r$로 변했다고 하자. (2)와 같이 사회적 거리두기가 강화된 경우 재정정책의 효과는 어떻게 변화되는지 그림을 이용하여 설명하시오.(단, 여기서 한계소비성향$(b) = 0.5$라고 가정함) (10점)

Advice

1. 우선 설문 상의 조건 변화를 파악해야 한다. 화폐시장균형식에 사회적 거리두기 변수(d)가 추가된 것을 확인한다. 그러므로 LM곡선 또한 d값에 따라 영향을 받을 것임을 추측한다.

2. 설문 (2)에서 $b = 0.7$인데 비해 설문 (3)에서는 $b = 0.5$이다. 이 같은 변화가 사회적 거리두기에 따른 IS와 LM 곡선 변화에 어떤 변화를 일으키는지 파악하는 것이 중요하다. 이를 염두에 두고 설문 (2)와 동일한 방식으로 풀이한다.

답안구성 예

I. 설문 (1)의 해결

  1. IS 곡선의 의의 및 도출

  2. 사회적 거리두기 지수(d) 증가에 따른 IS 곡선 기울기 변화

II. 설문 (2)의 해결

  1. 사회적 거리두기 지수(d) 증가의 효과 : IS 가팔라짐, LM 불변

  2. 정책 간 효과 비교 : 재정정책이 효과적

III. 설문 (3)의 해결

  1. 사회적 거리두기 지수 (d) 증가의 효과: IS 불변, LM 가팔라짐

  2. 정책 간 효과 비교 : 통화정책이 효과적

| 제2문 (40점) |

소비자의 효용함수는 $U(C, H)log_2^{C-H}$로 주어져 있으며, C는 소비, H는 노동시간을 나타낸다. 소비자들은 모두 동일하게 한 단위의 시간을 부여받는다. 노동공급은 불가분적(indivisible)이어서 소비자는 주어진 시간 모두를 일하거나 전혀 일하지 않거나 둘 중 한 가지만 선택할 수 있다. 일하는 경우 소비자는 시간당 임금을 ω로 받는다. 노동소득 외에 소비자들에게는 비노동소득인 χ가 주어지는데 이는 각 소비자의 유형마다 다르다. 전체 소비자의 수는 1로 정규화하

며, 비노동소득의 수준에 따라 세 가지 유형의 소비자가 각각 1/3씩 존재한다. 경제전체의 비노동소득은 10이며, 그 중 첫 번째 유형(type 1)의 소비자들이 1/6을, 두 번째 유형(type 2)의 소비자들이 1/3을, 세 번째 유형(type 3)의 소비자들이 1/2을 가져간다고 하자. 경제에 단 하나의 기업이 존재하며 이 기업의 생산함수는 $Y = \sqrt{N}$이다. 여기서 Y는 산출량이고 N은 노동투입량이다. 이 경제의 모든 시장은 완전경쟁적이라고 하자. 생산물의 가격은 1로 정해져 있다.

(1) 개별 소비자의 노동공급함수를 구하고 이를 그림으로 나타내시오. (20점)

Advice

1. 개별 소비자의 선택은 효용극대화에 따름에 유의하며 설문을 풀이한다. 다만, 효용극대화 식을 세우기보다는 설문에서 주어진 조건에 따라 H=0 또는 H=1인 경우의 효용을 비교하여 소비자 선택을 도출한다. w와 x값의 관계에 따라 개별노동공급함수가 도출된다.

2. 전체 소비자의 수가 1임에 유의하며 답안을 작성한다. 각 유형의 소비자 수는 1/3이고 각 소비자 유형의 '전체' 비노동소득이 x임을 유의하며 문제를 풀이한다.

(2) 개별 소비자의 노동공급함수를 이용하여 경제 전체의 노동공급곡선을 그림으로 나타내시오. (10점)

Advice

개별 소비자의 노동공급함수를 수평합하여 경제 전체 노동공급함수를 도출한다. 전체 노동공급함수는 계단식으로 나타나게 된다. 단, 문제 조건에 의해 수평부분은 점선처리함에 주의해야 한다.

(3) 기업의 노동수요함수를 구하고 노동시장의 균형에서 노동량과 임금을 구하시오. (10점)

Advice

우선, 기업의 노동수요는 기업의 이윤극대화 식을 세워 도출한다. 그 후 설문 (2)에서 도출한 전체 노동공급함수와 기업의 생산함수로부터 도출한 노동수요함수를 통해 노동시장의 균형을 도출한다.

답안구성 예

Ⅰ. **설문 (1)의 해결**
  1. 소비자의 노동공급 선택
  2. 각 유형 개별소비자의 노동공급함수
    도출
    (1) 첫 번째 유형
    (2) 두 번째 유형

    (3) 세 번째 유형
Ⅱ. **설문 (2)의 해결**
Ⅲ. **설문 (3)의 해결**
  1. 기업의 노동수요원리
  2. 설문의 해결 : $N = \dfrac{1}{3}$, $W = \dfrac{\sqrt{3}}{2}$

어느 나라의 전력 서비스를 한 기업이 독점적으로 공급하고 있다. 이 기업은 노동(L)과 자본(K)의 두 생산요소를 사용하여 전력(y)을 생산하는데, 그 생산기술은 생산함수 $y=\left\{\min(\frac{L}{4}, \frac{k}{2})\right\}^2$ 으로 표현된다고 한다. 두 생산요소의 가격은 각각 $\omega=5$와 $r=20$으로 주어져 있고, 아울러 전력에 대한 시장수요함수는 $y=(18-p)^2$ (단, $p \leqq 18$)로 주어져 있다.

(1) 이 기업의 비용함수를 구하시오. (10점)

Advice

생산함수가 레온티에프(leontief)의 변형임을 고려하여 설문을 풀이한다. 일반적인 레온티에프(leontief)함수와 크게 다르지 않으며 제곱이 있음을 유의하며 식을 전개한다. 비용극소화 조건은 $\sqrt{y} = \frac{L}{4} = \frac{k}{2}$ 로 나타난다. 이를 통해 비용함수를 도출한다. 비용함수를 도출하면, 규모의 경제 특성을 보이고 있음을 알 수 있다.

(2) 독점기업의 균형을 구하시오. (10점)

Advice

이윤극대화 식을 세우고 MR=MC를 달성하는 독점기업의 균형을 도출한다. 이 과정에서 해가 되는 전력 생산량이 두 개가 도출된다면 각각의 이윤을 비교하여 최종적인 답을 도출하는 과정이 필요하다 .

(3) 이제 정부가 독점기업의 전력 판매에 대하여 가격규제를 실시하기로 하였다. 그중에 평균비용과 한계비용 가격설정 방식을 설명하고 그 경제적 효과를 계산하여 비교하시오. (10점)

Advice

1. 우선 각 가격규제의 의미를 설명한다. 그래프를 이용하면 효과적으로 나타낼 수 있다. 평균비용 가격설정 규제의 경우, 정상이윤을 얻게됨과 자중손실이 있음을 나타낸다.

2. 한계비용 가격설정 규제의 경우, 규모의 경제 특성에 비롯하여 생산중단이 일어남을 나타낸다.

답안구성 예

Ⅰ. **설문 (1)의 해결**
 1. 기업의 비용극소화 행동원리
 2. 설문의 해결: $TC=60\sqrt{y}$

Ⅱ. **설문 (2)의 해결**
 1. 기업의 이윤극대화 행동원리

 2. 설문의 해결: $y=100, p=8, \pi=200$

Ⅲ. **설문 (3)의 해결**
 1. 가격설정 규제의 내용
 2. 설문의 해결

| 제1문 | 두 재화 χ_1, χ_2와 두 경제주체 A, B로 구성된 순수교환경제를 가정하자. A와 B의 효용함수는 다음과 같다.

$$U^A(\chi_1, \chi_2) = \chi_1 \chi_2^2$$
$$U^B(\chi_1, \chi_2) = \chi_1^2 \chi_2$$

A와 B의 초기부존량 ($\overline{\chi_1}$, $\overline{\chi_2}$)는 각각 e^A = (9, 3) 및 e^B = (12, 6)이다.

A와 B가 각자의 효용을 극대화하는 과정을 통해 시장은 일반균형을 달성한다.

다음 물음에 답하시오. (총 50점, 선택 총 25점)

(1) χ_1, χ_2의 균형배분을 구하고, 일반균형에서 상대가격체계가 중요한 이유를 설명하시오. (10점)

(2) 각 재화에 대한 초과수요함수를 도출하고, 왈라스법칙(Walras' law)이 성립함을 보이시오. (10점)

(3) (1)과 (2)에서 도출한 결과에 기초하여 후생경제학 제1정리와 후생경제학 제2정리가 성립함을 보이시오. (20점)

(4) 후생경제학 제1정리의 한계점을 논하시오. (10점)

I. 설문 (1)의 해결

1. x_1, x_2의 균형 배분 : $x_1^{A^*}$ = 5, $x_2^{A^*}$ = 5, $x_1^{B^*}$ = 16, $x_2^{B^*}$ = 4

   (1) 균형 배분의 성립 조건

   (2) 설문의 해결

2. 일반균형에서 상대가격체계의 중요성

II. 설문 (2)의 해결

1. A와 B의 행동 원리

2. 각 재화의 초과수요 함수 : $EDx_1 = 5\dfrac{P_2}{P_1} - 10$, $EDx_2 = 10\dfrac{P_1}{P_2} - 5$

3. 왈라스법칙 성립 여부 : 성립함

III. 설문 (3)의 해결

1. 후생경제학 제1정리 성립 여부

   (1) 후생경제학 제1정리 의의

   (2) 설문의 경우

2. 후생경제학 제2정리 성립 여부

   (1) 후생경제학 제2정리 의의

   (2) 설문의 경우

3. 소 결

IV. 설문 (4)의 해결

1. 분석 수준의 한계 : 외부성과 불완전 경쟁의 문제

2. 가치 함유의 한계 : 공평성의 문제

Ⅰ. 설문 (1)의 해결

1. x_1, x_2의 균형 배분 : x_1^{A*} = 5, x_2^{A*} = 5, x_1^{B*} = 16, x_2^{B*} = 4

(1) 균형 배분의 성립 조건

두 재화 x_1, x_2와 두 경제주체 A, B로 구성된 순수교환경제에서 균형 배분이 성립하기 위해서는 각 경제주체의 주관적 교환비율과 두 재화의 상대가격체계가 같아야 한다.

즉, $MRS_{12}^A = MRS_{12}^B = \dfrac{P_1}{P_2}$ 를 충족해야 한다.

(2) 설문의 해결

균형 배분의 성립 조건에 따라, x_1, x_2의 균형 배분을 구하면, $\dfrac{x_2^A}{2x_1^A} = \dfrac{2x_2^B}{x_1^B} = \dfrac{2(9-x_2^A)}{21-x_1^A} = \dfrac{P_1}{P_2}$이 성립한다. 계산의 편의상 이 식을 A의 예산식 $P_1x_1^A + P_2x_2^A = 9P_1 + 3P_2$에 대입하여, x_1^{A*} = 5, x_2^{A*} = 5, x_1^{B*} = 16, x_2^{B*} = 4를 구할 수 있다.

2. 일반균형에서 상대가격체계의 중요성

일반균형에서는 가격의 절대 수준보다는 상대가격체계가 중요하다.

그 이유는 첫째, 상대가격체계는 개별 경제주체의 최적 선택에 중요한 준거로 활용되기 때문이다. 개별 경제주체는 효용 극대화를 최적 선택의 기준으로 삼는데, 효용 극대화는 자원의 주관적 교환비율과 객관적 교환비율이 일치하는 지점에서 이루어진다. 상대가격체계는 가격의 절대 수준과 달리 객관적 교환'비율'을 나타내 줌으로써 최적 선택의 준거를 제공한다.

둘째, 상대가격체계를 통해 개별 경제주체의 최적 선택을 넘어 자원 '배분'의 효율성을 모색할 수 있다. 개별 경제주체가 최적 선택을 하더라도 자원의 희소성 때문에, 특정 재화에서 초과수요 혹은 초과공급이 발생할 수 있다. 효율적인 자원 배분을 위해서는 특정 재화의 단편적인 절대가격만으로 판단하는 것보다 재화 간의 상대가격체계를 인식하고 이를 조정하는 것이 중요하다. 이를 '왈라스 모색 과정'이라고 한다.

Ⅱ. 설문 (2)의 해결

1. A와 B의 행동 원리

각 재화의 초과수요함수를 구하기 이전에, A와 B의 각 재화의 최적 수요량을 구하도록 한다.

먼저 A의 효용 극대화 행동 원리를 살펴보면,

$$Max\ (U^A = x_1^A x_2^{A2})\quad s.t\ \ P_1x_1^A + P_2x_2^A = 9P_1 + 3P_2$$
$$x_1^A,\ x_2^A$$

$f.o.c \ MRS_{12}^A = \dfrac{x_2^A}{2x_1^A} = \dfrac{P_1}{P_2}$ 에서 $x_2^A = \dfrac{P_1}{P_2} \times 2x_1^A$ 관계식을 도출할 수 있다.

이를 예산식에 대입하면, $x_1^{A*} = 3 + \dfrac{P_2}{P_1}$, $x_2^{A*} = 2 + 6\dfrac{P_1}{P_2}$ 이 나온다.

다음으로 B의 효용 극대화 행동 원리를 살펴보면,

$$Max \ (U^B = x_1^B x_2^{B2}) \ s.t \ P_1 x_1^B + P_2 x_2^B = 12P_1 + 6P_2$$
$$x_1^B, \ x_2^B$$

$f.o.c \ MRS_{12}^B = \dfrac{2x_2^B}{x_1^B} = \dfrac{P_1}{P_2}$ 에서 A와 같은 방식으로 계산하여

$$x_1^{B*} = 8 + 4\dfrac{P_2}{P_1}, \ x_2^{B*} = 2 + 4\dfrac{P_2}{P_1}$$ 를 도출할 수 있다.

2. 각 재화의 초과수요 함수 : $EDx_1 = 5\dfrac{P_2}{P_1} - 10, \ EDx_2 = 10\dfrac{P_1}{P_2} - 5$

특정 재화의 초과수요 함수는 개별 경제주체의 특정 재화에 대한 수요량과 부존량의 차이를 모두 더한 값으로 나타낸다. 앞서 도출한 A와 B의 각 재화의 수요량을 바탕으로 초과수요 함수를 구할 수 있다. 이를 통해 x_1, x_2의 초과수요 함수를 도출하면 아래와 같다.

$$EDx_1 = x_1^{A*} - \overline{x_1^A} + x_1^{B*} - \overline{x_1^B} = 3 + \dfrac{P_2}{P_1} - 9 + 8 + 4\dfrac{P_2}{P_1} - 12 = 5\dfrac{P_2}{P_1} - 10$$

$$EDx_2 = x_2^{A*} - \overline{x_2^A} + \overline{x_2^{B*}} - x_2^B = 2 + 6\dfrac{P_1}{P_2} - 3 + 2 + 4\dfrac{P_1}{P_2} - 6 = 10\dfrac{P_1}{P_2} - 5$$

3. 왈라스법칙 성립 여부 : 성립함

왈라스법칙(Walras' law)이란, 모든 재화의 초과수요 가치의 합이 항상 0이 된다는 법칙이다. n개의 시장이 존재할 때, $(n-1)$개의 시장이 균형을 달성할 때, 나머지 1개의 시장도 균형을 달성한다는 것을 설명할 때 이용된다. 설문의 경우,

$$P_1 \times EDx_1 + P_2 \times EDx_2 = P_1 \times (5\dfrac{P_2}{P_1} - 10) + P_2 \times (10\dfrac{P_1}{P_2} - 5) = 5P_2 - 10P_1 + 10P_1 - 5P_2 \equiv 0$$이

되므로, 왈라스법칙이 성립함을 확인할 수 있다.

Ⅲ. 설문 (3)의 해결

1. 후생경제학 제1정리 성립 여부

(1) 후생경제학 제1정리 의의

후생경제학 제1정리란, 모든 소비자의 선호체계가 강단조성을 갖고, 경제 안에 외부성이 존재하지 않

는다면, 일반경쟁균형의 배분은 파레토 효율적이라는 명제이다. 여기서 일반경쟁균형이란 각 시장에서 초과수요가 0인 상태를 의미한다. 또한, 파레토 효율성이란 다른 경제주체의 효용이나 후생을 감소시키지 않은 채 자신의 효용이나 후생을 증가시킬 여지가 없는 파레토 최적(Pareto Optimal) 상태를 의미한다. 설문의 순수교환경제에서는 계약곡선(Contract Curve) 상에 위치한 지점들이 모두 파레토 효율적인 상태이다.

(2) 설문의 경우

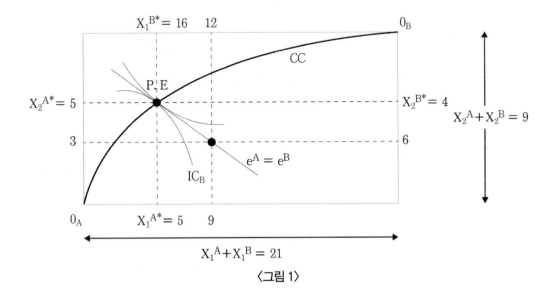

〈그림 1〉

　〈그림 1〉의 에지워드 상자를 활용하도록 한다. 설문 (1)에서 도출한 바와 같이, A와 B의 초기부존량은 $e^A = e^B$로, x_1, x_2의 균형 배분은 $P.E$로 표시되어 있다. 설문에 제시된 효용함수는 콥-더글라스(Cobb-Douglas) 함수로서 그 특성상 강단조성은 이미 충족되었다. 또한, 외부성에 대한 가정이 없으므로 이 역시 문제되지 않는다.

　설문 (2)의 결과를 이용하여 각 재화의 초과수요 $EDx_1 = EDx_2 = 0$을 판별하도록 한다.

$5\dfrac{P_2}{P_1} - 10 = 10\dfrac{P_1}{P_2} - 5 = 0$ 에서 $\dfrac{P_1}{P_2} = \dfrac{1}{2}$을 도출할 수 있다. 즉 상대가격체계는 $\dfrac{1}{2}$일 때 일반

경쟁균형이 충족되며, 이를 토대로 A와 B가 최적 선택을 하게 된다면, A는 $MRS_{12}^A = \dfrac{\chi_2^A}{2\chi_1^A} = \dfrac{1}{2}$,

B는 $MRS_{12}^B = \dfrac{2\chi_2^B}{\chi_1^B} = \dfrac{1}{2}$의 행동 원리를 보일 것이다. 결과적으로 $x_1^{A^*}=5$, $x_2^{A^*}=5$, $x_1^{B^*}=16$, $x_2^{B^*}=4$로 도출되어 계약곡선(CC) 상의 파레토 최적 상태를 보이게 된다.

2. 후생경제학 제2정리 성립 여부

(1) 후생경제학 제2정리 의의

후생경제학 제2정리란, 초기부존자원이 적절하게 분배된 상태에서, 모든 사람의 선호가 강단조성 및 볼록성을 충족한다면, 파레토 효율적인 자원 배분은 일반경쟁균형이 된다는 명제이다. 이는 후생경제학 제1정리의 역과도 일맥상통한 문제이다.

(2) 설문의 경우

종래 $e^A = (9, 3)$, $e^B = (12, 6)$ 상태였던 초기부존자원을 $e^{A'} = (9+a, 3+b)$, $e^{B'} = (12-a, 6-b)$ $(a〉0,$ $b〉0)$로 재조정하여 배분한다고 가정한다. 설문의 콥-더글라스 효용함수는 그 특성상 강단조성뿐만 아니라 볼록성 역시 충족하므로, 후생경제학 제2정리의 전제조건은 충족한다.

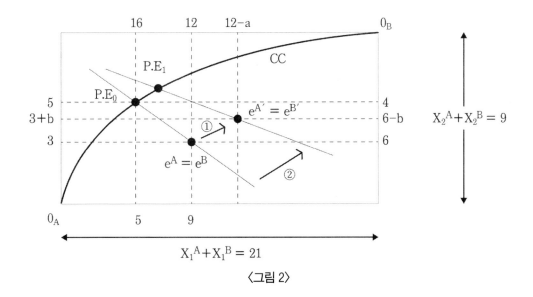

〈그림 2〉

〈그림 2〉의 에지워드 상자를 활용하도록 한다. 초기부존자원이 ①처럼 변화하더라도 여전히 교환의 파레토 효율성을 달성하기 위한 조건은 $MRS_{12}^{A} = MRS_{12}^{B}$로 동일할 것이다. 초기부존자원은 주어져 있는 상수로서 파레토 효율성 조건을 결정하는데 관여하지 못하기 때문이다. 따라서 균형 분배는 여전히 계약곡선(CC) 상에서 이루어질 것이다.

반면에 균형 분배를 찾는 과정에서 상대가격체계($\frac{P_1}{P_2}$)는 '왈라스 경매인'의 등장으로 변화하게 된다 (②의 과정).

설문의 경우, 종래 $\frac{1}{2}$에서 $\frac{1}{2} \times \frac{30-2b}{30+a}$로 변화한다.

이때 균형 분배는 $P.E_0$에서 $x_1^{A^*} = 12 \times \frac{30+a}{30-2b} - 7$, $x_2^{A^*} = 12 - 7 \times \frac{30-2b}{30+a}$, $x_1^{B^*} = 28 - 12 \times \frac{30+a}{30-2b}$, $x_2^{B^*} = 7 \times \frac{30-2b}{30+a} - 3$으로 변화한다($P.E_1$의 결과). 한편 설문 (2)와 같은 방식으로 x_1, x_2의 초과수요를 구하면,

$$EDx_1 = 12 \times \frac{30+a}{30-2b} - 16 + 16 - 12 \times \frac{30+a}{30-2b} = 0, \ EDx_2 = 9 - 7 \times \frac{30-2b}{30+a} + 7 \times \frac{30-2b}{30+a} - 9 = 0$$

이 되어, 일반경쟁균형이 성립하게 된다.

3. 소 결

앞서 살펴본 바와 같이, 후생경제학 제1정리에 따라 일반경쟁균형이 충족되면, 파레토 효율성이 충족되며, 후생경제학 제2정리에 따라 계약곡선 상의 파레토 효율성이 충족되면, 일반경쟁균형이 충족됨을 증명하였다. 결국, 설문의 경우 후생경제학 제1정리와 제2정리가 모두 성립한다.

Ⅳ. 설문 (4)의 해결
1. 분석 수준의 한계 : 외부성과 불완전 경쟁의 문제

후생경제학 제1정리는 분석수준 측면에서 외부성과 불완전 경쟁의 문제를 간과한 채 자원 배분의 효율성을 설명한다는 한계가 존재한다. 첫째, 외부성을 분석 대상에서 제외하였다. 외부성이란 한 경제주체의 행위가 다른 경제주체의 의사결정에 의도하지 않게 영향을 미치는 현상으로서 주변 환경에서 많이 일어난다. 예를 들어, 인근 지역에 공장이 들어섬으로 인해 종래 농업이나 어업활동을 영위하던 경제주체에 영향을 끼칠 수 있다.

둘째, 불완전 경쟁의 문제를 부차적인 것으로 다루고 있다. 후생경제학 제1정리에서 일반경쟁균형은 완전경쟁시장의 균형을 상정하는데, 현실에서 완전경쟁시장을 찾기 힘들다는 것이 한계로 지적된다. 완전경쟁시장은 ① 진입 장벽이 없고 ② 모든 기업이 동질적 상품을 제공하고 ③ 자원과 정보의 완전한 교류를 가정하지만, 현실에서는 ① 모든 산업마다 진입 장벽이 일정 정도 존재하며 ② 차별적인 상품들이 출시되고 있으며 ③ 자원 독점에 따른 갈등이나 정보 비대칭에 따른 역선택 등의 문제가 만연하고 있다.

이처럼 후생경제학 제1정리는 현실 경제에 만연한 외부성과 불완전 경쟁을 부수적인 것으로 취급하고, 분석의 범위를 이상적 시장으로 제한하여 현실 설명력이 떨어진다는 한계가 있다.

2. 가치 함유의 한계 : 공평성의 문제

후생경제학 제1정리는 무엇보다도 가치 함유 측면에서 '배분'적 효율성만을 강조했다는 한계가 존재한다. 일반경쟁균형이 충족될 경우, 파레토 효율성이 달성된다는 후생경제학 제1정리에 따르면, 〈그림 2〉의 O_A, O_B와 같은 극단적인 자원 배분 상태를 실현해도 파레토 효율적이라고 말할 수 있다. 이는 '분배'적 공평성 측면에서 바람직하지 못한 결과를 가져올 수 있다. 후생경제학 제2정리는 '초기 자원의 적절한 분배'라는 단서를 닮으로써, 제1정리에서 한계를 보였던 분배적 공평성을 어느 정도 보완하는 명제로 평가받고 있다.

강평

1. 시장효과를 분석할 때 사회 전체의 효율성 달성 여부를 판별하기 위해서는 개별시장 분 아니라 서로 의존관계에 있는 여러 시장의 동시균형(일반균형)을 고려해야 한다. 일반균형에서 상대가격체계는 배분의 효율성을 모색하는 데 중요한 역할을 한다. 제1문은 x_1, x_2 그리고 두 경제주체 A, B로 구성된 순수교환경제를 가정한다. 균형배분이 성립하기 위해서는 '예산제약하에서 각 경제주체의 주관적 교환비율과 두 재화의 상대가격체계가 같아야 한다. ① $\overline{\chi_1}^A + \overline{\chi_1}^B = 21$, $\overline{\chi_2}^A + \overline{\chi_2}^B = 9$ 그리고 ② $MRS_{12}^A = MRS_{12}^B = \frac{P_1}{P_2}$.' 여기서 $\overline{\chi_i}^H$는 경제주체 H의 재화 i에 대한 초기 부존량을 의미한다. 이 조건에 따라 x_1, x_2의 균형 배분을 구하면, $\frac{\chi_2^A}{2\chi_1^A} = \frac{2\chi_2^B}{\chi_1^B} = \frac{2(9-\chi_2^B)}{21-\chi_1^B} = \frac{P_1}{P_2}$이 성립한다. 계산의 편의상 이 식을 A의 예산식 $P_1 x_1^A + P_2 x_2^A = 9P_1 + 3P_2$에 대입하여 균형 배분을 구할 수 있다: $x_1^{A*} = 5$, $x_2^{A*} = 5$, $x_1^{B*} = 16$, $x_2^{B*} = 4$.

2. '왈라스 법칙'은 모든 재화의 초과수요 가치의 합이 0이 된다는 법칙이다. 초과수요함수를 도출하기 위해서, 우선 경제주체 A와 B의 각 재화의 최적 수요량을 구해야 한다. 경제주체 A의 각 재화에 대한 최적 수요량은 MRS_{12}^A 그리고 $P_1 x_1^A + P_2 x_2^A = 9P_1 + 3P_2$를 이용해서 유도할 수 있다. 즉, $x_1^{A**} = 3 + \frac{P_2}{P_1}$, $x_2^{A**} = 2 + 6\frac{P_1}{P_2}$. 경제주체 B의 각 재화에 대한 최적 수요량은 MRS_{12}^B 그리고 $P_1 x_1^B + P_2 x_2^B = 12P_1 + 6P_2$를 이용해서 유도할 수 있다. 즉, $x_1^{B**} = 8 + 4\frac{P_2}{P_1}$, $x_2^{B**} = 2 + 4\frac{P_2}{P_1}$. 또한 각 재화에 대한 초과수요 함수는 그 재화의 최적 수요량과 부존량의 차이를 모두 더한 값으로 나타낸다. 즉,

$$EDx_1 = x_1^{A**} - \overline{\chi_1}^A + x_1^{B**} - \overline{\chi_1}^B = 3 + \frac{P_2}{P_1} - 9 + 8 + 4\frac{P_2}{P_1} - 12 = 5\frac{P_2}{P_1} - 10$$

$$EDx_2 = x_2^{A**} - \overline{\chi_2}^A + x_2^{B*} - \overline{\chi_2}^B = 2 + 6\frac{P_1}{P_2} - 3 + 2 + 4\frac{P_1}{P_2} - 6 = 10\frac{P_1}{P_2} - 5.$$

본 문제의 경우, 왈라스 법칙은 다음과 같이 성립한다:

$$P_1 \times EDx_1 + P_2 \times EDx_2 = 0.$$

* 균형 배분과 최적 수요량의 구별을 위해 균형 배분에는 (*) 그리고 최적 수요량에는 (**)를 상첨자로 사용하는 것이 적절하다.

3. (3) & (4)에 대한 풀이는 매우 적절하다.

즉, 본 문제에서 유도된 균형 배분, 최적수요량, 초과수요함수에 기초하여 (3) 후생경제학 제1정리와 후생경제학 제2정리에 대한 정의, 그리고 (4) 후생경제학 제1정리의 한계점에 대해 자세하면서도 정확하게 설명하였다.

| 제2문 | 어떤 경제의 거시경제 상황은 다음과 같다.

○ 총수요곡선 : $Y_t = 300 + 10(m_t - \pi_t)$

○ 총공급곡선 : $Y_t = Y^* + (\pi_t - \pi_t^e)$

○ 오쿤의 법칙 : $Y_t - Y^* = -2.5(u_t - u_n)$

π_t, π_t^e, Y_t, u_t, m_t는 각각 인플레이션율, 기대인플레이션율, 총생산, 실업률, 통화증가율을 나타낸다. 단, 자연율 수준에서 총생산(Y^*)과 실업률(u_n)은 각각 500과 4%이고 인플레이션율, 통화증가율 및 실업률의 단위는 %이다.

다음 물음에 답하시오. (총 30점, 선택 총 15점)

(1) 통화증가율이 장기간 30 %로 유지되어 왔고, 앞으로도 계속 30%로 유지될 경우 π_t, π_t^e, Y_t, u_t를 각각 구하시오. (8점)

(2) 예상치 못하게 통화증가율이 35.5%로 증가했다고 하자. 이때 π_t, Y_t, u_t가 단기적으로 어떻게 변화할지 계산하고, Y_t변화를 통화정책의 전달 경로 중 이자율 경로를 이용하여 설명하시오. (12점)

(3) 주어진 식으로부터 필립스곡선을 도출하고, 이에 내재된 인플레이션과 실업의 관계를 장·단기로 나누어 설명하시오. (10점)

Ⅰ. 설문 (1)의 해결

　1. Y_t의 도출 : $Y_t = 500$

　2. π_t, π_t^e의 도출 : $\pi_t = 10\%$, $\pi_t^e = 10\%$

　3. u_t의 도출 : $u_t = 4\%$

Ⅱ. 설문 (2)의 해결

　1. 설문의 해결 : $\pi_t = 15\%$, $Y_t = 505$, $u_t = 2\%$

　2. 이자율 경로에 의한 균형국민소득(Y_t)의 변화

　　(1) 통화증가 → 단기이자율

　　(2) 단기이자율 → 장기이자율

　　(3) 장기이자율 → 실물자산

Ⅲ. 설문 (3)의 해결

　1. 필립스 곡선의 도출 : $\pi_t = \pi_t^e - 2.5(u_t - u_n)$

　2. 인플레이션과 실업의 관계 : 단·장기를 중심으로

　　(1) 단기에서의 관계 : 상충관계

　　(2) 장기에서의 관계 : 무관한 관계

I. 설문 (1)의 해결

1. Y_t의 도출 : $Y_t = 500$

통화증가율이 장기간 30%로 유지되어 왔고, 앞으로도 계속 30%로 유지될 경우, 통화증가율과 연동된 인플레이션율(π_t) 역시 기대인플레이션율(π_t^e)과 장기간 같은 상태로 유지될 것이다. 총공급곡선식 $Y_t = Y^* + (\pi_t - \pi_t^e)$에서 $\pi_t = \pi_t^e$이므로, Y_t는 자연율 수준에서의 총생산($Y^* = 500$)과 같을 것이다. 따라서 $Y_t = 500$이다.

2. π_t, π_t^e의 도출 : $\pi_t = 10\%$, $\pi_t^e = 10\%$

총수요곡선식 $Y_t = 300 + 10(m_t - \pi_t)$에서, $m_t = 30\%$, $Y_t = 500$이므로 대입하면, $500 = 300 + 10(30 - \pi_t)$이다. 따라서 $\pi_t = 10\%$가 도출된다. 기대인플레이션율(π_t^e)은 인플레이션율과 장기간 같은 상태로 유지된다고 하였으므로, $\pi_t^e = 10\%$이다.

3. u_t의 도출 : $u_t = 4\%$

오쿤의 법칙을 나타난 식 $Y_t - Y^* = -2.5(u_t - u_n)$에서, $Y_t = Y^* = 500$, $u_n = 4\%$이므로 대입하면,

$0 = -2.5(u_t - 4)$ 따라서 $u_t = 4\%$가 도출된다. 통화증가율이 장기간 유지된 경제의 경우, 총생산(Y_t)과 실업률(u_t)이 자연율 상태를 유지한다는 것을 확인할 수 있다.

II. 설문 (2)의 해결

1. 설문의 해결 : $\pi_t = 15\%$, $Y_t = 505$, $u_t = 2\%$

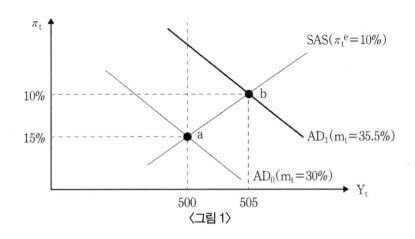

〈그림 1〉

예상치 못하게 통화증가율이 35.5%로 증가한 경우, 〈그림 1〉에서 총수요곡선이 AD_0에서 AD_1으로 우측 이동하게 된다. 그런데 민간이 예상치 못한 상태에서 통화당국이 갑자기 통화증가율을 인상하는 경우, 단기에 민간의 기대인플레이션율은 여전히 $\pi_t^e = 10\%$에 머무를 것이다. 그렇다면 단기 총공급곡선 (SAS)은 그대로 유지될 것이다. 이러한 상황에서 총수요곡선과 단기 총공급곡선을 연립하여 π_t, Y_t를 구할 수 있다. $300+10(35.5-\pi_t) = Y_t = 500+(\pi_t-10)$ $(m_t = 35.5\%, Y^* = 500)$에서 $11\pi_t = 165$의 결과가 나온다. 따라서, $\pi_t = 15\%$이며, 식에 대입하여 $Y_t = 500+(15-10) = 505$를 도출할 수 있다.

한편, 실업률(u_t)은 오쿤의 법칙의 식을 이용하여 구할 수 있다. $505-500 = -2.5(u_t-4)$에서 $-2 = u_t-4$를 구할 수 있으며, $u_t = 2\%$가 도출된다. 결과적으로 예상치 못한 통화증가율 상승은 단기적으로 민간의 기대인플레이션을 조정하지 못하여, 인플레이션율이 15%로 상승하고, 총생산은 505로 증가하게 되며, 반면에 실업률은 2%로 하락하게 된다.

2. 이자율 경로에 의한 균형국민소득(Y_t)의 변화

통화정책의 전달 경로란 통화정책이 실물 부분에 영향을 미치는 경로를 의미한다. 통화정책의 전달 경로 중 이자율 경로는 '통화증가 → 단기이자율 → 장기이자율 → 실물자산' 순대로 영향을 미쳐 균형국민소득(Y_t)이 변화한다고 설명하는 개념이다. 그렇다면 전달 효과를 경로별로 나누어 설명한다.

(1) 통화증가 → 단기이자율

통화증가는 주로 부도의 위험성이 낮은 단기채권의 매입을 통해 일어난다. 통화당국의 단기채권 매입은 단기채권의 가격을 상승시켜 단기이자율이 하락한다.

(2) 단기이자율 → 장기이자율

단기채권의 가격이 상승하는 경우, 일반적으로 민간의 자산 포트폴리오에서 단기채권의 비중이 감소하고, 반면에 장기채권의 비중이 증가하게 된다. 이는 장기채권에 대한 수요가 증가한다는 의미로, 수요 증가는 장기채권의 가격 상승으로 연결된다. 결과적으로 장기이자율이 하락한다.

(3) 장기이자율 → 실물자산

장기이자율이 하락하면 첫째, 기업의 투자를 증가시킨다. 장기이자율의 하락은 투자의 기회비용을 감소시켜, 투자를 많이 하도록 유도하기 때문이다. 둘째, 민간의 소비를 증가시킨다. 소비의 다기간 모형에 따르면, 장기이자율 하락에 따른 소비 대체효과가 소득효과보다 크다고 가정할 경우, 현재소비가 증가한다고 본다. 투자와 소비의 증가는 총수요의 증가로 연결되어, 실물자산에 영향을 미치고 궁극적으로 균형국민소득(Y_t)이 증가한다.

Ⅲ. 설문 (3)의 해결

1. 필립스 곡선의 도출 : $\pi_t = \pi_t^e - 2.5(u_t - u_n)$

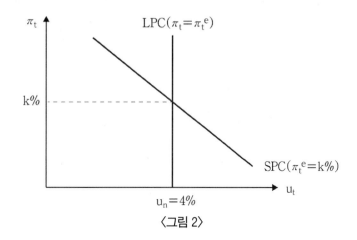

〈그림 2〉

필립스곡선은 총공급곡선($\pi_t - \pi_t^e = Y_t - Y^*$)과 오쿤의 법칙($Y_t - Y^* = -2.5(u_t - u_n)$)의 식을 결합하여 구할 수 있다. 연립하면, $\pi_t - \pi_t^e = Y_t - Y^* = -2.5(u_t - u_n)$에서 $\pi_t = \pi_t^e - 2.5(u_t - u_n)$이라는 필립스 곡선을 도출할 수 있다.

2. 인플레이션과 실업의 관계 : 단·장기를 중심으로

(1) 단기에서의 관계 : 상충관계

〈그림 2〉처럼, 인플레이션(π_t)과 실업(u_t)은 단기에 상충관계에 놓여 있다(SPC). 실업률(u_t)이 자연실업률(u_n)보다 낮아지는 경우, 오쿤의 법칙에 따라, 총생산(Y_t)이 자연산출량(Y^*)보다 높아진다. 그런데 단기에는 설문 2)에서 설명한 바와 같이 민간의 기대인플레이션율(π_t^e)을 조정하지 못한다. 따라서 인플레이션율(π_t)이 상승하게 된다. 결과적으로 필립스곡선은 우하향하는 형태를 보이게 된다.

(2) 장기에서의 관계 : 무관한 관계

반면에, 장기에서는 인플레이션(π_t)과 실업(u_t)이 무관한 관계로 변화한다(LPC). 민간의 기대인플레이션율(π_t^e)이 조정되어, 인플레이션율과 같아지기 때문이다($\pi_t = \pi_t^e$). 이 때문에 총생산 역시 자연산출량과 같아지며($Y_t = Y^*$), 오쿤의 법칙에 따라 계산하면, 실업률(u_t)은 인플레이션율(π_t)과 상관없이 언제나 자연실업률(u_n)에 고정된다. 결과적으로 필립스곡선은 자연실업률에서 수직인 형태를 보이게 된다.

강평

1. 통화증가율이 지속적으로 30%를 유지할 경우, 인플레이션율은 기대인플레이션율과 같은 상태를 유지하게 된다. 이에 따라 총공급 곡선으로부터 $Y_t = Y^*$가 성립한다.

   $Y_t = 500$. $m_t = 30\%$와 $Y_t = 500$를 총수요곡선$\{Y_t = 300 + 10(m_t - \pi_t)\}$에 대입하면, $\pi_t = \pi_t^e = 10\%$를 얻는다.

   또한 $Y_t = Y^* = 500$와 $u_n = 4\%$를 오쿤의 법칙에 따른 $\{Y_t - Y^* = -2.5(u_t - u_n)\}$에 대입하면 $u_t = 4\%$가 도출된다.

2. 본 문제에 대한 풀이는 (1)과 같이 정확하며, 이자율 경로에 의한 균형국민소득(Y_t)의 변화를 적절히 설명하였다. 단, 〈그림 1〉 세로축에서 10%와 15%는 서로 대체되어야 한다. 즉, '10% → 15%' 그리고 '15% → 10%'

3. 필립스곡선은 총공급곡선과 오쿤의 법칙에 따른 식을 결합하여 구할 수 있다. 연립하면, $\pi_t - \pi_t^e = Y_t - Y^* = -2.5(u_t - u_n)$로부터 필립스곡선 $\{\pi_t = \pi_t^e - 2.5(u_t - u_n)\}$을 유도할 수 있다. 단·장기를 중심으로 인플레이션과 실업의 관계는 매우 적절히 설명하였다.

| 제3문 | A국의 甲기업이 A국에서는 독점기업이지만, B국에서는 완전경쟁인 상황에 있다고 가정하자. 이 기업의 총비용함수는 $TC = \dfrac{Q^2}{4} + 2,600$이고, A국의 국내 수요함수는 $Q = 180 - 2P$이다(여기서 Q는 수량이고 P는 가격이다).

A국의 甲기업은 각국에 서로 다른 가격을 부과할 수 있고, A국은 B국으로부터 수입할 수 없다. B국 시장 내 상품가격은 50이다. 다음 물음에 답하시오. (총 20점, 선택 총 10점)

(1) A국의 甲기업이 수출하는 것이 유리한지 판단하고, 그 근거를 제시하시오. (12점)

(2) 세계무역기구(WTO)는 기업이 동질상품을 수출시장에서 국내 가격보다 낮은 가격으로 판매할 경우 수입국은 그 가격 차이만큼 반덤핑관세를 부과할 수 있도록 규정하고 있다. 만약 A국의 甲기업이 B국에 수출한다면 B국은 WTO규범에 따라 관세를 부과할 수 있는지 논하고, 적합한 관세수준을 구하시오. (8점)

Ⅰ. **설문 (1)의 해결**

1. A국 甲기업의 수출에 대한 유·불리 판단 준거 : 甲의 이윤 비교

2. 수출하지 않았을 때의 甲의 이윤 : $\pi_D = 100$

3. 수출할 때의 甲의 이윤 : $\pi_X = 700$

4. 소 결 : 수출하는 것이 유리함

Ⅱ. **설문 (2)의 해결**

1. 반덤핑 관세의 의의

2. 반덤핑 관세의 부과 가능성 : $t = 20$만큼 부과할 수 있음

답안작성

손 ○ ○ / 2019년도 5급 공채 재경직 합격

Ⅰ. 설문 (1)의 해결

1. A국 甲기업의 수출에 대한 유·불리 판단 준거 : 甲의 이윤 비교

A국의 甲기업이 수출하는 것이 유리하려면, 수출하였을 때 甲기업의 이윤(π_X)이 수출하지 않았을 때의 甲기업의 이윤(π_D)보다 커야 한다. 따라서 각 상황에서 甲의 이윤을 기준으로 수출의 유·불리를 판단한다.

2. 수출하지 않았을 때의 甲의 이윤 : π_D=100

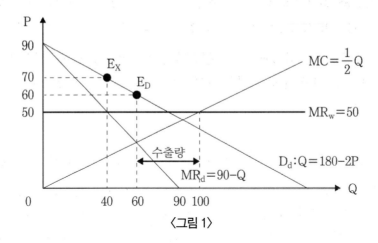

<그림 1>

　수출하지 않을 경우, 甲기업은 A국에서 독점기업으로 행동할 것이다. 따라서 甲기업의 이윤 극대화 행동 원리를 분석하면 아래와 같다.

$$Max \ (\ \pi_D = TR-TC = (90-\frac{1}{2}Q)Q - (\frac{1}{4}Q^2+2600) \ )$$
$$Q$$

$f.o.c \ \dfrac{d\pi_D}{dQ} = 90 - Q - \dfrac{1}{2}Q = 0$에서 Q=60으로 도출된다. 도출된 생산량을 대입하면,

$$\pi_D = 60 \times 60 - \frac{1}{4} \times 60 \times 60 - 2600 = 100$$이 나온다.

이러한 결과는 〈그림 1〉에서 균형점 E_D로 나타난다.

3. 수출할 때의 甲의 이윤 : π_X=700

　B국으로 수출할 경우, 甲은 완전경쟁 상황에 있는 B국에 대해서는 가격수용자 행태를 보일 것이다. 그러나 A국이 B국으로부터 수입할 수 없는 상황이므로, 甲은 B국으로의 독점적 수출권을 가진 상태이다. 〈그림 1〉에 따르면, 甲은 자신의 이윤 극대화를 위해 MR_w=MC를 달성하는 생산량 100만큼 생산한 뒤, MR_d=MR_w를 달성하는 수량 40만큼만 국내에 유통하고, 나머지 60은 수출할 것이다. 그때의 이윤을 계산하면,

$$\pi_X = 70 \times 40 + 50 \times 60 - \frac{1}{4} \times 100 \times 100 - 2600 = 700$$이 나온다. 이러한 결과는 〈그림 1〉에서 균형점 E_X로 나타난다.

4. 소 결 : 수출하는 것이 유리함

B국에 수출할 때 甲의 이윤(π_D=100 < π_X=700)이 더 크므로, 수출하는 것이 유리하다.

Ⅱ. 설문 (2)의 해결

1. 반덤핑 관세의 의의

반덤핑 관세(anti-dumping tariff)란 수출국 기업이 동질상품을 수출시장에서 국내 가격보다 낮은 가격으로 판매할 경우에 수입국이 부과하는 관세를 의미한다. 보통의 상황에서 관세를 부과하는 목적은 자국 기업의 산업을 보호하여, 자국 기업의 생산력을 촉진할 기회를 부과함으로써 글로벌 경쟁력을 갖추기 위함이다. 반덤핑 관세 역시 마찬가지 기능을 수행한다. 설문 (1)에서 살펴본 바와 같이, B국에 독점적으로 수출할 수 있는 甲기업이 B국 시장 내 상품 가격으로 상품을 60단위 수출하고 있다. 이는 역으로 B국 생산자 입장에서 60단위의 상품을 생산할 기회를 부여받지 못한 것이다. 따라서 B국은 甲에게 관세를 부과하여 B국 기업의 가격경쟁력을 강화하여 생산 유인을 제고시키고자 할 것이다.

2. 반덤핑 관세의 부과 가능성 : t=20만큼 부과할 수 있음

세계무역기구(WTO)는 기업이 수출국의 국내 가격보다 낮은 가격으로 수입국에 판매하는 경우, 수입국이 반덤핑관세를 부과할 수 있도록 규정하고 있다. 설문의 경우, 甲은 국내 가격으로 70을 책정하고 있으나, 수출 가격은 50으로 책정하고 있다(〈그림 1〉 참조). 따라서, 반덤핑관세 규정 요건에 부합하므로, A국의 甲기업이 B국에 수출한다면, B국은 WTO 규범에 따라 관세를 부과할 수 있다.

한편, 적합한 관세 수준은 WTO 규정에 부합하는 수준일 것이다. 규정에 따르면, 수출국 국내 가격과 수출 판매가격의 차이만큼 반덤핑 관세를 부과할 수 있다. 따라서, 적합한 관세 수준은 t = 70(甲의 국내 판매가격) − 50(甲의 B국 수출 판매가격) = 20이 될 것이다.

| 강평 |

1. A국(국내)에서 독점기업인 甲은 ① 국내에만 상품을 판매하는 상황과 ② 국내 판매와 더불어 완전경쟁에 있는 B국에 제품을 수출할 때 상황을 비교하면서, 비교기준은 이윤이며, ②에서 甲의 이윤이 더 크므로 수출하는 것이 유리하다. 흥미로운 부분은 甲은 국내뿐 아니라 B국에서도 초과이윤을 얻을 수 있다는 점이다. 이 결과는 'B국의 제품시장이 단기'라는 것을 암묵적으로 가정하기 때문이다.

2. 장기에는 다양한 결과가 발생할 수 있다. 예를 들어, (a) 甲의 생산기술이 경쟁기업들의 생산기술보다 높다면(甲의 생산비용이 경쟁기업들의 생산비용에 비해 낮다면), 가격을 50보다 낮게 책정하여, B국에서 독점의 위치를 얻을 수 있다 (단기에서도 가능한 결과이다). 또는 (b) 생산기술이 같은 기업들의 경쟁으로 제품 가격이 하락하게 되어 정상이윤만을 얻게 되며, 甲은 B국에 제품 수출을 하지 않게 된다.

3. B국에서 제품가격이 50으로 유지되면, 그 가격은 甲이 A국에서 받는 제품가격인 70보다 낮게 되며, 반덤핑관세 규정요건을 충족한다. 따라서, 甲기업이 B국에 수출할 때 B국은 WTO 규범에 따라 관세를 부과할 수 있다.

4. 적합한 관세 수준은 WTO 규정에 따를 것이다. 규정에 따르면, 수출국 국내 가격과 수출 판매가격의 차이만큼 반덤핑 관세를 부과할 수 있다.
   따라서, 적합한 관세 수준을 t^*라 할 때, $t^* = 70$(甲의 국내 판매가격) $- 50$(甲의 B국 수출 판매가격) $= 20$이 된다.

| 제1문 (40점) |

정부가 납세자의 능력에 대한 선별수단으로 소득 ω를 선택하여 과세하는 선별(screening)상황을 상정한다. 전체 인구 중 절반의 납세자는 능력 θ가 우수하고 나머지 절반은 열등하다. 우수한 경우 θ의 값은 20이고, 열등한 경우 그 값은 10이다. 각 납세자의 소득은 능력에 납세자의 노력 $e(\geq 0)$를 곱한 것으로 주어지고 ($\omega = \theta e$), 노력에 대한 비용은 e^2이다. θ의 능력을 가진 납세자가 e의 노력을 하고 t의 세금($t>0$)또는 보조금($t<0$)이 부과되었을 때의 효용은 다음 같다.

$$U(e, t, \theta) = \sqrt{\theta e - t - e^2} , \theta = 1 \text{ 또는 } 2$$

(1) 정부가 납세자의 능력을 관찰할 수 있다고 가정하자. 균형재정의 제약 하에서 사회총효용을 극대화하는 정부의 최적화 문제를 쓰시오.(이때 사회총효용은 개인 효용의 단순 합으로 정의된다.) 그리고 이 문제를 풀어서 두 능력을 가진 납세자의 노력, 그리고 두 능력의 납세자에게 각각 부과되는 세금 또는 보조금의 값을 구하시오. (10점)

(2) 이제 정부가 납세자의 능력을 관찰할 수 없고 관찰된 소득을 선별수단으로 선택하여 과세한다고 하자. 이 경우 (1)에서 도출한 최적 세금 또는 보조금이 부과된다면 두 능력의 납세자의 소득이 같게 될지 수식을 이용하여 설명하시오. (10점)

(3) 두 능력의 납세자가 서로 다른 소득을 갖도록 하는 두 개의 유인정합조건(incentive compatibility condition)을 구하고, 이 조건과 균형재정의 제약 하에서 정부가 사회총효용을 극대화하는 최적화 문제를 쓰시오. (10점)

(4) (1)의 관찰가능한 경우와 비교하였을 때, 한 사회에서 과세가 야기하는 효율성과 소득재분배의 상충에 대해 위의 유인정합조건이 함의하는 바를 논하시오. (10점)

Advice

1. 설문 (1)은 납세 능력이 우수한 집단과 열등한 집단의 단순 합인 사회총효용 식을 설정한다. 이 때 '균형재정'을 '우수한 집단에 과세하는 세금과 열등한 집단에 보조하는 보조금이 일치하는 상태($t_H = -t_L$)'라고 정의하는 것이 중요하다. 그 후, 우수한 집단의 노력 수준(e_H), 열등한 집단의 노력 수준(e_L), 우수한 집단에 과세하는 세금(t_H)에 대해 각각 편미분하면 질문에서 요구하는 답이 도출될 것이다.

2. 설문 (2)는 납세 능력이 우수한 집단에서 관찰된 소득($\theta_e = 2$)과 열등한 집단에서 관찰된 소득($\theta_e = 1/2$)을 기준으로 각각 우수한 집단의 효용과 열등한 집단의 효용을 설문 (1)에서 도출한 세금 혹은 보조금을 대입하여, 수식으로 비교하면 된다. 관찰된 소득을 기준으로 세금 혹은 보조금을 책정하기에, 각 집단이 직면한 상황에 따라 노력 수준(e)이 달라질 수 있음에 유의한다. 이후 관찰된 소득이 같음을 보인 후, 그 함의를 설문 (1)과 비교하여 서술하면 더욱 좋다.

3. 설문 (3)은 납세 능력이 우수한 집단은 고소득($\omega = \theta_e = 2$)을 선택하도록 열등한 집단은 저소득($\omega = \theta_e = 1/2$)을 선택하도록 유인정합조건의 식을 설정한다. 이후 설문 (1)과 같은 방식으로 사회총효용 식을 설정한다.

4. 설문 (4)는 유인정합조건과 균형재정조건을 모두 고려하여 최적화 문제를 푼다. 설문 (1)에 비해 우수한 집단에 과세하는 세금(t_H)과 열등한 집단에 보조하는 보조금($-t_L$)이 각각 줄어드는 결론을 도출해야 한다. 유인정합조건 내에서 효율적 과세는 소득재분배 효과의 감소를 가져옴을 서술하는 것이 핵심이다.

답안구성 예

I. 설문 (1)의 해결
 1. 사회총효용을 극대화하는 최적화 문제
 2. 설문의 해결 : $e_H = 1$, $e_L = 1/2$, $t_H = 3/8$, $t_L = -3/8$

II. 설문 (2)의 해결
 1. 우수한 집단과 열등한 집단의 효용 비교
 2. 설문의 해결 : $\omega = 1/2$로 동일함
 3. 설문의 함의 : 정보비대칭 문제를 중심으로

III. 설문 (3)의 해결
 1. 유인정합조건의 의의
 2. 유인정합조건의 설정
 3. 사회총효용을 극대화하는 최적화 문제

VI. 설문 (4)의 해결
 1. 정보비대칭 하의 최적 과세 : $t_H = 9/32$, $t_L = -9/32$
 2. 효율성과 소득재분배의 상충 문제 : 유인정합조건을 중심으로

| 제2문 (30점) |

어떤 도시에 환경오염을 유발하는 3개의 공장 A, B, C가 있다. 현재 각 공장은 오염물질을 각각 20, 40, 60 단위만큼 발생시킨다. 이 도시에는 총 100명의 주민이 살고 있는데 이들은 오염이 줄어들면 혜택을 얻는다. χ 단위의 오염감소로부터 한 주민이 얻는 한계편익은 $0.5 - \dfrac{\chi}{100}$ 원이다. (오염의 감소는 공공재로서, 오염감소로부터 모든 주민이 동일한 편익을 얻는다.) 한편, 각 공장은 오염을 줄일 수 있는 조치를 취할 수 있다. 하지만 그러한 조치를 위해서는 비용을 부담해야 한다. 오염감소의 한계비용은 공장 A, B, C에서 각 각 10원, 20원, 30원이다.

(1) 이 도시의 오염 감소(χ)에 의한 한계편익과 한계비용을 구하고 그림으로 표시하시오. (5점)

(2) 이 도시의 효율적인 오염감소량을 구하시오. 이때 각 공장이 얼마만큼씩 오염을 줄여야 하는지와 오염감소의 총비용은 얼마인지를 계산하시오. (5점)

(3) 시 의회가 오염 감축을 위해서 세 공장 모두 10 단위씩 오염을 줄이도록 규제한다고 하자. 이 경우 오염 감축의 총비용은 얼마인지 계산하고, 이것을 (2)의 답과 비교하시오. (10점)

(4) 시 의회가 오염배출권제를 도입했다고 하자. 각 공장에게 30단위의 오염을 배출할 수 있는 배출권이 주어지고 그 배출권을 자유롭게 거래할 수 있도록 허용하였다. 거래비용이 없다는 가정 하에 배출권의 가격과 거래량, 각 공장의 오염배출량을 계산하고, 이 결과를 (2)의 답과 비교하면서 배출권제 도입의 효과를 평가하시오. (10점)

Advice

1. 설문 (1)의 전체 한계편익은 개별 한계편익의 수직합으로 나타나며, 전체 한계비용은 개별 한계비용이 낮은 공장부터 순차적으로 계단식으로 나타난다.

2. 설문 (2)는 전체 한계편익과 전체 한계비용이 만나는 점에서 오염감소량이 형성됨을 보여주면 된다. 이로부터 각 공장의 오염감소량과 오염감축의 총비용을 구할 수 있다.

3. 설문 (3)은 각 공장이 의무적으로 오염감축량을 10씩 할당받았을 때, 총비용이 증가함을 보여주면 된다.

4. 설문 (4)는 각 공장의 한계정화비용과 총배출권량이 만나는 점에서 배출권 가격이 형성됨을 보여주면 된다. 이로부터 배출권 거래량, 각 공장의 오염배출량, 오염감소의 총비용을 구할 수 있다. 설문 (2)에서 구한 총비용과 비교하며 배출권제 도입의 함의를 서술하면 된다.

답안구성 예

Ⅰ. 설문 (1)의 해결

Ⅱ. 설문 (2)의 해결
  1. 효율적 오염감소량 : $\chi=30$
  2. 각 공장의 오염감소량과 오염감축의 총비용 : A기업=20, B기업=10, C기업=0 $TC=400$

Ⅲ. 설문 (3)의 해결
  1. 오염감축의 총비용 : $TC=600$
  2. 설문 (2)와의 비교

Ⅳ. 설문 (4)의 해결
  1. 설문의 해결 : P=20, Q=30, A기업=0, B기업=30, C기업=60
  2. 배출권제 도입의 효과

| 제3문 (30점) |

소규모 개방경제이며 변동환율제를 채택하고 있는 A국에서는 최근 예상치 못한 부정적인 총수요 충격이 발생하였다. 이와 함께 해외투자자들은 A국에 대한 투자 위험이 높아졌다고 생각하여 보유하고 있던 A국의 자산을 매각하고 잠재적 투자자들 역시 A국 자산의 구매를 꺼리는 상황이 발생하였다.

(1) 단기적으로 물가수준이 고정되어 있는 경우 A국 경제의 국민소득, 환율, 이자율, 무역수지가 어떻게 변화할지 분석하시오. 만약 A국의 중앙은행이 환율변화를 상쇄시키는 통화정책을 운용한다면, 국민소득, 이자율, 외환보유고, 무역수지는 어떻게 달라질 것인지 설명하시오. (20점)

(2) 물가수준이 완전히 신축적인 고전학파 경제라면 거시 균형의 변화는 '단기적으로 물가수준이 고정되어 있는 경우'와 어떻게 달라지겠는지 비교 분석하시오. (10점)

Advice

1. 설문 (1)은 단기적으로 물가수준이 고정된 상태에서 부정적인 총수요 충격과 함께 위험프리미엄이 증가한 상황이므로, IS-LM-IRP 모형을 통해 상황을 정리해주면 좋다. 특히 생산물시장(IS)에서의 부정적 충격과 화폐시장(LM)에서의 부정적 충격으로 나누어 설명해주는 것이 중요하다. 이후 각 상황에서 환율변화를 상쇄시키기 위한 긴축적 통화정책 시행 시 변화를 설명하면 된다.

2. 설문 (2)는 물가수준이 완전히 신축적인 고전학파의 경제를 가정하였으므로, 설문 (1)의 IS-LM-IRP 모형을 사용하면 안 된다. 부정적인 총수요 충격이므로, 거시균형이 자연생산량에 놓인 상태에서 각종 거시변수의 변화를 추적하면 될 것이다.

답안구성 예

I. 설문 (1)의 해결
  1. 생산물시장의 충격 시 각종 거시변수의 변화
  2. 화폐시장의 충격 시 각종 거시변수의 변화
  3. 긴축적 통화정책 시 각종 거시변수의 변화

II. 설문 (2)의 해결
  1. 물가수준이 고정된 경우와의 차이 : 자연생산량으로의 회귀
  2. 각종 거시변수의 변화

| **제1문** | 기업 A는 생산과정에서 부정적 외부효과를 유발하는 오염물질을 배출하고 있다. 해당 오염물질의 배출량을 e라고 하자. 기업 A가 부담하는 한계저감비용은 $(-e+2)$이며, 외부효과로 인한 사회적 한계피해비용은 $a \cdot e$이다.(단, $0 < a < 2$)

정부는 사회적 최적 수준으로 오염물질이 배출되도록 하기 위하여 오염물질의 배출 총량을 직접 규제하는 방식과 배출된 오염물질에 가격을 부과하여 규제하는 방식 중 하나를 선택하려고 한다. 다음 물음에 답하시오. (필수 총 50점, 선택 총 25점)

(1) 배출총량 규제 시 최적 배출량 수준 e^*와 가격 규제 시 오염물질 1단위당 부과해야 하는 가격 p^*를 각각 구하시오. (8점)

(2) 기업의 실제 한계저감비용이 $(-e+2)$임에도 불구하고, 정보의 한계로 인하여 정부가 이를 $(-e+3)$으로 잘못 알고 있다고 하자. 정부가 잘못된 정보를 바탕으로 배출총량 규제를 선택할 때 발생하는 사회적 손실을 구하고, 그림으로 설명하시오. (20점)

(3) 정부가 (2)와 같이 잘못된 정보를 가지고 있다면, 가격 규제를 선택할 때 발생하는 사회적 손실을 구하고, 그림으로 설명하시오. (10점)

(4) 정부가 (2)와 같이 잘못된 정보를 가지고 있다면, 배출총량 규제와 가격 규제 중 어느 것이 사회적으로 바람직한지 비교·평가하시오. (12점)

Ⅰ. 설문 (1)의 해결
  1. 최적 배출량 수준의 도출
  2. 최적 가격 수준의 도출

Ⅱ. 설문 (2)의 해결
  1. 배출총량 규제 수준의 도출
  2. 사회적 손실의 도출

Ⅲ. 설문 (3)의 해결
  1. 가격규제 수준의 도출
  2. 사회적 손실의 도출

Ⅳ. 설문 (4)의 해결
  1. 사회적 손실에 따른 규제방식의 선택
  2. 현실에의 함의

Ⅰ. 설문 (1)의 해결

1. 최적 배출량 수준의 도출

부정적 외부효과란 한 경제주체의 행위가 가격기구를 거치지 않고 다른 경제주체에게 피해를 입히는 상황을 의미한다. 설문의 환경오염이 대표적인 사례이다. 이때 사회적으로 최적이 되는 오염물질 배출량 수준은 기업이 부담하는 한계저감비용(MAC)과 사회적 한계피해비용(MDC)이 일치하는 수준에서 달성된다.

$$-e+2 = a \cdot e$$
$$\therefore \ e^* = 2/(a+1)$$

2. 최적 가격 수준의 도출

최적 가격 수준은 기업으로 하여금 최적 배출량 수준을 자발적으로 선택하는 가격 수준이므로 기업의 한계저감비용함수에 최적 배출량 수준을 대입하여 도출할 수 있다.

$$p^* = -e^* + 2$$
$$\therefore \ p^* = 2a/(a+1)$$

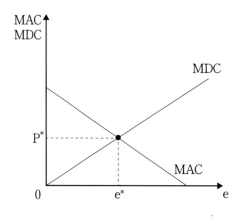

Ⅱ. 설문 (2)의 해결

1. 배출총량 규제 수준의 도출

현재 정부는 기업의 한계저감비용을 $MAC' = -e + 3$으로 잘못 알고 있으므로 이에 기초하여 배출총량 규제 수준을 도출한다.

$$-e + 3 = a \cdot e$$
$$\therefore e^{**} = 3/(a+1)$$

2. 사회적 손실의 도출

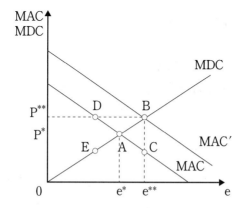

배출총량 규제의 경우 잘못된 정보로 인한 사회적 손실의 크기는 위의 그래프에서 △ABC의 면적으로 도출할 수 있다. 즉, 새로운 배출총량 규제 수준이 사회적 최적 수준보다 높게 설정되어 기업이 오염물질을 적정수준보다 과다배출하고 있어 사회적 손실이 발생한다.

$$\triangle ABC = 1/2(a+1)$$

Ⅲ. 설문 (3)의 해결

1. 가격규제 수준의 도출

설문 (2)에서 도출한 e^{**}를 정부가 오인하고 있는 기업의 한계비용함수(MAC′)에 대입하여 가격규제 수준을 도출할 수 있다.

$$\therefore p^{**} = -3 + e^{**} = 3a/(a+1)$$

2. 사회적 손실의 도출

가격규제의 경우 사회적 손실의 크기는 설문 (2)의 그래프에서 △ADE의 면적으로 도출할 수 있다. 즉, 새로운 가격규제 수준이 사회적 최적 수준보다 높게 결정되어 기업이 오염물질을 적정수준보다 과소배출하고 있어 사회적 손실이 발생한다.

$$\triangle ADE = a^2/2(a+1)$$

Ⅳ. 설문 (4)의 해결

1. 사회적 손실에 따른 규제방식의 선택

정부는 규제로 인한 사회적 손실을 최소화하는 행동원리에 따라 적절한 규제 방식을 선택할 것이다. 따라서 △ABC와 △ADE의 면적을 비교하여 판단하여야 한다.

(1) $\triangle ABC > \triangle ADE \rightarrow 0 < a < 1 \rightarrow$ **가격규제 선택**

(2) $\triangle ABC = \triangle ADE \rightarrow a = 1 \rightarrow$ **규제방식 무관**

(3) $\triangle ABC < \triangle ADE \rightarrow 1 < a < 2 \rightarrow$ **총량규제 선택**

2. 현실에의 함의

우선, $0 < a < 1$인 경우는 사회적 한계피해비용곡선이 상대적으로 완만한 경우이다. 이는 추가적인 한 단위 배출량으로 인한 피해보다 누적된 오염물질 배출량으로 인한 피해가 큰 경우로 탄소배출로 인한 온난화 현상이 대표적인 사례이다. 따라서 가격규제가 총량규제 방식보다 적절하다.

한편, $1 < a < 2$인 경우는 사회적 한계피해비용곡선이 상대적으로 가파른 경우이다. 이는 추가적인 한 단위 배출량으로 인한 피해가 매우 큰 경우로 방사능폐기물이나 황산가스 등이 대표적인 사례이다. 이 경우 추가적인 한 단위의 배출을 통제하는 것이 중요하므로 총량규제가 가격규제 방식보다 적절하다.

| 강평 |

1. 총사회비용 극소화 문제이다. 사회적 관점에서 볼 때 기업이 오염방출을 줄이기 위한 한계 저감비용(MAC)과 오염방출로 인한 직접적 피해인 한계피해비용(MDC)이 일치하는 방출량 수준에서 총사회비용은 극소화된다.

   즉, $MAC = MDC$에서 방출량 수준은 $e^* = 2/(\alpha+1)$가 유도되며, e^*를 MAC 또는 MDC에 대입하면 $p^* = 2\alpha/(\alpha+1)$가 유도된다.

2. $MAC' = MDC$에 기초하여 '배출총량규제'를 실시하게 되며, 이때 배출총량은 $e^{**} = 3/(\alpha+1)$이다. 이때 사회적 손실은 다음과 같이 도출된다.

$$\triangle ABC = \int_{\frac{2}{a+1}}^{\frac{3}{a+1}} (ae)de - \int_{\frac{2}{a+1}}^{\frac{3}{a+1}} (-e+2)de = 1/\{2(a+1)\}$$

3. $e^{**} = 3/(\alpha+1)$를 정부가 오인하고 있는 기업의 MAC'에 대입하면 '가격규제' 수준은 $p^{**} = 3\alpha/(\alpha+1)$이며, 사회적 손실은 다음과 같다.

$$\triangle ABC = \int_{\frac{2-a}{a+1}}^{\frac{2}{a+1}} (-e+2)de - \int_{\frac{2-a}{a+1}}^{\frac{2}{a+1}} (ae)de = a^2/\{2(a+1)\}.$$

4. 잘못된 배출총량규제에 따른 손실과 잘못된 가격규제에 따른 손실의 차이는 $(\alpha-1)/2$이다. 따라서, $0<\alpha<1 \rightarrow$ **가격규제 선택**, $\alpha = 1 \rightarrow$ **규제방식 무관**, $1<\alpha<2 \rightarrow$ **총량규제 선택** 이 유도된다.

| **제2문** | 재정수지와 정부부채 관련 다음 물음에 답하시오. (필수 총 30점, 선택 총 15점)

(1) 현재 t기 말의 정부부채(B_t)는 100이다. $t+2$기 말에 이 정부부채를 완전히 상환하기 위하여 필요한 세금(T_{t+2})의 크기를 구하고, 이로부터 재정운영에 대한 시사점을 설명하시오. (단, 실질이자율(r)은 10%, 정부지출(G_{t+2})은 100, $t+1$기의 재정수지는 균형이다) (20점)

(2) 위의 (1)을 통해 GDP 대비 정부부채 비율과 경제성장률(g)의 관계를 설명하시오. (10점)

Ⅰ. **설문 (1)의 해결**
  1. 세금 크기의 도출
  2. 재정운영에의 시사점

Ⅱ. **설문 (2)의 해결**
  1. 동태적 정부부채비율의 측정
  2. 정부부채비율과 경제성장률의 관계

답안작성

이 ㅇ ㅇ / 2018년도 5급 공채 재경직 합격

Ⅰ. 설문 (1)의 해결

1. 세금 크기의 도출

$t+2$기 말에 정부가 직면하는 재정수지의 식은 다음과 같다.

$$B_t \cdot (1+r)^2 + G_{t+2} = T_{t+2}$$

설문에서 $B_t = 100$, $r = 0.10$, $G_{t+2} = 100$이므로 이들을 위의 식에 대입하면 $T_{t+2} = 221$이 된다. 따라서 $t+2$기 말에 정부부채를 완전히 상환하기 위해 필요한 세금의 크기는 221이다.

2. 재정운영에의 시사점

확장적 재정정책을 시행할 경우 이를 상환하기 위해 미래에는 증세가 불가피하다. 이는 미래세대에게 부담이 될 뿐만 아니라 합리적인 현재세대들이 미래의 증세를 예상하고 소비가 아닌 저축을 증가시켜 재정정책의 효과가 약화될 수 있음을 시사한다.

다만, 이러한 시사점이 정부가 반드시 균형재정을 유지해야 함을 의미하는 것은 아니다. 지나친 균형재정의 강조는 세수가 증가하는 호황기에 정부지출을 증가시키고 세수가 감소하는 불황기에 정부지출을 감소시켜 경기변동이 심화된다. 따라서 정부부채는 적정 수준에서 관리되어야 한다. 재정준칙의 도입이 유용한 방안이다. 재정준칙이란 정부부채 등 총량적인 재정지표에 구체적으로 수치화한 목표설정과 더불어 이를 달성하기 위한 방안을 법제화하여 재량적 재정운용에 제약을 가하는 재정운용체계를 의미한다. IMF는 첫째, 재정수지, 국가채무 등 총량적 재정목표, 둘째, 법률, 가이드라인 등 법제화된 수단, 셋째, 재정준칙을 위반할 경우의 제재조치를 재정준칙의 세가지 구성요소로 제시한다. 현재 우리 나라는 GDP 대비 정부부채비율이 약 40% 수준으로 건전한 편이나 향후 저출산, 고령화 등 인구학적 변화와 4차 산업혁명이라는 경제구조적 변화로 복지정책 확대, 교육정책의 개선 등 상당한 예산수요가 예상되는 상황이다. 따라서 재정준칙에 따른 정부부채의 적절한 관리가 요구되는 시점이다.

Ⅱ. 설문 (2)의 해결

1. 동태적 정부부채비율의 측정

t기의 정부부채를 D_t라 하면 이는 $t-1$기의 정부부채, 그로부터 발생되는 이자비용, 그리고 t기의 정부의 재정수지를 합한 값으로 나타낼 수 있다.

이를 수식으로 표현하면 다음과 같다.

$$D_t = D_{t-1} + r \cdot D_{t-1} + (G_t - T_t)$$

양변을 t기의 GDP인 Y_t로 나누고 매년 경제성장률이 g임을 반영하면 최종적인 GDP 대비 정부부채비율은 다음과 같이 표현된다.

$$\therefore \frac{D_t}{Y_t} - \frac{D_{t-1}}{Y_{t-1}} = (r-g)\frac{D_{t-1}}{Y_{t-1}} + \frac{G_t - T_t}{Y_t}$$

2. 정부부채비율과 경제성장률의 관계

경제성장률이 높은 수준에서 안정적으로 유지되는 국가일 경우 정부부채비율 또한 안정적인 수준에서 유지될 것임을 유추할 수 있다. 반면, 경제성장률이 점차 하락하는 국가일 경우 전년대비 정부부채비율이 상승할 가능성이 높다. 또한 경제성장률의 하락을 방지하고자 정부가 국채를 발행하여 확장적 재정정책을 시행할 경우 이자율의 상승과 정부지출수준의 증가로 정부부채비율의 증가율이 점차 커질 우려가 크다. 이는 국채프리미엄의 상승으로 이어져 정부부채부담을 증가시키는 악순환을 낳을 여지도 존재한다. 따라서 정부부채비율이 안정적으로 유지하려면 단기적으로 세입을 지나치게 초과한 지출은 지양하여야 하며 장기적으로는 일국 경제의 성장동력을 지속적으로 모색하여야 한다.

┤ 강 평 ├

1. {t+2}기 말에 정부부채를 완전히 상환하기 위한 세금의 크기는 {t+2}기 말에 정부가 직면하는 재정수지의 식으로부터 도출된다.

$$T_{t+2} = B_t \cdot (1+r)^2 + G_{t+2} = 221$$

이때 재정운영에 대한 시사점은 ① 확장적 재정정책에 따른 현재·미래세대의 경제행위, ② 균형재정과 경기변동의 심화, ③ 적절한 정부부채 수준과 재정준칙 등을 고려하여 제시할 수 있다.

2. 우선, 경제성장률(g)을 고려한 GDP대비 정부부채비율을 구하면 다음과 같다.

$$\frac{D_t}{Y_t} - \frac{D_{t-1}}{Y_{t-1}} = (r-g)\frac{D_{t-1}}{Y_{t-1}} + \frac{G_t - T_t}{Y_t}.$$

이 식은 g가 하락하면 전년대비 정부부채비율이 상승하고, 상승하면 전년대비 정부부채비율이 하락하는 상황을 보여준다. 또한 국채를 발행하여 확장적 재정정책을 실시하는 경우에 이자율 상승과 정부지출 증가로 전년대비 정부부채비율은 증가하게 된다.

따라서 안정적인 정부부채비율을 유지하기 위해서는 단기적으로는 지나친 정부지출을 지양하고, 장기적으로는 안정적이면서도 높은 경제성장률을 유지하기 위한 성장동력을 발굴해야 한다.

| 제3문 | A국과 B국 두 국가만 존재하는 세계경제를 가정하자. 두 국가는 노동과 자본을 투입하여 X재를 생산하고, 동일한 생산기술을 보유하고 있으며, 각국 노동(L)의 한계생산은 다음과 같다.

$$MPL = 50-L$$

X재 시장은 완전경쟁적이고, 해당 상품의 가격이 두 국가 모두에서 1이라고 하자. A국은 20단위의 노동력을, B국은 40단위의 노동력을 각각 가지고 있다.

국가 간의 노동 이동이 자유로울 때, 다음 물음에 답하시오. (필수 총 20점, 선택 총 10점)

(1) 노동 이동이 불가능할 때와 비교하여, A국과 B국의 GDP와 요소소득은 어떻게 변화하는지 분석하시오. (12점)

(2) A국이 최저임금을 30으로 설정한다면, A국의 GDP와 요소소득은 어떻게 변화하는지 분석하시오. (8점)

Ⅰ. **설문 (1)의 해결**
  1. GDP와 요소소득의 정의
  2. 노동 이동이 불가능한 경우
  3. 노동 이동이 자유로운 경우
  4. 노동 이동 자유화 전·후 비교

Ⅱ. **설문 (2)의 해결**
  1. 최저임금제의 효과
  2. 현실에의 시사점

답안작성
이 ○ ○ / 2018년도 5급 공채 재경직 합격

Ⅰ. 설문 (1)의 해결

1. GDP와 요소소득의 정의

GDP란 일정 기간 동안 한 국가 내에서 생산된 모든 최종 재화와 서비스의 시장가치 합을 의미한다. 설문의 경우 GDP 도출은 A국 혹은 B국 내에서 이루어졌는가 여부로 판단하여야 한다. 한편 요소소득은 각 국적의 노동과 자본이 지리적 경계와 무관하게 생산에 투입된 대가로 수취한 소득을 측정한다. 설문에서 재화의 가격은 1로 가정하므로 GDP 및 소득은 한계생산곡선 아래의 면적으로 도출할 수 있다.

2. 노동 이동이 불가능한 경우

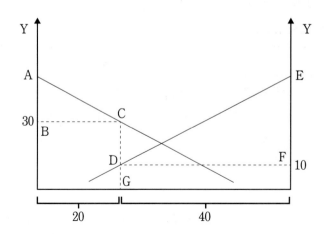

노동 이동이 불가능한 경우 각 국가의 생산에 투입되는 노동은 부존노동과 일치한다. 즉, A국은 20단위를, B국은 40단위를 X재 생산에 투입한다. 이때 A국의 임금은 30, B국의 임금은 10이다.

따라서 GDP 및 요소소득은 다음과 같다.

(1) $GDP_A = \square ACGO_A = 800$, A국 노동의 소득 $= \square BCGO_A = 600$, A국 자본의 소득 $= \triangle ABC = 600$

(2) $GDP_B = \square EDGO_B = 1200$, B국 노동의 소득 $= \square FDGO_B = 400$, B국 자본의 소득 $= \triangle DEF = 800$

3. 노동 이동이 자유로운 경우

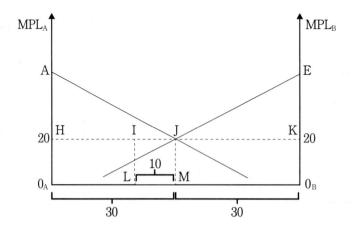

노동 이동이 자유로울 경우 노동 이동은 양국간 임금이 일치하는 수준까지 이루어지므로 B국 노동 중 10단위는 A국으로 이동하게 된다. 이때 임금은 두 국가에서 모두 20을 동일하다.

따라서 GDP 및 요소소득은 다음과 같다.

(1) $GDP_A = \square AJMO_A = 1050$, A국 노동의 소득 $= \square HILO_A = 400$, A국 자본의 소득 $= \triangle AHJ = 450$

(2) $GDP_B = \square EJMO_B = 1050$, B국 노동의 소득 $= \square KILO_B = 800$, B국 자본의 소득 $= \triangle EJK = 450$

4. 노동 이동 자유화 전·후 비교

노동 이동이 자유화됨에 따라 A국은 GDP의 증가를 경험하나 B국의 GDP는 감소하였다. 이는 B국 노동 중 일부가 A국으로 유출되었기 때문이다. 한편 임금이 평준화됨에 따라 A국 노동의 소득은 하락하고 B국 노동의 소득은 증가하였다. A국 자본의 경우 더 저렴한 임금으로 더 많은 노동을 고용함에 따라 소득이 증가하나 B국 자본의 경우 더 비싼 임금으로 더 적은 노동을 고용하게 되어 소득의 감소를 경험한다.

Ⅱ. 설문 (2)의 해결

1. 최저임금제의 효과

최저임금제는 일종의 가격하한제로 임금이 일정 수준 이하로 내려가지 않도록 일국 정부가 노동시장에 개입하는 제도적 수단이다. 최저임금제가 시행될 경우 A국의 자본은 30미만의 임금을 지급하여 노동을 고용할 수 없으므로 노동을 20단위 고용할 것이다.

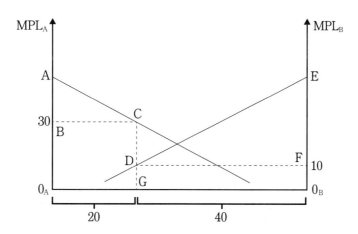

(1) A국의 GDP=□$ACGO_A$=800

(2) A국 자본의 소득=△ABC=200

(3) A국 자본에게 고용된 노동의 소득=$BCGO_A$=600

따라서 A국의 GDP는 250만큼 감소하고 A국 자본의 소득도 250만큼 감소하였다.
반면 A국 자본에 고용된 노동의 소득은 200만큼 증가하였다.

2. 현실에의 시사점

최저임금제의 시행은 노동 이동이 불가능한 경우와 유사한 결과를 낳는다. A국 자본에게 고용된 노동은 A국 노동일수도 있고 B국 노동일수도 있다. 노동 이동이 자유화되었더라도 현실적으로 노동의 이동에 이주비용, 비자발급, 언어장벽 등의 걸림돌이 존재함을 고려하면 A국 자본에게 고용된 노동의 소득은 A국 노동의 소득으로 볼 수 있다. 이는 최저임금제의 시행이 A국 노동에게 유리한 정책임을 의미한다.

다만 최저임금제의 시행은 그 파급효과를 고려하여 신중히 이루어져야 한다. 우선, 노동의 고용이 감소함에 따라 최저임금제 시행 이후 A국의 GDP가 감소함을 확인할 수 있다. 이는 고용감소에 따른 경기침체를 의미한다. 또한, A국의 높은 임금을 받기 위한 불법체류자가 증가하거나 A국의 자본이 더 낮은 인건비를 찾아 해외로 생산기지를 이전하는 문제가 발생할 수 있다.

박 성 훈 / 조선대학교 경상대학 경제학과 교수

┤ 강 평 ├

본 문제에 대한 풀이는 문제 1 그리고 문제 2와 같이 정확하다.
단, (1) A국 자본의 소득 = △ABC = 200으로 수정이 필요하다.

2019년도 입법고등고시 기출문제와 어드바이스 및 답안구성 예

| 제1문 (40점) |

경제는 생산성(x_i)이 각기 다른 n개의 가구로 구성되어 있다. 각 가구에게는 1단위의 시간이 주어지는데 가구는 이를 이용하여 일을 하거나 여가를 즐길 수 있다. 가구의 효용함수는 $\ln c + \ln(1-h)$로 주어져있다. 여기서 c는 소비, h는 노동시간을 나타낸다. 정부는 가구의 노동소득에 대해 세율이 r인 소득세를 징수하여 모든 가구에게 동일한 금액을 이전지출(T)하는데 정부는 균형예산을 달성한다. 단, 시장에서 소비재의 가격은 1로, 생산성 단위당 임금은 w로 주어져 있다고 가정한다.

(1) 정부의 이전지출액(T)이 주어져 있을 때 소비자의 효용극대화 문제를 풀어서 개별 가구의 노동공급함수를 도출하시오. (10점)
(2) 경제 전체의 평균생산성을 $\overline{x}$라고 할 때 정부의 예산균형을 반영하는 균형 상태에서 개별 가구의 노동시간을 나타내는 식을 $\overline{x}$와 기타 모수들의 함수로 구하시오. 단, 모수들은 모든 개별 가구의 노동시간이 양수가 되도록 설정되어 있다고 가정한다. (10점)
(3) 생산성 차이에 따라 균형상태의 가구별 노동시간이 어떻게 달라지는지 보이시오. 또한 소득세율이 증가함에 따라 균형상태의 가구별 노동시간이 어떻게 변화하는지 보이시오. (5점)
(4) 이 경제에는 가구별 생산성의 차이로 인하여 소득분포가 발생한다. 정부가 소득세율을 인상하는 경우 균형 상태에서 세후노동소득의 분포와 이전지출을 포함하는 총소득의 분포가 각각 어떻게 변화하는지 설명하시오. (15점)

Advice

1. 설문 (1)에서 소비자의 효용극대화조건을 도출한 후 제약식을 대입하여 노동시간 h에 대하여 정리하면 가구별 노동공급시간을 도출할 수 있다. 이때 가구별 생산성 x는 임금에 대한 계수로 반영하면 될 것이다.

2. 설문 (2)는 설문 (1)에서 도출한 결과에 균형예산조건을 대입하여 해결한다. 주의할 점은 균형예산조건에서 x뿐만 아니라 h도 평균값으로 표현해야 한다는 점이다.

3. 설문 (3)은 설문 (2)의 결과를 조건에 따라 분석하면 된다.

4. 설문 (4)에서 세후노동소득은 반드시 감소하지만 총소득은 가구별 생산성에 따라서 증가할 여지가 있음을 언급해야 한다. 즉, x가 일종의 가중치로 기능하므로 소득세율 인상이 소득분포 균등화에 기여할 수 있다.

Ⅰ. **설문 (1)의 해결**

　1. 소비자의 효용극대화 문제

　2. 개별가구 노동공급함수의 도출

Ⅱ. **설문 (2)의 해결**

　1. 균형예산조건의 도출

　2. 노동시간함수의 도출

Ⅲ. **설문 (3)의 해결**

　1. 생산성 차이에 따른 가구별 노동시간

　2. 소득세율 증가에 따른 가구별 노동
　　시간

Ⅳ. **설문 (4)의 해결**

　1. 생산성 차이에 따른 소득분포

　2. 세후노동소득 분포의 변화

　3. 총소득 분포의 변화

| 제2문 (20점) |

정부의 경제정책과 시장에 참여하는 경제주체들의 행태를 이용하여 경제정책의 효과성 또는 결과에 대한 다음의 물음에 답하시오(구체적인 균형 값을 계산할 필요는 없음).

(1) 정부는 시간당 동일한 최저임금을 종전의 시장균형임금 수준 이상으로 높게 책정하였다. A 업종과 B업종의 업종별 노동수요함수 및 노동공급함수를 추정한 다음의 정보를 이용하여, 최저임금제 도입이 두 업종에 종사하는 노동자의 총소득에 미치는 영향을 그림을 그려 설명하고 정책적 시사점을 논하시오. 단, 종전의 노동시장은 완전경쟁 상태임을 가정한다. (10점)

(A업종)	(B업종)
$\ln(L_D) = 10-1.\ln(w)$, $\ln(L_S) = 5+\ln(w)$	$\ln(L_D) = 8-0.8\ln(w)$, $\ln(L_S) = 5+\ln(w)$
단, L_D, L_S, w는 각각 노동수요량, 노동공급량, 임금을 나타내고, $\ln(L_D)$, $\ln(L_S)$, $\ln(w)$은 각각 노동수요량, 노동공급량, 임금의 로그를 나타낸다.	

(2) 정부는 플라스틱 사용량을 줄이기 위해 각 기업에게 생수 1병당 기존 가격의 10%의 환경보전기여금을 부과하였다. α기업과 β기업의 기업별 수요함수 및 공급함수를 추정한 다음의 정보를 이용하여, 환경보전기여금 도입이 두 기업 및 소비자에게 미치는 영향을 그림을 그려 설명하고 정책적 시사점을 논하시오. (10점)

(α기업)	(β기업)
$\ln Q_D = 15-0.7\ln P$, $\ln Q_S = 5+\ln P$	$\ln Q_D = 17-0.7\ln P$, $\ln Q_S = 7+0.9\ln P$

단, Q_D, Q_S, P는 각각 생수수요량, 생수공급량, 생수시장가격을 나타내고, $\ln Q_D$, $\ln Q_S$, $\ln P$은 각각 생수수요량, 생수공급량, 생수시장가격의 로그를 나타낸다.

Advice

1. 설문 (1)의 경우 A업종과 B업종은 노동수요의 임금탄력성에서 차이가 존재한다. 최저임금이 시장균형수준보다 높은 수준으로 책정되면 노동수요의 임금탄력성이 탄력적인 업종일수록 실업규모가 커진다.

2. 설문 (2)도 설문 (1)과 마찬가지로 탄력성 개념을 활용하면 된다. 다만 비례세가 부과된다는 점과 부정적 외부효과를 시정하기 위한 피구세라는 점을 함의 서술에 반영해야 한다.

답안구성 예

Ⅰ. 설문 (1)의 해결
1. 업종별 노동수요 임금탄력성의 도출
2. 최저임금제 도입이 총소득에 미치는 영향
3. 정책적 시사점

Ⅱ. 설문 (2)의 해결
1. 기업별 생수수요 가격탄력성의 도출
2. 환경보전기여금이 경제주체에 미치는 영향
3. 정책적 시사점

| 제3문 (20점) |

다음의 거시경제모형을 참고로 아래 질문에 답하시오.

[소비함수 $C = C_0 + \beta(1-u)Y$, 투자함수 $I = I_0 - a(1-u)r$로 한다. 단 β: 한계소비성향, a: 양(+)의 값을 갖는 모수, r: 실질이자율, Y: 소득을 나타내며, u는 불확실성(uncertainty)을 나타내는 지수로 $0 \leq u \leq 1$이며 클수록 불확실성이 증대됨.]

(1) 상기 거시경제 모형에서 생산물시장의 균형을 나타내는 IS곡선의 기울기가 정부지출 승수 (k) 및 u에 따라서 달라짐을 보이되, k, u, a가 각각 증가될 경우 IS곡선의 기울기는 어떻게 변화하는가? (10점)

(2) 여기서 구한 IS곡선의 기울기를 기초로 아래의 경우를 설명하시오. 정부가 기준금리를 1.75%에서 1.5%로 인하한다고 하자. 이때 생산물시장에서 불확실성(u)이 증가할 경우(예를 들어, '$u = 0$'에서 '$u = 0.4$'으로 증대되는 경우)에 금리인하가 생산물시장에서 소득에 미치는 효과는 어떻게 변화하는가? 단, 화폐시장은 고려하지 않는다. (10점)

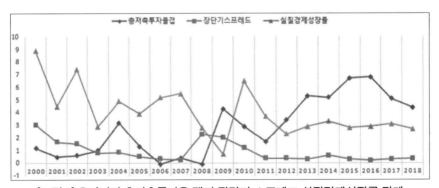

Advice

1. 설문 (1)은 IS곡선의 기울기를 각종 변수의 크기에 따라 분석하여 해결하면 된다. 각 경우를 비교할 수 있는 그래프도 함께 도해해야 한다.

2. 설문 (2)는 불확실성의 변화를 IS곡선에 반영하기 전후의 소득 증가폭을 비교하여 해결한다.

답안구성 예

Ⅰ. 설문 (1)의 해결	Ⅱ. 설문 (2)의 해결
1. IS곡선 기울기의 결정 2. 각 변수의 증가가 IS곡선 기울기에 　미치는 영향	1. 불확실성이 작은 경우 금리인하의 　효과 2. 불확실성이 큰 경우 금리인하의 효과

| 제4문(20점) |

아래의 [그림 1] 및 각주 내용을 참고로 하여 다음 질문에 답하시오.

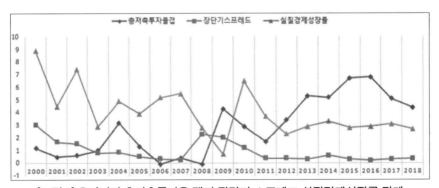

[그림 1] 우리나라 총저축투자율 갭과 장단기 스프레드 실질경제성장률 관계

[총저축투자율 갭(gap) = 총저축률 – 총투자율, 장단기 스프레드 = 국고채 3년 금리 – 한국은행 기준금리, 상관관계(총저축투자율 갭, 실질경제성장률) = −0.5, 상관관계(장단기 스프레드, 실질경제성장률) = 0.394, 상관관계(총저축투자율 갭, 장단기 스프레드) = −0.42]

(1) [그림 1]에서 보는 바와 같이 금융위기 이후(2011년 이후) 총저축투자율 갭지표는 증가하는 추세를 보이고 있는 반면, 장단기 금리 차를 나타내는 장단기 스프레드는 하락하는 추세를 보이고 있다. 어떤 요인들에 의해 총저축투자율 갭은 상승추세를 보이며 장단기 스프레드는 감소추세를 보이는 것일까? 이러한 추세의 요인이 무엇인지 설명하시오. (10점)

(2) 현재의 총저축투자율 갭의 상승추세와 장단기 스프레드의 하락추세가 향후 경기에 미치게
될 영향을 적절한 거시경제이론을 이용하여 설명하시오. (10점)

Advice

1. 설문 (1)은 투자가 감소하고 장기 금리가 하락하는 현상에 대한 원인을 제시하면 된다. 특히, 글
로벌 금융위기와 연관되어 경제에 불확실성을 유발한 요인들을 분석해야 한다.

2. 설문 (2)는 불확실성이 각종 거시경제변수에 미치는 영향에 대해 설명하여 해결한다. 이때 소비,
투자, 순수출 등 주요 변수로 나누어 접근하면 체계적인 답안 완성이 가능하다.

답안구성 예

Ⅰ. **설문 (1)의 해결**
  1. 그래프의 해석
  2. 투자 감소 및 장기 금리 하락의 요인

Ⅱ. **설문 (2)의 해결**

  1. 불확실성이 소비에 미치는 영향
  2. 불확실성이 투자에 미치는 영향
  3. 불확실성이 순수출에 미치는 영향
  4. 종합적 평가

| **제1문** | 중간재 x를 생산하는 기업 A는 다음과 같은 비용함수를 갖는 공장 1과 공장 2를 보유하고 있다.

$$\text{공장 1의 비용함수: } c_1(x_1) = x_1$$

$$\text{공장 2의 비용함수: } c_2(x_2) = \frac{1}{2}x_2^2$$

이 기업이 중간재 x를 투입하여 최종재 y를 생산한다고 할 때, 다음 물음에 답하시오.

(단, x_1은 공장 1의 x 생산량, x_2는 공장 2의 x 생산량을 의미한다)(필수 총 50점, 선택 총 25점)

(1) 기업 A가 중간재 총생산량 $x = x_1 + x_2$를 최소 비용으로 생산하고자 할 때, 총비용함수 $c(x)$를 구하시오. (20점)

(2) 기업 A의 최종재 y에 대한 생산함수는 다음과 같다.

$$y = \sqrt{x}$$

최종재 y의 판매가격이 2일 때, 이윤을 극대화하는 최종재 y의 생산량과 이윤을 구하시오. (단, 기업 A가 생산한 중간재 x는 최종재 y의 생산에 모두 투입된다고 가정하자) (10점)

(3) 최종재 y의 판매가격은 2로 변함이 없다고 하자. 공장 2에서의 부분 파업으로 x_2는 $\frac{1}{2}$ 단위를 초과하여 투입될 수 없을 때, 이윤을 극대화하는 최종재 y의 생산량과 이윤을 구하시오. (10점)

(4) (2)와 (3)의 결과에 기초하여 공장 2의 부분 파업을 해소하기 위한 기업 A의 최대 지불의사금액을 구하시오. (10점)

답안작성

김 ○ ○ / 2017년도 5급 공채 재경직 합격

Ⅰ. 설문 (1)

1. 기업의 비용 극소화 문제

총 생산량 x를 공장 1과 공장 2에 할당하여 최소의 비용으로 생산하기 위한 극소화 식은 아래와 같다.

$$\text{Min } TC = c_1(x_1) + c_2(x_2) = x_1 + \frac{1}{2}x_2^2 \quad \text{s.t } x_1 + x_2 = x$$

$$TC\text{에 } x_1 + x_2 = x \text{를 대입하여 } x_1\text{의 식으로 만들면,}$$

$$\rightarrow TC = x_1 + \frac{1}{2}(x - x_1)^2$$

위 극소화식을 만족시키는 제1계 조건은 아래와 같다.

$$\text{F.O.C: } \frac{\partial TC}{\partial x_1} = 1 - (x - x_1) = 0$$

위 극소화 식은 두 공장의 한계비용이 일치해야 할 조건과도 일치한다.

$$MC_1 = MC_2 \Leftrightarrow 1 = x_2$$

이를 그림으로 나타내면 두 공장의 한계비용을 수평합 한 것으로, 〈그림1〉과 같다.

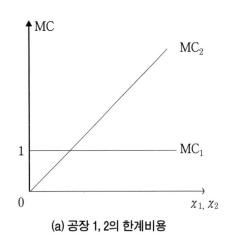

(a) 공장 1, 2의 한계비용

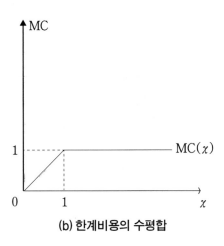

(b) 한계비용의 수평합

〈그림 1〉

2. 비용함수의 도출

(1) 각 공장의 생산 배분

① $x_1 = x - 1$, $x_2 = 1$(단, $x \geq 1$),

② $x_1 = 0$, $x_2 = x$(단, $x < 1$)

(2) 총비용함수

$$TC = x - \frac{1}{2}(x \geq 1) \quad or \quad TC = \frac{1}{2}x^2(x < 1)$$

Ⅱ. 설문 (2)

1. 기업의 이윤 극대화 문제

$y = \sqrt{x}$ 임을 고려하여 이윤 극대화의 문제를 설정하면 아래와 같다.

$$Max \ \Pi = 2\sqrt{x} - (x - \frac{1}{2})(x \geq 1)$$

$$F.O.C: \ \frac{d\Pi}{dx_1} = \frac{1}{\sqrt{x}} - 1 = 0$$

2. 이윤극대화 생산량

위 1계조건을 정리하면, $x = 1$이다. 이는 비용함수의 범위 제약에도 포함되므로 타당한 해이다.

또, (y, p)평면에 $p = 2$와 y로 표현한 공급곡선(한계비용)을 그려 이윤극대화 y를 도출하면 〈그림2〉와 같다.

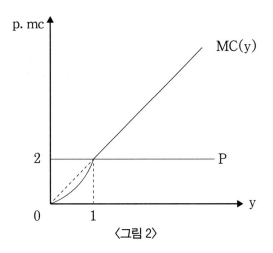

p. mc

MC(y)

2 ── P

0 ── 1

〈그림 2〉

3. 소 결

$$x = 1 \text{ 이므로}, \ y = \sqrt{x} = 1, \ \text{이윤} \Pi = \frac{3}{2}$$

Ⅲ. 설문 (3)

1. 새로운 비용함수의 도출

$$\text{Min } TC = c_1(x_1) + c_2(x_2) = x_1 + \frac{1}{2}x_2^2 \quad \text{s.t} \ ① \ x_1 + x_2 = x, \ ② \ x_2 \leq \frac{1}{2}$$

$x \geq 1$일 경우 $x_2 = 1$이 최적이었으나 $x_2 \leq \frac{1}{2}$의 새로운 제약이 발생했다.

따라서, $TC = x - \frac{1}{2} + \frac{1}{2}(\frac{1}{2})^2 = x - \frac{3}{8}(x \geq \frac{1}{2})$ or $TC = \frac{1}{2}(\frac{1}{2})^2 (x < \frac{1}{2})$

2. 이윤극대화 문제

$$\text{Max } \Pi = 2\sqrt{x} - (x - \frac{3}{8})$$

$$\text{F.O.C: } \frac{d\Pi}{dx_1} = \frac{1}{\sqrt{x}} - 1 = 0$$

3. 이윤극대화 중간재 생산량

위 1계조건을 정리하면, $x = 1$이다. 이는 비용함수의 범위 제약에도 포함되므로 타당한 해이다.

4. 소 결

$$x = 1 \text{ 이므로, } y = \sqrt{x} = 1, \text{ 이윤}\varPi = \frac{11}{8}$$

IV. 설문 (4)

1. 최대 지불의사금액의 결정

기업A는 공장2의 부분파업으로 인해 감소한 이윤만큼을 더 지불하고서 파업을 해소하고자 할 것이다. 따라서 [설문 (2)에서의 이윤−설문 (3)에서의 이윤]이 기업 A의 최대 지불의사금액이 된다.

이는 〈그림 3〉에서 파업으로 인해 비용이 상승한 부분인 빗금 친 면적의 크기와 같다.

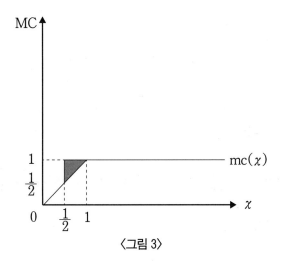

〈그림 3〉

2. 최대 지불의사 금액

설문 (2)와 설문 (3)에서의 이윤의 차는 $\frac{3}{2} - \frac{11}{8} = \frac{1}{8}$ 이다.

즉, 최대지불의사는 $\frac{1}{8}$ 이다.

┤ **강 평** ├

1. 각 공장의 생산량 x_1과 x_2를 총비용함수를 최소화 하도록 선택하는 문제이다. 제시된 답안이 문제를 잘 풀고 있으나 $x_1 \geq 0$ 과 $x_2 \geq 0$ 이라는 조건을 명시적으로 고려하고 있지 않다. 비용최소화의 1계 조건에서 공장별 생산량 $x_1 = x-1$과 $x_2 = 1$ 이 도출되며 $x_1 = x-1 \geq 0$ 또는 $x \geq 0$ 이면 비용함수는 $x - \frac{1}{2}$이 된다. 반면 $x < 0$ 이면 $x_1 < 0$ 이며 따라서 앞의 해는 도달 불가능한 것이 된다.

   그러면 $0 \leq x < 1$조건을 만족시키는 해는 어떻게 주어질까? 이를 추측하여 $x_1 = 0$ 및 $x_2 = x$를 해라고 가정하자. 이것이 최적해 임을 보이기 위해, 생산량 x를 유지하려면 $x_1 + x_2 = x$ 이므로 x_1을 ∂e만큼 증가 시키면 x_2는 ∂e만큼 줄어든다. 이 경우 총비용은 $0 \leq x < 1$의 조건 하에서 $x_1 = 0$ 및 $x_2 = x$ 에서 미분하면 $\partial e - (x^2/2) \partial e > 0$ 이다. 따라서 생산량 x를 유지하며 x_1을 증가 시키면 총비용이 증가하므로 $x_1 = 0$ 및 $x_2 = x$ 가 $0 \leq x < 1$의 조건 하에서 최적해가 된다. 이 경우 총비용은 $x^2/2$가 된다.

2. 위의 구간별 비용함수를 이용하여 이윤극대화 생산량과 이윤을 모범 답안과 같이 구할 수 있다.

3. x_1이 x_2에 비해 상대적으로 무제약이며 따라서 이윤함수를 x_1으로 미분한 극대화의 1계 조건을 구하면 $x_1 + x_2 = 1$이다. 따라서 $x_1 = 1 - x_2$이며 이를 이윤함수에 삽입하여 정리하면 $-x_2^2/2 + x_2 + 1$로 x_2의 함수로 주어진다.

   이를 $0 \leq x_2 < \frac{1}{2}$ 구간에서 최대값을 구하면 $x_1 = x_2 = \frac{1}{2}$ 에서 $\frac{11}{8}$ 로 해가 주어진다.

4. 문 (2)와 문 (3)의 차이이다.

| **제2문** | 어떤 경제의 필립스 곡선과 사회후생함수가 다음과 같다.

○ 필립스 곡선: $u = \overline{u} - (\pi - \pi^e)$

○ 사회후생함수: $W = -0.5(u-u^*)^2 - 0.5(\pi - \pi^*)^2$

(단, u는 실제 실업률, $\overline{u}$는 자연실업률, π는 실제 인플레이션율, u^e는 기대 인플레이션율, u^*와 π^*는 각각 사회적으로 최적인 수준의 실업률과 인플레이션율이다)

이 경제에는 불확실성이 존재하지 않으며, 사회적으로 최적인 실업률은 자연실업률보다 낮다고 가정한다. 통화정책에 대한 사전적 구속 장치(pre-commitment)가 없는 중앙은행이 필립스 곡선을 제약조건으로 인식하고 사회후생함수를 극대화하는 인플레이션율을 선택한다고 할 때, 다음 물음에 답하시오. (필수 총 30점, 선택 총 15점)

(1) 이 경제에서 중앙은행이 확장적 통화정책을 추구할 유인이 존재함을 보이시오. (14점)

(2) 이 경제의 균형 인플레이션율과 균형 실업률을 구하고, 통화정책의 효과를 설명하시오. (16점)

Ⅰ. **설문 (1)**
 1. 제약 하의 사회후생 극대화 문제
 2. 확장적 통화정책의 유인

Ⅱ. **설문 (2)**
 1. 균형 인플레이션율과 균형 실업률의 도출
 2. 통화정책의 효과

답안작성

김 ○ ○ / 2017년도 5급 공채 재경직 합격

Ⅰ. 설문 (1)

1. 제약 하의 사회후생 극대화 문제

필립스 곡선식을 제약으로 하는 중앙은행의 사회후생 극대화 문제는 다음과 같다.

$$Max\ W = -0.5(u-u^*)^2 - 0.5(\pi - \pi^*)^2$$
$$s.t\ u = \overline{u} - (\pi - \pi^e)$$

제약식을 목적식에 대입하여 정책변수인 π에 관한 식으로 정리하고 미분하면 아래와 같은 제1계조건이 도출된다.

$$\to W = -0.5\{(\overline{u} - u^*) - (\pi - \pi^e)\}^2 - 0.5(\pi - \pi^*)^2$$
$$F.O.C\ \frac{dW}{d\pi} = (\overline{u} - u^*) - (\pi - \pi^e) - (\pi - \pi^*) = 0$$

$$\therefore \quad \pi = \frac{(\overline{u}-u^*)+(\pi^e+\pi^*)}{2}$$

이는 〈그림4〉에서 기울기가 $\frac{1}{2}$이며 절편이 있는 직선으로 묘사된다.

2. 확장적 통화정책의 유인

$$\pi^e+\pi^* 일 \ 때에, \ \overline{u}\rangle u^* 이므로 \ \pi \rangle \pi^* 가 \ 된다.$$

즉, u^*가 자연실업률보다 작기 때문에 확장적 통화정책을 통해 실업률을 낮추고자 하는 유인이 있음을 알 수 있다. 즉, 인플레이션 편의(inflation bias)가 있다.

Ⅱ. 설문 (2)

1. 균형 인플레이션율과 균형 실업률의 도출

균형에서는 예측오차가 사라진다. 즉 기대인플레이션율은 실제 인플레이션율과 동일해진다. 이를 반영하여 균형 인플레이션율을 도출하면 아래와 같다.

$$\pi = \pi^* + (\overline{u} - u^*)$$
$$\pi^e = \pi 를 \ 반영하면 \ 실업률은 \ u = \overline{u}$$

이는 〈그림 4〉와 〈그림 5〉의 B점에 해당한다.

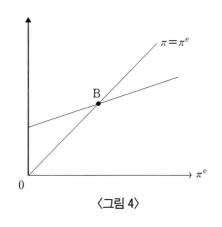

〈그림 4〉

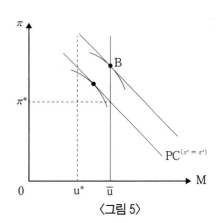

〈그림 5〉

2. 통화정책의 효과

민간이 중앙은행의 사회후생함수를 안다면, 중앙은행은 의도하는 것처럼 실업률은 낮추지 못한 채 인플레이션만 높이게 된다. 이는 민간의 합리적 기대를 가정하는 경우 정책이 의도한 효과를 내지 못한다는 정책무력성명제와 일치하는 결론이다.

| 강 평 |

1. 이 문제에서 국민이 인플레이션 예측 π^e을 구하는 방식에 대한 가정이 중요하다. 만일 국민이 중앙은행이 실업률과 인플레이션의 역관계를 의미하는 필립스 곡선을 (제약조건으로) 감안하지 않고 사회후생 극대화를 추구한다고 생각한다면 $\pi^e = \pi^*$일 것이다.

   반면 중앙은행이 국민들의 이런 기대에 반하여 필립스 곡선을 (제약조건으로) 감안하고 사회후생 극대화를 추구한다면 1계 조건에서 모범 답안처럼 중앙은행이 선택 (또 통화정책을 통해 달성하는) 하는 인플레이션 $\pi^s = \dfrac{\overline{u} - u^* + \pi^e + \pi^*}{2}$와 같이 주어진다.

   여기서 $\pi^e = \pi^*$이기 때문에 $\pi^s > \pi^e$ 즉 인플레이션을 국민의 인플레이션 예측 수준보다 높게 유지하려는 유인 (확장적 통화정책) 이 중앙은행에 존재한다. 시사점은 중앙은행과 국민 사이의 정보 차이가 통화정책의 효과를 가져올 수 있다는 것이다.

2. 균형 인플레이션은 실제 인플레이션과 국민의 인플레이션 예측 수준이 같은 곧 $\pi = \pi^e$인 경우를 말한다. 이 경우 필립스 곡선에서 균형 실업률은 $u_{균형} = \overline{u}$로 주어진다. 이 경우 통화정책은 효과가 없다.

| 제3문 | 국제금융시장에서 결정된 금리가 어떤 소규모 개방경제국(A국)의 금리보다 낮아졌다고 가정하자. 이 경우 먼델–플레밍(Mundell-Fleming) 모형을 이용하여 다음 물음에 답하시오. (필수 총 20점, 선택 총 10점)

(1) A국이 변동환율제도를 채택하고 있고 국제금융시장의 저금리 기조에 대하여 아무런 정책적 대응을 하지 않는다면, 실질환율과 국민소득은 어떻게 변하는지 설명하시오. (10점)

(2) (1)의 변화 이후, A국이 국민소득을 원래의 수준으로 유지하고자 한다면 어떤 정책을 시행하는 것이 타당하며, 그 결과 실질환율은 어떻게 변하는지 설명하시오. (10점)

답안작성   김 ○ ○ / 2017년도 5급 공채 재경직 합격

Ⅰ. **모형의 설정**

1. **주요 균형식**

(1) 생산물 시장의 균형식: *IS* 곡선

$$Y = C(Y) + I(r) + G + NX(e, Y, Y^*)$$

이를 (Y, r)평면에 나타내면 우하향하며, (Y, e)평면에서는 우상향의 형태로 나타난다.

(2) 화폐 시장의 균형식: *LM* 곡선

$$\frac{M^S}{p} = L(Y, r)$$

LM 곡선을 (Y, r)평면에 나타내면 우상향하며, 변수 e와 무관하므로 (Y, e)평면에서는 수직으로 나타난다.

(3) 국제수지 균형: BP 곡선

$$NX(e, Y, Y^*)+F(r, r^*) = 0$$

[Y:국민소득, C:소비, I:민간투자, G:정부지출, NX:순수출, e:실질환율, r:이자율

$\dfrac{M^S}{p}$: 실질 화폐공급, L:실질 화폐수요, F:자본수지, *는 해외의 변수를 나타냄]

2. 가 정

먼델-플레밍 모형에 따라 물가는 고정이며(따라서 인플레이션 기대가 없음), 국가 간 자본이동은 완전 자유롭다. 따라서 $r = r^*$가 된다. 또, 마샬-러너 조건이 충족되는 경제이다.

Ⅱ. 설문 (1)

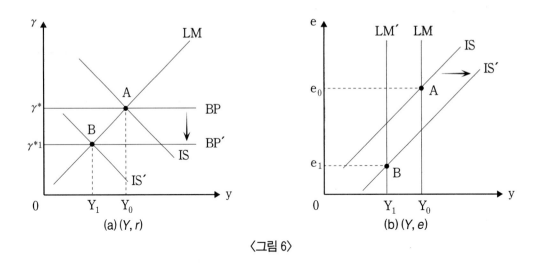

〈그림 6〉

1. 분 석

(1) (Y, r) 평면

① 저금리 기조로 인해 r^*가 하락하면 국제수지 균형을 만족하는 r이 하락하여 BP 곡선이 하방이동한다($BP \rightarrow BP'$).

② 이 경우 최초 대내·외 균형인 〈그림 6〉의 A점은 국제수지 흑자 영역이 된다. $r^* > r^{*'}$ 이므로 자본이 유입되고, 실질환율이 하락한다.

③ 실질환율의 하락은 순수출의 감소를 유발하여 IS 곡선이 좌측으로 이동하며(IS→IS′), 최종 균형은 B점이 된다.

④ B점에서 국민소득은 감소하고, 실질환율은 하락한다.

(2) (Y, e) 평면

① r^*하락으로 인한 균형 r의 하락은 생산물시장의 균형을 위한 e를 하락시키므로 IS가 하방이동한다 (IS→IS′).

② 화폐수요가 증가하여 균형 Y가 감소해야 하므로 LM은 좌측으로 이동한다(LM→LM′).

③ 결국 (Y, r)평면에서의 분석과 같이 국민소득은 감소하며 실질환율은 하락한다.

2. 결론

국민소득은 감소하며 실질환율은 하락한다.

Ⅲ. 설문 (2)

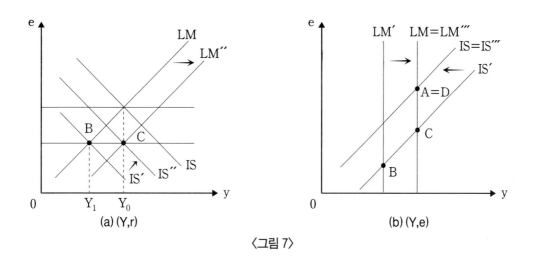

〈그림 7〉

1. 분석

(1) (Y, r)

환율 고려 없이 국민소득만 원래 수준으로 유지하고자 한다면 확장적 통화정책을 펼치면 된다.

설문 (1)의 ① B점에서 확장적 통화정책을 시행하면 LM이 우측으로 이동한다(LM→LM″).

② 그리고 확장적 통화정책으로 인한 대내균형 r하락은 자본 유입을 유발하며, 이로 인해 환율이 소폭 상승한다. 환율 상승으로 순수출이 증가하며 이는 IS곡선의 우측이동(IS′→IS″)으로 그려진다.

③ 균형은 C점이며, 실질환율은 B에서보다는 상승하는 것으로 나타난다(그러나 최초 수준에는 못미친다).

(2) (Y, e)

(Y, e)평면에서는 환율을 고려한 정책이 가능하다. 국민소득 뿐만 아니라 실질환율을 최초 상태로 복귀시키기 위한 정책은 확장적 통화정책($IS' \rightarrow IS'''$) 및 긴축 재정정책이다($LM' \rightarrow LM'''$).

이 경우 균형은 최초의 A점으로 묘사되며(=D) 국민소득과 실질환율이 모두 최초 수준으로 복귀한다.

2. 결론

국민소득을 원래 수준으로 복귀시키고자 할 경우, 실질환율은 설문 (1)의 결과보다는 상승한다. 다만 확장적 통화정책만으로 복귀시킬 경우에는 최초보다는 낮고, 확장적 통화정책과 긴축 재정정책을 동시에 시행하는 경우에는 환율은 최초수준으로 상승한다.

김 윤 영 / 단국대학교 경영경제대학 무역학과 교수

강 평

BP 곡선이 수평인 것은 자본이동이 완전히 자유롭기 때문이다. 모범 답안 중 실질환율이 하락하고는 국내화폐 가치가 상승 하고를 추가하여 쓰는 것이 좀 더 어의를 분명하게 한다.

2018년도 입법고등고시 기출문제와 어드바이스 및 답안구성 예

| 제1문 (15점) |

소규모 개방경제인 한 국가의 화폐수요함수가 다음과 같이 주어졌다고 가정하자.

$$M^d = P \cdot L(Y-T, i)$$

여기서 M^d는 명목화폐수요량, P는 물가수준, Y는 실질소득, T는 세금, 그리고 i는 명목이자율이다(단, 명목통화공급량은 중앙은행에 의해 외생적으로 결정된다). 명목환율(e)은 외국화폐한 단위의 가격을 국내화폐로 표시하는 방식으로 정의된다. 변동환율제(floating exchange rate system)하에서 이 국가의 정부가 세금을 증가시킬 경우 명목환율과 실질소득에 단기적으로 어떠한 영향을 미치는지를 설명하시오.

Advice

1. 우선, 설문의 해결을 위한 기본 모형을 설정해야 한다. '소규모 개방경제', '단기' 등의 키워드로부터 적절한 모형을 찾아낸다. 설문의 경우 IS-LM-BP 모형을 기본으로 하되, 소득과 환율에 대해 명시적으로 묻고 있으므로 외환시장 균형조건을 IS, LM식에 대입하여 소득-환율 평면에서의 IS-LM 모형으로 해결한다.

2. 그 후, 증세의 효과를 IS, LM식에 반영하여 답안을 작성하면 된다. 이때 제시된 화폐수요함수식의 특성상 증세가 LM곡선에도 영향을 준다는 점을 고려해야 한다. 설문의 해결 과정에서 소득-환율 평면에서 IS와 LM의 그래프를 도해하는 것도 잊지 말아야 한다.

| 답안구성 예 |

Ⅰ. 모형의 설정	Ⅱ. 증세의 단기적 영향

| 제2문 (25점) |

노동(L)과 자본(K)이라는 생산요소를 모두 활용하여 두 재화 X와 Y를 생산하는 경제를 가정하자. 각 재화의 생산함수와 사회후생함수는 다음과 같다.

$$\cdot \text{ 재화 } X \text{의 생산함수: } X = L_X^{1/3} K_X^{2/3}$$
$$\cdot \text{ 재화 } Y \text{의 생산함수: } Y = L_Y^{2/3} K_Y^{1/3}$$
$$\cdot \text{ 사회후생함수: } U = X^{1/2} Y^{1/2}$$

이 경제의 사회후생을 극대화하는 방안을 설명하시오. (단, 생산요소시장 및 생산물시장은 완전경쟁시장이며 완전개방경제로 재화의 국내·외 가격차이는 없다)

Advice

1. 헥셔-오린 정리와 무역의 이익에 대해 묻는 국제무역론의 기본적인 문제이다. 국제무역론에 등장하는 정리나 모형을 이용해 문제를 해결할 경우 기본가정을 정확히 제시해주는 것이 중요하다. 무역모형들은 가정을 변화시키며 진화해왔기 때문이다. 설문의 경우 요소부존도, 요소의 이동과 관련된 기본 가정을 제시해주면 될 것이다.

2. 요소집약도를 도출하여 헥셔-오린 정리에 따라 어느 국가가 어느 재화에 비교우위를 지니는지 찾고, 이에 기반하여 각 국가가 무역의 이익이 누릴 수 있음을 보여주면 설문은 간단히 해결된다. 또한, 무역 이전과 무역 이후의 후생을 명확히 비교할 수 있는 그래프도 그려주어야 한다.

답안구성 예

Ⅰ. 기본가정	Ⅲ. 헥셔-올린 정리와 무역의 발생
Ⅱ. 요소집약도의 도출	Ⅳ. 무역과 사회후생극대화

| 제3문 (30점) |

다음은 기업(오염가해자)과 오염피해자의 환경분쟁에 관한 2단계 게임문제이다.
제1단계에서 기업은 기대순이익(F)을 극대화하는 산출량(q)을 결정한다.

$$F = \pi(q) - E(D(q)).$$

$\pi(q)$는 기업의 이익이고, $D(q)$는 기업의 산출량에 따라 오염피해자가 입게 되는 피해액이며, $E(D(q))$는 환경분쟁 시에 예상되는 기업의 손실이다.

(단, $\frac{\partial \pi(q)}{\partial q} \geq 0$, $\frac{\partial \pi^2(q)}{\partial q^2} < 0$, $\frac{\partial D(q)}{\partial q} > 0$, $\frac{\partial^2 D(q)}{\partial q^2} > 0$)

제2단계에서는 기업과 오염피해자가 환경분쟁을 하게 되며 어느 정도의 법정비용을 지출할지 결정한다. 기업의 기대손실(E)과 오염피해자의 기대보수(G)는 다음과 같다.

$$E = (1-p)D(q) + \chi_1$$

$$G = (1-p)D(q)-x_2$$

기업의 승소확률(p)은 기업의 법정비용 지출액(x_1) 오염피해자의 법정비용 지출액(x_2)에 따라 결정된다. 즉, $p = \dfrac{x_1}{x_1 + x_2}$

(1) 제2단계 하부게임(subgame)의 내쉬균형(x_1^*, x_2^*)을 구하시오. (10점)

(2) 하부게임완전균형(subgame perfect equilibrium)에서 산출량 1단위 증가에 따른 추가이익과 추가 오염피해액 중 어느 것이 큰지 답하고, 그 이유를 설명하시오. (10점)

(3) 경제학자 甲은 아래에 설명된 비대칭배상제도의 도입을 주장하고 있다. 이러한 주장을 뒷받침할 수 있는 근거를 甲의 입장에서 설명하시오. (10점)

> 비대칭배상제도가 도입되었을 때, 오염피해자는 승소하는 경우 자신의 법정비용의 일부를 기업으로부터 배상받게 된다. 반면에 기업은 승소하는 경우라도 자신의 법정비용을 오염피해자로부터 배상받지 못한다.

Advice
1. 비대칭배상제도라는 다소 생소할 수 있는 개념과 많은 수식이 등장하여 어렵게 느껴질 수 있다. 이런 경우 용어에 휘둘리지 말고 우선 기술적으로 접근해서 해결한 후에 함의가 무엇인지를 찾는 편이 좋다.

2. 설문 (1)은 주어진 식을 미분하여 해결하면 된다.

3. 설문 (2)도 같은 방법으로 해결하되, 사적한계비용과 사회적한계비용의 비교를 묻고 있다는 점을 파악하고 적절한 그래프를 함께 그려주어야 한다.

4. 설문 (3)의 경우 설문에 쓰여진 바를 충실히 따라 식을 변형하면 역시 어렵지 않게 해결할 수 있다. 다만, 비대칭배상제도의 함의(피구조세)를 서술과 그래프를 함께 활용하여 제시해주어야 고득점이 가능할 것으로 보인다.

답안구성 예

Ⅰ. 설문 (1)의 해결
   1. 기업의 기대손실극소화 문제
   2. 오염피해자의 기대보수극대화 문제
   3. 하부게임 내쉬균형의 도출

Ⅱ. 설문 (2)의 해결
   1. 기업의 기대순이익극대화 문제

   2. 추가 오염피해액이 큰 이유

Ⅲ. 설문 (3)의 해결
   1. 기업의 기대손실극소화 문제
   2. 오염피해자의 기대보수극대화 문제
   3. 甲 주장의 근거

| 제4문 (30점) |

한 국가의 총생산함수는 $Y = \overline{A} \sqrt{K} \sqrt{L}$ 이다. Y는 총생산량, $\overline{A}$는 기술수준, K는 물적자본 투입량, 그리고 L은 노동 투입량이다. 인구증가율(n = $\Delta L/L$>0), 기술수준($\overline{A}$>0), 저축률(s>0), 그리고 감가상각률(δ>0)은 모두 일정하다. 마지막으로 이 국가는 현재 균제상태(steady state)에 있다.

(1) 이 국가의 물적자본은 총생산량의 3배이고 자본소득은 총생산(소득)의 30%라고 하자(단, 시장은 완전경쟁적이며 기업은 이윤을 극대화한다). 감가상각률이 2%이고 인구증가율이 1.5%일 때, 1인당 소비를 극대화할 수 있는 정책 방안을 제시하시오. (15점)

(2) 최근 이 국가는 무기생산을 중단하는 대가로 다른 국가들로부터 일시적인 무상 원조를 받았다고 가정하자(단, 무상원조는 물적자본재의 형태로만 이루어진다). 이 무상원조가 이 국가의 1인당 소득 및 총생산량에 미치는 즉각적인 효과와 장기적인 효과를 구분하여 설명하시오. (15점)

Advice

1. 전형적인 솔로우 모형을 이용한 분석을 묻는 문제이다.

2. 설문 (1)의 경우 황금률을 달성하는 조건을 도출한 후 주어진 값들을 대입한다. 이를 근거로 현재 상태가 소비가 극대화되는 상태인지를 판단한 후 과소자본상태라면 저축률을 높이기 위한 정책 방안을 제시하여 해결하면 된다.

3. 설문 (2)는 일시적인 자본량의 증가로 1인당 소득과 총생산이 어떤 시간경로를 통해 변화하는지 그래프로 도해하여 해결한다. 장기에 원래 수준으로 회귀한다는 점이 명확히 드러나도록 서술하는 것이 중요하다.

답안구성 예

I. 설문 (1)의 해결
1. 황금률의 개념
2. 황금률 조건의 도출
3. 저축률 인상을 위한 정책 방안

II. 설문 (2)의 해결
1. 자본량 증가의 즉각적 효과
2. 자본량 증가의 장기적 효과
3. 종합적 평가

| 제1문 | 한 경제 내에는 두 종류의 소비자(A, B)가 있다. 이들은 모두 두 기간 동안만 생존하고 이들의 효용함수는 $U(c_1, c_2) = \sqrt{c_1 c_2}$ 로 동일하다. 여기서 c_1과 c_2는 각각 1기와 2기의 소비를 의미한다. 소비자 A의 1기와 2기의 소득은 각각 1,000과 1,800이며 소비자 B의 1기와 2기의 소득은 각각 1,500과 1,200이다. 경제 내에서 소비자 A와 B는 각각 절반씩 존재한다고 가정하자. 소비자들은 기간 간 예산제약 하에서 자신의 효용을 극대화하도록 두 기간의 소비를 선택하고자 한다. 다음 물음에 답하시오. (단, 계산 결과가 소수로 나오는 경우, 소수점 이하 둘째 자리에서 반올림한다) (필수 총 30점, 선택 총 15점)

(1) 이 경제는 외국과의 자본거래가 없는 폐쇄경제이고 소비자는 시장균형이자율로 자기가 원하는 만큼 빌리거나 빌려줄 수 있다고 가정하자. 각 소비자의 최적 소비조합(c_1^{A*}, c_2^{A*}, c_1^{B*}, c_1^{B*})과 시장 균형이자율 (r^*)을 구하시오. (10점)

(2) 문제 (1)의 상황이 변하여 자본시장 자유화로 외국자금이 국내로 대량 유입되면서 국내 이자율이 국제 자본시장의 균형이자율인 10%가 되었다고 가정하자. 각 소비자의 소득수준이 전혀 변하지 않았다면, 자본자유화 이후 각 소비자의 최적 소비조합들을 구하고, 이 결과가 의미하는 바를 간단하게 서술하시오. (10점)

(3) 문제 (2)에서 자본자유화를 시행하면서, 1기의 차입은 각 소비자의 1기 소득의 20%를 넘을 수 없도록 하는 규제를 도입했다고 가정하자. 이런 금융구조 하에서 각 소비자의 최적 소비조합을 구하고, 규제의 효과를 간단하게 서술하시오. (10점)

Ⅰ. **설문 (1)의 해결**
  1. 소비자의 효용극대화 원리
   (1) 소비자 A의 경우 1기 소비 함수 및 자금 수요함수 도출
   (2) 소비자 B의 경우 1기 소비함수 및 자금 공급함수 도출
   (3) 폐쇄경제시 자금시장 균형이자율 도출 및 각 소비자의 소비규모 도출

Ⅱ. **설문 (2)의 해결**

  1. 국제적 자본이동이 자유로운 경우
   (1) 소비자 A의 경우
   (2) 소비자 B의 경우
   (3) 그래프의 설명
   (4) 결과가 의미하는 바
Ⅲ. **설문 (3)의 해결**
  1. A의 경우 – 구속력있는 차입제약에 직면
  2. B의 경우 – 정부의 규제정책에 해당되지 않음
  3. 그래프의 설명
  4. 규제의 효과

Ⅰ. 설문 (1)의 해결

1. 소비자의 효용극대화 원리

$$\text{Max } U(c_1, c_2) \text{ s.t } c_1 + \frac{c_2}{1+r} = y_1 + \frac{y_2}{1+r}$$

(1) 소비자 A의 경우 1기 소비 함수 및 자금수요함수 도출

$$\text{Max } \sqrt{c_1 \cdot c_2} \text{ s.t } c_1 + \frac{c_2}{1+r} = 1000 + \frac{1800}{1+r}$$

$$\text{FOC) MRS} = 1+r \rightarrow c_1 = (1+r)c_2$$

$$\therefore 2c_1 = 1000 + \frac{1800}{1+r} \rightarrow c_1 = 500 + \frac{900}{1+r}$$

자금수요함수 : $c_1 - y_1 = 500 + \frac{900}{1+r} - 1000 = \frac{900}{1+r} - 500$

(2) 소비자 B의 경우 1기 소비함수 및 자금공급함수 도출

$$\text{Max } \sqrt{c_1 \cdot c_2} \text{ s.t } c_1 + \frac{c_2}{1+r} = 1500 + \frac{1200}{1+r}$$

$$\text{FOC) MRS} = 1+r \rightarrow c_1 = (1+r)c_2$$

$$\therefore 2c_1 = 1500 + \frac{1200}{1+r} \rightarrow c_1 = 750 + \frac{600}{1+r}$$

자금수요함수 : $y_1 - c_1 = 1500 - 750 - \frac{600}{1+r} = 750 - \frac{600}{1+r}$

(3) 폐쇄경제시 자금시장 균형이자율 도출 및 각 소비자의 소비규모 도출

A 소비자와 B 소비자의 자금수요와 공급이 일치해야 폐쇄 경제의 균형이 달성된다.

$$\frac{900}{1+r} - 500 = 750 - \frac{600}{1+r} \rightarrow r = 0.2$$

A의 경우 : $C_1 = 1250$, $C_2 = 1750$

B의 경우 : $C_1 = 1250$, $C_2 = 1750$

Ⅱ. 설문 (2)의 해결

1. 국제적 자본이동이 자유로운 경우

각 소비자의 효용 극대화 원리 : Max $U(c_1, c_2)$ s.t $c_1 + \dfrac{c_2}{1+r} = y_1 + \dfrac{y_2}{1+r}$, $r = 0.1$

(1) 소비자 A의 경우

$$\text{FOC) MRS} = 1+r \rightarrow c_1 = (1+r)c_2$$
$$c_1 = 500 + \frac{900}{1+r} \leftarrow r = 0.1을 대입하면,$$
$$\therefore C_1 = 1318.2, \ C_2 = 1450$$

(2) 소비자 B의 경우

$$\text{FOC) MRS} = 1+r \rightarrow c_1 = (1+r)c_2$$
$$c_1 = 750 + \frac{600}{1+r} \leftarrow r = 0.1을 대입하면,$$
$$\therefore C_1 = 1295.5, \ C_2 = 1425$$

(3) 그래프의 설명

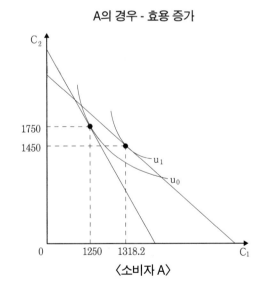

A의 경우 - 효용 증가

〈소비자 A〉

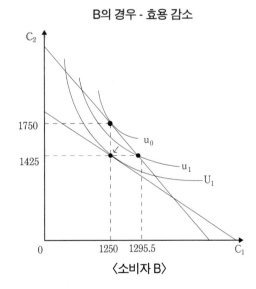

B의 경우 - 효용 감소

〈소비자 B〉

(4) 결과가 의미하는 바

소비자 A와 소비자 B의 경우 동일한 효용함수를 가진 소비자이나, 1기와 2기간 소득수준이 다르다는 하나의 차이를 가지고 있다. 설문의 경우에는 국제 이자율 수준이 국내 폐쇄 경제 이자율 수준에 비해 낮기에 차입자(A)의 효용은 증가하는 반면, 저축자(B)의 효용은 낮아지는 결과가 나타난다. 즉, 동일한 효용함수를 가지더라도 소득흐름에 따라 자본시장의 자유화의 이득과 손해가 나타남을 의미한다.

Ⅲ. 설문 (3)의 해결

1. A의 경우 - 구속력있는 차입제약에 직면

$$\text{Max } U(c_1, c_2) \text{ s.t } c_1 + \frac{c_2}{1+r} = y_1 + \frac{y_2}{1+r} \text{ , } r = 0.1, c_1 \leqq 1200$$

FOC) MRS = $1+r \rightarrow c_1 = (1+r)c_2$

$C_1 = 1200, C_2 = 1580$

2. B의 경우 - 정부의 규제정책에 해당되지 않음

$$C_1 = 1295.5, \quad C_2 = 1425$$

3. 그래프의 설명

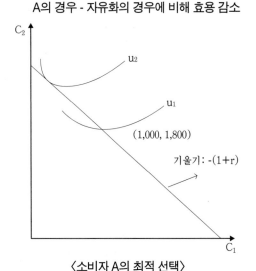

〈소비자 A의 최적 선택〉

〈소비자 B의 최적 선택〉

4. 규제의 효과

차입자에게는 구속력 있는 제약으로 작용하여 자본 자유화의 경우에 비해 효용이 감소하나, 저축자에게는 구속력이 없어 자본 자유화와 동일하다.

| 강 평 |

1. 답안은 비교적 잘 작성되었으나 소비에 대한 기간 간 차입 또는 대출이 불가능하다면 소비자 A와 B의 소비는 보유 소득(A의 경우 1,000 및 1,800; B의 경우 1,500 및 1,200) 과 같다는 점을 이해할 필요가 있다. 여기서 유의할 점은 A의 1기 소득이 B의 소득 보다 작다고 하여 (기간 간 차입 또는 대출이 가능하다면) A가 B로부터 반드시 차입하게 되는 것은 아니라는 점이다. 즉 효용함수의 형태에 따라 오히려 B가 A로부터 차입하게 될 수도 있다. 예를 들어 아래 그림과 같은 상황이 나올 수 있는 것이다.

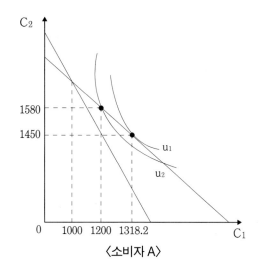

〈소비자 A〉

위 그림에서 차입과 대출이 가능한 경우 소비자 A의 효용 극대화 소비는 1기에 1,000보다 작으며 결국 정확한 차입과 대출 내용은 이는 효용함수가 결정하는 1계조건에서 결정 된다고 하겠다.

2. 한편 문항 (3)에서 $C_1 \leq 1,200$의 제약식이 문항 (1)과 (2)에 비교하여 추가된 경우이다. 이 경우 1기 소비자 A의 최적화 소비 C_1은 1,200으로 (2)의 최적 소비 1,318.2보다 작다. 엄밀한 해는 Kuhn-Tucker 조건을 이용하여 풀어야 하나 최적 효용함수를 C_1으로 표시하고 이것이 C_1의 증가함수임을 보이면, 최적 C_1이 1,200보다 작은 경우보다 1,200인 경우 효용이 더 큼을 역시 보일 수 있게 된다. 즉 최적화 1계조건에서 $C_2 = C_1/(1+r)$ 이며 따라서 최적화 효용함수가 $\sqrt{c_1 c_2} = \sqrt{c_1^2/(1+r)}$ 이므로 C_1의 증가함수이며 따라서 1기 소비자 A의 최적화 소비 C_1은 1,200가 된다. 모범 답안에서는 이 내용이 생략되어 있다.

| 제2문 | A국은 소국으로 국내 수요 및 공급 변화가 세계 시장가격에 영향을 미치지 않는다. A국은 땅콩을 포대당 $10에 수입한다. A국의 국내 수요함수는 $D = 400-10P$, 국내 공급함수는 $S = 50+5P$이다. A국의 땅콩시장은 완전경쟁시장이다. 다음 물음에 답하시오. (D, S, P는 각각 수요량, 공급량, 가격을 의미하며, 본 문항의 답은 정수나 분수로 표현한다) (필수 총 30점, 선택 총 15점)

(1) A국이 수입쿼터(import quota)를 설정하여 땅콩 수입량을 50포대로 제한한다고 가정하자. A국 정부에서 수입쿼터에 대한 독점적인 수입권한을 경매한다면, 그 독점적 수입권한에 대한 수입기업의 최대지불용의금액을 구하시오. (10점)

(2) A국의 요구에 의하여 땅콩을 수출하는 국가들이 A국에 대한 총수출량을 50포대로 자발적으로 제한하는 경우(수출자율규제)에 A국 땅콩의 시장가격과 A국 정부의 수입(revenue) 변화를 구하시오. (10점)

(3) 문제 (1)의 수입쿼터를 수출자율규제와 비교하여 장단점을 논하시오. (10점)

Ⅰ. **설문 (1)의 해결**
  1. 수입쿼터의 의의
  2. 수입쿼터시 국내 가격 도출
  3. 수입업자의 지대 도출
  4. 그래프의 설명

Ⅱ. **설문 (2)의 해결**
  1. 수출자율규제의 의미
  2. 수출자율규제시 자국의 시장가격 도출
  3. A국 정부의 수입 변화

  4. 그래프의 설명

Ⅲ. **설문 (3)의 해결**
  1. 수입 쿼터의 장점
    (1) 후생상의 우위
    (2) 타부분의 초과부담 감소 기대
    (3) 교역조건 개선효과
  2. 수입쿼터의 단점
    (1) 무역전쟁의 발생가능성
    (2) 제재의 대상으로서 높은 포착가능성

I. 설문 (1)의 해결

1. 수입쿼터의 의의

수량 제한의 무역 정책의 일종으로 일정 물량 이상의 수입을 금지하는 제도를 의미한다.

2. 수입쿼터시 국내 가격 도출

$$S' = 50+5P+50 = 100+5P$$
$$D = 400-10P$$
$$100+5P = 400-10P \rightarrow P = 20, \text{수입량} = 50$$

3. 수입업자의 지대 도출

$$\text{지대} = (20-10)*50 = 500$$

즉, 수입업자의 경우 수입권한을 통해 500의 지대를 얻을 수 있기에 이 크기의 수입권한에 대한 최대 지불의사금액을 가지게 된다.

4. 그래프의 설명

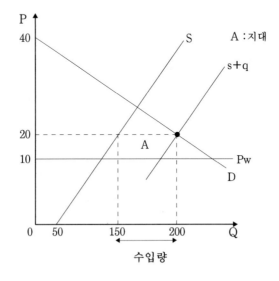

II. 설문 (2)의 해결

1. 수출자율규제의 의미

수출자율규제란 수출국의 요청으로 쌍무적 협정을 체결한 후 특정 상품의 수출을 자율적으로 규제하는 조치를 의미한다.

2. 수출자율규제시 자국의 시장가격 도출

$$S' = 50+5P+50 = 100+5P$$
$$D = 400-10P$$
$$100+5P = 400-10P \rightarrow P = 20, \text{수입량} = 50$$

3. A국 정부의 수입 변화

수출자율규제시 수입쿼터시 수입업자가 가지는 지대를 수출국 수출업자에게 귀속된다. 정책 상 A국 정부가 외국에 존재하는 수출업자의 지대를 이전해 올 수 없으므로 500의 지대는 모두 수출국 수출업자에게 귀속되며, 수입쿼터에 비해 정부의 수입은 500 감소하여 0이 된다.

4. 그래프의 설명

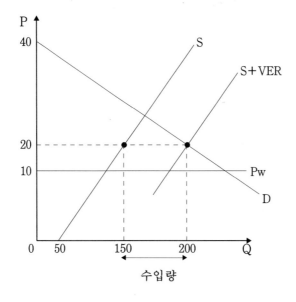

Ⅲ. 설문 (3)의 해결

1. 수입 쿼터의 장점

(1) 후생상의 우위

부분 균형 분석에 의하면 수출자율규제는 지대 부분이 외국의 수출업자에게 귀속되므로 수입업자에게 귀속되는 부분만큼 추가로 손실이 발생한다. 따라서 수입쿼터가 사회후생상의 우위를 지닌다고 할 수 있다.

(2) 타부분의 초과부담 감소 기대

정부가 지대의 크기를 면허 수입으로 귀속시킬 경우 목표 조세 수입 하에서 타 부문의 조세 징수를 감면할 수 있게 된다. 그 경우 타 부분의 조세 징수 과정에서의 초과부담을 줄일 수 있다는 장점이 있다.

(3) 교역조건 개선효과

수입쿼터의 경우 대국이라면 세계시장에서 수입품에 대한 수요 감소로 나타나 수입품의 가격이 하락하게 되고 그에 따라 교역조건이 개선되는 효과가 나타난다. 반대로 수출자율규제의 경우 수출국의 공급 감소로 세계시장에서 수출 공급이 감소하여 수입국 입장에서 수입품의 가격이 상승하여 교역조건의 악화가 나타난다.

2. 수입쿼터의 단점

(1) 무역전쟁의 발생가능성

수출자율규제의 경우와 달리 수입쿼터는 수출국 입장에서 교역조건 악화를 가져오기에 상대국의 보복정책이 나타나 무역전쟁이 발발하여 두 국가 모두 보호무역으로 인해 후생감소가 나타날 가능성이 있다.

(2) 제재의 대상으로서 높은 포착가능성

수출자율규제의 경우 수입국의 요청이 있으나 명시적으로 드러나지 않아 WTO의 제재 대상으로 포착될 가능성이 상대적으로 낮다. 하지만 수입쿼터의 경우 대표적 보호무역 정책으로서 포착 가능성이 높아 WTO의 제재 대상으로 포착될 가능성이 높다는 단점을 가지고 있다.

강 평

1. 문제의 이해가 선행되어야 한다. 수입이 없는 경우 균형가격과 수량은 P=70/3, Q=400/3으로 수입가격 10$보다 작다. 따라서 수입쿼터가 없다면 공급곡선은 10$에서 수평으로 주어질 것이다. 그러나 수입 쿼터를 50으로 제한하면 이 만큼 공급이 늘어나게 되어 공급곡선은 S=100+5P로 주어지게 된다. 여기서 유의할 것은 균형가격은 수요=공급에 의해 결정되며 수입가격 10$는 수입 또는 해외수출자의 공급 비용과 같은 역할을 한다는 점이다.

2. 이에 따라 균형가격-10$는 수입 또는 해외수출자의 마진이 되며 50*(균형가격-10$)가 이윤이 된다. 이를 누가 갖느냐가 문제가 되는데, 수입 쿼터를 국가가 경매에 부치면 국가에 귀속되고 해외수출자가 직접 수입을 담당하면 이를 해외수출자가 갖게 되는 것이다.

| 제3문 | 기업1과 기업2는 인접한 유전에서 시추하는 석유회사이다. 두 기업의 유전 밑에는 공통된 석유매장지점이 있어 시추비용에 외부성이 존재한다. 이러한 외부성을 반영한 각 기업의 총비용함수는 다음과 같다.

$$C_1(Q_1, Q_2) = Q_1 \times [Q_1 + Q_2]$$
$$C_2(Q_1, Q_2) = Q_2 \times [Q_1 + Q_2]$$

여기서 Q_1과 Q_2는 각각 기업1과 기업2의 시추량이다. 그리고 석유 가격(P)은 국제시장에서 1로 결정되었다고 하자. 다음 물음에 답하시오. (본 문항의 모든 답은 분수로 표현한다) (필수 총 40점, 선택 총 20점)

(1) 기업1과 기업2가 독립적으로 시추량을 선택한다면, 개별 기업의 내쉬균형 시추량과 이윤을 계산하시오. (10점)

(2) 두 기업이 하나의 독점기업처럼 전략적으로 행동하면서 총이윤을 서로 절반씩 나누는 담합이 발생하는 경우에 개별 기업의 시추량과 이윤을 계산하시오. (10점)

(3) 두 기업이 각자 담합과 이탈 두 전략을 가지고 일회게임(one-shot game)을 할 경우 보수행렬(payoff matrix)을 계산하고 담합은 내쉬균형이 아님을 보이시오. (10점)

(4) 상기의 일회게임이 무한히 반복되는 게임(repeated game)에서 "한 기업이 담합에서 이탈할 경우 그 다음 기(period)부터는 상대 기업의 보복으로 원래의 내쉬균형으로 영원히 돌아간다."고 가정하자. 할인인자(discount factor)가 3/4(=0.75)일 때 담합이 유지 가능함을 보이시오. (10점)

Ⅰ. **설문 (1)의 해결**
  1. 개별 기업의 반응곡선 도출
    (1) 기업 1의 경우
    (2) 기업 2의 경우
  2. 내쉬 균형 시추량과 개별 기업의 이윤도출
  3. 그래프의 설명
Ⅱ. **설문 (2)의 해결**
  1. 독점기업처럼 행동할 경우 독점기업의 생산량 및 이윤 도출

  2. 개별 기업의 이윤
Ⅲ. **설문 (3)의 해결**
  1. 하나의 기업이 담합 생산량, 한 기업이 이탈 생산량시 이윤 도출
  2. 보수행렬
  3. 내쉬균형의 도출
Ⅳ. **설문 (4)의 해결**
  1. 가 정
  2. 담합의 유지 가능성 증명

Ⅰ. 설문 (1)의 해결

1. 개별 기업의 반응곡선 도출

(1) 기업 1의 경우

$$\text{Max } \varPi(= Q_1 - Q_1 \times (Q_1 + Q_2))$$

$$\text{FOC)} \ \frac{d\varPi}{dQ_1} = 1 - 2Q_1 - Q_2 = 0$$

$$BR_1(Q_2) : Q_1 = \frac{1}{2} - \frac{Q_2}{2}$$

(2) 기업 2의 경우

동일한 비용구조를 가지므로 동일한 방법으로 도출한다.

$$BR_2(Q_1) : Q_2 = \frac{1}{2} - \frac{Q_1}{2}$$

2. 내쉬 균형 시추량과 개별 기업의 이윤도출

$$Q_1 = Q_2 = \frac{1}{3}, \ \varPi_1 = \varPi_2 = \frac{1}{3} - \frac{1}{3} \times \left(\frac{1}{3} + \frac{1}{3}\right) = \frac{1}{9}$$

3. 그래프의 설명

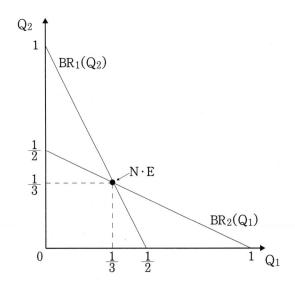

II. 설문 (2)의 해결

1. 독점기업처럼 행동할 경우 독점기업의 생산량 및 이윤 도출

$$\Pi = (Q_1+Q_2)-Q_1 \times (Q_1+Q_2)-Q_2 \times (Q_1+Q_2)$$

$$\text{Max } \Pi \rightarrow \text{FOC)} \ ① \ \frac{d\Pi}{dQ_1} = 1-2Q_1-Q_2-Q_2 = 0$$

$$② \ \frac{d\Pi}{dQ_2} = 1-2Q_2-Q_1-Q_1 = 0$$

①과 ②를 연립하여 풀면 다음과 같다.

$$Q_1 = Q_2 = \frac{1}{4}, \ \Pi = \frac{1}{4} + \frac{1}{4} - \frac{1}{4} \times \left(\frac{1}{4} + \frac{1}{4} \right) - \frac{1}{4} \times \left(\frac{1}{4} + \frac{1}{4} \right) = \frac{2}{8}$$

2. 개별 기업의 이윤

$$\Pi_1 = \Pi_2 = \frac{1}{8}$$

III. 설문 (3)의 해결

1. 하나의 기업이 담합 생산량, 한 기업이 이탈 생산량시 이윤 도출

기업 1이 이탈한다고 가정하면 생산량은 다음과 같다.

$$BR_1(Q_2) : Q_1 = \frac{1}{2} - \frac{Q_2}{2}, \ Q_2 = \frac{1}{4} \rightarrow Q_1 = \frac{3}{8}$$

이때 기업의 이윤은 다음과 같다.

$$\Pi_1 = \frac{3}{8} - \frac{3}{8} \left(\frac{3}{8} + \frac{1}{4} \right) = \frac{9}{64}, \ \Pi_2 = \frac{1}{4} - \frac{1}{4} \left(\frac{3}{8} + \frac{1}{4} \right) = \frac{2}{32}$$

2. 보수행렬

		기업 2	
		담합	이탈
기업 1	담합	$(\frac{1}{8}, \frac{1}{8})$	$(\frac{2}{32}, \frac{9}{64})$
	이탈	$(\frac{9}{64}, \frac{2}{32})$	$(\frac{1}{9}, \frac{1}{9})$

3. 내쉬균형의 도출

기업 1과 기업 2 모두 이탈하는 것이 우월전략이므로 내쉬균형은 N·E=(이탈,이탈)이 도출된다. 따라서 두 기업 모두 담합하는 것은 내쉬균형이 되지 못한다.

Ⅳ. 설문 (4)의 해결

1. 가 정

두 기업 중 하나의 기업이 이탈하면 다른 기업은 그때부터 영원히 이탈하는 전략을 취하는 방아쇠 전략을 취한다고 가정한다.

2. 담합의 유지 가능성 증명

$$\text{담합 유지시 이윤의 현재가치}: PV_\pi = \frac{1}{8} + \delta\frac{1}{8} + \delta^2\frac{1}{8} + \cdots = \frac{\frac{1}{8}}{1-\delta} = \frac{1}{2}$$

$$\text{이탈시 이윤의 현재가치}: PV_\pi = \frac{9}{64} + \delta\frac{1}{9} + \delta^2\frac{1}{9} + \cdots = \frac{9}{64} + \frac{\delta\frac{1}{9}}{1-\delta} = \frac{91}{192}$$

즉, 이탈시 이윤의 현재가치에 비해 담합시 이윤의 현재가치가 더 크기에 합리적인 기업이라면 담합을 유지하게 된다. 따라서 담합이 붕괴되지 않고 지속될 가능성이 있다.

강 평

1. 이 문제는 먼저 내쉬균형의 개념을 정확히 이해하는 것이 중요하다. 내쉬균형 하에서는 어느 한 쪽이 이를 벗어나면 손해가 되므로 쌍방이 생산량을 계속 유지하게 된다는 점이다. 모범 답안의 그래프는 상대방의 생산량이 주어졌을 때 자신의 최적 생산량을 나타낸다. 한편 설문 (4)에서 할인 인자의 크기에 따라 답이 바뀔 수 있음에 유의하자.

2. 극단적으로 할인 인자가 0이면 반복게임의 의미가 없어지며 1에 가까울수록 후자가 중요해진다. 응용문제로 반복게임에서 (담합,담합)과 (이탈,이탈)을 같게 만드는 할인 인자를 구해보자.

2017년도 입법고등고시 기출문제와 어드바이스 및 답안구성 예

| 제1문 (15점) |

낙동강 상류에는 염색 제품을 생산하는 기업이 있고, 하류에는 맥주를 생산하는 기업이 있다. 염색 공장에서 배출하는 폐수는 맥주를 생산하는 기업에 피해를 준다. 염색제품의 시장가격은 2000이고, 염색 기업의 사적한계비용(PMC)은 80+q이며, 염색 과정에서 배출되는 폐수의 한계피해(MD)는 (1/2)q이다. 여기서, q는 염색 제품의 생산량이다.

(1) 염색 기업이 경쟁시장에서 아무런 규제 없이 생산을 하고 있을 때, 시장실패가 발생함을 보이고, 염색 제품의 생산량을 사회적으로 바람직한 수준으로 유지하기 위해 피구세를 부과할 때, 단위당 세금을 구하시오. 그리고 시장실패를 치유할 수 있는 방안을 설명하시오. (5점)

(2) 낙동강의 사용권한이 염색 기업에 있고, 염색 기업과 맥주 기업이 서로 협상을 할 수 있다고 한다(협상비용은 무시할 정도로 미미하다). 자발적 협상을 통해 시장실패를 치유할 수 있는 조건과 한계를 설명하시오. 또한, 맥주 기업이 염색 기업에 제시할 수 있는 최저액과 최고액, 그리고 이 협상으로 인해 향상되는 사회적 후생은 얼마인가? (5점)

(3) 낙동강의 사용권한이 맥주 기업에 있고, 염색 기업과 맥주 기업이 서로 협상을 할 수 있다고 한다(협상비용은 무시할 정도로 미미하다). 자발적 협상을 위해 염색 기업이 맥주 기업에 제시할 수 있는 최저액과 최고액, 그리고 이 협상으로 인해 향상되는 사회적 후생은 얼마인가? (5점)

A dvice

생산의 부정적 외부효과와 관련된 문제이다.

1. 설문 (1)에서 시장실패와 최적피구세를 수식 도출과 그래프를 모두 활용하여 보여준다.

2. 설문 (2)와 설문 (3)은 코우즈 정리로 해결하되 협상이 가능한 금액의 범위를 도출하는 것에서 나아가 코우즈 정리의 가정과 한계까지 언급해준다면 완성도 높은 답안을 작성할 수 있다. 또한, 그래프를 통해 소유권의 귀속에 따른 협상 금액 범위가 다르다는 점도 비교해 주어야 한다.

| 제2문 (15점) |

아래의 소비자 선택과 관련된 질문에 그래프를 이용하여 답하시오.

(1) x재와 y재의 가격이 각각 px와 py이고 소득이 M일 때, 효용함수가 min{x,y}인 사람의 간접효용함수를 도출하시오. (5점)

(2) x재와 y재의 가격이 각각 20원과 10원이고 소득이 200원인 소비자가 x = 4, y = 12만큼의 소비량을 선택하였다. 소득이 변하지 않은 상태에서 x재와 y재의 가격이 각각 10원과 20원으로 바뀌었을 때 이 소비자는 소비량을 x = 4, y = 8로 변경한다. 현시선호의 일반공리에 따라 이 소비자의 효용변화를 분석하시오. (5점)

(3) (2)의 가격변화에 대하여 소득이 변하지 않은 상태에서, 이 소비자가 x = 4, y = 12에서 x = 10, y = 5로 선택하였다면 현시선호의 일반공리에 입각하여 효용변화를 분석하시오. (5점)

Advice

1. 설문 (1)에서 간접효용함수는 소비자의 보통수요함수를 제시된 효용함수에 대입하여 도출할 수 있다.

2. 설문 (2)는 소비자가 합리적인 소비행위를 하는지 여부에 대해 묻는 문제이다. 상품묶음 A를 B보다 현시선호한다면 B를 택하는 어떤 경우에도 A가 선택가능한 점이 되어서는 안된다. 현시선호 문제는 그래프를 도해하는 것이 전달력이 높은 답안을 작성할 수 있다.

3. 설문 (3)도 설문 (2)와 같은 방법으로 해결하면 된다. 다만 효용변화는 설문의 상황에 따라 다른 결론에 도달할 수 있다.

| 제3문 (10점) |

정부는 경기안정화정책으로 다음과 같은 두 가지 거시경제정책 A, B 중에서 하나를 선택하려고 한다. 두 가지 경제정책 모두 잠재총생산 수준을 달성하는 것을 목표로 삼고 있지만, 정책 A는 정책 B에 비하여 더 많은 세금을 징수하는 한편 더 높은 수준의 통화공급량을 유지하는 정책이라고 한다. 정부지출 수준은 고정되어 있을 때 물가수준이 단기적으로 고정되어 있는 IS-LM모형을 이용하여 다음 물음에 답하여라.

(1) 폐쇄경제에서 균형국민소득이 잠재총생산 수준에서 벗어나 있을 때, 두 정책 A, B를 시행한 결과 달성되는 균형을 비교하시오. 또한 두 정책 사이에 소비 수준과 투자 수준을 각각 비교하시오. (5점)

(2) 변동환율제를 채택하고 있고 자본이동이 완전히 자유로운 소규모 개방경제모형을 상정할 때, 두 정책의 유효성을 분석하고 경기침체에 대응하여 정책을 집행할 때 환율과 순수출에 대한 효과는 어떻게 나타나는지 설명하시오. (5점)

Advice

1. 설문 (1)에서 정책 A는 확장적 통화정책, 정책 B는 확장적 재정정책으로 볼 수 있다.
   각 정책 하에서 달성되는 균형의 특징(가처분소득의 규모, 이자율)에 따라 소비와 투자 수준을 비교하면 된다.

2. 설문 (2)에서 자본이동이 완전히 자유로운 소규모 개방경제를 가정할 경우 BP곡선은 수평이 된다. 변동환율제를 택하므로 통화정책은 유효하나 재정정책은 무력하다는 결론을 서술과 그래프를 모두 활용하여 보여주어야 한다.

답안구성 예

I. **설문 (1)의 해결**
1. 모형의 설정
2. 각 정책 균형의 도출 및 비교
3. 소비 수준과 투자 수준의 비교

II. **설문 (2)의 해결**
1. 모형의 설정
2. 각 정책 유효성의 분석
3. 환율과 순수출에 대한 효과

| 제4문 (10점) |

다음과 같은 경제가 있다고 하자.

$$C = a+b(Y-T)+u_1$$

$$I = c-d \cdot r+u_2$$

$$\frac{M^D}{P} = e+f \cdot Y-g \cdot r+ v$$

C, Y, T, I, M^D, P, r은 각각 소비, 소득, 조세, 투자, 화폐수요, 물가수준, 이자율을 가리키며, u_1, u_2, v는 각각 소비, 투자, 화폐수요에 있어서의 외생적 충격을 가리킨다. a, b, c, d, e, f, g는 고정된 상수이다. 물가수준, 조세, 정부지출, 순수출은 고정되어 있다고 가정하며, $u_1 = u_2 = v = 0$일 때 잠재총생산 수준에서 균형국민소득이 달성된다고 한다.

중앙은행이 국민소득의 안정화를 위해 통화공급량을 일정하게 유지하는 정책 A와 이 자율을 일정하게 유지하는 정책 B 중에서 선택하려고 할 때, 경기변동의 주요 원인이 u_1, u_2의 변동에서 기인할 경우와 v의 변동에서 기인할 경우에 대하여, 두 정책의 상대적 유효성을 설명하시오.

Advice

1. 설문에 제시된 경기변동의 원인 중 u는 생산물시장의 충격에 해당하고 v는 화폐시장의 충격에 해당한다. 한편 정책 A는 통화량목표제, 정책 B는 이자율목표제에 해당된다.

2. 각 충격의 경우 어느 정책이 경기안정화에 효과적인지를 분석하며 그래프도 반드시 활용해야 한다.

답안구성 예

I. **정책 A 도입하는 경우**
1. 모형의 설정
2. 균형국민소득의 도출
3. 경기변동의 영향

II. **정책 B 도입하는 경우**
1. 균형국민소득의 도출

2. 경기변동의 영향

III. **종합적 평가**
1. 생산물시장이 경기변동의 주요 원인인 경우
2. 화폐시장이 경기변동의 주요 원인인 경우

| **제1문** | 유로존에 속하는 두 국가 A와 B는 노동만을 사용하여 규모수익불변 기술에 의해 옷과 자동차를 생산한다. 두 국가에서 각 재화 한 단위를 생산하기 위해 투입해야 하는 노동량은 다음 표에 주어져 있다.

모든 시장은 경쟁적이며 각 국가 안에서 노동은 산업 간 자유롭게 이동할 수 있다. 또한, 국가 간 노동의 이동은 불가능하지만 국가 간 재화의 이동은 비용없이 자유롭게 이루어질 수 있다. A국은 유로를 화폐로 사용하고, B국은 페세타를 화폐로 사용한다.

(단, A국의 임금은 1유로로, B국의 임금은 1페세타로 고정되어 있으며, 환율은 e(= 페세타/유로)이다) 다음 물음에 답하시오. (필수 총 30점, 선택 총 15점)

	옷	자동차
A	2	1
B	4	4

(1) 두 국가 모두 무역에 참여하려면 유로 한 단위 당 페세타의 환율이 어떤 구간 [a, b]에 있어야 하는지 a와 b를 구하시오. (14점)

(2) 현재 유로 한 단위 당 페세타의 환율은 1이고, A국의 노동생산성과 명목임금은 변하지 않는다고 가정하자. B국이 무역에 참여하는 조건이 되기 위해서는 B국의 노동생산성과 명목임금이 어떤 방향으로 각각 조정돼야 할 것인가? (16점)

Ⅰ. **설문 (1)의 검토**
 1. Ricardo의 무역모형
  (1) 노동가치설
  (2) 무역의 발생
 2. 각국의 교역참가조건
  (1) A국의 교역참가조건
  (2) B국의 교역참가조건
  (3) 무역발생조건

Ⅱ. **설문 (2)의 검토**
 1. e = 1인 경우 무역발생여부
 2. B국의 무역참가조건
  (1) 노동생산성의 변화
   1) B국이 옷을 수출하려는 경우
   2) B국이 자동차를 수출하려는 경우
  (2) 명목임금의 변화

Ⅰ. 설문 (1)의 검토

1. Ricardo의 무역모형

(1) 노동가치설

노동가치설이란, 재화의 가격이 그 재화의 생산에 투입된 노동의 가치에 따라 결정된다는 이론이다. 따라서 각 재화의 가격은 재화단위당 요구노동량 X χ임금에 따라 결정된다. 옷을 X재, 자동차를 Y재라고 할 때, 각 국가의 임금이 1로 고정되어 있으므로, A국의 재화가격은 P_χ^A = 2유로, P_y^A = 1유로이며, B국의 재화가격은 P_χ^B = 4페세타, P_y^B = 4페세타이다.

(2) 무역의 발생

Ricardo는 국가간 생산비의 상대적 격차가 있다면 무역이 발생할 수 있다고 본다. 즉 각 국가는 생산에 있어 절대우위가 없더라도, 비교우위가 있는 제품 생산에 특화하여 서로 교역함으로써 무역의 이득을 누릴 수 있다.

설문의 경우, A국은 자동차에, B국은 옷 생산에 비교우위가 있으므로, A국은 자동차를 생산하고 B국은 옷을 생산해 서로 무역을 한다면, 양국의 소비가능영역이 넓어져 교환의 이득을 얻을 수 있을 것이다.

2. 각국의 교역참가조건

(1) A국의 교역참가조건

만일 A국입장에서 B국의 옷을 수입하고자 한다면, A국의 옷가격보다 B국의 옷가격이 더 저렴해야 한다. 즉, P_χ^A = 2유로 > P_χ^B = 4페세타가 성립하여야 하므로, 이때 환율(e=페세타/유로)은 e > 2의 범위에 있어야 한다.

(2) B국의 교역참가조건

만일 B국 입장에서 A국의 자동차를 수입하고자 한다면 A국의 자동차 가격이 B국의 자동차 가격보다 저렴해야 한다. 즉, P_y^A = 1유로 < P_y^B = 4페세타가 성립해야 B국이 A국의 자동차를 수입할 것이므로, 이때 환율은 e < 4의 범위에 있어야 한다.

(3) 무역발생조건

따라서 A국과 B국이 모두 무역에 참여하기 위해서 환율은 2 < e < 4의 범위 안에 있어야 하므로, a = 2, b = 4이다.

II.설문 (2)의 검토

1. e = 1인 경우 무역발생여부

환율이 1인 경우에는 A국의 옷과 자동차가 모두 B국보다 저렴하므로, B국은 수입만 하고자하고 수출은 하지 못할 것이다. 따라서 양국 사이에 무역은 발생하지 않는다.

2. B국의 무역참가조건

(1) 노동생산성의 변화

1) B국이 옷을 수출하려는 경우

e=1, 명목임금=1로 고정되어 있을 경우, B국이 옷을 수출하기 위해서는 B국의 옷한단위당 노동투입량이 2이하로 감소하여, B국의 옷가격이 A국보다 저렴해져야 한다. 즉 옷에 대한 노동생산성이 2배 이상 증가해야, $P_x^A > P_x^B$가 달성되어 B국이 A국에 옷을 수출할 수 있다.

2) B국이 자동차를 수출하려는 경우

B국의 노동생산성이 변화하여 B국이 자동차에 비교우위를 가진다면 자동차를 수출하고, A국으로부터 옷을 수입할 수 있다.

즉 $P_y^A > P_y^B$일 경우 자동차 수출이 가능해지며, 이를 위해서는 e = 1, 임금 = 1일 때 B국의 자동차 한단위당 노동투입량이 1이하로 감소해야 한다. 즉 자동차에 대한 B국의 노동생산성이 4배 이상 증가해야, $P_y^A > P_y^B$가 달성되어 B국이 자동차를 수출하고 A국으로부터 옷을 수입할 수 있다.

(2) 명목임금의 변화

노동가치설에 따라 재화의 가격이 재화한단위당 노동투입량과 명목임금의 곱으로 결정된다. 따라서 B국이 옷을 수출하고 자동차를 수입하기 위해서는 B국의 옷가격이 A국보다 싸고, 자동차 가격이 A국보다 비싸야 한다. 즉 A국의 명목임금을 WA, B국의 명목임금을 WB라고 할 때 다음이 성립해야 한다.

$$P_x^A = 2 \times WA(=1) > P_x^B = 4 \times WB \rightarrow 1/2 > WB$$
$$P_y^A = 1 \times WA(=1) < P_y^B = 4 \times WB \rightarrow 1/4 < WB$$

따라서 1/4 < WB < 1/2 가 성립해야, 무역이 이루어질 수 있다.

박 성 훈 / 조선대학교 경상대학 경제학과 교수

| 강 평 |

1. "A국과 B국으로 구성된 무역에서 국가 간 생산비의 상대적 격차가 있다면 무역이 발생할
   수 있다."라는 Ricardo의 비교우위론에 근거하여 두 나라가 무역에 참여하는 조건을 유도
   하는 문제이다.

2. 노동가치설을 고려하면서, 각 나라가 생산하는 재화의 가격을 유도하였으며, 비교우위론을
   활용하여 각 나라의 교역참여 조건을 도출하였다(A국 자동차에 비교우위가 있으며, B국은
   옷에 비교우위가 있다). 이를 통해 각 나라가 교역에 참여할 환율의 범위를 유도하였다.

3. A국의 노동생산성과 명목임금이 변하지 않는 상황에서, B국이 교역에 참여하기 위한 B국의
   노동생산성과 명목임금의 범위를 도출하였다.

| 제2문 | 甲의 효용함수는 다음 표에 제시된 소득과 효용의 관계를 보여준다. 甲의 현재 소득은 1,000원으로 가정하자. 甲이 0.5의 확률로 200원을 받거나 0.5의 확률로 100원을 잃는 게임을 제안 받았다. (단, 이 게임에 참여하는 비용은 들지 않는다)
다음 물음에 답하시오. (필수 총 40점, 선택 총 20점)

소득(원)	900	950	1,000	1,050	1,100	1,150	1,200
효용	200	220	238	253	264	268	270

(1) 甲이 이 게임에 참여할 것인지 또는 참여하지 않을 것인지에 대하여 설명하시오. (14점)

(2) 甲과 동일한 현재 소득과 효용함수를 갖고 있는 개인 乙이 있다고 가정하자. 甲과 乙이 한 팀으로 이 게임에 참여하여 게임의 이익과 손해를 똑같이 나눈다고 가정한다면, 이들이 게임에 참여할 것인지 또는 참여하지 않을 것인지에 대하여 설명하시오. (16점)

(3) 또 다른 개인 丙의 효용함수를 가정하자. 丙의 한계효용은 양(+)이며 소득이 증가함에 따라 체증한다. 丙이 위에 제시된 게임에 참여할지의 여부를 그래프를 이용하여 설명하시오. (10점)

Ⅰ. 설문 (1)의 검토
　　1. 甲의 위험에 대한 성향
　　2. 게임의 특성
　　3. 甲의 게임참여여부
Ⅱ. 설문 (2)의 검토
　　1. 게임의 특성

　　2. 甲의 게임참여 여부
　　3. 소 결
Ⅲ. 설문 (3)의 검토
　　1. 丙의 위험에 대한 성향
　　2. 丙의 게임참여여부

답안작성　　　　　　　　　　　　　　　　　　　　　정 ○ ○ / 2015년도 5급 공채 재경직 합격

Ⅰ. 설문 (1)의 검토

1. 甲의 위험에 대한 성향

　甲은 소득이 50씩 증가함에 따라 효용의 증가분이 감소하므로 위험기피자에 해당한다. ($dU'(M)/dM \langle 0$) 위험기피자란 기대금액이 동일한 두 상품이 있는 경우 위험이 더 적은 상품을 선호하는 것을 의미한다. 따라서 위험기피자에게 위험은 비재화에 해당하며, 기대소득이 아닌 기대효용에 따라 의사결정한다.

2. 게임의 특성

게임참여시의 기대소득과 참여하지 않을시의 기대소득이 동일하다면, 그 게임은 공정한 게임이라고 할 수 있으며, 참여시 기대소득이 더 커진다면 게임은 유리한 게임이라고 할 수 있다.

甲이 제안받은 게임의 기대소득을 구하면 다음과 같다.

$$- \text{비참여시 기대소득} : E'(M) = 1000$$
$$- \text{참여시 기대소득} : E''(M) = 0.5 \times 900 + 0.5 \times 1200 = 1050$$

즉, 이 게임의 경우 참여시 기대소득이 크므로 유리한 게임이다.

3. 甲의 게임참여여부

甲은 위험기피자이며, 기대소득이 아닌 기대효용을 극대화하는 원리에 따라 행동한다. 이때 게임참여시와 비참여시의 기대효용은 다음과 같이 도출된다.

$$- \text{비참여시 기대효용} : EU'(M) = U(1000) = 238$$
$$- \text{참여시 기대효용} : EU''(M) = 0.5 \times U(900) + 0.5 \times U(1200) = 235$$

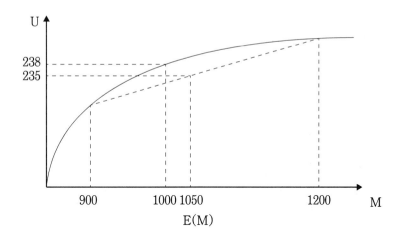

즉, 참가시의 기대효용보다 비참여시의 기대효용이 더 크므로 甲은 게임에 참여하지 않는다. 이는 게임참여시의 기대소득 증가에 따른 효용증가분보다, 위험증가에 따른 효용감소분이 더 크기 때문에, 위험기피자인 甲은 유리한 게임임에도 불구하고 게임에 참여하지 않게 된다.

Ⅱ. 설문 (2)의 검토

1. 게임의 특성

甲과 乙이 한팀으로 게임에 참여하여 게임의 이익과 손해를 똑같이 나누는 경우, 甲과 乙은 각각 0.5의 확률로 100을 받거나, 0.5의 확률로 50을 잃게 된다. 이때 甲의 기대소득을 구하면 다음과 같다.

$$- \text{비참여시의 기대소득} : E'(M) = 1000$$
$$- \text{참여시의 기대소득} : E''(M) = 0.5 \times 950 + 0.5 \times 1100 = 1025$$

즉, 이 게임의 경우에도 참여시 기대소득이 크므로 유리한 게임이나, 게임에 혼자 참여하는 경우보다는 덜 유리한 게임이다.

2. 甲의 게임참여 여부

甲의 게임참여시와 비참여시의 기대효용은 다음과 같다.

$$- \text{비참여시의 기대효용} : EU'(M) = U(1000) = 238$$
$$- \text{참여시의 기대효용} : EU''(M) = 0.5 \times U(950) + 0.5 \times U(1100) = 242$$

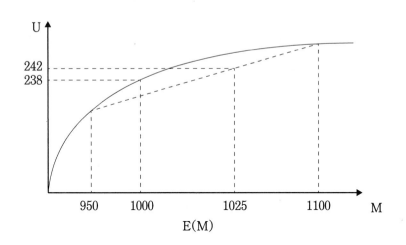

즉, 참여시의 기대효용이 비참여시의 기대효용보다 크므로, 甲과 乙은 게임에 참여하게 된다.

3. 소 결

甲과 乙이 함께 참여하여 게임의 이익과 손해를 똑같이 분담하는 것은 '위험분담'에 해당한다. 즉, 위험분담을 통해 소득의 편차를 줄여서 게임참여에 따른 위험을 줄이게 된 것이다. 따라서 甲이 게임에 혼자 참여할 때보다는 기대소득이 줄어 기대효용의 증가분은 감소하지만, 위험분담에 따른 위험의 감소로 기대효용 감소분이 줄어들게 되어, 혼자 참여할 때보다 효용이 증가하여 게임에 참여하게 된다.

Ⅲ. 설문 (3)의 검토

1. 丙의 위험에 대한 성향

丙의 한계효용은 양수이며 소득이 증가함에 따라 체증하므로, 丙의 폰노이만 모겐스턴 효용함수는 수평축에 볼록한 위험애호자이다. 따라서 丙에게 위험은 재화이며, 기대금액이 동일한 두 상품이 있는 경우 위험이 더 큰 상품을 선호하게 된다.

2. 丙의 게임참여여부

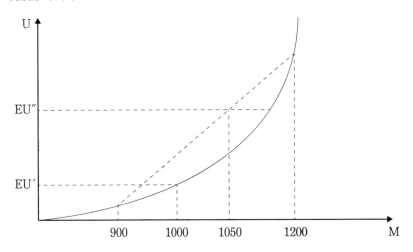

위 그래프에서와 같이, 비참여시 기대효용(EU′)보다 참여시 기대효용(EU″)이 더 크므로 丙은 게임에 참여하게 된다. 이는 丙이 위험애호자이므로, 게임참여에 따라 기대소득이 증가하여 효용이 증가하게 되고, 게임참여를 통해 재화인 위험이 증가함에 따라서도 효용이 증가하게 되므로, 丙은 게임참여에 따라 반드시 효용이 증가하게 된다. 따라서 위험애호자인 丙은 유리한 게임에 반드시 참여하게 된다.

강 평

1. 본 문제는 위험기피자의 (1) 위험성에 대한 태도, (2) 위험기피자의 위험분담에 대한 태도, 그리고 (3) 위험애호자의 위험성에 대한 태도를 분석한다.

2. 위험기피자인 甲은 게임에 참여할 때 얻는 자신의 기대효용과 참여하지 않을 때 얻는 자신의 기대효용을 비교한다. 본 문제에서는 참여하는 경우에 얻는 기대효용이 참여하지 않으면 얻는 기대효용에 비해 작은 상황이며, 이에 따라 甲은 게임에 참여하지 않는다.

3. 초기부와 효용함수가 같은 甲과 乙이 한 팀이 되어 이 게임에 참여하면서, 두 경기자는 게임에서 얻는 이익과 손해를 똑같이 나누는 경우를 가정한다. 두 경기자는 위험분담을 통해 이 경기에 참여하게 된다: 참여하는 경우에 얻는 기대효용이 참여하지 않으면 얻는 기대효용보다 크다.

4. 위험애호인 丙은 게임에 참여할 때 얻는 자신의 기대효용과 참여하지 않을 때 얻는 자신의 기대효용을 비교한다. 본 문제에서는 참여하는 경우에 얻는 기대효용이 참여하지 않으면 얻는 기대효용에 비해 크므로 丙은 게임에 참여한다.

| 제3문 | 기간 1과 기간 2의 두 기간에 걸친 정부의 예산제약식이 다음과 같이 주어졌다.

$$T_1 + \frac{T_2}{(1+r)} = G_1 + \frac{G_2}{(1+r)}$$

기간 1과 기간 2에서 정부지출에는 변화가 없는 상태에서 정부가 기간 1의 조세만 $\triangle T_1$만큼 삭감하였다고 가정하자. (단, T_1과 G_1은 기간 1에서의 정부의 조세와 지출, T_2와 G_2는 기간 2에서의 정부의 조세와 지출, r은 이자율을 나타낸다) 다음 물음에 답하시오. (필수 총 30점, 선택 총 15점)

(1) 정부가 예산제약을 지키는 경우 기간 2에서 조세 $\triangle T_2$는 어떻게 변해야 하는가 (10점)

(2) 리카도의 동등성정리(Ricardian equivalence theorem)가 성립한다고 할 때, 소비자의 저축은 어떻게 변화하는가? (20점)

Ⅰ. 설문 (1)의 검토	Ⅱ. 설문 (2)의 검토
1. 정부의 동태적 예산제약식	1. 리카도의 동등성 정리
2. 1기의 조세삭감 효과	2. 합리적 개인의 동태적 효용극대화

2016

답안작성
정 ○ ○ / 2015년도 5급 공채 재경직 합격

Ⅰ. 설문 (1)의 검토
1. 정부의 동태적 예산제약식

$$G_1 + G_2/1+r = C_1 + C_2/1+r$$

위와 같은 동태적 예산제약식 하에서 재정적자의 화폐화가 없다고 가정할 경우, 정부지출의 현재가치의 변화가 없는한, 이번기의 조세감면은 국채발행에 의해 조달된다($-\triangle T = \triangle B$).

2. 1기의 조세삭감 효과

$$G_1 + G_2/(1+r) = T_1 - \triangle T_1 + (T_2 + \triangle T_2)/(1+r)$$
$$= T_1 + T_2/(1+r) - \triangle T_1 + \triangle T_2/(1+r)$$

1기에 ΔT_1만큼의 조세삭감을 한 것은, 그 규모만큼의 국채발행을 한 것을 의미하므로, 정부가 예산 제약을 지키는 경우, 다음기에는 국채발행규모와 그 이자만큼을 조세로 거둬들여야 한다.

따라서 정부지출규모의 변화가 없는 한 $-\Delta T_1 + \Delta T_2/1+r = 0$ 이어야 하므로, $\Delta T_2 = (1+r)\Delta T_1$이 된다.

즉, 1기에 ΔT_1만큼 조세를 삭감한다면, 2기에는 $\Delta T_2 = (1+r)\Delta T_1$만큼 조세를 더 거둬들여야 예산제 약을 지킬 수 있다.

II. 설문 (2)의 검토
1. 리카도의 동등성 정리

$$S = Sp$$

리카도의 동등성 정리란 ① 경제주체는 미래전망적인 합리적 기대를 가지고, ② 유동성제약이 존재하 지 않는다면, 정부지출 규모의 변화가 없는 이상, 재원조달을 국채로 하는가 조세로 하는가는 민간의 선 택에 영향을 주지 않는다는 것이다.

이는 조세의 감소가 있더라도 합리적 개인은 이를 미래조세의 증가로 인식해 늘어난 가처분소득을 저 축하고 소비를 늘리지 않는다는 것으로, 이는 케인즈학파가 민간의 소비는 가처분소득에 의존하며, 조 세의 감소는 소비의 증가로 이어진다는 견해와 상반된다. 즉 민간은 조세감소에 따른 국공채를 자신의 순자산으로 인식하지 않는다.

2. 합리적 개인의 동태적 효용극대화

$$C_1 + C_2/(1+r) = (Y_1 - T_1) + (Y_2 - T_2)/(1+r)$$
$$= \{Y_1 - (T_1 - \Delta T_1)\} + [Y_2 - \{T_2 + (1+r)\Delta T_1]/(1+r)$$
$$= Y_1 + Y_2/(1+r) - \{T_1 + T_2/(1+r)\}$$
$$= Y_1 + Y_2/(1+r) - \{G_1 + G_2/(1+r)\}$$

즉, 정부가 자신의 예산제약식을 지킨다면, 정부지출 규모에 변화가 없는 이상, 1기의 조세 감면은 민간의 초기부존점만 변화시킬뿐 민간의 예산제약식은 변화하지 않는다. 따라서 민간은 이번기 조세 감면을 다음기의 조세증가로 인식해 늘어난 가처분소득을 저축증가에 사용하고 소비규모는 변화하지 않는다.

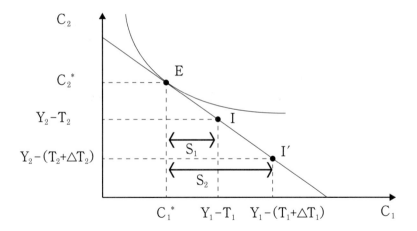

S = Sp 즉, 이번기의 조세감소는 민간의 초기부존점만 변화시킬뿐(I→I′), 민간의 최적선택점(E)은 변하지 않는다. 따라서 1기와 2기의 소비규모(C_1^*, C_2^*)는 그대로이며, 1기에 조세감 소분만큼 저축이 증가하게 된다($S_1 \rightarrow S_2$).

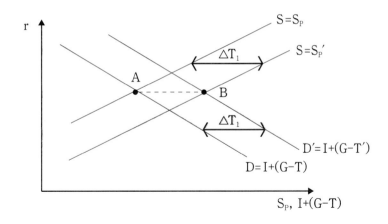

이 때, 대부자금시장에서는 민간의 대부자금공급(S)이 조세감소분만큼 증가하고, 대부자금수요(I+(G−T))가 조세감소분만큼 증가하게 되어 이자율은 변하지 않는다.

강 평

1. 본 문제는 두 기간(1기, 2기)을 고려하면서, 정부지출에 변화가 없지만 정부가 1기에 조세를 삭감하는 경우에 2기에 있어서 (1) 조세의 변화, 그리고 (2) 저축의 변화를 분석한다.

2. 두 기간의 걸친 정부의 예산제약식을 고려하면서, 1기에 조세삭감에 따른 기간별 효과를 분석한다. 1기에 조세 삭감은 국채발행을 의미하며, 따라서 예산제약을 고려할 때 2기에는 조세를 거둬들여야 한다.

3. '동등성정리'가 성립되는 상황에서 합리적인 개인의 동태적 효용극대화 행위를 분석한다. 1기에 정부의 조세삭감은 소비자의 초기부를 변화시키지만, 소비자는 2기에 조세증가를 예상하여 조세감소분만큼 저축을 증가시킨다.

| 제1문 (40점) |

대학생이 교육수준으로 자신의 능력을 회사들에게 보이고자 하는 신호(signaling)의 상황을 상정한다. 대학생이 선택하는 교육수준을 e (≥ 0) 로 표현하고, 임금을 w로 표현한다. 대학생의 능력 θ는 우수하거나 열등하거나 둘 중의 하나이다. 우수한 경우 θ의 값은 2이고, 열등한 경우 그 값은 1이다. 회사들은 대학생의 능력을 관측할 수 없지만 그가 선택한 교육수준은 관측할 수 있다. 대학생의 능력이 θ이고, 교육수준을 e로 결정할 때 교육의 비용은 $C(e, \theta) = \frac{1}{\theta}e^2$이다. 회사들이 그의 능력을 안다면 기꺼이 θ를 임금으로 제공한다. θ의 능력을 가진 학생이 교육수준을 e로 결정하고 임금 w를 받는 경우, 그의 효용은 다음과 같다.

$$U(e, w, \theta) = w - \frac{1}{\theta}e^2, \ \theta \text{는 1 또는 2.}$$

(1) 수평축을 e로, 수직축을 w로 두고, 대학생의 무차별지도를 그리시오(각 능력수준에 대하여 3개의 무차별곡선을 그리시오). (10점)

(2) 능력이 열등한 경우에는 교육을 0으로, 능력이 우수한 경우에는 교육을 a로 결정하는 경우, 교육이 대학생의 능력에 대한 신빙성 있는 신호가 되기 위한 두 개의 유인정합조건(incentive compatibility condition)을 구하시오. 이 조건으로부터, 신빙성 있는 신호가 되기 위하여 a는 어떤 범위에 있어야 하는가? (10점)

(3) 정부가 대학생들이 교육을 쉽게 받을 수 있도록 하는 조치를 취했다고 하자. 그 결과 교육비용이 $C(e, \theta) = \frac{1}{\theta}e^2$에서 $C(e, \theta) = \frac{1}{3}\frac{1}{\theta}e^2$ 로 변했다고 하자. 이 조치에 의해서 (2)번 문제가 요구하는 a의 범위가 어떻게 달라지는가? 이렇게 볼 때 정부의 조치는 바람직한 것이었는가? (10점)

(4) 위의 모형과 같은 신호행위는 교육 이외에도 현실에 많이 존재한다. 일반적으로 신호행위가 사회적으로 바람직한지 또는 바람직하지 않은지에 대해 어떻게 평가할 수 있는가? (10점)

Advice

1. 설문 (1)에서 무차별곡선의 함수를 구하고 도해하는 것은 어렵지 않으나 단일교차조건을 만족한다는 점도 놓치지 않아야 한다.

2. 설문 (2)에서는 각 유형의 대학생이 자신의 선택을 변경할 유인이 없는 조건을 도출하고 신빙성 있는 조건인지 그래프를 도해하여 보여주면 된다.

3. 설문 (3)의 풀이과정은 설문 (2)와 유사하나 새로운 비용구조와 그에 따른 결과가 지니는 경제학적 함의를 반드시 서술해주어야 한다.

4. 설문 (4)는 신호행위의 장단점을 모두 검토해준 후 소결을 작성한다.

답안구성 예

Ⅰ. 설문 (1)의 해결
1. 능력이 우수한 경우
2. 능력이 열등한 경우

Ⅱ. 설문 (2)의 해결
1. 유인정합조건의 도출
2. a의 범위 도출

Ⅲ. 설문 (3)의 해결

1. 유인정합조건의 도출
2. a의 범위 도출
3. 정부조치의 타당성 평가

Ⅳ. 설문 (4)의 해결
1. 신호행위의 의미
2. 신호행위의 장단점
3. 종합적 평가

| 제2문 (30점) |

국민경제를 형성하는 실물시장과 화폐시장의 균형식을 이용하여 아래 질문에 답하시오.

$$[C = C(y-T), T = T_0 + ty, I = I(r), M^d/P = L(y, r)로 정의됨, C : 총소비,$$

$$y : 실질국민소득, T : 조세, T_0 : 정액세, t : 소득세율, I : 총투자, r : 이자율$$

$$M^d/P : 실질화폐수요]$$

(1) 재정지출승수(government expenditure multiplier)를 도출하시오. (10점)

(2-1) 재정지출승수가 화폐수요의 이자율탄력성의 크기에 따라 달라지는 이유를 경제주체들의 행위를 토대로 구체적으로 설명하시오. (5점)

(2-2) 화폐수요의 이자율탄력성의 크기에 관하여 케인즈학파와 통화주의자들은 서로 다른 입장을 보이고 있다. 두 학파의 주장에 차이가 나는 이유는 무엇인지 화폐수요함수를 중심으로 설명하시오. (5점)

(3) 균형예산 승수(balanced-budget multiplier)를 도출하고, 투자가 이자율의 감소함수인 경우 균형예산승수의 크기가 1보다 작을 수 있음을 보이시오. (10점)

Advice

1. 설문 (1)의 재정지출승수는 주어진 식으로부터 IS, LM 곡선의 식을 유도한 후 총수요곡선의 식을 도출해 구할 수 있다.

2. 설문 (2)에서는 화폐수요의 이자율탄력성에 대한 분석을 요구하는데 설문 (2-1)에서는 '구축효과'를, 설문 (2-2)에서는 '유동성함정'과 '화폐수량설'을 키워드로 언급해주어야 한다.

3. 설문 (3)의 균형예산 승수란 균형예산이 유지되면서 정부지출이 1단위 증가할 때 총소득이 증가하는 폭을 의미한다.
   이는 G = T의 균형예산 조건을 활용하여 도출할 수 있다. 균형예산 승수의 크기가 1보다 작을 수 있음을 보일 때 수학적 의미와 경제학적 함의를 모두 서술해주어야 한다.

답안구성 예

Ⅰ. 설문 (1)의 해결
   1. 모형의 설정
   2. 재정지출승수의 도출

Ⅱ. 설문 (2)의 해결
   1. 화폐수요의 이자율탄력성과 재정지출승수

   2. 화폐수요함수와 학파별 견해

Ⅲ. 설문 (3)의 해결
   1. 균형예산 승수의 도출
   2. 균형예산 승수가 1보다 작은 경우

| 제3문 (30점) |

최근에 세계 주요국의 통화당국들은 2008년 이후 발생한 금융위기를 극복하기 위해 유동성을 확대 공급하는 정책을 경쟁적으로 시행하여 왔다. 이에 관해 아래 질문에 답하시오.

(1) IS-LM곡선을 이용하여 통화당국이 통화공급을 확대하는 통화정책이 가져올 것으로 예상되는 단기 효과와 장기 효과를 각각 구분하여 제시하고, 도표상으로 그러한 효과가 나타나는 이유를 경제주체들의 행위를 토대로 설명하시오. (10점)
(2) 전통적인 통화정책만으로는 한계가 있어 일부 국가를 중심으로 비전통적인 통화정책인 양적완화(quantitative easing: QE)를 실시하였다. 왜 양적완화 정책이 도입되었으며, 양적완화(QE)정책이 전통적인 통화정책과 어떻게 다른지 설명하시오. (10점)
(3) 일부국가(예: 미국)에서는 양적완화가 효과적이었다고 평가되는 반면에, 다른 국가들(예: 일본 및 유럽)에서는 효과적이지 못하다는 평가를 받고 있다. 양적완화(QE)의 정책적 효과가 다르게 나타나는 이유가 무엇인지 설명하시오. (10점)

Advice

1. 설문 (1)은 단기와 장기를 명확히 구분해주어야 한다. 구별기준은 물가의 변동여부로 삼으면 될 것으로 보인다.

2. 설문 (2)에서는 양적완화의 도입배경으로 제로 바운드를 반드시 언급해야 한다.
   양적완화가 전통적인 통화정책과 지니는 차이점을 서술하며 IS, LM의 그래프를 함께 활용하여 묘사해주면 답안의 완성도가 높아진다.

3. 설문 (3)에서는 정책 목표의 차이, 중앙은행의 평판 차이 등을 기준으로 하여 양적완화의 효과성을 비교해주면 된다.

답안구성 예

Ⅰ. 설문 (1)의 해결
1. 모형의 설정
2. 확장적 통화정책의 단기효과
3. 확장적 통화정책의 장기효과

Ⅱ. 설문 (2)의 해결
1. 양적완화 정책의 도입배경
2. 전통적 통화정책과의 차이점

Ⅲ. 설문 (3)의 해결
1. 국가별 양적완화의 효과
2. 효과가 상이한 원인

| 제1문 | 세계 각국 정부는 고용유연화와 더불어 실업문제 완화를 위해 다양한 노력을 기울이고 있다. 이러한 목적을 달성하기 위한 대표적인 정책으로 고용보호 정책과 실업보험 제도를 들 수 있다. 이와 관련하여 다음 물음에 답하시오. (필수 총 40점, 선택 총 20점)

(1) 고용보호 정책의 구체적인 사례 두 가지를 설명하시오. (10점)

(2) 고용보호 정책이 기업의 신규채용에 미치는 영향을 설명하시오. (10점)

(3) 실업수당(unemployment compensations)의 수급기간 연장과 실업수당의 소득대 체율 증가가 실업률, 실업기간, 그리고 노동생산성에 각각 어떠한 영향을 미치는지 설명하시오. (20점)

I. 설문 (1)에 대하여
 1. 경력단절방지를 위한 각종 정책
 2. 정년연장정책
II. 설문 (2)에 대하여
 1. 경력단절방지를 위한 각종 정책

 2. 정년연장정책
III. 설문 (3)에 대하여
 1. 모형의 설계 : 탐색모형
 2. 그래프의 도해

답안작성

이 O O / 2014년도 5급 공채 재경직 합격

I. 설문 (1)에 대하여

1. 경력단절방지를 위한 각종 정책

특히 여성의 경우 출산으로 인해 경력단절이 이루어져 고용불안정성이 높아지는 경우가 많다. 이에 시간제 근로제를 확대하여 육아와 일을 병행할 수 있도록 돕는 한편 출산, 육아 휴가에 대한 직간접적 불이익을 방지하는 법령을 강화하여 출산, 육아휴가를 보다 자유롭게 사용할 수 있도록 할 수 있다.

2. 정년연장정책

고령화 시대로 인해 중장년층의 고용보호 또한 중요한 과제로 제시되고 있다. 이에 임금 피크제의 도입 및 그에 대한 지원금 부여를 통해 중장년층의 고용 연장을 유도할 수 있다. 더불어 고령자 고용연장 지원금과 같은 별도의 혜택을 통해서도 고령자에 대한 추가적인 고용을 유도할 수 있다.

Ⅱ. 설문 (2)에 대하여

1. 경력단절방지를 위한 각종 정책

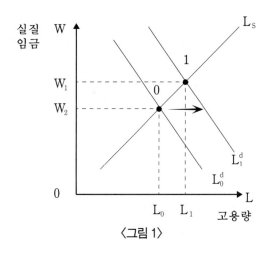

〈그림 1〉

우선 시간제 일자리의 경우 기존의 일자리 쪼개기가 아닌 신규 일자리 창출로 이어지는 경우
〈그림 1〉처럼 노동 수요 증가에 따라 신규채용이 증가할 수 있다.

한편 출산, 육아휴가를 보다 자유롭게 사용하게 하는 경우도 휴가기간 동안 업무를 분담 할 수 있는
보조인력 혹은 대체인력을 선발할 필요가 제기되어 신규채용이 증가할 수 있다.

2. 정년연장정책

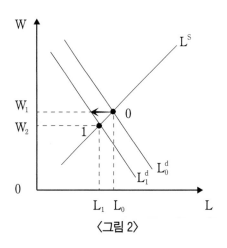

〈그림 2〉

정년연장정책의 경우 기존 종사자인 중장년층의 고용은 보장하지만, 임금 부담등으로 인하여 기업이 〈그림 2〉처럼 노동 수요를 줄임에 따라 신규채용이 줄어들 수 있다. 이에 정년 연장정책에 있어 중요한 쟁점으로서 청년층과 중장년층간의 갈등이 제시되기도 한다.

Ⅲ. 설문 (3)에 대하여

1. 모형의 설계 : 탐색모형

고정된 경제활동인구(L)의 크기 = 1

실업자의 비율 = U

취업자의 비율 = 1-U

실업자의 기대효용 $=V_u$, 이 때의 유보임금은 어떤 일자리 제안에 대해 수락할 것인가를 결정할 때 기준이 되는 임금을 의미한다. $V_e(w)=V_u$을 만족하는 w^*가 유보임금이 된다.

2. 그래프의 도해

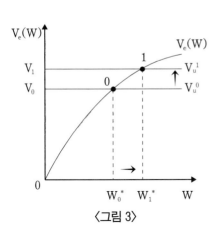

〈그림 3〉

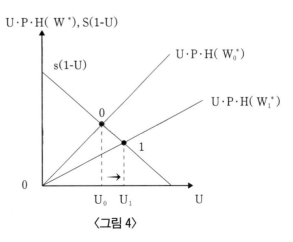

〈그림 4〉

실업수당의 수급기간 연장과 실업수당의 소득대체율증가는 실업자의 효용증가로 이어져 그림 〈그림 3〉처럼 유보임금을 증가시킨다. 이러한 유보임금 상승은 〈그림 4〉처럼 구직률은 하락 시키는 한편 실업률을 상승시킬 수 있다. 더불어 수급기간 연장으로 인해 실업기간도 길어지게 된다.

한편 노동공급의 감소로 인해 노동의 한계생산성은 증가할 수 있지만, 생산량이 근로자의 근로의욕 E와 노동 공급 N의 함수인 경우 근로의욕 감소로 생산성이 하락할 수 있다.

⊣ 강 평 ⊢

1. 답안은 고용보호정책이 노동시장의 수요곡선의 이동을 가져오는 측면만 부각하였으나 노동공급 즉 경제활동인구를 늘리는 효과도 있음을 추가하였으면 한다.

2. 일반적으로 노동보호정책은 기업의 부담을 늘려 노동수요곡선을 왼쪽으로 이동 시키나 노동공급증가는 노동공급곡선을 오른쪽으로 이동 시켜 균형임금을 낮추는 효과를 갖는다. 그러나 후자는 전자보다 장기적으로 나타날 가능성이 큰 점은 있는 것으로 판단된다.

| 제2문 | 아래 표와 같은 보상이 제공되는 두 개의 금융상품 R과 F가 있다. A의 효용함수 는 화폐금액 W에 대하여 $U(W) = \sqrt{W}$ 이며, 폰 노이만−모르겐슈턴 기대효용(von Neumann-Morgenstern expected utility)체계를 따른다고 한다. 다음 질문에 답하시오. (필수 총 40점, 선택 총 20점)

경기상황	확률	R	F
호황	1/2	100	50
불황	1/2	0	50

(1) 금융상품 R과 F의 기대보상금액, 보상금액의 표준편차, 그리고 이 금융상품들로 부터 누리게 되는 A의 기대효용을 각각 계산하시오. (10점)

(2) A는 금융상품 R과 F가 각각 y단위와 (1−y)단위로 구성된 포트폴리오를 보유하고 있다. 이 포트폴리오의 기대보상금액과 표준편차, 그리고 기대효용을 각각 y의 함수로 계산하시오. y가 증가하면 포트폴리오의 기대보상금액, 표준편차 및 기대효용이 어떻게 변화하는지 보이시오(단, $0 \le y \le 1$ 이라고 가정한다). (10점)

(3) 금융상품 R과 F의 가격이 동일하다고 하자. A가 위 (2)번에서 구성한 포트폴리오의 y를 임의로 선택할 수 있다고 할 때, A의 기대효용을 극대화시키는 y값을 계산 하시오(단, $0 \le y \le 1$ 이라고 가정한다). (10점)

(4) 시장의 모든 투자자들이 A와 동일한 효용함수를 가지고 있다면, 위 (3)번에서와는 달리 금융상품 R과 F의 가격이 동일할 수 없다는 것을 논증하시오. (10점)

Ⅰ. **설문 (1)에 대하여**
  1. 각 상품의 기대보상금액
  2. 보상금액의 표준편차
  3. 각 금융상품들로부터의 A의 기대효용

Ⅱ. **설문 (2)에 대하여**
  1. 포트폴리오 기대보상금액
  2. 포트폴리오 표준편차

  3. 포트폴리오 기대효용
  4. y 증가시 기대보상금액, 표준편차, 기대효용 변화

Ⅲ. **설문 (3)에 대하여**

Ⅳ. **설문 (4)에 대하여**
  1. A의 위험에 대한 성향
  2. 설문의 문장에 대한 논증

Ⅰ. 설문 (1)에 대하여

1. 각 상품의 기대보상금액

$$\text{상품 R의 경우} : \frac{1}{2} \cdot 100 + \frac{1}{2} \cdot 0 = 50$$

$$\text{상품 F의 경우} : \frac{1}{2} \cdot 50 + \frac{1}{2} \cdot 50 = 50$$

2. 보상금액의 표준편차

$$\text{상품 R의 경우} : |(100{-}50)| \cdot \frac{1}{2} + |(0{-}50)| \cdot \frac{1}{2} = 50$$

$$\text{상품 F의 경우} : |(50{-}50)| \cdot \frac{1}{2} + |(50{-}50)| \cdot \frac{1}{2} = 0$$

3. 각 금융상품들로부터의 A의 기대효용

$$\text{상품 R의 경우} : \frac{1}{2} \cdot 10 + \frac{1}{2} \cdot 0 = 5$$

$$\text{상품 F의 경우} : \frac{1}{2} \cdot \sqrt{50} + \frac{1}{2} \cdot \sqrt{50} = 5\sqrt{2}$$

Ⅱ. 설문 (2)에 대하여

1. 포트폴리오 기대보상금액

$$\frac{1}{2} \cdot (100 \cdot y + (1{-}y) \cdot 50) + \frac{1}{2}(y \cdot 0 + (1{-}y) \cdot 50) = 50$$

2. 포트폴리오 표준편차

$$50 \cdot y + 0 \cdot (1{-}y) = 50y$$

3. 포트폴리오 기대효용

$$\frac{1}{2} \times \sqrt{(50+50y)} + \frac{1}{2} \times \sqrt{(50-50y)}$$

4. y 증가시 기대보상금액, 표준편차, 기대효용 변화

y증가시 기대보상금액은 변하지 않지만 표준편차(위험)는 증가하고 기대효용은 감소한다.

Ⅲ. 설문 (3)에 대하여

주어진 구간에서 y증가시 기대효용이 감소한다.
따라서 y=0일때 기대효용이 극대화된다.

$$\therefore y = 0$$

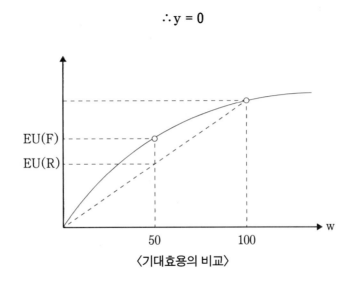

〈기대효용의 비교〉

Ⅳ. 설문 (4)에 대하여

1. A의 위험에 대한 성향

설문 (3)에서 알 수 있듯이 R과 F의 값이 동일한 경우 A는 위험이 없는 F만을 수요하려 한다. 이는 A가 위험이 증가할수록 효용이 감소하는 위험기피자임을 알 수 있게 한다.

2. 설문의 문장에 대한 논증

R과 F의 경우 기대소득은 동일하다. 그런데 설문 (1)에서 표준편차에서 알 수 있듯이 위험은 R이 높다고 할 수 있다. 따라서 가격이 동일한 경우 A와 같이 위험기피자인 사람들은 F만을 구입하려 할 것이다.
따라서 수요-공급의 원리에 따라 R의 경우 초과공급이 나타나고 F의 경우 초과수요가 발생한다. 이에 R의 가격이 하락하게 된다. 결국 최종적으로 F의 가격이 더 높게 형성 될 것이다.

┤ 강 평 ├

1. 설문 (1)의 표준편차를 계산하는 방법이 분명하지 않다. 보다 정확한 표준편차 계산의 정의는 확률변수 X = R 또는 F에 대해 $\sqrt{E(X-E(X))^2}$ 이다. 따라서 상품 R 과 F에 대해 모두 $E(R)$ = $E(F)$ = 50이며, 따라서 표준편차는 다음과 같다.

$$\sqrt{E(R-E(R))^2} = \sqrt{\frac{1}{2}(100-50)^2 + \frac{1}{2}(0-50)^2} = 50$$

$$\sqrt{E(F-E(F))^2} = \sqrt{\frac{1}{2}(50-50)^2 + \frac{1}{2}(50-50)^2} = 0$$

2. 설문 (2)의 포트폴리오 기대효용의 계산도 틀린 것으로 판단된다. 이를 수정 계산하면 다음과 같다.

- 호황시 기대효용 = $\sqrt{100y(1-y)50} = \sqrt{50-50y}$
- 불황시 기대효용 = $\sqrt{0y+(1-y)50} = \sqrt{50-50y}$
- 포트폴리오 기대효용 = $\frac{1}{2}\sqrt{50-50y} + \frac{1}{2}\sqrt{50-50y} = \sqrt{50-50y}$

  → y가 감소할 때 기대효용은 증가한다. 따라서 여타 답안 내용은 맞는 것으로 판단된다.

| 제3문 | 국내투자자들이 포트폴리오를 구성함에 있어서 투자할 수 있는 금융자산은 국내화폐, 국내채권 및 해외채권이라고 가정하자(단, 국내채권과 해외채권의 국내공급은 고정되어 있다). 이와 관련하여 다음 물음에 답하시오. (필수 총 20점, 선택 총 10점)

(1) 중앙은행이 공개시장을 통하여 국내채권을 매입하는 경우 국내이자율과 국내채권 가격, 그리고 환율에 미치는 영향을 설명하시오. (10점)

(2) 중앙은행이 공개시장을 통하여 해외채권을 매입하는 경우 국내이자율과 해외채권 의 자국통화표시가격, 그리고 환율에 미치는 영향을 설명하시오. (10점)

Ⅰ. 설문 (1)에 대하여
  1. 모형의 설계 – IRP 모형

2. 그래프의 도해
Ⅱ. 설문 (2)에 대하여

답안작성

이○○ / 2014년도 5급 공채 재경직 합격

2015

Ⅰ. 설문 (1)에 대하여

1. 모형의 설계 – IRP 모형

$$i = i^* + \frac{e^{e+1} - e}{e}$$

(단 i는 자국이자율, i^*는 외국이자율, e^{e+1}는 다음기 예상환율, e는 금기 실제 환율)

2. 그래프의 도해

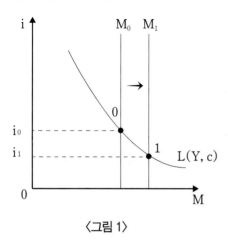

〈그림 1〉

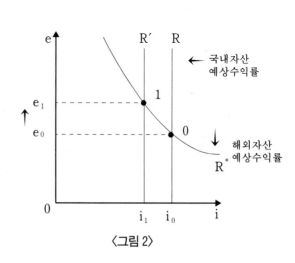

〈그림 2〉

중앙은행 대차대조표에 의할 때 국내채권을 매입하는 경우 시중의 통화량이 증가하게 된다. 이 경우 〈그림 1〉처럼 국내 이자율이 하락하게 된다. 이때 채권가격은 이자율과 반대 방향으로 변하며 국내채권 공급 감소로 채권가격은 상승한다.

이 때 그림 〈그림 2〉의 IRP 모형에 따르면 환율이 상승하게 된다.

Ⅱ. 설문 (2)에 대하여

중앙은행이 해외채권을 매입하는 경우 순대외자산이 증가하여 대차대조표상 대변인 본원 통화가 증가하게 된다. 이에 통화량이 증가하게 되며 그에 따라 국내이자율이 하락하게 된다. 더불어 해외채권의 매입에 따라 수요의 증가로 해외채권가격이 상승하게 된다.

한편 〈그림 2〉의 IRP모형처럼 국내자산 예상수익률의 하락으로 그래프가 좌측이동 하면서 환율은 상승하게 된다.

김 윤 영 / 단국대학교 경영경제대학 무역학과 교수

| 강 평 |

답안이 정확하게 기술하고 있으나, 설문 (2)와 관련하여 해외채권이 준비자산인 경우 고정환율제도 하에서 시장개입의 효과 특히 불태화 외환시장 개입 관련하여 추가 학습할 필요가 있다고 생각된다.

2015년도 입법고등고시 기출문제와 어드바이스 및 답안구성 예

| 제1문 (40점) |

수입극대화를 추구하는 한 케이블TV 회사는 A, B, C, D, 네 명의 소비자들에게 스포츠채널과 영화채널을 판매한다. 각 소비자는 스포츠채널과 영화채널을 시청할 경우 다음과 같이 편익을 얻는다. (예를 들어, 소비자 A가 스포츠채널을 시청할 경우 8의 편익을, 영화채널을 시청할 경우 1의 편익을 얻고 두 채널을 모두 시청할 경우 9의 편익을 얻는다.)

구 분		편 익	
		스포츠채널	영화채널
소비자	A	8	1
	B	7	4
	C	4	7
	D	1	8

현재 이 케이블TV 회사는 스포츠채널과 영화채널을 따로 판매하지 않고 두 채널을 묶어서 하나의 묶음상품(bundle)만을 판매하고 있다. 각 소비자는 순편익(= 편익－가격)이 0이상이면 상품을 구매한다.

(1) 이 회사가 네 명의 소비자 모두에게 상품을 판매할 경우, 수입을 극대화하는 묶음 상품(bundle)의 가격($P_B^{(1)}$), 회사의 총 수입($R^{(1)}$), 소비자들의 총 순편익($NB^{(1)}$)을 구하시오.(10점) 어느 소비자 단체는 이 회사의 판매 정책이 소비자 편익을 침해하는 것이라고 주장하고 있다. 즉, 묶음채널 상품과 함께 스포츠채널과 영화채널이 따로 판매되어 소비자가 세 가지 중 하나를 선택할 수 있다면, 소비자들의 순편익이 증가할 것이라고 한다. 각 소비자는 순편익이 0 이상인 상품들 중 가장 순편익이 큰 상품 하나만을 구입한다고 하자.

(2) 회사는 묶음채널 상품과 함께 스포츠채널 및 영화채널도 별도로 판매하기로 결정하였다. 또한, 스포츠채널의 가격($P_S^{(2)}$) 및 영화채널의 가격($P_M^{(2)}$)을 각각 7, 묶음채널의 가격($P_B^{(2)}$)을 9로 정하였다. 이 때 케이블 TV 회사의 수입($R^{(2)}$)과 소비자들의 총순편익($NB^{(2)}$)을 구하시오. (10점)

(3) 회사 입장에서 문항 (2)의 가격정책은 최적인가? 그렇지 않다면, 수입을 극대화하는 스포츠채널의 가격($P_S^{(3)}$), 영화채널의 가격($P_M^{(3)}$), 묶음채널의 가격($P_B^{(3)}$), 케이블 TV회사의 수입($R^{(3)}$) 및 소비자들의 총 순편익($NB^{(3)}$) 구하시오. (10점)

(4) 문항 (1) ～ (3)의 답을 통해서 위 소비자 단체의 주장을 평가하시오. (10점)

1. 설문 (1)에서 회사는 소비자 B와 C만이 소비하는 가격을 책정하는 경우와 소비자 모두가 소비하는 가격을 책정하는 경우 사이의 선택에 직면한다. 이 두 경우의 총수입을 비교하여 해결하면 된다.

2. 설문 (2)는 소비자가 개별상품과 묶음상품 중 순편익이 큰 상품을 소비한다는 점에 착안하여 해결하면 된다.

3. 설문 (3)은 회사에게 최선인 가격정책은 소비자들이 얻는 순편익이 0이 되도록 가격을 책정하는 것임을 활용하여 해결한다.

4. 설문 (4)에서는 앞 문항들의 결과를 활용하되 '순수묶어팔기'와 '혼합묶어팔기'라는 키워드를 언급해야 한다.

답안구성 예

I. 설문 (1)의 해결
 1. 소비자별 최대 지불용의
 2. 묶음상품 가격 도출
 3. 소비자 총순편익 도출

II. 설문 (2)의 해결
 1. 소비자별 선택
 2. 수입과 총순편익 도출

III. 설문 (3)의 해결
 1. 상품별 수입극대화가격 도출
 2. 수입과 총순편익 도출

IV. 설문 (4)의 해결
 1. 순수묶어팔기와 혼합묶어팔기
 2. 종합적 평가

| 제2문 (20점) |

어느 기업이 생산하는 상품의 생산물시장이 완전경쟁적이고, 노동시장이 수요독점인 경우를 가정하여 아래의 질문에 답하시오.

(1) 이 기업의 이윤을 극대화시키는 균형고용량과 임금수준을 그래프를 이용하여 나타내시오. (5점)
(2) 만약 노동시장에서 공급독점의 지위를 가진 노동조합이 경제지대의 극대화를 추구한다면, 이 경우 노동조합이 선택하는 임금과 고용량을 그래프를 이용하여 나타내시오. (5점)
(3) 노동시장에서 수요독점과 공급독점이 동시에 발생하는 쌍방독점의 경우, 고용량과 임금수준은 어떻게 결정되는지 그래프를 이용하여 설명하시오. (5점)
(4) 쌍방독점의 경우 노동조합이 임금과 고용을 동시에 증가시킬 수 있는 구간을 그래프를 이용하여 설명하시오. (5점)

1. 설문 (1)에서는 수요독점을 전제한다. 이 경우 기업의 한계수입생산(MRP)와 한계요소비용(MFC)

가 교차하는 점에서 고용량이 결정되고 기업의 한계비용(MC)에서 임금수준이 결정된다.

2. 설문 (2)에서는 공급독점을 전제한다. 이 경우 노동공급의 한계수입(MR)과 한계비용(MC)이 일치하는 수준에서 고용량이 결정되고 한계수입생산(MRP)에서 임금수준이 결정된다.

3. 설문 (3)은 각 주체의 협상력의 크기를 언급해주어야 한다.

4. 설문 (4)는 협상결과에 따라 설문 (1)보다 임금수준과 고용량이 모두 높아지는 영역에 도달 가능함을 보이면 된다.

답안구성 예

Ⅰ. 기업이 선택하는 고용량과 임금의 도출   Ⅲ. 쌍방독점과 협상력

Ⅱ. 노동조합이 선택하는 고용량과 임금   Ⅳ. 임금과 고용이 동시에 증가하는 구간
　의 도출   　도출

| 제3문 (25점) |

일인당 생산함수(per-capita production function)가 다음과 같이 물적자본(physical capital)뿐만 아니라 인적자본(human capital)에 의해 결정된다고 가정하자.

$$y = AK^{\eta}h^{1-\eta}$$

여기서 y는 일인당소득, k는 물적자본–노동투입량 비율, 그리고 h는 인적자본–노동투입량 비율을 나타낸다. A는 일정한 기술수준이며 η는 상수이다($0 < \eta < 1$). 특히 인적자본의 형성은 $h = \theta k$와 같이 주어졌으며 $\theta > 0$는 상수이다. 또한 모든 저축은 물적자본형성을 위해 사용된다고 가정하자. 감가상각률($\delta > 0$)과 저축률($0 < s < 1$)은 일정하며 인구(노동투입량)는 고정되어 있다. 이상과 같은 경제구조를 상정하여 다음의 문제(1)과 (2)를 답하시오.

(1) $h = \theta k$와 같이 주어진 인적자본의 형성이 경제학적으로 어떠한 의미를 가지는지를 설명하고 인적자본량이 물적자본량에 비례하는 예시를 제시하시오. (10점)
(2) 경제성장률(일인당소득의 증가율)을 계산하고 그림을 이용하여 저축률의 증가가 경제성장률에 어떠한 영향을 미치는지를 설명하시오. (15점)

Advice

1. 설문 (1)의 관계식은 인적자본과 물적자본이 비례적 관계에 있음을 의미한다. 즉, 두 자본 간의 상호보완성에 대해 설명하면 된다. 물적자본의 축적에 따른 학습효과를 대표적인 사례로 들 수 있다.

2. 설문 (2)에서는 저축률이 증가하는 경우 경제성장률도 영구히 상승함을 언급해야 한다. 이와 함께 그 이유로 인적자본의 축적으로 물적자본의 한계생산 체감을 극복하였음을 서술한다.

| 제4문 (15점) |

전통적인 실물경기변동이론(Real-business-cycle theory)에 의하면 일시적인(transitory)공급충격과 영구적인(permanent) 공급충격이 경제에 미치는 효과는 매우 상이할 수 있다.

(1) 두 가지의 공급충격 중 가계의 노동공급과 총생산량에 보다 큰 영향을 미치는 것은 무엇인지 설명하시오. (10점)
(2) 노동생산성의 증가를 초래하는 공급충격이 발생한 경우 가계의 노동공급이 오히려 감소할 수 있는 경우를 구체적으로 설명하시오. (5점)

Advice

1. 설문 (1)에서 본격적인 설문 해결을 시작하기에 앞서 생산물시장과 노동시장 모형을 설정해주도록 한다. 일시적·영구적 충격을 반영할 경우 평생부의 현재가치나 다음 기의 생산성에 영향을 미치는가 여부를 기준으로 삼으면 된다. 노동공급량의 변화를 분석할 때 기간간 대체효과와 소득효과를 통해 설명하면 간결한 답안 작성이 가능하다.

2. 설문 (2)는 긍정적 공급충격으로 다음 기의 임금이 크게 상승하고 평생부도 큰 폭으로 증가하는 경우에 대해 서술하면 된다.

| **제1문** | 완전경쟁시장에서 제품 A만을 생산하는 기업과 제품 B만을 생산하는 기업의 비용 함수와 가격이 각각 아래와 같을 때, 다음 물음에 답하시오. (필수 총 30점, 선택 총 15점)

$$C_A = 10 + Q_A^2 + 3Q_B \qquad C_B = 50 + Q_B^{3/2}$$

$$P_A = 100 \qquad P_B = 30$$

(단, C_A: A의 총비용, C_B : B의 총비용, Q_A : A의 생산량,

Q_B : B의 생산량, P_A : A의 가격, P_B : B의 가격)

(1) 두 기업 중 어느 기업이 외부불경제(negative externality)를 발생시키는지를 근거를 들어 설명하시오. (10점)

(2) 두 기업의 이윤극대화 생산량을 구하시오. (10점)

(3) 두 기업이 합병을 통해 이윤극대화를 추구할 경우, 외부불경제를 발생시켰던 재화의 생산량이 얼마나 변화하는지 계산하시오. (10점)

I. 설문 (1)의 해결

  1. 외부불경제의 의의

  2. 외부불경제를 발생시키는 기업

II. 설문 (2)의 해결

  1. 기업의 이윤극대화 문제

   (1) 기업 A의 이윤극대화 산출량

   (2) 기업 B의 이윤극대화 산출량

  2. 그래프의 도해

III. 설문 (3)의 해결

  1. 합병 기업의 행동원리

  2. 소 결

I. 설문 (1)의 해결

1. 외부불경제의 의의

외부불경제(negative externality)란 특정 경제주체의 행동이 시장기구를 통하지 않고 다른 경제 주체에게 손해를 입히는 현상을 의미한다.

외부불경제가 발생하는 경우 일반적으로 사회 전체적으로 효율적인 생산량에 비해 과다생산이 나타나며, 대표적인 시장실패의 원인이 되기도 한다.

2. 외부불경제를 발생시키는 기업

주어진 기업들의 비용함수를 다른 기업의 생산량을 통해 미분하면 다음과 같다.

$$(1)\ \partial C_A / \partial Q_B = \partial(10+Q_A^2+3Q_B)/\partial Q_B = 3\ \ -\ 식(1)$$

$$(2)\ \partial C_B / \partial Q_A = \partial(50+Q_B^{3/2})/\partial Q_A = 0\ \ -\ 식(2)$$

식(1)을 통해 기업B가 생산량을 한 단위 늘릴 때, 기업A의 비용이 3씩 증가함을 알 수 있다. 기업A가 겪는 비용 증가에 대해 기업B가 어떠한 대가도 지불하지 않는 설문의 상황에서 외부불경제를 발생시키는 기업이 B임을 알 수 있다.

Ⅱ. 설문 (2)의 해결

1. 기업의 이윤극대화 문제

(1) 기업 A의 이윤극대화 산출량

$$\underset{Q_A}{\text{Max}\ \chi\pi_A} = 100 \cdot Q_A-(10+Q_A^2+3Q_B)$$

이윤극대화 1계조건 : $\dfrac{\partial \pi_A}{\partial Q_A} = 100-2Q_A = 0\ \therefore\ Q_A = 50$

(2) 기업 B의 이윤극대화 산출량

$$\underset{Q_B}{\text{Max}\ \chi\pi_B} = 30 \cdot Q_B-(50+Q_B^{3/2})$$

이윤극대화 1계조건 : $\dfrac{\partial \pi_B}{\partial Q_B} = 30-\dfrac{3}{2} \cdot Q_B^{\frac{1}{2}}= 0\ \ \therefore\ Q_B = 400$

2. 그래프의 도해

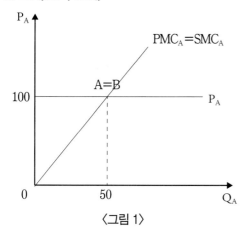

〈그림 1〉

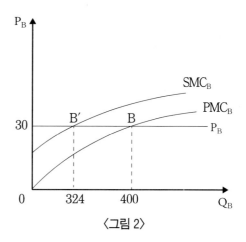

〈그림 2〉

Ⅲ. 설문 (3)의 해결

1. 합병 기업의 행동원리

각 기업은 각자의 제품을 생산하되 제품 판매를 통해 얻은 총 이윤을 반 씩 나눠갖는다고 가정한다.

$$\underset{Q_A Q_B}{\text{Max } \chi \pi_A} = 100 \cdot Q_A + 30 \cdot Q_B - (10 + Q_A^2 + 3Q_B) - (50 + Q_B^{3/2})$$

이윤극대화 1계조건

(1) $\dfrac{\partial \pi_S}{\partial Q_B} = 100 - 2Q_A = 0 \ \therefore \ Q_A = 50$

(2) $\dfrac{\partial \pi_S}{\partial Q_B} = 27 - \dfrac{3}{2} \cdot Q_B^{\frac{1}{2}} = 0 \ \therefore \ Q_B = 324$

2. 소 결

두 기업이 합병하여 재화 A, B를 생산하는 경우, 외부불경제를 발생시키던 재화 B의 생산량이 400에서 324로 줄어든다. 이는 합병 이전에 기업B가 기업A에게 발생시키는 외부불경제를 고려하지 않고 생산량을 결정하였으나 합병 이후 이를 고려하여 의사결정을 내리기 때문이다. 즉, 외부성의 내부화가 이루어지면서 외부불경제 상황에서 나타나는 과다생산 문제가 해소된 것이다.

강 평

1. 외부불경제에 관한 문제이다. 외부불경제는 예를 들어 인근 공장의 생산과정에서 발생하는 소음으로 인하여 축산 농가의 우유생산이 감소하는 경우 (또는 동일한 양의 우유생산에 비용이 증가하는 경우)이며 이에 대한 댓가의 지불이 없는 상황이다. 이는 예문의 A기업 비용함수가 B기업의 생산량의 증가함수임에 나타나 있다.

   반대로 B기업의 비용함수는 A기업의 생산량이 영향을 미치지 못하고 있다. 따라서 B기업은 A기업에 외부불경제를 가져오고 있다고 할 수 있다. 이는 제시된 답안[설문 (1)의 해결]에 잘 나타나 있다.

2. 설문 (2)의 경우 전통적인 이윤극대화 문제를 푸는 것에 관한 것이다. 각각의 기업은 자신만의 생산량 변동을 통하여 이윤극대화를 추구한다. 이 경우 기업A의 입장에서 기업B의 생산량은 불변인 고정비용과 같이 작용함에 유의하자.

   그러나 기업B는 이를 전혀 감안하지 않고 자신 만의 이윤극대화를 위해 생산량을 결정한다. 만일 두 기업이 합병하여 동일 기업이 되어 두 가지 제품의 생산량을 동시에 결정한다면 어떻게 될까?

3. 이 경우 설문 (3)의 답안에서 보듯 기업B의 생산량은 400에서 324로 줄어든다. 그러나 기업A의 생산량은 변함이 없다(그런데 제시된 답안에서 얻은 총이윤을 두 기업이 각각 반씩 나눠갖는다는 설명은 불필요한 것이다. 합병된 기업은 이윤의 분할이 불필요하기 때문이다).

   그러면 합병 전후 두 기업의 이윤의 합은 어느 쪽이 클 것인가? 물론 합병 후이며(수험생들은 계산해 보기 바란다), 이는 외부불경제가 사회전체적으로도 비효율적일 수 있음을 반영한다.

| 제2문 | 투자자 A는 확정수익률 6%인 무위험자산(risk-free as set)과 기대수익률 9%, 표준편차 3%인 위험자산(risk asset)으로 구성된 시장포트폴리오에 전 재산을 투자한다. 투자자 A가 보유하고 있는 전재산은 1이고, 이 중 위험자산에 만큼 투자할 때, 다음 물음에 답하시오.(필수 총 30점, 선택 총 15점)

(1) A가 보유한 시장포트폴리오의 기대수익률(r_P)과 표준편차(σ_P) 간의 관계식을 도출하고, 그래프를 활용하여 위험성의 가격(price of risk)을 설명하시오. (단, 그래프의 수직축은 기대수익률(r_P), 수평축은 표준편차(σ_P)로 표시한다) (10점)

(2) A의 효용함수가 다음과 같이 주어졌을 때, 효용함수의 특성을 설명하고 시장포트폴리오의 최적 기대수익률(r_P)과 표준편차(σ_P)를 구하시오. (10점)

A의 효용함수 : $u(r_P, \sigma_P) = \min(r_P, B-\sigma_P)$, B = 10%

---

(3) A가 효용을 극대화하기 위해 전 재산의 얼마만큼을 위험자산에 투자할지를 구하시오. (10점)

I. 설문 (1)의 해결	2. 최적 기대수익률(r_P)과 표준편차(σ_P)
II. 설문 (2)의 해결	**III. 설문 (3)의 해결**
1. 효용함수의 특성	

답안작성 김 0 0 / 2013년도 5급 공채 재경직 합격

I. 설문 (1)의 해결

(1) 기대수익률(r_P) = $\chi \cdot W r_f + (1-\chi) W r_s$ ⋯식1
(2) 표준편차(σ_P) = $\chi \cdot W \cdot \sigma_g$ ⋯식2

(단, W는 재산 = 1, σ_g는 위험자산 1원당 자본이득의 표준편차, r_s = 무위험자산 수익률, r_f = 위험자산 수익률) 식2를 정리하면 $\chi = \dfrac{\sigma_P}{\sigma_g}$이므로 이를 식1에 대입하여 정리하면 기대수익률과 표준편차의 관계식이 도출된다.

$$r_P = \frac{\sigma_P}{\sigma_g} \cdot r_f + (1-\frac{\sigma_P}{\sigma_g}) r_s = r_s + \frac{r_f - r_s}{\sigma_g} \cdot \sigma_g \cdots \text{식3}$$

2014년도 기출문제 **189**

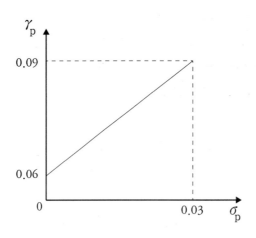

식3에 $\gamma_s = 0.06$ $\gamma_f = 0.09$ $\sigma_g = 0.03$ 을 대입하여 풀면 $\gamma_P = 0.06 + \sigma_P$가 도출된다.

$(\sigma_P,\ \gamma_P)$ 평면에 나타난 선분의 기울기는 $\dfrac{\gamma_f - \gamma_s}{\sigma_g}$ 이다. 포트폴리오의 위험성(σ_P)이 일정한 폭으로 커지면 수익성(γ_P)은 그에 $\dfrac{\gamma_f - \gamma_s}{\sigma_g}$ 를 곱한 만큼 커진다. 이때 $\dfrac{\gamma_f - \gamma_s}{\sigma_g}$ 가 위험성과 수익성의 교환 비율을 나타내므로, 위험성의 가격(price of risk) 이라고 불린다.

설문에서 위험성의 가격 (P_γ)은 $= \dfrac{\gamma_f - \gamma_s}{\sigma_g} = 1$이다.

Ⅱ. 설문 (2)의 해결
1. 효용함수의 특성

$u(\gamma_P,\ \sigma_P) = \min(\gamma_P,\ \mathrm{B} - \sigma_P)$인 효용함수를 상정하면,

(1) $\gamma_P \rangle \mathrm{B} - \sigma_P$ 인 경우에는 $u = \mathrm{B} - \sigma_P$ 이고,

(2) $\gamma_P = \mathrm{B} - \sigma_P$ 인 경우에는 $u = \gamma_P = \mathrm{B} - \sigma_P$ 이며

(3) $\gamma_P \langle \mathrm{B} - \sigma_P$ 인 경우에는 $u = \gamma_P$가 성립한다.

투자자 A에게 σ_P는 비재화(bads) 이고, γ_P는 재화(goods) 이므로 $(\sigma_P,\ \gamma_P)$ 평면에서 효용증가 방향은 좌상향이다. 불확실성, 혹은 위험을 나타내는 σ_P가 비재화라는 것은 투자자 A가 위험기피자임을 보여준다.

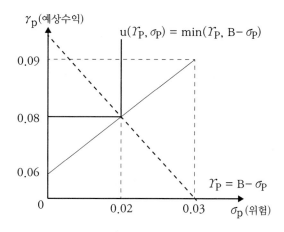

2. 최적 기대수익률(r_P)과 표준편차(σ_P)

$$u(r_P, \sigma_P) = \min(r_P, B-\sigma_P) \text{ 이고, } B = 0.1 \text{ 일 때}$$

최적 기대수익률과 표준편차는 $r_P = 0.1 - \sigma_P$ (식1) 선상에서 나타난다.

시장포트폴리오의 기대수익률과 표준편차 사이에 $r_P = 0.06 + \sigma_P$ (식2)의 관계가 성립하므로, 식1과 식2를 연립하여 풀면 최적 기대수익률(r_P)과 표준편차(σ_P)가 도출된다.

$$r_P^* = 0.08 , \ \sigma_P^* = 0.02 \text{ 이다.}$$

Ⅲ. 설문 (3)의 해결

표준편차 $(\sigma_P) = \chi \cdot W \cdot \sigma_g$ 이므로 재산이 1일때 표준편차와 위험자산의 비율(χ)의 관계를 정리하여 나타내면 $\chi = \dfrac{\sigma_P}{\sigma_g}$ 이다. $\sigma_g = 0.03$ 이고 설문 (2)에서 $\sigma_P^* = 0.02$ 를 도출하였으므로 이를 대입하면 $\chi = \dfrac{2}{3}$ 이 성립한다.

따라서 투자자 A는 전재산의 $\dfrac{2}{3}$ 를 위험자산에 투자한다.

│ 강 평 │

이 문제는 Markoitz 이래의 전통적인 투자이론에 대한 문제이다.

1. 설문 (1)

(1) 설문에서 주어진 무위험 자산과 위험자산의 가중평균으로 구성되는 포트폴리오는 위험 자산의 투자비중에 따라 기대수익률과 표준편차가 변동한다. 포트폴리오의 표준편차 방정식에서 위험자산의 투자비중을 위험자산의 표준편차의 함수로 나타내고 이를 포트폴리오 기대수익률의 항에 삽입하면 포트폴리오의 기대수익률과 표준편차와의 관계가 제시된 답안처럼 유도된다. 이는 투자자의 입장에서 선택할 수 있는 포트폴리오의 기대수익률과 표준편차 (위험)의 조합 (제약조건)을 나타낸다고 할 수 있다.

(2) 이는 두 가지 재화 중 효용극대화 조합을 선택하는 문제에서 예산선에 해당되는 것이라 할 수 있다(이 문제에서 선택가능한 재화는 물론 포트폴리오의 기대수익률과 표준편차이다). 한편 이 제약선은 포트포리오 표준편차의 증가 시 변화하는 기대수익률의 변화정도를 나타내며 기울기는 (수익률로 나타낸) 위험의 가격이라고 볼 수 있다. 이는 앞서 기술한 예산선의 상대가격과 동일한 개념이라고 할 수 있다.

2. 설문 (2)

(1) 본 문항에서 중요한 것은 효용함수 v의 형태를 파악하는 것이다. 여기서 min 이라는 함수로부터 포트폴리오의 기대수익률과 표준편차 간 무차별곡선을 유도하기 위하여 이 함수의 다음의 성질을 이용한다.

먼저 $\gamma_P = B - \sigma_P$인 경우 효용함수 v가 다음의 형태를 가지는 것을 이용한다.

$$u(\gamma_P, \sigma_P) = \gamma_P = B - \sigma_P$$

이는 $\gamma_P + \sigma_P = B$의 직선을 나타낸다.

(2) 다음으로 이 직선상의 한점($\gamma_P + \sigma_P = B$)을 잡고 이와 무차별한 궤적을 조사한다. 가령 다음의 그래프에서 굵은 선이 이 점($\gamma_P + \sigma_P = B$)과 무차별한 곡선을 나타낸다. 또 화살표는 효용의 증가방향을 나타낸다.

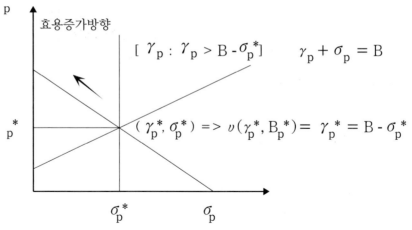

$$[\gamma_p : \gamma_p > B - \sigma_p^*] \qquad \gamma_p + \sigma_p = B$$

$$(\gamma_p^*, \sigma_p^*) => \upsilon(\gamma_p^*, B_p^*) = \gamma_p^* = B - \sigma_p^*$$

[그림] $u(\gamma_P, \sigma_P) = \min[\gamma_P, B-\sigma_P]$의 무차별 곡선의 형태

(3) 여기서 효용의 증가방향을 나타내는 직선과 예산선($\gamma_P + \sigma_P = B$)이 만나는 점이 효용을 주어진 예산선에서 극대화하는 포트폴리오의 최적 기대수익률과 표준편차가 된다.

3. 설문 (3)

포트폴리오의 표준편차 방정식에서 위험자산의 최적 투자비중을 포트폴리오의 최적 기대수익률과 표준편차 (γ_P^*, σ_P^*)로부터 제시된 답안과 같이 구할 수 있다.

| 제3문 | 루카스 공급곡선 $Y_t = \bar{Y} + a(P_t - EP_t)$와 오쿤의 법칙 $\frac{1}{a}(Y_t - \bar{Y}) = -\beta(u_t - u^n)$을 이용하여 다음 물음에 답하시오. (단, Y_t : t기의 실제생산량, $\bar{Y}$: 잠재생산량, P_t : t기의 실제물가수준, EP_t : t기의 기대물가수준, u_t : t기의 실업률, u^n : 자연실업률, $a>0$, $\beta>0$) (필수 총 40점, 선택 총 20점)

(1) 공급충격 v를 추가하여 필립스곡선을 도출하고, 인플레이션의 세가지 원인을 설명하시오. (단, 인플레이션율 $\pi_t = P_t - P_{t-1}$) (20점)

(2) (1)에서 도출한 필립스곡선에서 공급충격을 제거한 후 중앙은행의 손실함수 $L(u_t, \pi_t) = u_t + r\pi_t^2$를 이용하여 준칙 및 재량에 의한 금융정책 하에서의 손실함수를 각각 도출하시오. (10점)

(3) (2)의 결과에 근거하여 어느 정책이 상대적으로 우위에 있는지 판단하고 그 이유를 설명하시오. (10점)

I. 설문 (1)의 해결
  1. 공급 충격을 반영한 필립스곡선
  2. 인플레이션의 원인
    (1) 수요 견인 인플레이션 (demand-pull inflation)
    (2) 비용 인상 인플레이션 (cost-push inflation)
    (3) 경제 주체의 심리상태
II. 설문 (2)의 해결

  1. 중앙은행의 손실함수 도출
    (1) 준칙에 의한 금융정책 ($\pi_t = \pi_t^e$)
    (2) 재량에 의한 금융정책 ($\pi_t^e = \bar{\pi^e}$)
III. 설문 (3)의 해결
  1. 준칙에 의한 금융정책에 따른 결과 ($L_t = u^n$)
  2. 재량에 의한 금융정책에 따른 결과
  3. 그래프의 도해와 정책의 효과

답안작성
김 0 0 / 2013년도 5급 공채 재경직 합격

I. 설문 (1)의 해결

1. 공급 충격을 반영한 필립스곡선

공급충격을 반영한 총 공급곡선 식은 다음과 같다.

$$Y_t = Y + a(P_t - EP_t) + \theta \text{ (단, } \theta \text{는 유리한 공급측 충격) } \cdots \text{식1}$$

총 공급곡선을 P에 대해 정리하면,

$$P_t = EP_t + \frac{1}{a}[(Y_t-Y)-\theta] \cdots 식2$$

위 식에서 $-\frac{\theta}{a} = \upsilon$ (단, υ는 불리한 공급 측 충격) 이라고 가정하고 식2의 양변에서 P_{t-1}을 빼주면 다음과 같다.

$$P_t-P_{t-1} = EP_t-P_{t-1}+\frac{1}{a}(Y_t-Y) + \upsilon \cdots 식3$$

식3에 오쿤의 법칙 $\frac{1}{a}(Y_t-Y) = -\beta(u_t-u^n)$과 인플레이션율 $\pi_t = P_t-P_{t-1}$, 기대인플레이션율 $\pi^e_t = EP_t-P_{t-1}$ 을 적용하여 정리하면 공급 충격이 반영된 필립스곡선 식이 도출된다.

공급 충격을 반영한 필립스 곡선(PC) : $\pi_t = \pi^e_t-\beta(u_t-u^n)+ \upsilon \cdots 식4$

2. 인플레이션의 원인

(1) 수요 견인 인플레이션 (demand-pull inflation)

$\pi_t = \pi^e_t-\beta(u_t-u^n)+\upsilon$ 에서 t기 실업률이 자연실업률 수준보다 낮아지면 인플레이션이 발생한다. 오쿤의 법칙에 따르면 실업률과 생산량은 부(-)의 관계를 맺고 있으므로, t기 생산량이 잠재생산량보다 커지면 인플레이션이 발생하게 된다. 경제주체의 물가예상 오차가 존재하고 생산물시장이 균형을 이룬다고 할 때 t기 생산량은 수요가 증가하는 경우에 커진다.

총 수요 증대에 따라 생산량이 잠재생산량을 초과하여 발생하는 인플레이션을 수요견인 인플레이션이라고 한다.

(2) 비용 인상 인플레이션 (cost-push inflation)

$\pi_t = \pi^e_t-\beta(u_t-u^n)+\upsilon$ 에서 불리한 공급 측 충격이 발생하면, 즉 $\upsilon \rangle 0$이면 인플레이션율이 상승하게 된다. 불리한 공급 측 충격에는 원자재 가격상승, 기업의 비용구조 변화 등 생산비용을 상승시킬 수 있는 다양한 요인들이 포함된다. 이처럼 생산비용을 증대시키는 요인에 의해 발생한 인플레이션을 비용인상 인플레이션이라고 한다.

(3) 경제 주체의 심리상태

$\pi_t = \pi^e_t-\beta(u_t-u^n)+\upsilon$ 에서 경기상황에 따라가 변화하여 인플레이션율이 달라질 수 있다. 경제주체들이 향후 경기 상황에 대해 낙관적 기대를 형성하는 경우에 물가 수준의 상승을 기대함에 따라 EP_t가 커지고, 주어진 P_{t-1}하에서 t기의 기대물가수준이 상승하면 π^e_t가 커진다.

다른 조건이 일정한 가운데 경제주체들의 기대가 변화하는 것만으로도 인플레이션율은 상승할 수 있다.

II. 설문 (2)의 해결

1. 중앙은행의 손실함수 도출

설문 (1)의 필립스곡선에서 공급충격을 제거하면 $\pi_t = \pi_t^e - \beta(u_t - u^n)$이 된다.

필립스곡선 식을 t기 실업률에 대해 정리하면,

$$u_t = u^n - \frac{1}{\beta}(\pi_t - \pi_t^2) \cdots 식1$$

이때 중앙은행의 손실함수를 나타내면 다음과 같다.

(1) 준칙에 의한 금융정책($\pi_t = \pi^e$)

중앙은행이 준칙에 의한 금융정책을 시행하는 것은 중앙은행이 민간에 공표한 대로 정책을 시행하여야 함을 의미한다.

$$손실함수\ L(u_t,\ \pi_t) = u_t + r\pi_t^2 \cdots 식2$$

식2의 u_t에 식1을 대입하면 $L(u_t,\ \pi_t) = u^n - \frac{1}{\beta}(\pi_t - \pi_t^e) + r\pi_t^2 \cdots$ 식3이 도출된다.

식3에 준칙에 의한 금융정책이므로 ($\pi_t = \pi_t^e$)를 대입하면 $\pi_t - \pi_t^e = 0$이 되므로,

중앙은행의 손실함수는 $L(u_t,\ \pi_t) = u^n + r\pi_t^2$ 이다.

(2) 재량에 의한 금융정책 ($\pi_t^e = \overline{\pi^e}$)

중앙은행이 재량에 의한 금융정책을 시행하는 것은 중앙은행이 민간이 형성한 기대인플레이션을 주어진 것으로 받아들인 가운데 손실을 극소화하는 인플레이션율을 실현함을 의미한다.

$$L(u_t,\ \pi_t) = u^n - \frac{1}{\beta}(\pi_t - \pi_t^e) + r\pi_t^2 \cdots 식3에$$

재량에 의한 금융정책이므로 ($\pi_t^e = \overline{\pi^e}$)를 대입하면,

중앙은행의 손실함수는 $L(u_t,\ \pi_t) = u^n - \frac{1}{\beta}(\pi_t - \pi^e) + r\pi_t^2$이다.

Ⅲ. 설문 (3)의 해결

1. 준칙에 의한 금융정책에 따른 결과 ($L_t = u^n$)

준칙에 의한 금융정책 시행 시 중앙은행의 손실함수는,

$$L(\pi_t) = u^n + r\pi_t^2 \text{ 이다.}$$

따라서 중앙은행의 손실극소화 문제는,

$$\underset{\pi_t}{Min L_t} = u^n + r\pi_t^2 \text{ 이다.}$$

$$\text{손실극소화 1계 조건: } = \frac{\partial L}{\partial \pi_t} = 2r\pi_t = 0$$

$$\therefore \pi_t = \pi_t^e = 0$$

이때 준칙에 따른 정책이 시행되면 중앙은행의 손실은 $L_t = u^n$이다.

2. 재량에 의한 금융정책에 따른 결과

재량에 의한 금융정책 시행 시 중앙은행 손실함수는,

$$L(u_t, \pi_t) = u^n - \frac{1}{\beta}(\pi_t - \pi^e) + r\pi_t^2 \text{이다.}$$

중앙은행의 손실극소화 문제를 설정하면,

$$\underset{\pi_t}{Min L_t} = u^n - \frac{1}{\beta}(\pi_t - \overline{\pi^e}) + r\pi_t^2 \text{ 이다.}$$

$$\text{손실극소화 1계 조건: } \frac{\partial L}{\partial \pi_t} = -\frac{1}{\beta} + 2r\pi_t$$

이때 중앙은행의 손실은 민간의 기대인플레이션율이 낮을수록 줄어들며 민간의 기대인플레이션율이 양수이면 최적의 π_t^e는 0이다.

따라서 중앙은행은 민간에 인플레이션율을 0으로 달성하겠다고 공표한 뒤, $\frac{1}{2\beta r}$의 인플레이션율을 실현하는 것이 최적이다. 민간이 중앙은행이 공표한 인플레이션율을 신뢰하는 경우,

$$\text{즉 } \pi_t^e = 0 \text{일 때 중앙은행의 손실은 } L_t = u^n - \frac{1}{4\beta^2 r} \text{ 이다.}$$

그러나 민간이 합리적인 기대를 형성한다고 할때, $\pi^e_t = \dfrac{1}{2\beta r}$이 중앙은행의 최적 인플레이션율임을 아는 경우로 기대인플레이션율의 조정이 이루어진다.

$$\pi^e_t = \dfrac{1}{2\beta r}\text{일 때 중앙은행의 손실은 } L_t = u^n - \dfrac{1}{4\beta^2 r} \text{ 이다.}$$

3. 그래프의 도해와 정책의 효과

중앙은행이 경험하는 손실의 크기는 B〈A〈C 순이다. 민간이 합리적 기대를 형성하는 경제주체임을 가정하는 이 상 재량정책의 최종 균형은 C에서 성립할 수밖에 없으므로, 재량 정책의 손실이 준칙 정책의 손실보다 크다. 따라서 준칙에 의한 금융정책이 재량에 의한 금융정책보다 우수하다.

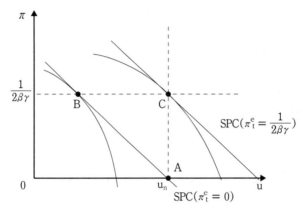

[그림] 정책시행에 따른 중앙은행의 손실

A : 최적 준칙균형

B : 단기($\pi^e_t = 0$) 재량균형

C : 장기($\pi^e_t = \dfrac{1}{2\beta r}$) 재량균형

| 강 평 |

낮은 인플레이션과 실업률은 중앙은행의 정책목표이지만 양자를 동시에 달성할 수는 없다. 이는 필립스 곡선이라는 개념으로 집약된다.

1. 설문 (1)

(1) 공급충격을 추가한 루카스 공급곡선과 오쿤의 법칙으로부터 필립스 곡선을 유도하는 문제이다. 양쪽 식에 공통적인 생산을 매개로 물가와 실업률 간의 관계식을 유도한 후 이를 인플레이션과 실업률간의 관계로 답안과 같이 변화시킨다.

(2) 여기서 인플레이션은 답안에서 제시된 바와 같이 유도된 필립스 곡선으로 부터 예상인플레이션, 실업률 및 부정적인 공급충격 등 세 가지 요소에 의해 결정되는 점을 알 수 있다.

2. 설문 (2)

(1) 중앙은행의 손실함수는 실업률과 인플레이션의 함수이다. 여기서 준칙과 재량에 의한 금융(통화) 정책을 정의하는 것이 중요하다. 먼저 Friedman 등이 주장한 준칙에 의한 통화정책은 통화공급 증가율을 먼저 공표하고 이를 일정하게 유지하는 것을 말한다. 화폐수량설에 따르면 이는 일정 인플레이션과 이것이 예측가능함을 의미한다. 곧 $\pi_t = \pi^e_t$ 이다. 이 조건과 (1번)에서 유도한 필립스 곡선을 결합하면 중앙은행의 손실함수는 답안에서 제시된 대로 주어진다.

(2) 재량에 의한 통화정책은 기대 인플레이션과 상관없이 수행되며 이는 화폐수량설에 따르면 기대 인플레이션과 상관없이 인플레이션을 중앙은행의 손실함수를 최소화 하도록 선정하는 것을 말한다. 이 경우 기대 인플레이션의 형성과정에 따라 최소화된 중앙은행의 손실함수는 변하게 된다.

3. 설문 (3)

(1) 어느 정책이 상대적으로 우위에 있는가? 준칙에 의한 경우는 제시된 답안과 같이 중앙은행의 손실함수는 $L_t = u^n$로 주어진다. 재량에 의한 경우 중앙은행의 손실함수는 $L_t = u^n - \dfrac{1}{\beta} \left(\dfrac{1}{4\beta^2 r} \cdot \overline{\pi^e} \right)$로 주어진다.

(2) 따라서 $\dfrac{1}{4\beta^2 r} \rangle \overline{\pi^e}$로 예상 인플레이션이 일정 기준보다 낮은 경우 재량에 의한 경우가 준칙에 의한 경우보다 중앙은행의 손실함수가 낮고 로 예상 인플레이션이 일정 기준보다 높은 경우 재량에 의한 경우가 준칙에 의한 경우보다 중앙은행의 손실함수가 높다(그러나 답안과 같이 기대 인플레이션을 양수로 가장하는 경우는 지나친 비약으로 적절하지 않은 것으로 보인다).

2014년도 입법고등고시 기출문제와 어드바이스 및 답안구성 예

| 제1문 (40점) |

시멘트의 가격(단위: 원)을 P라 하고 생산량(단위: 톤)을 Q라 하였을 때 어떤 국가의 시멘트 시장의 수요함수는 $P = 200 - \frac{1}{2}Q$로 주어져 있다. 또한 시멘트 생산의 한계비용+(marginal cost;MC)은 1톤당 80원이다(즉, $MC = 80$). 시멘트 생산과정에서 필연적으로 공해물질이 발생하며 이로 인해 국가가 입는 사회적 한계피해액(social marginal damage;SMD)은 SMD = $\frac{1}{4}Q$로 결정된다.

(1) 시멘트 시장이 완전경쟁적이라면 시멘트의 생산량과 가격은 어떻게 결정될 것인가? 그리고 이윤을 극대화하는 기업이 독점적으로 시멘트를 공급하는 경우 시멘트의 생산량과 가격은 어떻게 결정될 것인가? (10점)

(2) 시멘트시장이 완전경쟁적인 상황과 기업이 시멘트 공급을 독점하고 있는 상황 중 사회후생 측면에서 어떤 상황이 더 바람직한지를 논하시오. (20점)

(3) 시멘트 공급을 기업이 독점하고 있는 경우 정부가 시멘트 생산에 대하여 기업에게 세금 부과 또는 보조금 지급을 통하여 사회적으로 바람직한 수준의 시멘트 생산을 달성하려고 한다. 이를 위해 정부는 세금이나 보조금을 어떻게 설정해야 하는가를 밝히고 그 이유를 설명하시오. (10점)

Advice

1. 설문 (1)은 완전경쟁시장균형(P = PMC)와 독점균형(MR = PMC)를 구하는 문제이다. 기본적인 문제이니 계산실수가 없도록 하고 그래프까지 완벽히 도해해야 한다.

2. 설문 (2)에서 주의할 점은 외부효과가 존재하므로 완전경쟁시장균형이 최적자원배분이 아니라는 점이다.
P = SMC = PMC+SMD를 통해 최적자원배분점을 우선 찾은 후 각 경우에 대해 자중손실을 계산한다. 차선의 이론에 대한 서술까지 이루어져야 문항의 취지에 부합한 해결이다.

3. 설문 (3)은 피구보조금의 크기를 도출하는 문제이다. 부정적 외부효과에도 불구하고 보조금이 지급되어야 함을 독점시장의 과소생산과 연결해 서술하도록 한다.

| 제2문 (40점) |

다음과 같은 생산함수에 의해 성장하는 경제를 상정해보자.

$$Y = K^{\frac{1}{2}}(AN)^{\frac{1}{2}}$$

여기에서 Y는 총생산, K는 자본투입, N은 노동투입, A는 기술수준을 가리킨다. 노동투입의 증가율은 $\Delta N/N = n$으로 일정하고 저축률(s) 및 감가상각률(δ)이 일정하다. 또한 기술수준의 증가율($\Delta A/A = g_A$)도 일정하다.

(1) 한국은 1960~2000년 사이에 연평균 7% 내외의 경제성장률을 기록하였으나 2000년 이후의 연평균 경제성장률은 4% 정도에 그치고 있다. 이런 현상을 위의 모형에서는 어떻게 설명할 수 있겠는가? (10점)

(2) 효율노동단위당 변수로 전환하였을 경우($y = \dfrac{Y}{AN}$, $k = \dfrac{Y}{AN}$) 균제상태(steady state)에서 효율노동단위당 국민소득(y), 효율노동단위당 자본(k)을 구하고 각 변수의 증가율 및 노동 1인당 국민소득(Y/N)의 증가율은 어떻게 계산되는가? (10점)

(3) 이 경제가 균제상태에 있다고 가정하자. $s = 0.4$, $n = 0.02$, $\delta = 0.06$, $g_A = 0.02$일 때 이 경제는 '동태적으로 비효율적(dynamically inefficient)'인 상태에 있는지 평가하라. 특히 황금률(golden rule)의 개념과 관련시켜 설명하라. (10점)

(4) 이 경제가 (3)과 같은 균제상태에 있다고 할 때 황금률 수준으로 이동하기로 한다면 어떤 정책을 생각할 수 있으며 이러한 이동이 후생을 증진하는지 설명하라. 새로운 균제상태로 이동하는 과정에서 국민소득, 소비, 투자의 변화를 그림으로 표현하라. (10점)

Advice

1. 설문 (1)에서는 자본의 한계생산 체감을 언급하며 제시된 현상을 설명하면 된다. 자본의 성장률이 둔화됨을 보여주는 그래프도 함께 도해해야 한다.

2. 설문 (2)에서는 균제상태가 효율노동단위당 자본의 변화율이 「0」이 되는 상태임을 활용하여 요구하는 값들을 도출한다.

3. 설문 (3)에서는 우선 황금률의 개념을 정확히 제시한 후 1인당 소비극대화 문제를 설정하여 해결하도록 한다. 과소자본인 경우와 과다자본인 경우 중 어느 경우가 동태적으로 비효율적인지를 그 이유와 함께 정확히 서술해주어야 한다.

4. 설문 (4)에서는 저축을 증가시키는 정책이 요구되는데 저축에 대한 비과세혜택 등이 가능한 수단이다. 시간경로의 그래프를 도해할 때 소비와 투자는 저축률 상승시점에서 즉각적인 증감이 나타난다는 점은 유의하여 도해한다.

답안구성 예

I. 설문 (1)의 해결
1. 자본축적방정식의 도출
2. 경제성장률 하락의 원인 분석

II. 설문 (2)의 해결
1. 효율노동 반영된 생산함수의 도출
2. 균제상태의 조건
3. 효율노동단위당 국민소득 및 자본의 도출

4. 노동 1인당 국민소득의 증가율 도출

III. 설문 (3)의 해결
1. 황금률의 개념
2. 황금률 자본량의 도출
3. 동태적 비효율성 평가

IV. 설문 (4)의 해결
1. 저축률 인상을 위한 정책수단
2. 국민소득, 소비, 투자 변화의 도해

| 제3문 (20점) |

우리나라에서는 외환위기 이후 통화정책을 통화량목표제(monetary aggregate targeting)에서 물가안정목표제 아래 금리를 정책수단으로 사용하는 정책(interest rate targeting)으로 전환하였다. 아래 물음에 답하시오.

(1) 통화량목표제와 금리를 정책수단으로 사용하는 통화정책 사이의 장단점을 비교하라. (5점)
(2) 국민소득의 변동성을 최소화하는 정책목표 하에서 어느 경우에 통화량목표제가 금리를 타겟팅하는 정책보다 효과적인가? 또한 반대의 경우는 어떠한 경우인가? 이를 토대로 왜 이러한 정책 변화가 발생하였는지 경기변동의 원인 측면에서 설명해보라. (15점)

Advice

1. 설문 (1)에서 통화량목표제와 관련하여서는 화폐유통속도의 불안정과 통화지표의 모호함에 대해 서술하고 금리목표제와 관련하여서는 통화량에 비해 통제하기 용이한 목표라는 점에 대해 서술한다.

2. 설문 (2)에서는 경기변동의 원인이 생산물시장과 화폐시장 중 어느 부문에서 발생하는지에 따라 어떤 정책수단이 더 효과적인지에 대해 분석하면 된다.

이때 IS-LM 그래프가 유용하다. 기본적인 분석이 이루어진 후 금리목표제로 전환된 원인을 제시해주어야 하는데 준화폐의 등장, 금융규제완화 등 화폐시장에 불안정성을 야기하는 내용들을 담아내면 된다.

답안구성 예

Ⅰ. 설문 (1)의 해결	Ⅱ. 설문 (2)의 해결
1. 통화량목표제의 장단점	1. 모형의 설정
2. 금리목표제의 장단점	2. 실물시장 충격이 발생한 경우
3. 종합적 평가	3. 화폐시장 충격이 발생한 경우
	4. 정책수단 변화의 원인

| 제1문 | A국의 거시경제모형이 아래와 같이 주어진 경우 다음 질문에 답하시오.

$$C = 200 + 0.75(Y-T) \quad I = 200 - 25r \quad G = T = 100$$
$$(M/P)^d = Y - 100r \quad M = 1000$$

(단, C, T, Y, I, r, G, P, $(M/P)^d$, M은 각각 소비, 조세, 소득, 투자, 이자율, 재정지출, 가격, 화폐수요 그리고 화폐공급을 나타낸다) (필수 총 30점, 선택 총 15점)

(1) $P=2$일 때 균형소득과 균형이자율은? (10점)

(2) $P=2$이고 재정지출(G)이 100에서 150으로 증가했을 때, 승수효과와 구축효과의 결과로 나타나는 소득의 변화분은 각각 얼마인가? (10점)

(3) (2)의 상황에서 구축효과의 크기가 커지기 위해서는 현재의 화폐수요로부터 어떠한 변화가 선행되어야 하는가? 이를 화폐시장 균형 방정식을 이용하여 설명하시오. (10점)

Ⅰ. 설문 (1)의 해결
  1. IS 곡선과 LM 곡선
  2. 균형생산량의 도출
  3. 균형소득과 균형이자율
Ⅱ. 설문 (2)의 해결
  1. 정부지출 증가와 IS 곡선

  2. 균형생산량의 도출
  3. 균형소득과 균형이자율
  4. 승수효과와 구축효과
    (1) 승수효과 (e→f)
    (2) 구축효과 (f→g)
Ⅲ. 설문 (3)의 해결

답안작성   최 ○ ○ / 2012년도 5급 공채 재경직 합격

Ⅰ. 설문 (1)의 해결

1. IS 곡선과 LM 곡선

IS : $Y = C+I+G$ 이므로

$$Y = 200+0.75(Y-100)+200-25r+100$$

$$Y = 1700-100r$$

LM : $(\frac{M}{P})^s = (\frac{M}{P})^d$ 이므로

$$\frac{1000}{P} = Y-100r, \quad r = \frac{1}{100}Y-\frac{10}{P}$$

2. 균형생산량의 도출

생산물 시장의 균형은 IS 곡선과 LM 곡선이 만나는 점에서 이루어진다.

IS : $Y = C+I+G$, LM : $(\frac{M}{P})^s = (\frac{M}{P})^d$ 이므로

$Y = 1700-100r$ 에 $r = \frac{1}{100}Y-\frac{10}{P}$ 을 대입하면,

$$Y = 1700-100(\frac{1}{100}Y-\frac{10}{P})$$

$Y = 850+\frac{500}{P}$ 이다.

따라서 균형생산량은 $Y = 850+\frac{500}{P}$ 이다.

3. 균형소득과 균형이자율

$P=2$ 이므로 $Y = 850+\frac{500}{P}$ 에 $P=2$를 대입하면,
$Y=1100$ 이다.

$Y=1100$ 이므로 이때 $r = 6$ 이 된다.

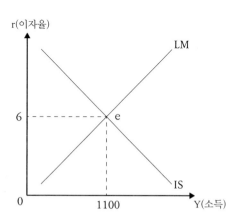

Ⅱ. 설문 (2)의 해결

1. 정부지출 증가와 IS 곡선

$$IS : Y = C+I+G \text{ 이므로,}$$
$$Y = 200+0.75(Y-100)+200-25r+150$$
$$Y = 1900-100r$$

2. 균형생산량의 도출

$Y = 1900-100r$ 에 $r = \dfrac{1}{100}Y-\dfrac{10}{P}$ 을 대입하면,

$$Y = 1900-100(\dfrac{1}{100}Y-\dfrac{10}{P})$$
$$Y = 950+\dfrac{500}{P} \text{ 이다.}$$

따라서 균형생산량은 $Y = 950+\dfrac{500}{P}$ 이다.

3. 균형소득과 균형이자율

$P=2$ 이므로 $Y = 950+\dfrac{500}{P}$ 에 $P=2$를 대입하면,
$Y=1200$이다.
$Y=1200$이므로 이때 $r=7$이 된다.

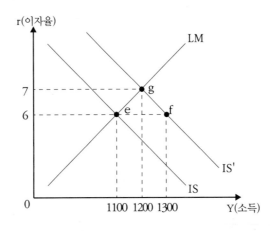

4. 승수효과와 구축효과

(1) 승수효과 (e→f)

승수효과란 어떤 변화(소비, 투자, 정부지출 등)가 최종적으로 총소득을 몇 배 증가 또는 감소로 나타나는 총 효과를 의미한다.

정부지출 G=100 일 때, IS : $Y = 1700-100r$,

정부지출 G=150 일 때, IS′ : $Y = 1900-100r$ 이므로,

총 승수효과의 크기(IS′-IS)는 200이다.

(2) 구축효과 (f→g)

구축효과란 정부지출의 증가가 이자율을 증가시켜 투자를 위축시킴으로써 총 소득에 미치는 효과를 의미한다.

승수효과로 인해 증가한 1300, f점에서 이자율이 7로 증가함으로써 투자가 감소하여 생산물시장의 균형은 g점이 된다. 이 때 총소득은 1200이 되므로 구축효과의 크기는 1300-1200=100 이다.

Ⅲ. 설문 (3)의 해결

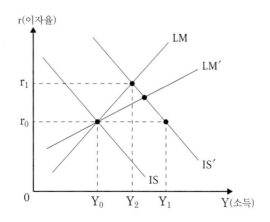

구축효과의 크기가 커지기 위해서는 LM곡선의 기울기가 커져야 한다.

LM : $r = \dfrac{1}{100}Y - \dfrac{10}{P}$, ($\dfrac{1000}{P} = Y-100r$)이므로, LM 곡선의 기울기가 $\dfrac{1}{100}$ 보다 커지기 위해서는 LM곡선의 기울기를 결정하는 화폐수요의 소득탄력성이 현재의 1보다 커지거나, 화폐수요의 이자율탄력성이 현재의 100보다 작아져야 한다.

┤ 강 평 ├

1. IS-LM 모형은 거시경제학의 기본 도구로서 얼마든지 응용이 가능한 부분이다. 재화시장과 화폐시장의 균형조건에서 도출하는 과정을 꼼꼼히 살펴볼 필요가 있다. 이는 다시 대외 부문을 포함한 먼델-플레밍 모형으로 확장 가능하며, 따라서 최근의 아베노믹스 등과 관련하여 통화, 환율 정책의 효과를 분석하는 문제도 출제 가능성이 높다 하겠다.

2. 답안이 문제를 잘 해결하고 있으나 Ⅲ. 설문 (3)의 해결에서 화폐수요의 이자율이나 소득 탄력성이라는 용어를 쓰고 있는데 엄밀하게 탄력성은 아니며 기울기 계수로 정확하게 사용하는 것이 중요하다 하겠다.

| **제2문** | 기업 1과 기업 2의 수요함수가 아래와 같고 두 기업이 동시에 가격전략을 결정하는 베르뜨랑(Bertrand) 경쟁을 한다고 가정한다. (단, 고정비용과 한계비용은 0이라고 가정한다) (필수 총 40점, 선택 총 20점)

$$\text{기업 1} : Q_1 = 24 - 2P_1 + P_2 \qquad \text{기업 2} : Q_2 = 24 - 2P_2 + P_1$$

(1) 각 기업들이 비협조적 가격경쟁을 선택하는 경우와 협조적 가격경쟁을 선택하는 경우의 균형 가격전략을 각각 구하시오. (10점)

(2) 두 기업이 두 가지의 가격전략 중 하나를 선택하여 사용하는 경우, 각 기업의 이윤을 도출하여 다음 보수행렬(payoff matrix)을 완성하고 이 때의 Nash균형을 구하시오. (10점)

기업2 ＼ 기업1	비협조적 가격전략	협조적 가격전략
비협조적 가격전략		
협조적 가격전략		

(3) 이 때, 기업 1이 "만약 기업 2가 협조적 전략을 선택한다면, 기업 1도 반드시 협조적 전략을 선택하겠다."라고 맹세한다면, 그 맹세가 믿을만한 맹세(credible commitment)인가? 만약 그렇다면 그 이유를 설명하고, 그렇지 않다면 믿을만한 맹세로 만들 수 있는 전략적 방안을 설명하시오. (10점)

(4) 두 기업이 동시에 가격전략을 결정하는 대신 기업 1이 가격을 먼저 결정하고 기업 2가 그 결정에 따라 자신의 가격을 결정할 경우, 비협조적 가격경쟁 결과는 어느 기업에게 더 보수가 높을 것인가? 그 이유를 설명하시오. (10점)

Ⅰ. 설문 (1)의 해결

1. 비협조적 가격경쟁의 경우

(1) 비협조적 가격경쟁의 의의

비협조적 가격경쟁이란 기업들이 각각 상대 기업의 가격을 주어진 것으로 보고 자신의 이윤을 극대화하는 가격을 선택하는 것을 말한다.

(2) 기업 1의 이윤극대화와 반응곡선

$$Max\,\Pi_1 = P_1 Q_1$$
$$= P_1(24 - 2P_1 + P_2)$$

$$\frac{\sigma \Pi_1}{\sigma P_1} = 24 - 4P_1 + P_2 = 0 \ \cdots \ \text{기업 1의 반응곡선(R1)} : P_1 = 6 + \frac{1}{4}P_2$$

기업 1은 $P_1 = 6 + \frac{1}{4}P_2$에 의해 자신의 가격을 결정한다.

(3) 기업 2의 이윤극대화와 반응곡선

$$Max\,\Pi_2 = P_2 Q_2$$
$$= P_2(24 - 2P_2 + P_1)$$

$$\frac{\sigma \Pi_2}{\sigma P_2} = 24 - 4P_2 + P_1 = 0 \ \cdots \ \text{기업 2의 반응곡선(R2)} : P_2 = 6 + \frac{1}{4}P_1$$

기업 2는 $P_2 = 6 + \frac{1}{4}P_1$에 의해 자신의 가격을 결정한다.

(4) 비협조적 가격경쟁의 균형

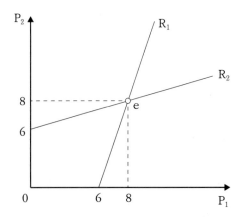

기업 1과 기업 2의 반응곡선이 만나는 점에서 비협조적 가격경쟁의 균형이 결정되므로 균형은 $P_1=P_2=8$이다(e점).

2. 협조적 가격경쟁의 경우

(1) 협조적 가격경쟁의 의의

협조적 가격경쟁이란 시장 내 기업들이 전체의 이윤을 극대화하기 위해 카르텔과 같이 담합하는 것을 의미한다.

(2) 협조적 가격경쟁의 균형

$$Max\,\Pi = PQ_1+PQ_2$$
$$= P(24-2P+P)+P(24-2P+P)$$
$$= P(48-2P)$$
$$\frac{\delta \Pi}{\delta P} = 48-4P = 0 \cdots \quad \therefore P = 12$$

협조적 가격경쟁을 할 경우 각 기업은 $P=P_1=P_2=12$에서 가격이 결정된다(f점).

Ⅱ. 설문 (2)의 해결

1. Nash 균형의 의의

Nash 균형이란 상대의 전략이 주어져 있다고 보고, 자신의 보수를 극대화하기 위한 전략을 선택했을 때의 전략의 짝을 의미한다.

2. 각 기업의 보수

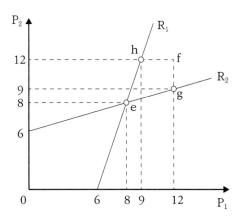

(1) 비협조적 가격경쟁의 경우(e점)

$$\varPi_1 = P_1Q_1 = 8\times(24-16+8) = 128$$
$$\varPi_2 = P_2Q_2 = 8\times(24-16+8) = 128$$

(2) 기업 1 협조, 기업 2 비협조의 경우 (g점)

$$\varPi_1 = P_1Q_1 = 12\times(24-24+9) = 108$$
$$\varPi_2 = P_2Q_2 = 9\times(24-18+12) = 162$$

(3) 기업 1 비협조, 기업 2 협조의 경우 (h점)

$$\varPi_1 = P_1Q_1 = 9\times(24-18+12) = 162$$
$$\varPi_2 = P_2Q_2 = 12\times(24-24+9) = 108$$

(4) 협조적 가격경쟁의 경우 (f점)

$$\varPi_1 = P_1Q_1 = 12\times(24-24+12) = 144$$
$$\varPi_2 = P_2Q_2 = 12\times(24-24+12) = 144$$

3. 보수행렬과 Nash 균형

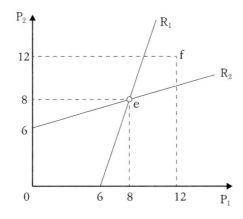

기업 1의 경우 기업 2가 비협조적 가격전략을 택할 경우 비협조를, 기업 2가 협조적 가격전략을 택할 경우 비협조 가격전략을 택할 때가 우월하다.

기업 2의 경우도 기업 1의 각각의 전략에 대해 비협조적 가격전략을 택할 때가 보수가 크다.

따라서 Nash 균형은 기업 1, 기업 2 모두 비협조적 가격전략을 선택하는 (128, 128)이 된다.

기업 1 \ 기업 2	비협조적 가격전략		협조적 가격전략	
비협조적 가격전략	128*	28*	162*	108
협조적 가격전략	108	162*	144	144

III. 설문 (3)의 해결

1. 기업 1의 맹세의 신빙성

기업 1은 기업 2가 협조적 가격전략을 선택할 경우, 맹세에 따라 협조적 가격전략을 택한다면 144의 이윤을 얻지만 비협조적 가격전략을 택할 경우는 162의 보수를 얻는다.

따라서 맹세를 지키기 보다는 맹세를 어기고 비협조적 가격전략을 택할 유인이 크므로 맹세는 믿을만 하지 않다.

2. 믿을만한 맹세가 될 전략적 방안

(1) 방아쇠 전략

방아쇠 전략이란 상대가 약속과 달리 비협조로 나올 경우 영원히 비협조전략을 택하는 것을 말한다.

만약 기업 2가 방아쇠 전략을 택하고, 기업 1이 맹세를 지키지 않을 때의 보수의 현재가치($PV_1 = 162 + \dfrac{128}{(1+r)} + \dfrac{128}{(1+r)^2} + \cdots$)보다 기업 1이 맹세를 지킬 때의 보수의 현재가치($PV'_1 = 144 + \dfrac{144}{(1+r)} + \dfrac{144}{(1+r)^2} + \cdots$)가 더 크다면 믿을만한 맹세가 될 수 있다.

(2) Tit-for-Tat 전략

Tit-for-Tat 전략이란 상대가 약속과 달리 비협조로 나올 경우 다음게임에 대하여만 비협조 전략을 택하고 다시 협조로 돌아오는 것을 말한다.

만약 기업 2가 Tit-for-Tat 전략을 택하고, 기업 1이 맹세를 지키지 않을 때의 보수 현재가치($PV_1 = 162 + \dfrac{128}{(1+r)} + \dfrac{128}{(1+r)^2} + \cdots$)보다 기업 1이 맹세를 지킬 때의 보수의 현재가치($PV'_1 = 144 + \dfrac{144}{(1+r)} + \dfrac{144}{(1+r)^2} + \cdots$)가 더 크다면 믿을만한 맹세가 될 수 있다.

(3) 벌금의 부과

기업 1이 맹세를 어길 경우 추가적으로 얻게 되는 이윤 이상의 금액으로 벌금을 부과할 수 있도록 한다면 믿을만한 맹세가 될 수 있다.

(4) 기타 전략

기업 1의 CEO가 맹세를 지키라고 말해놓고 휴가를 떠나는 등의 행동을 한다면 맹세에 대한 신빙성이 높아질 수 있다.

IV. 설문 (4)의 해결

1. 순차적 가격결정의 의의

기업 1이 먼저 가격결정을 하고 기업 2가 나중에 가격결정을 하는 순차적 가격결정의 경우 기업 1은 기업 2의 반응함수를 자신의 수요함수에 대입하여 이윤극대화하는 가격을 결정한다. 그러나 기업 2의 경우는 기업 1의 가격을 보고 자신의 반응함수에서 가격을 결정함으로써 이윤을 극대화한다.

2. 가격의 결정과 각 기업의 보수

(1) 기업 1의 경우

$$Max\,\Pi_1 = P_1 Q_1$$

$$= P_1(24-2P_1+P_2)(P_2 = 6+\frac{1}{4}P_1 \text{ 이므로})$$

$$= P_1(24-2P_1+6+\frac{1}{4}P_1)$$

$$= P_1(30-\frac{7}{4}P_1)$$

$$\frac{\delta \Pi_1}{\delta P_1} = 30-\frac{7}{2}P_1 = 0 \cdots \quad \therefore P_1 = \frac{60}{7}$$

$$P_1 = \frac{60}{7} \text{ 이므로, } \Pi_1 = P_1 Q_1 = \frac{60}{7}(30-\frac{7}{4}+\frac{60}{7}) = \frac{6300}{49} \text{이다.}$$

(2) 기업 2의 경우

$$P_2 = 6+\frac{1}{4}P_1, P_1 = \frac{60}{7} \text{ 이므로 } P_2 = \frac{57}{7} \text{ 이다.}$$

$$P_1 = \frac{60}{7} \text{ 이므로, } \Pi_2 = P_2 Q_2 = \frac{57}{7}(24-2\times\frac{57}{7}+\frac{60}{7}) = \frac{6498}{49}$$

(3) 결과와 그에 대한 이유

기업 1의 이윤보다 기업 2의 이윤이 더 크다. 이는 기업 1이 먼저 가격결정을 하고 기업 2가 나중에 가격을 결정하므로, 기업 1보다 약간 낮은 가격을 선택하여 수요를 더 크게 할 수 있기 때문이다.

즉, 기업 2의 경우 추종자로서의 이익을 얻게 되어 기업 1보다 더 큰 이윤을 얻게 된다.

| 강 평 |

1. 게임이론은 이제 미시경제학 등에서 기본적인 학습내용이 되었다. 게임이론은 문제가 복잡해지는 경우 논리적 사고를 요하는 분야이다.

2. 답안이 문제를 잘 해결하고 있으나 설문 (1)에서는 보완할 점이 있다. 먼저 이윤극대화 문제를 풀면서 2계 조건은 생략하였는데 이를 추가하는 것이 맞다.

3. 다음으로 협조적 가격경쟁을 하는 경우의 문제해결에서 두 기업의 가격을 동일하다고 놓고 문제를 풀었는데 이는 사후적으로는 맞지만 엄밀하게 사전적으로는 불완전한 문제 풀이이다 (이윤함수가 두 기업이 서로 다르면 이는 오답이 된다).
   수정하면 두 기업의 협조적 이윤함수는 $\Pi = P_1Q_1 + P_2Q_2$가 되고 여기서 P_1과 P_2는 모범답안과 달리 사전적으로 같다고 제약되지 않는다.

4. 다음으로 $maxP_1P_2\Pi = P_1Q_1 + P_2Q_2$의 문제를 풀면, $P_1 = P_2$를 얻을 수 있고 극대화의 2계 조건 역시 만족됨을 보일 수 있다.

2013

| 제3문 | 현재 어떤 아파트의 가격이 P_t이다. 어떤 투자자가 은행으로부터 아파트 구입자금 전액을 1년간 차입하여 그 아파트를 구입하고 1년 뒤 이를 시장에 되팔아 은행 부채를 청산한다고 하자. 투자자는 부채 청산을 위해 은행에 원금과 연간이자율 i_t로 이자를 지불해야 하며 1년 뒤 판매 가격은 P_{t+1}에서 결정된다.

수수료, 세금, 감가상각 등 기타 거래 비용과 보유 비용은 발생하지 않는다고 가정한다. (필수 총 30점, 선택 총 15점)

(1) 위와 같은 방법으로 투자자가 해당 아파트를 1년간 소유할 때 발생하는 투자자의 사용자 비용을 구하시오. (단, 사용자 비용은 양(+)의 값이다) (10점)

(2) 현재 그 아파트의 전세 가격은 R_t이다. 임차인이 필요한 전세 대금을 전액 은행으로부터 차입하여 지급하고 아파트에 입주하였다. 1년 후 전세 대금을 환급받아 전세 계약을 해지하고 은행 부채를 청산할 경우, 임차인에게 발생하는비용을 구하시오. (단, 연간 이자율은 i_t로 위의 경우와 동일하며 다른 비용은 발생하지 않는다) (10점)

(3) (1)의 사용자 비용과 (2)의 임차인 비용이 같아지는 수준에서 전세 가격이 결정될 경우, 은행 이자율이 불변인 상태에서 아파트의 가격 상승률이 하락한다면, R_t/P_t의 비율이 어떤 방향으로 변할지 R_t/P_t를 아파트 가격 상승률의 함수로 도출하여 설명하시오. (10점)

Ⅰ. 설문 (1)의 해결
  1. 기본가정
  2. 투자자의 사용자 비용
Ⅱ. 설문 (2)의 해결 : 임차인의 사용자 비용

Ⅲ. 설문 (3)의 해결
  1. R_t/P_t 의 변화
  2. 평 가

답안작성

최 0 0 / 2012년도 5급 공채 재경직 합격

Ⅰ. 설문 (1)의 해결
1. 기본 가정
아파트의 현재가격은 P_t, 그리고 되팔 때의 가격을 P_{t+1}, 1년간 이자율은 i_t이라 가정한다.

2. 투자자의 사용자 비용
투자자는 은행으로부터 P_t를 차입하여 1년 후 아파트를 팔아 원금과 이자를 청산한다. 그러므로 사용자 비용은 이자비용에서 시세차익을 뺀 것이 된다.

216   경제학 기출문제 – 답안과 강평

따라서 투자자의 사용자 비용(C_1)은 $C_1 = P_t \times i_t - (P_{t+1} - P_t)$ 가 된다.

II. 설문 (2)의 해결 : 임차인의 사용자 비용

임차인은 은행으로부터 R_t를 차입하여 1년 후 전세계약을 해지하여 원금과 이자를 청산한다. 그러므로 임차인의 비용은 원금에 대한 이자이다.

따라서 임차인의 비용(C_2)은 $C_2 = R_t \times i_t$ 가 된다.

III. 설문 (3)의 해결

1. R_t/P_t 의 변화

$P_t \times i_t - (P_{t+1} - P_t) = R_t \times i_t$ 에서 전세가격이 결정된다.

$P_t \times i_t - (P_{t+1} - P_t) = R_t \times i_t$ (양변을 $P_t \times i_t$로 나누면)

$$1 - \frac{(P_{t+1} - P_t)}{P_t \times i_t} = \frac{R_t}{P_t}$$

$$1 - \frac{(P_{t+1} - P_t)}{P_t} \times \frac{1}{i_t} = \frac{R_t}{P_t}$$

$$\frac{R_t}{P_t} = 1 - \frac{(P_{t+1} - P_t)}{P_t} \times \frac{1}{i_t}$$

이 때, $\dfrac{(P_{t+1} - P_t)}{P_t}$ (아파트가격 상승률) 이 증가하면 $\dfrac{R_t}{P_t}$ 은 감소함을 알 수 있다.

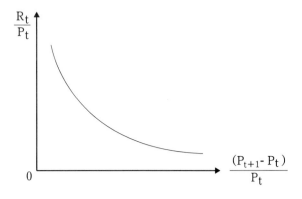

2. 평 가

전세가격이 투자자의 사용자비용과 임차인의 비용이 일치하는 점에서 결정된다고 한다면, 아파트가격 상승률의 증가는 아파트가격에 대한 전세가격의 비율$(\dfrac{R_t}{P_t})$은 감소하게 됨을 알 수 있다.

이는 최근 아파트 매매 침체에 따른 아파트 가격 상승률의 저하로 인해 전세가격이 상승하는 현상을 설명할 수 있다.

| 강 평 |

1. 이 문제는 문제의 기계적인 풀이는 답안을 따르면 된다. 그러나 문제 해결의 저변에 깔린 논리의 이해가 중요하다. 즉 우리가 거주 목적으로 주택을 구입하거나 전세로 얻는 두 가지 경우의 비용을 생각해 보자.

2. 주택구입 시장과 전세 시장의 균형을 위해서는 두 가지 경우의 비용이 동일하여야 한다. 어느 한 시장의 비용이 저렴하다면 그 시장의 수요가 증가할 것이고 비용은 상승할 것이다. 이런 논리를 추가한다면 더 좋은 평가를 얻을 수 있다.

| 제1문 | 이론적으로 고용률이 높은 국가는 실업률이 낮고, 고용률이 낮은 국가는 실업률이 높다. 그런데, 우리나라의 실업률과 고용률은 모두 다른 OECD 국가에 비해 상대적으로 낮다. 이러한 현상이 나타나는 주요한 원인은 무엇인지 기술하시오. (15점)

I. 용어의 정의
  1. 생산가능인구
  2. 경제활동인구
  3. 비경제활동인구
  4. 고용률
  5. 실업률

II. 고용률과 실업률의 관계
  1. 수식의 표현

  2. 이론적인 관계
  3. 우리나라의 경우

III. 낮은 경제활동참가율의 원인
  1. 청년층의 긴 구직활동기간
  2. 노년층의 급격한 증가
  3. 여성의 낮은 경제활동참가율

IV. 결론

답안작성
최 0 0 / 2012년도 5급 공채 재경직 합격

I. 용어의 정의

1. 생산가능인구

생산활동이 가능한 인구로 15세 이상 65세 미만의 인구를 생산가능인구로 본다. 생산가능인구는 다시 경제활동인구와 비경제활동으로 나뉜다.

2. 경제활동인구

생산가능인구 중에서 경제활동을 할 능력이나 의사가 있는 인구를 말한다. 경제활동인구는 취업자와 실업자로 나뉜다.

3. 비경제활동인구

생산활동 인구 중에서 경제활동을 할 능력이나 의사가 없는 인구를 말한다. 여기에는 주부, 학생, 군인 등을 비롯하여 구직활동을 포기한 실망실업자도 포함된다.

4. 고용률

생산가능인구 중에서 취업자의 상대적인 비율을 나타내는 지표

5. 실업률

경제활동인구 중에서 실업자의 상대적인 비율을 나타내는 지표

Ⅱ. 고용률과 실업률의 관계

1. 수식의 표현

$$고용률 = \frac{취업자}{생산가능인구}$$

$$= \frac{취업자}{경제활동인구} \times \left(\frac{경제활동인구}{생산가능인구} \right)$$

$$= (1-실업률) \times (경제활동참가율)$$

$$= \sum_i (i집단의\ 고용률) \times (i집단의\ 인구비율)$$

여기서 경제활동참가율은 전체 생산가능인구 중에서 경제활동인구가 차지하는 비율을 나타낸다.

2. 이론적인 관계

경제활동참가율이 일정한 것으로 가정하면 설문과 같이 고용률이 높은 경우에는 실업률이 낮고, 고용률이 낮은 경우에는 실업률이 높아진다.

3. 우리나라의 경우

우리나라는 고용률과 실업률이 모두 낮은데, 이는 낮은 실업률을 기록함과 동시에 낮은 경제활동참가율을 보이면 고용률과 실업률의 관계에 있어 낮은 고용률을 달성할 수 있게 된다. 즉, 우리나라의 낮은 경제활동참가율이 설문의 현상에 대한 원인이 된다.

Ⅲ. 낮은 경제활동참가율의 원인

1. 청년층의 긴 구직활동기간

미시적 관점에서 기업은 구직자에 대한 정보를 알지 못하므로 선별과정을 통해 구직자의 능력을 판단해야 한다. 그런데 우리나라는 기업이 구직자를 선별하는 과정에서 졸업자와 졸업예정자에 대해 차별을 두고 있다. 직장을 갖지 못한 채 졸업하는 구직자는 낮은 생산성을 갖고 있다고 판단하기 때문이다. 이는 구직자들이 계속 학생으로 남고자 하는 유인으로 작용해 비경제활동인구의 비율을 상대적으로 높이고 결과적으로 경제활동참가율을 낮춘다.

2. 노년층의 급격한 증가

우리나라는 다른 나라들에 비해 노령화가 빠르게 진행되는 국가이다. 일반적으로 노년층의 경우에는 경제활동참가율이 다른 연령층에 비해 낮다. 그러므로 고령화가 현재의 추세로 진행된다면 경제 전반의 경제활동참가율은 낮아지게 되어 고용률 또한 하락하게 된다.

3. 여성의 낮은 경제활동참가율

2011년을 기준으로 우리나라 여성의 경제활동참가율은 OECD 전체 34개 국가 중 30위를 기록하고 있다. 이는 주로 출산과 육아문제에 기인하며 그 결과 경제 전체의 고용률을 낮추게 된다.

Ⅳ. 결 론

우리나라에서 낮은 실업률과 낮은 고용률이 동시에 관측되는 이유는 ① 청년층의 경제활동참가율이 하락하고 ② 고령화에 따른 노년층의 상대적인 증가 및 ③ 여성인구의 경제활동율이 낮은 것으로 인해 경제 전체의 경체활동참가율이 하락하기 때문이다.

┤ 강 평 ├

1. 답안이 고용률과 실업률의 정의에 따라 제시하였듯이 고용률이 실업률과 근본적으로 다른 점은 경제활동 참가율에 의존한다는 점이다. 이는 실업률이 구직능력이나 의사 등이 있는 인구를 대상으로 작성되는 반면 고용률의 경우 이보다 광의의 생산가능 인구를 대상으로 작성된다는 점에서 통계의 자의성이 배제되는 장점이 있다.

2. 이에 따라 고용률과 실업률의 차이는 비경제활동인구의 상대적 규모에서 발생한다.

3. 낮은 고용률에 대한 답안의 원인과 함께 직장에서의 조기 퇴직 또한 주요한 요인으로 고려하여야 할 것으로 판단된다.

| 제2문 | A국은 X재에 대해 다음과 같은 수요함수와 공급함수를 가진다고 하자.

○ X재의 수요함수: $Q_x = 150 - P_x$
○ X재의 공급함수: $Q_x = P_x/2$

그리고 A국은 소국이며, X재의 국제가격은 110원일 때, 다음 물음에 답하시오. (총 35점)

(1) A국이 국제무역에 참여하지 않을 때, X재의 국내소비량, 국내생산량과 국내가격을 도출하시오. (5점)

(2) A국 정부가 수출을 촉진하기 위해 수입은 규제하면서, X재 수출 1단위에 대해 정액으로 30원을 보조금으로 지급하기로 하였다. 수출보조금 정책이 도입된 후, X재의 국내소비량, 국내생산량, 무역량과 국내가격을 도출하시오. (15점)

(3) A국의 수출보조금 정책의 도입이 사회후생에 미치는 효과에 대해 설명하시오. (15점)

I. 설문 (1)의 해결
  1. 균형의 도출
  2. 그래프의 도해
  3. 결 론
II. 설문 (2)의 해결
  1. 수출보조금의 효과
  2. 그래프의 도해

  3. 균형의 분석
  4. 결 론
III. 설문 (3)의 해결
  1. 생산자잉여의 변화
  2. 소비자잉여의 변화
  3. 그래프의 도해 및 사회후생의 변화
  4. 결 론

답안작성

최 0 0 / 2012년도 5급 공채 재경직 합격

I. 설문 (1)의 해결

1. 균형의 도출

국제무역에 참여하지 않을 때, A국의 X재 시장이 완전경쟁시장임을 가정하면, 시장균형은 초과공급(또는 초과수요)이 0인 지점 즉, 수요와 공급이 만나는 지점에서 결정된다.

그러므로 X재의 수요함수 $150 - P_x$와 X재의 공급함수 $P_x/2$를 연립하여 국내가격을 구한 다음, 그 값을 수요함수와 공급함수에 대입하여 각각 국내소비량과 국내생산량을 도출할 수 있다.

2. 그래프의 도해

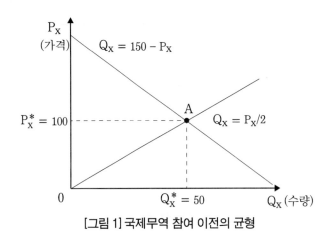

P_X
(가격)

$Q_X = 150 - P_X$

A

$P_X^* = 100$

$Q_X = P_X/2$

0

$Q_X^* = 50$

Q_X (수량)

[그림 1] 국제무역 참여 이전의 균형

시장균형은 점 A에서 형성된다.

3. 결 론

[그림 1]의 점 A에서 국내가격(P^*)은 100이고, 국내소비량($Q_d{}^*$)과 국내생산량($Q_s{}^*$)은 각각 모두 50이다.

Ⅱ. 설문 (2)의 해결
1. 수출보조금의 효과

A국 정부가 X재의 생산자에게 단위당 30의 수출보조금을 지급하는 경우에 A국 기업은 X재를 생산한 이후에 국내시장(P_d)과 해외시장(P_w)의 판매에 따른 기회비용을 상이하게 인식하게 된다.

때문에 $P_d - P_w = s = 30$ 이 성립하는 시점까지 해외에서 판매하는 것이 유리하다. 이 경우 A국이 소국임을 가정하므로 해외가격은 110에서 변화가 없다. 그러므로 수출보조금의 지급은 국내가격을 140으로 상승시킨다.

다만 수출보조금이 생산의 한계비용을 변화시키는 것은 아니며 기업의 의사결정상의 왜곡을 가져오는 것에 불과하므로 공급함수에는 변화가 발생하지 않는다.

2. 그래프의 도해

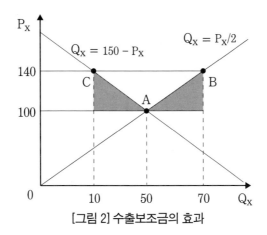

[그림 2] 수출보조금의 효과

[그림 2]에서 보는 것처럼 최초 점 A에서 이루어지던 균형은 무역개시와 수출보조금 지급 이후에 점 B로 이동한다. 이 때 국내소비량은 점 C로 이동한다. 그러므로 무역량의 규모는 $\overline{BC}$가 된다.

3. 균형의 분석

A국이 소국임을 가정하면, 국제가격 110을 주어진 것으로 받아들인다. 그러므로 A국 X재의 국내가격은 수출보조금 지급 이후에 100에서 140으로 상승하고 그 결과 국내소비량은 50에서 10으로 감소한다. 반면에 국내생산량은 70이다. 그러므로 국내수요량과 국내생산량의 차이인 60만큼이 무역량이 된다.

4. 결 론

소국인 A국 정부가 국내 생산자에 보조금을 지급하는 경우에 국내가격은 해외가격에서 보조금을 더한 140으로 상승한다. 그 결과 국내소비량은 10, 국내생산량은 70으로 변화한다. 그러므로 무역량은 60이 된다.

Ⅲ. 설문 (3)의 해결

1. 생산자잉여의 변화

국내생산자는 정부의 수출보조금 지급을 통해 수출단위 당 보조금을 지원받음과 동시에 수출로 인해 생산량을 늘리게 됨으로써 생산자잉여는 증가할 것이다.

2. 소비자잉여의 변화

국내소비자는 수출보조금 지급으로 인한 가격상승의 결과 수요량이 감소하게 되므로 소비자잉여는 감소한다.

3. 그래프의 도해 및 사회후생의 변화

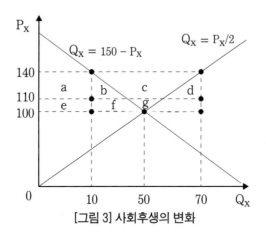

[그림 3] 사회후생의 변화

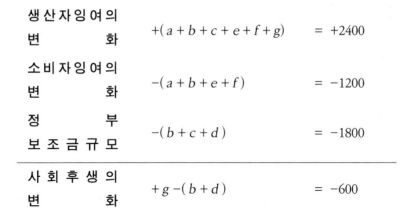

생 산 자 잉 여 의 변 화	$+(a + b + c + e + f + g)$	$= +2400$
소 비 자 잉 여 의 변 화	$-(a + b + e + f)$	$= -1200$
정 부 보 조 금 규 모	$-(b + c + d)$	$= -1800$
사 회 후 생 의 변 화	$+g -(b + d)$	$= -600$

4. 결론

국제무역의 개시에도 불구하고 수출보조금의 지급은 사회후생을 감소시킨다. 구체적으로 생산자잉여는 증가하므로 수출기업은 이득을 본다. 그러나 국내소비자가 높은 가격에 직면함으로써 소비자잉여의 감소가 크게 일어나 최종적인 사회후생은 감소하게 된다.

즉, 정부의 무역정책에 의해 오히려 국제무역 이후에 사회후생이 악화될 수 있음을 의미한다.

| 강평 |

1. 정부의 시장개입이 가져오는 비효율성을 분석하는 문제이다.

   답안에서 설문 (1)에 대한 답안은 문제가 없으나 설문 (2)의 경우 국제무역 개시 후 수요곡선의 변화에 대해 분명히 설명할 필요가 있다(여타 문제의 경우도 항상 수요 및 공급곡선의 변화를 명백히 하고 균형가격을 찾는데서 문제해결의 단초를 찾아야 한다). 국제무역 이후 제품에 대한 수요는 국내 및 해외 부문으로 구성된다. 해외 수요의 경우 A국이 소국이므로 제품 당 110원에서 수평을 이룬다. 이보다 낮은 가격에서 형성되는 국내수요는 0이 된다. 최종적으로 전체수요는 국내수요+해외수요가 되며 수요곡선의 형태는 P_x가 110 이상인 경우에는 $Q_x=150-P_x$, P_x가 110 인 경우에는 $P_x=110$인 수평선이 된다. 여기서 보조금 30을 지급하는 경우 기업이 인식하는 수요곡선의 형태는 P_x가 140 이상인 경우에는 $Q_x=150-P_x$, P_x가 140 인 경우에는 $P_x=110$인 수평선 (답안의 [그림 2]에서 점 C와 B를 연결하는 수평선)이 된다. 여기서 한편 공급곡선의 경우 $MC=P_x$가 만나는 생산량에서 결정이 되는데 보조금은 여기에 영향을 미치지 못하는 것으로 간주된다. 결국 무역개시 이후의 생산량은 70이 되며 이는 국내수요 10과 해외수요 60을 충당하는 것이 된다.

2. 한편 사회후생의 변화분석에서 답안의 경우 무역이전과 무역이후 보조금 지급 상황의 비교를 수행하였는데 엄밀하게는 무역이후 보조금 미지급과 무역이후 보조금 지급 상황을 비교하는 것이 보조금 지급의 순효과를 평가하는데 바람직한 것으로 보인다. 주어진 설문상 무역 자체의 경우 아무런 비용이나 이익을 수반하고 있지 않기 때문이다.

3. 답안의 [그림 3]에서 무역으로 증가한 후생 증가는 생산자잉여 증가 ($e+f+g$)에서 소비자 잉여 감소($e+f$)를 차감한 g가 되는데 무역 이후 보조금 미지급과 무역이후 보조금 지급 간의 사회 후생감소는 $b+d$가 된다. 여기서 b 부분은 소비자 가격의 상승에서 발생하며 d부분은 생산량 증가에 따른 한계비용 증가에서 발생하게 된다. 답안에서는 b부분만을 언급하고 있다.

| 제3문 | 국가 i와 국가 j의 1인당 GDP의 성장률을 비교하려고 한다. 두 국가 모두 아직 정상 상태(steady state)에 진입하지 못한 상태이며, 국가 i와 국가 j의 1인당 자본량(k)은 다음과 같이 축적된다.

○ 국가 i : $k_i' - k_i = s_i A k_i^a h_i^{1-a} - (n_i + \delta) k_i$

○ 국가 j : $k_j' - k_j = s_j A k_j^a h_j^{1-a} - (n_j + \delta) k_j$

(k는 올해 초의 1인당 자본량, k'은 내년 초의 1인당 자본량, s는 저축률, A는 생산성, h는 1인당 평균 교육수준, n은 인구증가율, δ는 자본의 감가상각률, $0 < a < 1$)

국가 i와 국가 j의 1인당 GDP는 다음과 같이 결정된다.

○ 국가 i : $y_i = A k_i^a h_i^{1-a}$

○ 국가 j : $y_j = A k_j^a h_j^{1-a}$

두 국가의 1인당 평균 교육수준은 올해 초와 내년 초가 동일하다는 가정 하에 위와 같이 제시된 모형을 사용하여 다음 물음에 답하시오. (총 35점)

(1) 두 국가의 인구증가율, 1인당 평균 교육수준 및 올해 초의 1인당 GDP가 동일하지만, 국가 i의 저축률이 국가 j보다 높다고 한다. 두 국가의 올해 1인당 GDP성장률을 비교하여 설명하시오. (15점)

(2) 두 국가의 저축률, 1인당 평균 교육수준 및 올해 초의 1인당 GDP가 동일하지만, 국가 i의 인구증가율이 국가 j보다 높다고 한다. 두 국가의 올해 1인당 GDP 성장률을 비교하여 설명하시오. (10점)

(3) 두 국가의 저축률, 인구증가율 및 올해 초의 1인당 자본량이 동일하지만, 국가 i의 1인당 평균 교육수준이 국가 j보다 높다고 한다. 두 국가의 올해 1인당 GDP 성장률을 비교하여 설명하시오. (10점)

I. 설문 (1)의 해결
  1. 1인당 GDP의 성장과정
  2. 그래프의 도해
  3. 성장률의 비교
  4. 결 론

II. 설문 (2)의 해결
  1. 그래프의 도해

  2. 성장률의 비교
  3. 결 론

III. 설문 (3)의 해결
  1. 그래프의 도해
  2. 성장률의 비교
  3. 결 론

IV. 결 론

Ⅰ. 설문 (1)의 해결

1. 1인당 GDP의 성장과정

신고전파종합에서 1인당 자본량은 생산량에 영향을 준다. 그러므로 경제의 성장은 자본의 축적을 통해 일어난다. 이때 자본의 축적은 투자에 기인하며, 투자는 대부자금시장의 균형에 의해 저축과 동일하므로 저축이 투자로 연결되어 자본을 축적시킨다.

다만 매기 자본의 감가상각 및 인구증가로 인한 1인당 자본량의 감소가 발생하므로 양자의 차이가 자본의 순축적이 되고, 자본의 순축적이 발생할 때 1인당 GDP는 성장한다.

2. 그래프의 도해

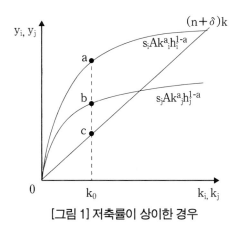

[그림 1] 저축률이 상이한 경우

두 국가의 y와 h가 동일한 경우 올해 초의 1인당 자본량은 동일하다. 그러므로 [그림 1]에서 자본수준이 균제상태의 자본량 보다 적은 k_0으로 동일하다고 가정할 때, i국가의 연간 순자본축적량은 $\overline{ac}$가 되고, j국가의 연간 순자본축적량은 $\overline{bc}$가 된다.

3. 성장률의 비교

두 국가의 올해 1인당 GDP의 성장률을 비교하면 다음과 같다.

(i국의 1인당 GDP 성장률)

$$\frac{y_i' - y_i}{y_i} = \frac{AK_i'^a h_i^{1-a} - AK_i^a h_i^{1-a}}{AK_i^a h_i^{1-a}} = \left((\frac{K_i'}{K_i})^a - 1 \right)$$

$$= \frac{y_j' - y_j}{y_j} = \frac{AK_j'^a h_j^{1-a} - AK_j^a h_j^{1-a}}{AK_j^a h_j^{1-a}} = \left((\frac{K_j'}{K_j})^a - 1 \right)$$

$$= (j\text{국의 1인당 GDP 성장률})$$

결국 [그림 1]에서 보는 것처럼 이듬해 초에 경제 내에 존재하는 1인당 자본량은 i국가가 더 많아지므로 $k'_i > k'_j$가 성립하고 $k_i = k_j$이므로, 올해 GDP 성장률은 저축률이 상대적으로 높은 i국이 j국 보다 더 높다.

4. 결 론

i국의 올해 1인당 GDP 성장률은 j국의 올해 1인당 GDP 성장률 보다 높다.

Ⅱ. 설문 (2)의 해결

1. 그래프의 도해

설문 (1)과 달리 인구증가율 이외에 나른 조건이 일정한 경우를 그래프로 나타내면 다음과 같다.

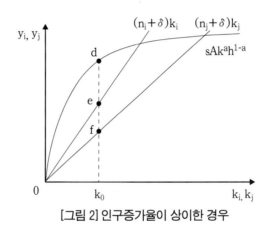

[그림 2] 인구증가율이 상이한 경우

[그림 2]에서 올해 초 자본수준이 k_0로 일정한 경우에 i국의 자본축적량은 $\overline{de}$이고, j국의 자본축적량은 $\overline{df}$가 된다.

2. 성장률의 비교

설문 (1)에서 본 바와 같이 두 국가의 성장률은 해당 기간 동안의 자본축적량의 상대적인 비율에 영향을 받는다. 그런데 이번에는 i국에 비해 j국의 인구증가율이 낮은 결과 순자본축적의 규모 역시 더 크다. 그러므로 동일한 1인당 자본량에서 시작한 경우 1인당 GDP의 성장은 j국이 더 높다.

3. 결 론

올해 1인당 GDP 성장률은 j국이 i국 보다 더 높다.

Ⅲ. 설문 (3)의 해결

1. 그래프의 도해

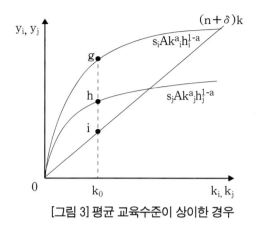

[그림 3] 평균 교육수준이 상이한 경우

[그림 3]에서 1년 동안 축적되는 1인당 자본량의 규모는 i국의 경우 $\overline{gi}$가 되고, j국의 경우에는 $\overline{hi}$가 된다.

2. 성장률의 비교

다른 조건이 일정하고, 평균 교육수준이 i국이 더 높은 경우에 i국의 자본축적이 상대적으로 j국보다 더 많다. 그러므로 1인당 자본량의 감소가 두 국가에서 동일하게 관측되면, 1인당 자본의 순증가량은 i국에서 더 크다.

그 결과 1인당 GDP의 증가율은 설문 (1)에서의 관계를 이용하면 자본축적량이 더 많은 i국에서 더 높게 나타난다.

3. 결 론

i국의 올해 1인당 GDP 증가율은 j국 보다 더 높다.

Ⅳ. 결 론

이상의 분석과 같이 경제 내의 저축률이 높고, 인구 성장률이 낮으며, 평균 교육수준이 높을 때 상대적으로 더 높은 1인당 경제성장률을 달성할 수 있게 해준다.

이 중에서 특히 인적자본(h)에 해당하는 평균 교육수준을 지속적으로 높인다면, 설문의 생산함수와 같이 Inada condition을 충족하는 생산함수이더라도 경제가 수렴하지 않고, 1인당 GDP가 지속적으로 성장할 수 있게 된다.

| 강 평 |

1. 그동안 고성장을 지속해온 우리나라의 낮은 최근 경제성장률이 주목받고 있다. 신고전파 성장이론에 따르면 GDP 성장률에 저축률, 인구증가율 및 교육수준이 영향을 미칠 수 있다. 답안과 같이 도해와 식으로 설명할 수도 있지만 다음과 같이 대강의 논리적 흐름을 먼저 정리할 수도 있다.

2. 1인당 GDP 결정식에 의해 1인당 GDP(y)와 1인당 교육수준 (h)가 동일하면 1인당 자본 (k)는 동일하게 된다. 다음으로 자본성장식에 따르면 저축률이 높은 국가가 자본성장이 빠르게 된다. 이는 나시 1인당 GDP 결정식에 따라 높은 1인당 GDP(높은 성장률)을 결과하게 된다.

3. '2'와 마찬가지로 1인당 GDP 결정식에 의해 1인당 GDP(y)와 1인당 교육수준 (h)가 동일하면 1인당 자본 (k)는 동일하게 된다. 다만 저축률이 동일한 경우 자본 성장식에 따르면 인구증가율이 낮은 국가가 자본 성장이 빠르게 된다. 이는 다시 1인당 GDP 결정식에 따라 높은 1인당 GDP(높은 성장률)을 결과하게 된다.

4. 1인당 자본량이 양국에 동일한 경우를 먼저 가정하고 있다. 또한 저축률(s)과 인구증가율(n)이 동일한데 1인당 교육수준이 높은 경우 자본 성장식에 따르면 자본성장이 빠르게 된다. 이는 다시 1인당 GDP 결정식에 따라 높은 1인당 GDP(높은 성장률)을 결과하게 된다.

| 제4문 | A, B 두 사람의 상점에서 화재가 발생할 확률이 10%, 그렇지 않을 확률이 90%이다. 두 사람의 재산은 각각 100만원으로 동일하며, 화재가 발생하지 않으면 재산이 100만원으로 유지되고 화재가 발생하면 재산은 0원으로 감소한다. (총 15점)

(1) 화폐금액 χ에 대한 두 사람의 효용함수는 각각 $U_A(\chi) = \sqrt{\chi}$, $U_B(\chi) = \chi$ 이다. A, B 두 사람의 위험에 대한 태도를 설명하시오. (5점)

(2) 이 때 두 사람에게 보험회사 직원이 와서 보험 가입을 권유하였다. 보험회사의 조건은 화재 발생시 100만원을 지급하고, 화재가 발생하지 않으면 보험금을 지급하지 않는 것이다. 이 보험 계약에 대해 A, B 두 사람이 보험료를 각각 얼마까지 지불할 용의가 있는지 설명하시오. (10점)

Ⅰ. **설문 (1)의 해결**
  1. 위험에 대한 태도의 정의
  2. A의 경우
  3. B의 경우
  4. 결 론

Ⅱ. **설문 (2)의 해결**
  1. 경제주체의 행동원리
  2. A의 최대보험료
  3. B의 최대보험료
  4. 결 론

답안작성

최 ○ ○ / 2012년도 5급 공채 재경직 합격

Ⅰ. 설문 (1)의 해결

1. 위험에 대한 태도의 정의

위험에 대한 태도는 ① 위험기피자, ② 위험중립자 그리고 ③ 위험애호자로 구분된다.

(1) 위험기피자는 불확실한 기대금액이 가져다주는 기대효용에 비해 기대금액에 대한 효용이 더 큰 경우에 해당한다.

(2) 위험중립자는 위험이 개인의 효용에 영향을 주지 않으므로 기대금액과 기대효용이 동일하다.

(3) 위험애호자는 불확실한 기대금액이 가져다주는 기대효용에 비해 기대금액에 대한 효용이 더 작은 경우에 해당한다.

2. A의 경우

설문의 상황은 기대금액이 90만원인 상황으로 기대금액의 효용인 $\sqrt{90}$ 이 기대효용의 크기 $\sqrt{81}$ 보다 크다. 결국 현재 상황에 비해 A는 확실한 90만원을 선호하므로 위험기피자에 해당한다.

3. B의 경우

B는 효용함수의 구조상 기대효용과 기대금액이 동일하므로 위험중립자에 해당한다.

4. 결 론

A는 위험기피자, B는 위험중립자이다.

Ⅱ. 설문 (2)의 해결
1. 경제주체의 행동원리

불확실한 상황에서 경제주체는 기대효용을 극대화 하는 쪽으로 의사결정을 행한다.

설문의 경우 기대효용이 보험가입 전후에 변화가 없더라도 보험에 가입한다고 가정할 때, 최대 보험료는 현재 재산과 기대효용을 보상해주는 확실한 금액의 차이인 위험프리미엄과 같다.

2. A의 최대보험료

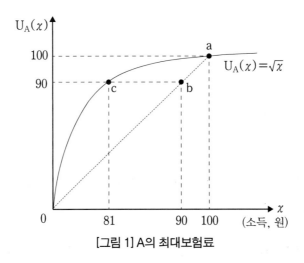

[그림 1] A의 최대보험료

A의 현재 기대효용은 [그림 1]의 점 b의 높이와 같은 9이므로 이를 보상해주는 확실한 금액은 점 c에 해당하는 81만원이다. 그러므로 A의 위험프리미엄은 위 [그림 1]에서 $\overline{bc}$의 크기인 9만원이며, 최대 보험료 역시 9만원으로 책정된다.

3. B의 최대보험료

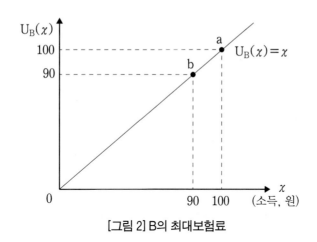

[그림 2] B의 최대보험료

[그림 2]에서 보는 것처럼 B는 위험중립자로서 위험이 개인의 효용에 영향을 미치지 않는다. 그러므로 현재 불확실한 상황에서 기대효용의 크기는 기대금액과 동일한 90이다. 그러므로 최대보험료는 현재의 기대효용 90을 달성할 수 있는 가운데 설정해야한다. 그러므로 B의 기대효용을 감소시키지 않는 수준의 최대보험료는 0원이다.

이는 위험중립자는 위험에 대해 어떠한 프리미엄도 부여하지 않기 때문으로 해석할 수 있다.

4. 결 론

A의 최대보험료는 9만원, B의 최대보험료는 0원이다.

┤ 강 평 ├

1. 개인의 위험기피성향을 효용함수의 곡률형태로 설명하는 문제이다. 효용함수의 형태가 오목(concave)하면 위험 기피, 볼록(convex)하면 위험 선호, 선형(linear)이면 위험 중립인 경우이다.

2. 이에 따라 A는 오목한 효용함수를 가지고 있으므로 위험기피, B는 선형 효용함수를 가지고 있으므로 위험중립의 태도를 가지는 경우이다.

3. 보험에 가입하는 경우 화재발생에 따른 재산변화를 살펴 보기로 하자.

   화재가 발생하지 않으면 100만원으로 유지가 되며 화재가 발생하면 재산은 0으로 감소하지만 보험금 100만원을 받을 수 있다. 그러나 확정 보험료로 x원을 지출하게 된다. 따라서 어느 경우든 재산은 $(100-\chi)$만원으로 확정 유지된다. 한편 보험을 가입하지 않는 경우 A의 기대효용(von Neumann-Morgenstern) 은 $0.9\sqrt{100}+0.1\times0 = 9$이 된다. 이는 확정 재산 81에서 얻을 수 있는 효용이다. 그러면 $100-\chi \geq 81$ 이면 보험에 가입하는 경우 더 높은 효용을 얻을 수 있게 되며 이는 보험료가 $19 \geq \chi$ 인경우이다. 마찬가지로 보험을 가입하지 않는 경우 B의 기대효용은 $0.9\times100+0.1\times0 = 90$이 된다.

   이는 확정 재산 90에서 얻을 수 있는 효용과 동일한 것이다. 그러면 $100-\chi \geq 90$ 이면 보험에 가입하는 경우 더 높은 효용을 얻을 수 있게 되며 이는 보험료가 $10 \geq \chi$ 인 경우이다. A와 B를 비교하면 위험기피자인 A가 보험료를 최대 9만원까지 더 지불할 용의가 있게 된다.

2013년도 입법고등고시 기출문제와 어드바이스 및 답안구성 예

| 제1문 (30점) |

총수요를 관리하는 재정정책과 통화정책의 상대적인 유효성은 IS 곡선과 LM 곡선의 기울기에 따라 달라질 수 있다. 이 점을 고려하여 아래 질문에 답하시오.

(1) 투자수요의 이자율 탄력성이 작고, 화폐수요의 이자율 탄력성이 클 때의 IS 곡선과 LM곡선을 그리시오(두 곡선의 기울기의 차이를 구체적으로 표시하기 바람). (10점)

(2) (1)의 상황에서 동일한 규모의 확장적 재정정책과 통화정책이 시행될 때, 실질 국민소득을 증가시키는데 더 효율적인 것은 어느 정책인지 IS-LM 곡선을 이용하여 설명하시오. (10점)

(3) (1)의 상황에서 확장적인 두 경제정책의 실질 국민소득 증대 효과에 차이가 나는 이유를 경제주체들의 행위를 토대로 설명하시오. (10점)

Advice

1. 설문 (1)은 우선 IS, LM곡선의 식을 설정한 후 그래프를 도해하여야 한다.
   투자수요의 이자율 탄력성이 작으면 IS곡선의 기울기는 가팔라지고 화폐수요의 이자율 탄력성이 크면 LM곡선의 기울기는 완만해진다.

2. 설문 (2)는 각 정책의 수평이동폭을 동일하게 두고 그래프를 활용해 분석을 진행하면 된다.

3. 설문 (3)은 앞선 분석결과들의 함의에 대해 서술하는 문제이다.
   야성적충동과 유동성함정을 활용하여 통화정책의 전달경로가 작동하기 어렵고 재정정책의 구축효과가 크게 나타나지 않음을 구체적으로 설명하면 된다.

답안구성 예

Ⅰ. 설문 (1)의 해결
1. 모형의 설정
2. IS 곡선의 분석
3. LM 곡선의 분석
4. 종합적 평가

Ⅱ. 설문 (2)의 해결
1. 확장적 재정정책의 경우
2. 확장적 통화정책의 경우
3. 종합적 평가

Ⅲ. 설문 (3)의 해결
1. 야성적 충동과 정책효과
2. 유동성 함정과 정책효과

어느 경제에 매기 N_t명의 소비자가 새로 태어나며 이들은 두 기간 동안 산다. 매 시점에는 그 기에 태어난 청년세대와 이전 기에 태어난 노년세대가 공존한다. 인구증가율은 n>0이다. t기에 태어난 소비자의 효용함수는 $U(C_{1,t}, C_{2,t+1}) = \log C_{1,t} + \frac{1}{1+\theta} \log C_{2,t+1}$이다. 이 소비자는 첫 번째 기(t)에만 일을 할 수 있고 임금 w_t를 받으며 두 번째 기의 소비를 위해 자기 생애의 첫 번째 기의 임금소득 중 일부를 저축(S_t)한다. t기의 경제전체의 총저축은 t+1기에 기업의 생산에 자본(K_{t+1})으로 투입된다. t+1기에 소비자는 전기의 저축에 이자를 합하여 $(1+r_{t+1})S_t$를 돌려받는다. 이 경제에는 완전경쟁적으로 행동하는 유일한 기업이 있으며, 이 기업의 생산함수는 $Y_t = K_t^{\alpha} L_t^{1-\alpha}$이다.

(1) 소비자의 효용극대화문제를 풀고 최적 소비들($C_{1,t}$와 $C_{2,t+1}$)과 저축(S_t)을 임금, 이 자율과 θ의 함수로 나타내시오. (10점)

(2) 이 경제의 금융시장이 매기 균형을 이룰 때 시간이 경과함에 따라 일인당 자본량($k = k_t/L_t$)이 변화해가는 식을 구하시오. (10점)

(3) 시간이 지나도 일인당 자본량이 변하지 않는 균제상태에서 이 경제의 일인당 자본량(k^*), 각 세대별 일인당 소비(C_1^*와 C_2^*)을 θ, α와 n의 함수로 나타내시오. (10점)

(4) 정부가 이 경제에 부과식 사회보장제도(Pay-As-You-Go Social Security System)을 도 입한다고 하자. 즉, 정부가 청년세대의 임금으로부터 일정액(T)을 사회보장세로 징수하여 노년세대에게 일정액(B)을 나누어 주는 방식이다. 부과식사회보장제도가 경제의 균제상태에서 일인당 자본량을 어떻게 바꿀 것인지 설명하고, 새로운 균제상태로 이행하는 과정에서 경제성장률이 어떻게 바뀌는지 설명하시오. (10점)

Advice

1. 설문 (1)은 기간간 소비의 효용극대화문제를 설정하여 해결하면 된다.

2. 설문 (2)에서 금융시장이 균형을 이룬다는 조건은 투자와 저축이 일치함을 의미한다. 자본축적방정식에 이 조건을 대입하여 1인당 자본축적방정식을 도출하여 1인당 자본량의 변화식을 구할 수 있다.

3. 설문 (3)의 균제상태는 설문 (2)에서 도출한 1인당 자본량의 변화식이 0의 값을 가지게 되는 경우를 의미한다. 이로부터 문제에서 요구하는 변수들을 도출하면 된다.

4. 설문 (4)에서 부과식 사회보장제도의 영향은 저축률의 감소로 반영한다. 1인당 자본량과 1인당 성장률의 변화 과정은 그래프로도 보여주어야 한다.

| 제3문 (30점) |

담합을 막기 위한 대책 중 한 가지로 가장 먼저 담합을 자진 신고한 기업에 대해 과징금을 면제해 주는 면책제도가 있다. 복점 산업에 대해 다음과 같은 2단계 게임을 고려해 보자.

1단계: 기업 A와 B가 각각 담합 여부를 선택한다. A, B가 모두 담합을 선택한 경우에만 담합이 성립되며, 담합이 성립되면 두 기업은 각각 14의 이윤을 얻는다. 담합이 성립되지 않으면 두 기업은 각각 10의 이윤을 얻는다.

2단계: 1단계에서 담합이 성립되지 않은 경우에는 두 기업은 각각 10의 이윤을 추가로 얻고 게임이 종료된다. 1단계에서 담합이 성립된 경우에는 A, B 두 기업은 2단계에서 독자적으로 자진 신고 여부를 선택한다. 어느 한 기업만 자진 신고를 선택한 경우에는 자진 신고한 기업은 추가로 10의 이윤을 얻고 신고하지 않은 기업은 6의 손실을 추가로 얻는다. 두 기업 모두 자진 신고를 선택한 경우에는 각각 1/2의 확률로 10의 이윤 또는 6의 손실을 추가로 얻는다. 두 기업 모두 위험 중립적이라고 가정한다. 아무도 자진 신고를 선택하지 않은 경우에는 p의 확률로 담합이 적발되어 두 기업 모두 각각 6의 손실을 추가로 보고, $(1-p)$의 확률로 담합이 적발되지 않아 두 기업 모두 14씩의 이윤을 추가로 얻는다.

이 2단계 게임의 결과가 적발 확률 p에 따라 어떻게 결정되는지 균형개념을 이용해 분석하시오. 단, 1단계와 2단계 사이에 시간할인은 없다고 가정한다.

Advice
두 단계에 걸쳐 게임이 이루어지므로 역진귀납방식을 통해 접근하도록 한다.
우선 2단계에 대해 보수행렬을 설계하여 적발확률 p의 범위에 따른 내쉬균형을 찾는다. 이후 1단계는 p의 범위와 2단계의 균형에 따라 경우를 나누어 보수행렬을 설계하고 게임의 균형을 모색하면 된다.

| **제1문** | 호숫가 어느 마을에 100명의 주민이 살고 있다. 주민들은 어업에 종사하거나 이 지방의 전통 공예품을 만들어서 소득을 올릴 수 있다. 호수에 사는 물고기 수는 한정되어 있으므로, 어업에 종사하는 주민들이 많을수록 주민 당 어획량은 줄어든다. 어업에 종사하는 주민의 수를 n이라고 할 때, 어업에 종사하는 주민 1인당 1년 소득(R)은 다음과 같다.

$$R = 120 - 2n$$

(R 단위: 원)

한편 전통 공예품을 만드는 주민 1인당 1년 소득은 20원이다. (필수 총 40점, 선택 총 20점)

(1) 100명의 주민이 1번에서 100번까지 번호표를 무작위로 배정받은 후, 1번 주민부터 어업에 종사할지 또는 전통 공예품을 만들지를 결정한다고 하자. 이 경우 몇 명의 주민이 어업에 종사하고 또 몇 명의 주민이 전통 공예품을 만들 것인지를 계산하고, 균형 상태에서 이 마을 주민 전체의 소득을 구하시오. (10점)

(2) 마을 주민 전체의 소득을 극대화하고자 할 때, 몇 명의 주민이 어업에 종사하고 또 몇 명의 주민이 전통 공예품을 만들어야 하는지를 계산하고, 이 경우에 마을주민 전체의 소득을 구하시오. (20점)

(3) 마을 주민 전체의 소득을 극대화하는 어업 종사 주민 수와 순차적으로 어업종사 여부를 결정하는 경우인 (1)에서의 어업 종사 주민의 수가 동일하지 않은 이유를 외부성의 개념을 이용해 설명하시오. (10점)

Ⅰ. 설문 (1)의 해결

Ⅱ. 설문 (2)의 해결

Ⅲ. 설문 (3)의 해결

I. 설문 (1)의 해결

첫 번째 주민의 경우에 어업에 종사한다고 가정하면, 자신의 기대수입인 $R(1) = 118$보다 기회비용인 전통공예품 생산을 통해 얻을 수 있는 기대소득 20이 크므로 어업에 종사함으로서 양의 이윤을 누리며, 이러한 선택은 50번째 주민까지 진행되며, 50번째 주민은 어업에 종사함으로서 얻는 소득과 그에 대한 기회비용이 동일하므로 정상이윤을 누리게 된다.

그러나 51번째 주민은 자신이 어업에 종사함으로서 얻게 되는 기대수입이 18인 반면에 전통공예품 생산에서 얻는 기대수입은 20이므로 어업 종사의 기회비용이 총수입을 초과하는 바, 어업에 종사하지 않고 전통공예품 산업에 종사한다. 이러한 선택은 마지막 100번째 주민에게까지 계속된다.

이를 일반화하여 표현하면, n번째 주민의 개별적인 의사결정은 주민의 이윤(π)이 극대화 되는 수준에서 어업에 종사할지 여부를 결정하게 된다. 그러므로 주민이 택할 수 있는 방법은 2가지이므로, ① 어업에 종사함으로서 얻을 수 있는 이윤(π_1)과 전통 공예품을 생산함으로서 얻을 수 있는 1인당 수입을 비교함으로서 이루어진다.

$$\therefore \pi_1 = TR - TC = (120 - 2n) - 20 \qquad \pi_2 = TR - TC = 20 - (120 - 2n) \text{이다.}$$

그러므로 두 경우에 이윤이 동일하다면, 주민은 어업에 종사한다고 가정하는 경우, 위 식에서 $\pi_1 \geq \pi_2$인 경우에 한하여 주민은 어업에 종사하게 된다.

$$\therefore 120 - 2n - 20 \geq 0 \text{이므로, } n \leq 50 \text{인 경우에 해당 주민들은 어업에 종사한다.}$$

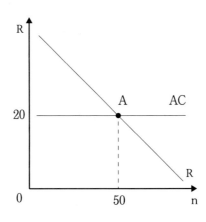

위의 그림에서 보는 바와 같이 ① 우하향하는 곡선인, 어업에 종사하는 경우에 기대할 수 있는 주민 1인당 소득곡선과 ② 수평의 직선인 전통공예품을 만드는 주민 1인당 기대소득이 만나는 A점에서 균형이 달성된다.

즉, 첫 번째부터 50번째 주민까지는 어업에 종사하고, 51번째 주민부터 100번째 주민까지는 전통공예품에 종사함으로서, 모든 주민의 1인당 1년 소득은 20으로 일정하게 된다. 그러므로 최종적으로 마을 전체에서 얻을 수 있는 소득은 $\pi = 20 \times 100 = 2000$이다.

그러므로 최종적으로 균형상태에서 각 산업별 종사 주민의 수와 마을주민 전체소득의 표를 나타내면 다음과 같다.

어업종사 주민	전통공예품 산업 종사 주민	1인당 소득	마을 전체소득
50명	50명	20원	2000원

Ⅱ. 설문 (2)의 해결

마을주민 전체, 즉 마을의 의사결정은 마을 전체의 이윤(π)을 극대화하는 수준에서 어업에 종사할 주민의 수를 결정한다.

$$\therefore Man_n\pi = Max_n(120-2n)n + 20(100-n)$$

$$\frac{d\pi}{dn} = 120-4n-20 = 0 \text{ 최종적으로 n = 25이 도출된다.}$$

그러므로 마을의 소득을 극대화하기 위해서는 25명의 주민을 어업에 투입하고, 나머지 75명의 주민을 전통공예품 생산에 투입해야 한다. 이러한 사실을 설문(1)의 경우와 비교하면, 설문 (1)의 경우에는 한 개인이 이윤의 대소를 비교하여 이윤이 높은 산업을 기준으로 산업의 진입을 결정하는 바, 최종적으로 두 산업 간의 기대소득이 동일한 수준에서 정상이윤을 달성하는 수준이 균형이 되는 것에 반하여, 설문 (2)의 경우에는 마을 전체의 기대소득을 극대화 해야 하며, 어업에 추가적으로 주민을 투입하는 경우에 기대할 수 있는 소득의 증가분인 $\frac{dTR}{dn} = 120-4n$과 이를 전통공예품 산업에 투입함으로서 기대할 수 있는 기대소득의 증가분인 20이 일치하는 수준에서 최적 투입량이 결정되는 차이가 있다.

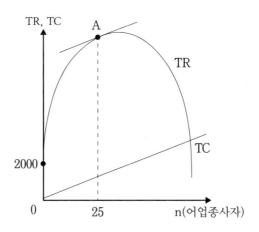

위의 내용을 그림으로 나타내면 위의 그림과 같으며, 여기서 보는 바와 같이 A점에서 마을 전체의 균형이 이루어지며, 이는 n명의 주민이 어업에 종사하는 경우에 최종적으로 얻게 되는 소득(TR)과 기회비용(TC)의 차이인 순 이윤이 극대화되는 지점이다.

즉, 25번째 주민까지는 해당 주민이 어업에 투입되는 경우에 마을소득의 증가가, 전통공예품 산업에 투입되는 경우에 마을소득의 증가보다 더 크며, 26번째 주민부터는 반대로 전통공예품 산업에 투입되는 경우에 마을 소득의 증가가 더 크다.

이 경우에 어업에 25명이 투입되므로 어업에서 얻을 수 있는 주민 1인당 1년 소득은 70이고, 나머지 전통 공예품을 만드는 주민 1인당 1년 소득은 20이다. 그러므로 이 경우에 마을주민 전체의 소득은

① 어업을 통해 얻게 되는 마을 전체의 소득이 $\pi_1 = 70 \times 25 = 1750$이고,

② 전통공예품을 통해 얻게 되는 마을 전체의 소득이 $\pi_2 = 20 \times 75 = 1500$이다.

그러므로 최종적인 결론을 표로 요약하면 다음과 같다.

어업종사 주민	전통공예품 산업 종사 주민	마을 전체소득
25명	75명	3250원

Ⅲ. 설문 (3)의 해결

외부성이란 어떤 한 경제주체가 재화를 생산 또는 소비하는 과정에서 다른 경제주체들의 생산 또는 소비에 영향을 미치지만, 그에 따른 댓가를 지불하거나 받지 않는 경우를 의미한다. 그러므로 설문 (1)과 설문 (2)의 최적 투입 주민의 수가 다른 이유를 외부성을 통해서 설명할 수 있다.

설문의 주민은 소득을 올림으로서 자신의 효용을 달성하고 있다. 때문에 개인의 소득을 극대화 시키는 수준에서 산업종사 여부를 결정하므로 ($SMR = MC$) 개인의 극대화문제를 충족시키도록 한다. 이 때 고려하는 비용은 어업에 종사하는 과정에서 발생하는 기회비용인 전통공예품산업에 존재한다.

하지만 사회적으로는 추가적인 비용인 외부성을 발생시키는 것을 확인할 수 있다. 설문에 주어진 소득 식에서 보는 바와 같이 한 경제주체가 어업에 종사하기로 결정한 경우에 이는 다음 주민의 소득에 영향을 미친다.

∴ *dR* = −2*dn*이 성립하므로, n이 증가하는 경우, 즉, 개인이 산업에 종사하기로 결정하는 경우에 기대 소득이 감소한다.

∴ *PMR* = 120−2n, *SMR* = 120−2n−2n = 120−4n이므로 소비의 부정적 외부효과를 발생시키고 있다. 여기서 사회적 비용은 ① 주민이 어업에 종사함으로서 발생하는 소득의 감소와, ② 전통공예품에 종사함으로서 얻을 수 있었던 기회비용인 20의 소득 두 가지로 구성된다.

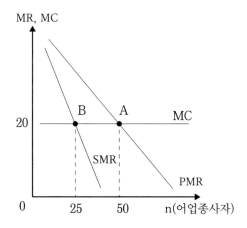

위 그림에서 A는 개인의 최적선택점이고, B는 사회적 최적선택점이다. 그러므로 어업에 대해 사회적 최적 투입수준보다 과다소비가 발생하고 있다. ($n_A ≥ n_B$) 그로 인해 발생하는 비효용이 사회 총이윤의 차이인 1250으로 나타난다.

1. 이 문제는 모범 답안과 같은 시각에서도 볼 수 있으나 다음과 같이 게임이론적 측면에서 보완하는 것도 득점 제고에 도움이 될 것이다.

2. 먼저 참가자(player)가 1~100으로 표지(index)되어 연속적으로 게임에 참여하는 순차게임 (sequential game)의 일종이다. 참가자가 선택 가능한 전략(strategy)은 어업(A) 또는 공예품 제작 (B)이다. 여기서 각 전략 (A 또는 B) 선택에 따른 보수(pay-off) 은 A인 경우 120-2n 이며 B인 경우 20으로 주어졌다. 이에 따라 순차게임의 균형 (각 참가자의 전략 선택, 즉 내쉬균형) 은 A 또는 B를 원소로 하는 100×1의 전략(strategy) 벡터가 된다. 한편 이 게임의 특징은 게임 참가자가 어업(전략 A) 을 선택하게 되면 나중 참가자의 보수가 줄어드는 특징을 가지고 있으며 이는 후술하는 외부성을 일으키는 요인이 된다.

3. 다음으로 참가자 n(= 1,2,…,100)의 전략 선택은 게임의 보수 $max(120-2n, 20)$를 푸는 것에서 이루어진다. 이 경우 120-2n〉20 인 경우 A를 선택하고 120-2n〈20 인 경우 B를 선택하게 되는데 120-2n = 20 인 경우 양 선택에 무차별하게 된다. 이에 따라 50명이 어업에 나머지는 공예품 제작에 종사하는 것이 균형이 된다. 이 경우 소득은 50×20+50×20 = 2000 이 된다.

4. 이 경우는 사회적 계획자 (social planner)가 자원배분(여기서는 어업 참가자 수인 n)을 하는 경우이다. 답안에 잘 설명되어 있다.

5. 답안 (2)의 경우가 답안 (1)의 경우보다 균형 n이 작은 것을 볼 수 있는데 이는 사회적 목적함수와 개인의 목적함수가 서로 다르며 어업 참가자의 평균소득(120-2n)이 n의 함수로 계수가 −2와 같이 음으로 주어진 데에 원인이 있다. 여기서 n의 증가(어업 참가)로 인해 어업종사자의 평균 소득이 줄어드는데 이는 외부성을 반영한다. 즉 n번째 참가자의 어업 선택은 개인의 경우 최적 선택이지만 다른 어업 참가자들은 그 댓가를 지불하거나 받지 않고 있다.

6. 이를 구체적으로 설명하기로 하기 위하여 먼저 다음의 일반적 사회 목적함수를 다음으로 정의한다.

$$\pi(n) = a(n)n = 20(100-n)$$

여기서 $a(n)$은 어업에 참여하는 참가자 수가 n인 경우의 평균소득이다. 본고에서는 $a(n) = 120 - 2n$으로 주어지고 있다. 한편 사회적으로 $\pi(n)$를 극대화하기 위한 1계 조건은 다음으로 주어지는데,

(a) $\partial \pi(n^*)/\partial n = n^* \times \partial a(n^*)/\partial n + a(n^*) - 20 = 0$

위 식을 만족시키는 n*가 그 해(이 문제에서는 n* = 25) 로 주어진다. 여기서

(b) $a(n^*) - 20 > 0$

인 경우 참가자는 추가로 어업을 선택함에 유의하자. 여기서 조건 (b)는 n*>1 일 때 식 (a)에서 $\partial a(n^*)/\partial n < 0$ 를 의미한다(본 문제에서 이는 $\partial a(n^*)/\partial n = -2 < 0$ 로 충족된다). 곧 사회 전체소득을 최대화하는 수준보다 개인 참가자가 추가로 더 어업에 참여하는 경우 (즉 조건 (b)를 만족)의 조건은 $\partial a(n^*)/\partial n < 0$ 인 경우 뿐이다.

7. 다시 정리하면 n이 증가함에 따라 어업 참여자의 평균소득이 줄어드는 (평균적인 보수이므로 어업 전체 종사자에 영향을 주는 외부성 발생) 경우에 문 (1)과 (2)의 서로 다른 결과가 도출되는 것이다. 이 문제의 경우 n* = 25를 초과하여 n = 50까지 어업에 참가하고 있다.

| 제2문 | 경기침체기에 있는 A국은 경기활성화를 위해 소득세 및 법인세 인하 정책을 단행하였다.(필수 총 30점, 선택 총 15점)

(1) 소득세 및 법인세 인하정책이 소비, 투자 및 국민소득을 증가시키는 효과가 있다는 주장을 이론적으로 설명하시오. (10점)

(2) 이에 반해 소득세 및 법인세 인하정책은 효과가 없다는 주장에 대해 이론적으로 설명하시오. (20점)

Ⅰ. 설문 (1)의 해결	Ⅱ. 설문 (2)의 해결

답안작성   김 ○ ○ / 2011년도 5급 공채 재경직 합격

Ⅰ. 설문 (1)의 해결

조세 인하정책이 소비와 투자에 영향을 미치는 경우에, 생산물시장의 균형인 IS 곡선의 식은 다음과 같이 변형될 수 있다.

$$\therefore\ Y = C(Y,\ T) + I(r) + G$$

$$dY = \frac{\partial C}{\partial Y}dY + \frac{\partial C}{\partial T}dT + \frac{\partial I}{\partial r}dr + dG$$

$$(1 - \frac{\partial C}{\partial Y})dY = \frac{\partial C}{\partial T}dT + \frac{\partial I}{\partial r}dr + (\because dG = 0)$$

$$(-1 < \frac{\partial C}{\partial T} < 0,\ 0 < \frac{\partial C}{\partial Y} < 1,\ \frac{\partial I}{\partial r} \leq 0)$$

$$\therefore \frac{dY}{dT} = \frac{\frac{\partial C}{\partial T} + \frac{\partial I}{\partial r}\frac{dr}{dT}}{(1 - \frac{\partial C}{\partial Y})} < 0$$

위 식에서 $\frac{dY}{dT}$ 가 0보다 작은 경우에 *IS*곡선이 우측으로 이동하게 된다. 이때 만일 케인즈가 '일반이론'에서 주장한 바와 같이 투자가 야성적 충동(*Animal Spirit*)에 의한 독립투자만 존재하는 경우에는 $\frac{\partial I}{\partial r} = 0$이 되므로, 조세감면이 이자율에 미치는 효과와 관계없이 구축효과는 존재하지 않는다. 그러므로 위 계수들에 의해서 $\frac{dY}{dT}$ 가 0보다 작아지게 되어 *IS*가 우측으로 이동하게 된다.

케인즈의 전통적인 $IS-LM$모형에 의하는 경우,

소비이론은 $C = C(Y, T)$ 로 절대소득가설에 의한 소비이론이며, 투자이론은 $I = I$(일정) 으로 독립투자가 투자를 결정한다. 그러므로 아래 그림과 같이 IS곡선은 수직인 바, 조세 인하는 절대소득가설에 근거하여 가처분 소득을 증가시키고, 이를 통해 경제주체는 자신의 소비를 늘린다.

그러므로 균형은 A에서 B로 이동하므로, 균형소득 역시 증가한다. 또한 경기확장으로 인한 투자심리가 긍정적으로 변화하는 바, 그로인한 독립투자 증가에 의해 투자 역시 증가하며 IS는 한번더 우측으로 이동한다($B{\to}C$). 그러므로 최종적인 균형은 C에서 달성되며, 국민소득은 Y_0에서 Y_1으로 증가한다.

결국 ① 케인즈의 절대소득 가설과 ② 케인즈의 야성적 충동에 의한 독립투자이론을 적용하는 경우에 조세 인하 정책이 소비, 투자 및 국민소득을 증가시킨다.

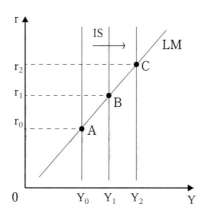

Ⅱ. 설문 (2)의 해결

설문 (1)과는 달리, 조세감면의 효과가 없다고 주장하는 이론의 배경은 소비함수와 투자함수가 앞선 이론과 다른 배경에서 성립되는 경우에 타당하다.

먼저 소비이론을 살펴보면 케인즈가 주장하는 절대소득가설은 현재 경제주체가 보유하는 가처분소득($C_d = Y-T$)의 크기에 비례하여, 소비가 결정되는 것과 다르게, 다기간에 경제주체가 얻는 소득의 현재가치를 통해 개인의 소비를 결정하는 이론이 제기되는 바, 이를 항상소득가설이라고 한다.

항상소득가설에서 2기간을 생존하는 경제주체는 1기에 Y_1의 소득을, 2기에는 Y_2의 소득을 달성한다.

그러므로 매기 가처분 소득의 현재가치의 합을 예산제약으로 하여 자신의 효용을 극대화하는 소비를 달성하게 된다.

$$\therefore Max_{c_1 c_2} U(C_1, C_2)\ s.t.\ (Y_1-T_1)+\frac{(Y_2-T_2)}{1+r} = Y_p+\frac{Y_p}{1+r} = PV\text{이다.}$$

그리고 정부는 균형재정을 달성하는 바, 1기와 2기의 정부지출(G)의 현재가치의 합과 조세수입(T)의 현재가치의 합은 동일해야 한다. 이 때 구체적인 흐름까지는 동일할 필요가 없는데, 그 차이를 메워주는 것이 국채(B)의 역할이다.

$\therefore G_1 + \dfrac{G_2}{1+r} = (T_1 + B) + \dfrac{T_2}{1+r}$ 식을 만족하는 정부지출과 채권발행규모를 설정한다.

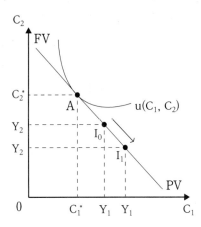

만약 동일한 정부지출 스케줄을 유지하는 가운데, 1기의 조세를 감면하는 경우에 부족분은 국채발행으로 충당하게 되며($T_1 = B$), 국채는 민간이 보유하게 된다. 이 경우 2기에 국채를 상환해야 하므로 정부는 2기 조세 중 국채의 원리금을 포함하여 징수하게 된다.

그러므로 개인의 효용극대화 식과 정부의 균형재정식을 동시에 전개하면

$$\therefore Max_{c_1 c_2} U(C_1, C_2) \ s.t. \begin{cases} Y_1 + \dfrac{Y_2 - T_2 - (1+r)B}{1+r} = (Y_1 - T_1) + \dfrac{(Y_2 - T_2)}{1+r} \\ \qquad\qquad = PV(\because T_1 = B) \\ G_1 + \dfrac{G_2 + (1+r)B}{1+r} = B + \dfrac{(T_2 + (1+r)B)}{1+r} = T_1 + \dfrac{T_2}{1+r} + B \\ \qquad\qquad = G_1 + \dfrac{G_2}{1+r} = T_1 + \dfrac{T_2}{1+r} \end{cases}$$

이므로 정부제약과 개인의 효용극대화식 모두 최초의 제약조건과 변화 없다.

이처럼 정부재정이 일정한 경우에 정부재원을 조달하는 방법에 관계없이 개인의 소비가 일정하게 결정된다는 것을 리카도 대등성 정리(RET)라고 한다. 즉, 이 정리에 의하는 경우, 정부의 국채발행은 비록 민간의 소유가 되지만, 민간은 이를 자산으로 인식하지 않고, 미래에 대한 부채로 인식하여 조세감면액에 해당하는 부분을 모두 소비하지 않고 저축하여 미래에 있을 국채의 원리금 상환으로 인한 조세 증가에 대비하게 된다. 그러므로 일정한 정부지출이 유지되는 상황에서의 경기부양을 위한 감세조치는 소비 스케줄에는 영향을 주지 않게 되므로 소비는 일정하게 유지된다.

위의 그림에서 보는 바와 같이 PV가 일정한 경우에는 우하향하는 직선이 좌표평면의 각 축과 이루는 넓이가 변하지 않고 일정하게 된다. 이 때 우하향하는 직선은 소비자의 예산제약식이 되며, I_0는 감세조치 전 초기부존점으로 만일 완전한 금융시장을 가정하는 경우에는 언제든지 동일한 이자율로 차입 또는 저축할 수 있게 되므로 연속인 직선이 된다.

이때 1기에 조세 감면 후 2기에 증세하는 경우에 초기부존점은 I_1로 이동하게 된다. 그러나 이러한 이동은 예산제약선상에서 이동하기 때문에, 가처분소득의 현재가치의 합에는 영향을 미치지 않는다. 그러므로 초기부존점에 구애받지 않고 동일한 이자율로 차입 또는 저축할 수 있는 경우에 소비자의 효용극대화에 의한 소비점은 초기부존점에 관계없이 항상 A점이 된다.

그러므로 리카도 대등성정리에 의해서 항상소득이론에 근거한 소비스케쥴은 변화가 없게 되며, 감세로 인해 1기 소비와 2기 소비 모두 변화하지 않는다.

그리고 한계생산성과 자본의 사용자비용에 근거한 투자이론은 기존의 독립투자에 의한 투자이론과는 달리 합리적 경제주체의 이윤극대화 원리에 의하여 도출된 투자이론으로 이 경우에 법인세를 부과하는 경우에 자본의 사용자비용이 변화함에 따라 최적 투자규모는 영향을 받을 수 있다. 그러나 투자세액공제와 감가상각공제 등을 이용하면, 법인세를 중립세로 만들 수 있게 된다. 그러므로 법인세 인하를 통해 투자증대를 유도하는 경우에도, 법인세가 중립세라면 개별기업의 선택에는 법인세 규모와 관계없이 항상 영향을 받지 않으므로 투자 역시 불변이 된다. 실제로 법인세를 인하하는 경우에 투자 증가의 효과는 크지 않았다는 연구결과도 존재하는 바, 이러한 분석은 타당성을 지닌다고 할 것이다.

결국 다기간 소비선택모형에 의한 소비이론[$C = C(Y_1, Y_2, r)$]과 미시적 기초를 이용한 투자이론의 구축은 조세감면의 이론적 타당성을 부정하는 결과를 가져오게 되었다.

| 강 평 |

1. 조세정책의 효과를 다룬 고전적인 문제로 기본적으로 IS-LM 체계에서 분석할 수 있는 문제이다. 먼저 IS 곡선은 다음의 생산물 시장균형에서 결정된다고 가정하자.

$$Y = c(Y-T)+I(r)+G$$

여기서 $Y-T$는 조세 납부 후 가처분소득이다. 한편 화폐시장의 균형을 나타내는 LM 곡선은 다음으로 주어진다.

$$M_s/P = M_d(Y, r)$$

이러한 IS-LM 체계에서 외생으로 T와 G가 주어졌을 때 균형이자율과 균형국민소득이 주어진다. 여기서 T의 감소는 IS곡선이 우상방으로 이동하는 것을 의미하며 우상향하는 LM곡선의 가정 하에 균형이자율 상승과 균형국민소득의 상승을 유발한다. 여기서 조세하락 후 균형 가처분 소득은 증가하게 되며 이는 소비증가로 귀결되나 균형이자율 상승으로 투자는 감소하게 된다.

2. 답안의 경우 투자가 이자율의 영향을 받지 않는 경우를 상정하였으나 이는 일반적인 가정은 아니며 감점의 요인이 될 수 있음에 유의하자. 또한 미분을 통한 해 보다는 그래프를 활용하는 것이 보다 직관적이고 이해력이 큼을 유의하자.

3. 감세의 경제적 효과가 없다는 이론은 소비자선택이 다기간에 이루어 지는 경우에 의의를 갖는다. 세금감면으로 인한 재정적자는 미래의 증세로 메워질 것이며 동태적으로 최적화를 수행하는 합리적 소비자의 경우 감세에 반응하는 않을 수 있다. 이런 논지가 리카도 대등성 정리의 핵심이다. 답안에서 제시된 수식의 저변에 깔린 의미를 잘 이해하기로 하자.

| **제3문** | 경기변동의 진폭을 줄이고 경제를 안정시키는 처방을 논할 때, 총공급곡선의 기울기에 관하여 학파간에 견해가 다르다. 폐쇄경제 하에서 우하향하는 총수요곡선을 가정하고, (1) 총공급곡선이 수직일 때, (2) 총공급곡선이 우상향일 때로 구분하여 다음에 답하시오. (필수 총 30점, 선택 총 15점)

(1) 총공급곡선의 기울기에 관한 학파간의 이론적 배경, 고찰기간, 요소시장상황 및 물가에 대한 기대형성이론 등에 대하여 비교 설명하시오. (10점)

(2) 확장재정정책을 펼 때, 그 효과를 비교 설명하시오. (10점)

(3) 확장금융정책을 펼 때, 그 효과를 비교 설명하시오. (10점)

I. **설문 (1)의 해결**
  1. 총공급곡선이 수직인 경우
  2. 총공급곡선이 우상향하는 경우
II. **설문 (2)의 해결**
  1. 총공급곡선이 수직인 경우

2. 총공급곡선이 우상향인 경우
III. **설문 (3)의 해결**
  1. 총공급곡선이 수직인 경우
  2. 총공급곡선이 우상향인 경우

답안작성
김 0 0 / 2011년도 5급 공채 재경직 합격

I. 설문 (1)의 해결

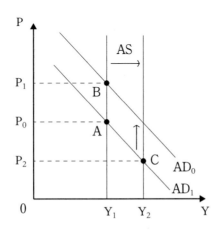

1. 총공급곡선이 수직인 경우

총공급곡선(AS)이 그림과 같이 수직이면서, 총수요곡선(AD)이 우하향하는 직선일 때, 총수요충격이 주어진 경우에는 균형소득은 변화없이 물가만 상승하므로 A에서 B로 이동한다. 즉, 수요의 증가는 공급량을 증가시키지 못하므로 케인즈의 법칙(Say's law)이 성립하지 않는다.

반면에 총공급곡선이 우측으로 이동하는 경우에는 총수요곡선과의 균형이 A에서 C로 이동하며, 이때, 물가는 하락하고, 수요량은 증가하며, 결과적으로 균형소득은 Y_1에서 Y_2로 증가한다. 그러므로 총공급곡선이 수직인 경우에는 공급이 수요를 창출하는 세이의 법칙(Say's law)이 성립하게 된다.

이러한 세이의 법칙(Say's law)은 고전학파가 가정하는 경제 내에서 잘 들어맞게 된다. 그러므로 총공급곡선이 수직인 경우에 발생하는 여러가지 특성은 고전학파의 화폐수량설을 통해서 설명할 수 있다. 화폐수량설에 의하는 경우 $MV = PY$라는 등식이 성립하며, 이 경우에 V는 화폐의 소득유통속도를 의미하여 일반적으로 일정하다고 보는 경우, 화폐수량설의 식을 다음과 같이 변형할 수 있다.

$$MV = PY$$
$$\therefore M^d = \frac{1}{V}(PY)$$
$$\therefore M = \frac{Y}{V}P = PL(Y, V)$$

그러므로 고전학파에서 가정하는 완전고용 및 가격변수에 의한 시장의 완전청산에 의해서는 Y와 V가 일정하므로, 화폐수요(L) 역시 일정하고, 이는 통화량과 물가사이의 1:1의 비례관계가 존재함을 의미한다. 이는 경제주체가 통화량을 통해서 물가를 정확하게 측정할 수 있음을 의미하며, 경제주체의 예측오차란 존재하지 않는다. 즉, 모든 정보는 공개되어 있고, 요소시장을 포함하는 모든 시장은 완전경쟁이므로, 특히 노동시장에서 비자발적 실업은 존재하지 않으며, 실업은 개인의 선택의 결과로 나타나는 현상이다. 또한 모든 변수들은 예측가능하므로 기대형성방식은 완전한 기대를 가정한다. 이러한 사실은 위 그래프에서 총수요가 확대되는 경우에 실질변수에는 영향을 미치지 않은 채, 물가에만 영향을 미치는 고전적 이분성을 잘 설명할 수 있게 해준다. 또한, 통화량에 비례하는 물가의 증가는 실질변수들의 변화에 영향을 미치지 못하므로 이자율 역시 결정하지 못하게 된다. 결국 화폐는 거래적 동기에 의해서만 존재하게 되며, 이는 LM 곡선을 수직으로 만들게 된다. 그러나 이러한 총공급곡선은 시장이 완전청산이고, 완전고용을 달성하는 것을 그 특징으로 하기 때문에, 현실적으로 단기보다는 장기의 경제상황을 잘 설명할 수 있게 해준다.

2. 총공급곡선이 우상향하는 경우

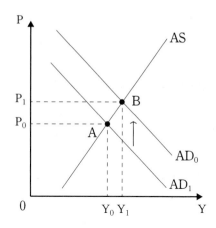

 총공급곡선이 우상향 하는 경우에 최초 균형 A에서 총수요가 확대되는 경우 균형은 B로 이동하며, 균형소득 역시 증가한다. 이는 수요가 공급을 창출한다는 케인즈 법칙을 잘 나타내고 있는 바, 총공급곡선이 우상향하는 경우에는 상대적으로 케인즈학파가 가정하는 경제에 적합한 모형이라고 볼 수 있다.

 이 경우에는 총공급곡선의 기울기를 유발하는 요인에 따라서 여러가지 종류의 이론이 존재한다. 이 중에서 케인즈학파가 기본적으로 가정하는 가격변수의 경직성으로 인한 수량변수의 마샬(*Marshall*)적 조정과정을 따르게 되는 바, 이를 요소시장에 적용해보면 명목임금은 노동공급자와 노동수요자의 계약에 의해서 일정한 수준에 유지되며, 때문에 시장은 장기적으로도 완전청산을 이루지 못하며, 오히려 비자발적 실업이 발생하게 된다.

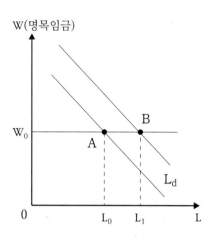

노동시장을 묘사하는 그래프를 그리는 경우에 위의 그래프에서 우하향하는 직선은 노동수요곡선으로 PMP_L을 의미한다. 그러므로 총수요 충격으로 인해 발생하는 물가상승압력은 노동수요를 상승시키는데, 이 때 임금수준은 W_0으로 일정하게 결정되므로, 새로운 노동시장의 균형은 B에서 결정된다. 그러므로 고용량은 L_0에서 L_1로 증가하게 되는 바, 우상향하는 총공급곡선이 도출된다. 이 과정을 반대로 하는 경우에는 총수요의 감소는 고용량을 감소시키며, 이는 실업이 발생함을 의미한다. 그리고 이러한 실업은 개인의 유보임금수준에 의해서 결정되는 것이 아닌 명목임금수준 W_0에 의해서 결정되므로 비자발적인 특성을 가진다. 그리고 케인즈학파에서 가정하는 경제주체는 고전학파의 합리적 개인이 아닌 비합리적일 수 있으며, 특히 물가는 최초 임금계약을 체결할 당시의 물가수준에서 고정될 것으로 예측한다고 보아, 물가에 대한 기대는 $P_1 = P_2 = P_3 = \cdots = P_n$이 되며, 이러한 기대형성방식을 정태적 기대라고 한다.

끝으로 이러한 케인즈학파의 기본가정인 가격변수의 경직성은 그 고찰기간이 상대적으로 짧은 단기에 더 잘 들어맞으므로 단기의 설명에 적합한 측면이 있다. 왜냐하면 노동시장에서 임금계약의 수준은 일정기간에만 유지되며, 그 기간이 경과하는 경우에는 새로운 시장의 변수들을 반영하여 새롭게 명목임금수준이 결정되므로 그에 따라 경제변수들이 조정될 수 있기 때문이다.

Ⅱ. 설문 (2)의 해결

1. 총공급곡선이 수직인 경우

총수요곡선이 수직인 경우에 확장적 재정정책을 사용하는 경우에 총수요곡선(AD)가 움직이는지 여부를 검토해야 한다.

이는 총수요를 구성하는 $IS-LM$ 모형의 분석을 통해서 알 수 있다.

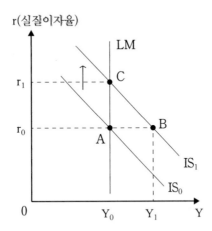

$$IS\ curve : Y = C(Y, T) + I(r) + G$$
$$(0 < \frac{\partial C}{\partial Y} < 1,\ \frac{\partial I}{\partial r} < 0)$$
$$LM\ curve : \frac{M}{P} = L(Y)\quad (\frac{\partial L}{\partial Y} > 0)$$

위의 그래프에서 나타나는 우하향하는 IS와 우상향하는 LM의 식은 위 수식과 같다. 이처럼 총공급곡선이 수직($Y = Y_0$)인 고전학파의 경제는 화폐시장에서 화폐수요함수(L)가 일정하므로, 화폐시장의 균형이 실질이자율 수준에 관계없이 균형을 이루게 된다. 이는 고전학파의 경제에서 화폐의 역할은 거래적 동기에 의한 화폐수요만이 존재하는 것을 의미하므로, 화폐수요의 이자율탄력성이 0이다.

$$(\because \frac{\partial L}{\partial r} = 0)$$

그러므로 (r, Y)평면에서 수직의 LM곡선에 대해 정부수요를 늘리는 확장적 재정정책을 사용하는 경우에($\Delta G > 0$) IS-LM 의 균형은 위 그림의 A에서 C로 상방이동한다. 이러한 사실은 확장적 재정정책으로 인한 정부지출 증가($A \rightarrow B$)를 투자 감소로 인한 구축효과가 모두 상쇄시킴을 보여준다($B \rightarrow C$). 그러므로 고전학파의 경제에서 확장적 재정정책은 소비는 변화시키지 못하며, 투자와 정부지출의 구성비를 변화시키는 효과만 갖는다. 그러므로 총수요곡선은 이동하지 않은 채로 유지된다.

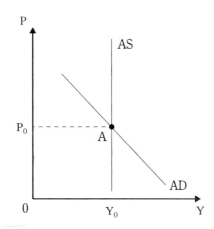

그러므로 총수요 - 총공급 균형은 AD가 이동하지 않으므로 최초 균형 A에서 불변이며 물가수준과 균형소득은 변화하지 않는다. 다만 전술한 바와 같이 정부지출 증가 이전에 비해서, 총수요의 구성항목 중 투자는 감소하고 정부지출은 증가하는 결과를 가져온다.

이는 수요(G)가 공급을 창출하지 못한다는 세이의 법칙이 수직인 총공급곡선을 가지는 경제에서 잘 들어맞는다는 사실을 보여준다.

2. 총공급곡선이 우상향인 경우

$$IS \ curve : Y = C(Y, T) + I(r) + G$$

$$\left(0 < \frac{\partial C}{\partial Y} < 1, \; \frac{\partial I}{\partial r} < 0\right)$$

$$LM \; curve : \frac{M}{P} = L(Y, r) \quad \left(\frac{\partial L}{\partial Y} > 0, \; \frac{\partial L}{\partial r} > 0\right)$$

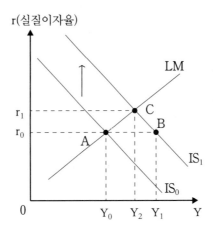

총공급곡선이 우상향하는 경우는 총공급곡선이 수직인 경우와는 달리 *LM* 곡선이 우상향한다.

즉, 임금경직성 모형을 가정하여 도출하는 우상향하는 총공급곡선은 명목임금이 일정하게 유지되며, 이때 화폐수요는 거래적 동기뿐만 아니라, 이자율에도 민감하게 반응하는 투기적 동기에 의한 화폐수요 역시 존재하므로 단순한 거래의 매개체가 아닌 자산(A)의 일종으로서 포트폴리오 구성의 대상이 된다 ($\therefore A = B + M + K$). 그러므로 화폐수요는 일반적으로 일정하게 유지되지 않는 바, 균형소득 또는 균형실질이자율에 의해 변하게 된다.

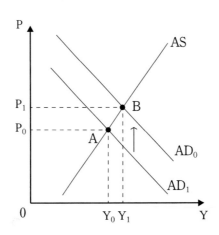

그러므로 이때 확장적 재정정책을 통해 생산물시장의 수요를 늘리는 경우에, *IS* 곡선은 승수효과에 의해 우측으로 이동하며(*A*→*B*), 그로 인해 발생하는 소득의 증가는 화폐수요를 증가시켜, 화폐시장에서 균형이자율을 상승시키는바, 이는 투자를 감소시키는 구축효과로 작용하게 된다. 그러나 이러한 구축효과에 비해서, 승수효과의 크기가 더 크기 때문에, 최종균형은 *C*에서 달성된다. 즉, 확장적 재정정책으로 인한 총수요 확대 효과가 나타나므로 총수요 − 총공급 모형에서 총수요곡선을 우측으로 이동시키는 요인이 된다.

　　그러므로 위의 그래프에서 상방이동하는 총수요는 균형을 *AS* 곡선을 따라, *A*에서 *B*로 이동시키며, 이때 공급량은 증가한다. 이러한 사실은 수요가 공급을 창출하는 케인즈의 법칙을 잘 설명하는 예라고 할 수 있다.

　　결국 확장적 재정정책은 총공급곡선이 수직인 경우에는 균형소득을 증가시키지 못하지만, 총공급곡선이 우상향하는 경우에는 균형소득을 증가시켜 경기침체기에 소득 변화의 폭을 줄이는 안정화기능을 수행한다.

Ⅲ. 설문 (3)의 해결

1. 총공급곡선이 수직인 경우

　　이번에는 통화공급 증가를 통한 확장적 화폐금융정책의 효과가 수직인 총공급곡선과 수직인 *LM* 곡선상에서 정책의 효과를 나타내는지 검토를 요한다.

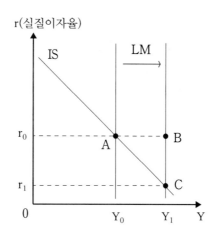

$$IS\ curve : Y = C(Y, T) + I(r) + G$$
$$(0 < \frac{\partial C}{\partial Y} < 1,\ \frac{\partial I}{\partial r} < 0)$$
$$LM\ curve : \frac{M}{P} = L(Y) \quad (\frac{\partial L}{\partial Y} > 0)$$

위의 그래프와 같이 화폐공급(M^s)를 증가시키면, 단기적으로 LM 곡선은 우측으로 이동한다. 그러므로 균형은 A에서 B를 거쳐 C로 이동하며, 그 과정에서 소득 증가로 인해 소비와 저축은 증가하며, 저축의 증가는 대부자금시장에서 이자율은 하락시키므로, 투자수요량은 증가한다. 즉, 화폐공급 증가가 총수요를 확대시키는 역할을 수행한다.

결국 이러한 역할로 인해서 단기적으로 AD곡선은 상방이동하며, 수직인 AS곡선을 따라 균형이 이동하므로 결국 균형에서의 소득은 감소하고, 물가만 상승시킨다. 이러한 현상은 다시 LM 곡선의 실질화폐공급($\frac{M^s}{P}$)를 감소시키는 역할을 하므로 LM 곡선은 다시 좌측으로 복귀하게 된다.

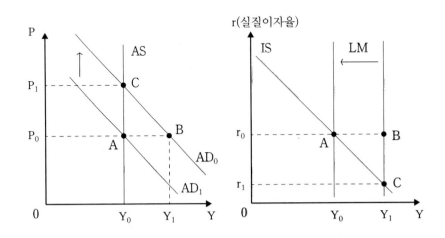

즉, 위 그림 중 (P, Y)평면에서 화폐공급 증가로 인한, AD의 이동은 노동시장을 일시적으로 불균형으로 만들지만, (A→B) 고전학파의 경제에서 노동시장은 다시 균형을 회복하므로 총수요 – 총공급 모형에서 최종 균형은 C로 이동한다. 그러므로 (r, Y)평면에서 LM곡선은 실질화폐공급 감소로 인해 다시 원래의 위치로 복귀하므로 균형은 C에서 A로 복귀한다.

결국 화폐공급의 증가는 비록 총수요를 증가시키는 효과를 지니지만, 장기적으로 물가만을 상승시키며, 이러한 현상을 화폐의 중립성이라 한다. 그러므로 총공급곡선이 수직인 경우에는 확장적 화폐금융정책 역시 경기안정화 효과를 달성하지 못한다.

2. 총공급곡선이 우상향인 경우

$$IS\ curve : Y = C(Y, T) + I(r) + G$$
$$(0 < \frac{\partial C}{\partial Y} < 1, \frac{\partial I}{\partial r} < 0)$$
$$LM\ curve : \frac{M}{P} = L(Y, r) \quad (\frac{\partial L}{\partial Y} > 0, \frac{\partial L}{\partial r} < 0)$$

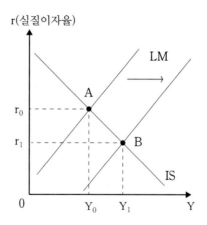

총수요곡선이 우상향하는 경우에 화폐공급이 증가하면, *LM* 곡선이 우측으로 이동하며, 화폐시장에서 일정한 화폐수요 아래에서 이자율의 하락을 초래한다. 이는 투자를 증대시키게 되므로 *IS–LM* 모형에서의 균형은 *A*에서 *B*로 이동한다. 그 결과로 총수요가 증가하는 효과를 가져온다.

그러므로 총수요의 증가는 아래의 두 그래프 중 (P, Y) 평면에서 균형을 *A*에서 *B*로 이동시키며, 이때 균형소득과 물가는 모두 상승한다. 또한 물가상승은 (r, Y) 평면에서 *LM* 곡선의 실질화폐공급을 감소시키므로 *LM* 곡선이 다시 좌측으로 일정수준 복귀하는데, 이때 복귀하는 폭은 최초 이동한 폭 보다 작으므로 균형은 *C*에서 결정된다. 그러므로 (P, Y) 평면에서의 Y_1과, (r, Y) 평면에서의 Y_2는 동일한 수준의 산출량을 의미하게 된다.

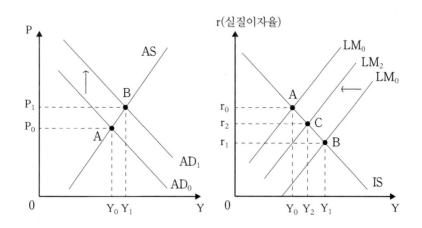

즉 우상향하는 총공급곡선에서 확장적 화폐금융정책은 균형소득을 상승시키는 바, 경기안정화의 효과를 가진다. 그러나 그 효과는 확장적 재정정책에 비해서 작은데, 이는 실질화폐수요의 감소에 기인한다. 그러므로 우상향하는 총공급곡선하에서는 상대적으로 확장적 재정정책이 더 큰 정책효과를 지닌다고 할 것이다.

┤ 강 평 ├

1. 먼저 총공급 또는 총수요 곡선의 정의가 물가와 국민소득간의 관계임을 분명히 하자.

여기서 총공급 곡선의 기울기는 물가가 상승하는 경우 총공급이 어떻게 반응하는가 하는 문제이다. 이는 기본적으로 경제가 자유방임 상태에서 균형을 달성하는가 하는 것에 관한 것이다. 고전학파는 자유방임 상태에서 완전 고용이 달성되며 가격은 완전고용과 여기서 결정되는 완전고용 국민소득 수준과는 아무런 상관이 없게 된다. 이에 따라 총공급 곡선은 수직형태를 갖게 된다. 그러나 케인지안의 경우 물가상승을 임금상승이(임금 경직성 등에 따라) 못따라가는 경우 물가 상승으로 인해 추가고용의 여지가 발생하고 이는 물가상승에 따라 총공급이 증가하는 결과를 낳는다. 그러나 장기적으로는 임금상승수준이 물가상승 수준을 따라가게 되어 우상향하던 총공급곡선도 수직선의 형태를 갖게 된다.

2. 「2」, 「3」 재정정책이나 금융정책은 총수요를 변동시키는 정책방식이다. 이 문제를 풀기 위해서는 다음과 같은 IS-LM 곡선에서 물가(P)에 우하향하는 총수요 곡선을 유도하는 것을 먼저 설명할 필요가 있다.

$$(IS) \ Y = C(Y-T) + I(r) + G$$
$$(LM) \ M_s/P = M_d(Y, r)$$

여기서 확장재정정책은 정부지출 G를 증가시키는 것이며 확장금융정책은 통화공급 MS를 증가시키는 것이다. 이는 모두 총수요 곡선을 우상방으로 이동시키는 결과를 가져온다.

여기서 답안은 총공급곡선이 수직인 경우 LM 곡선을 수직으로 가정 (고전학파를 따라) 하고 분석하고 있으나 일반적으로 여기까지 요구하는 것은 아닌 것으로 판단된다.

임금상승이 물가상승을 바로 따라가는 (가령 합리적 기대가설의 맥락과 같이) 총공급 곡선이 수직인 경우가 꼭 고전학파의 세계에서만 가능하고 흥미롭기 보다는 그 자체로서 현실성이 있는 가정이기 때문에 모든 경우에 우상향하는 LM 곡선을 가정하는 것이 보다 현실성이 있다.

3. 이 출제 문제가 꼭 경제이론사에 대한 것이라기보다는 과거 여러 학설들이 지금 경제에서도 나름의 타당성을 갖는 측면이 있기 때문에 이를 응용하는 능력을 검증하기 위한 것이라는 시각을 가질 필요가 있다. 경제학 특히 거시경제학은 현실 경제에의 응용을 중시한다는 면을 다시 한번 상기할 필요가 있겠다.

| 제1문 | A마트의 12개 생필품 가격 인하 선언으로 대형마트 업계의 가격인하 경쟁이 불붙고 있다. B마트는 "A마트가 가격을 내리겠다고 광고한 상품에 대해서는 단돈 10원이라도 더 싸게 판매하겠다."고 발표했다. C마트도 가격경쟁에서 밀리지 않겠다고 밝혔다. 이처럼 '빅3' 대형마트 간 사활을 건 가격인하 경쟁이 본격화되고 있다. (총 20점)

(1) 이와 같은 유통업체의 할인경쟁을 이론적으로 설명하고, 이 경쟁의 장점과 단점을 논하시오. (10점)

(2) 유통업체 간 담합이나 협조없이 가격의 안정화를 도모할 수 있는지 여부와 그 이유를 이론적으로 설명하시오. (10점)

Ⅰ. **설문 (1)의 해결**
 1. 베르뜨랑 모형의 개념
 2. 할인경쟁의 분석
  (1) 할인경쟁의 원인
  (2) 수리적 접근
 3. 할인경쟁의 장단점

(1) 할인경쟁의 장점
(2) 할인경쟁의 단점
Ⅱ. **설문 (2)의 해결**
 1. 유한게임일 경우
 2. 무한반복게임일 경우

답안작성   김○○ / 2011년도 5급 공채 재경직 합격

Ⅰ. 설문 (1)의 해결

1. 베르뜨랑 모형의 개념

베르뜨랑 모형(Bertrand model)이란 가격을 전략변수로 삼는 과점기업들 간의 경쟁을 분석하는 모형이다.

설문의 유통업체들이 가격을 전략변수로 삼고 있으므로 두 업체가 가격수용자로 행동하는 베르뜨랑 모형을 가정한다. 또한 이들 업체의 한계비용은 mc로 동일하며 생산하는 생필품들은 동질적임을 가정한다.

2. 할인경쟁의 분석

(1) 할인경쟁의 원인

할인경쟁이 발생하는 근본적인 원인은 이윤증가가 가능하기 때문이다. 즉, 현재 상황은 내쉬균형이 아니다. 각 업체는 경쟁업체보다 약간 낮은 가격을 설정하여 자신의 이윤을 증가시키는 것이 가능하므로 가격인하의 유인이 있기 때문이다.

(2) 수리적 접근

$p_1 = p_2 = p > mc$ 인 경우를 가정한다. 이때 각 업체는 $\pi_1 = \pi_2 = \dfrac{D(p)}{2}(p-c)$의 이윤을 누리고 있다. 그러나 기업 1이 약간 낮은 $P - \mu$의 가격을 설정하면 기업 1은 $\pi_1^* = D(p)(p-\mu-c)$의 이윤을 누리게 된다. 이때 $\pi_1^* > \pi_1$ 이므로 가격인하의 유인이 있음을 알 수 있다.

3. 할인경쟁의 장단점

(1) 할인경쟁의 장점

할인경쟁으로 인해 가격은 한계비용과 동일한 수준까지 하락하게 되므로 완전경쟁과 유사한 자원배분을 달성할 수 있다. 특히, 설문과 같이 생필품의 성격을 갖는 재화의 경우라면 형평성 측면에서도 가격인하가 바람직하다고 볼 수 있다.

(2) 할인경쟁의 단점

반면 설문과 같이 최저가 선언 또는 이와 유사한 최저가보상제가 이루어지는 경우 이는 '담합으로의 은밀한 초대장'이 된다는 단점이 있다. 이 경우 가격이 한계비용보다 높아져 소비자잉여가 감소하게 된다. 또한 할인경쟁의 목적이 시장점유율 확대라면 과도한 출혈경쟁이 발생하여 업체의 근로자들에게도 피해가 발생할 우려가 있다.

Ⅱ. 설문 (2)의 해결

1. 유한게임일 경우

설문의 상황은 다음의 보수행렬과 같이 묘사할 수 있다.

A마트 B마트	가격유지	가격인하
가격유지	(8, 8)	(4, 12*)
가격인하	(12*, 4)	(6*, 6*)

두 업체 모두 상대방의 전략과 상관없이 '가격인하'가 우월전략이다. 따라서 두 업체 모두 '가격인하' 전략을 택해 (6, 6)가 우월전략균형이 된다.

즉, 유한게임의 상황을 가정한다면 담합이나 협조 없이는 가격의 안정화가 달성되기 어렵다. 이는 용의자의 딜레마와 유사한 상황이다.

2. 무한반복게임일 경우

각 업체가 직면하는 시간할인율은 r이다. 각 업체는 상대가 배반하면 영원히 협조하지 않는 방아쇠전략을 택한다고 가정한다. 이때 A마트가 각 전략에 대해 갖는 이윤의 현재가치는 다음과 같다.

$$\text{가격유지의 경우: } 8 + \frac{8}{r}$$
$$\text{가격인하의 경우: } 12 + \frac{6}{r}$$

만일 $8 + \frac{8}{r} \geq 12 + \frac{6}{r}$인 경우, 즉, $r \leq 0.5$이면 각 업체는 자발적으로 '가격유지' 전략을 지속한다.

이상의 분석에 따르면 무한반복게임의 상황이며 시간할인율이 충분히 작다면 명시적인 담합이나 협조가 없더라도 자발적인 협조가 유지되어 가격의 안정화를 기대할 수 있다.

┤ 강 평 ├

1. 기본적인 베르뜨랑 모형에서는 모든 경쟁사들이 동일한 제품을 동일한 한계비용으로 생산 한다고 가정된다. 따라서 $p_1 = p_2 > mc$인 상태에서 기업 1이 μ만큼 낮은 가격을 책정하게 되면, 두 회사의 재품이 동질적이기 때문에 모든 소비자들은 기업 1의 제품만을 구매한다. 따라서 $(P_1 - \mu) > mc$인 한, 기업 1의 이윤이 증가하게 된다.

2. 또한 $p_1 = p_2 = mc$에서 더 이상 가격을 인하하면 손해를 보기 때문에 가격인하 인센티브는 없으며 이것이 네쉬균형이 되며 안정적이다. 또한 이 같은 균형은 완전경쟁시장과 동일하며 이것이 할인경쟁의 장점이다. 그러나 베르뜨랑 모형의 단점은 제품이 동질적인 상황에서는 기업들은 가격보다는 수량을 가지고 경쟁하는 것이 더 자연스로운 가정이다. 그러나 주어진 답안에는 기업 1의 이윤이 $D(p)(p-\mu-c)$로 증가한다고 하였을 뿐 이윤이 증가하는 과정이 나 균형에 도달하는 과정에 대한 설명이 부정확하거나 부족하다. 또한 할인경쟁의 단점에 대 해 담합의 가능성이라는 부정확한 대답을 제시하고 있다.

3. 가격경쟁 모형에서 담합을 설명하기 위해서는 각 기업이 차별화된 제품을 생산한다고 가정 하여야 한다.
이 경우 각 기업의 가격결정 원칙 또는 반응곡선을 유도할 수 있는데, 두 기업의 반응곡선이 교차되는 점에서 내쉬균형에 도달한다. 만약 기업들의 협조나 담합이 없다면 모든 기업이 가 격변화에 대한 인센티브를 갖지 않으므로 안정적인 균형이 된다. 그러나 제공된 답안은 죄수 들의 딜레마 현상을 이용하여 담합가격(가격유지)이 불안정화하다는 것을 논증하여, 문제와 는 다른 답을 제시하고 있다. 또한 무한반복게임을 이용하여 자발적인 담합이나 협조에 의해 가격유지가 유지될 수 있다는 논증하나, 마찬가지로 이는 담합가격의 안정성과 관련이 있으 며 문제의 내쉬균형의 안정성과는 방향이 다른 답이다.

| 제2문 | 노동공급은 노동자의 수로 표시되는 경우가 많지만, 실제로는 어느 정도의 노동시간이 공급되는가가 정확한 개념이다. 한 개인이 어느 정도 시간을 일할 것이냐를 결정하는 것을 노동시간의 공급이라고 볼 수 있는데, 노동시간의 공급은 시간당 어느 수준의 임금이 지급되느냐와 해당 근로자의 여가시간에 대한 선호도가 얼마나 높으냐에 따라 결정된다. (총 20점)

(1) 일반적으로 시간당 임금률이 상승하면 더 많은 시간을 일하고자 하는 경우가 나타나는데, 이를 그래프를 이용하여 설명하시오. (10점)

(2) 그러나 일부 노동자들의 경우 아무리 임금률이 상승해도 노동시간의 공급이 증가하지 않고 오히려 여가시간이 증가하는 현상이 나타나는데, 이를 그래프를 이용하여 설명하시오. (10점)

Ⅰ. 설문 (1)의 해결	Ⅱ. 설문 (2)의 해결
1. 모형의 설정 2. 그래프를 통한 분석	

답안작성 김 ○ ○ / 2011년도 5급 공채 재경직 합격

Ⅰ. 설문 (1)의 해결

1. 모형의 설정

노동자의 효용은 그가 누리는 소비수준(C)와 여가시간(L)로 결정된다고 가정한다.

단, 여가시간은정상재이다. 또한, 임금률은 W이며 노동자의 부존시간은 1이라고 가정한다. 이때 노동자의 효용극대화문제는 다음과 같다.

$$\mathrm{Max}\,U = f(C, L) \quad s.t.\, C = W(1-L)$$

2. 그래프를 통한 분석

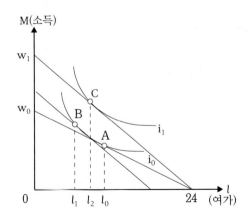

임금률이 상승할 경우 노동자가 직면하는 예산선은 상방회전이동한다. 이때 여가의 기회비용이 상승하므로 대체효과는 여가소비를 줄이는 방향으로 작용한다($A \rightarrow B$). 한편 여가는 정상재임을 가정하였으므로 소득효과는 여가소비를 늘리는 방향으로 작용한다($B \rightarrow C$). 대체효과가 소득효과보다 크다면 시간당 임금률이 상승할 때 여가소비는 감소하고 노동공급이 증가한다($L_0 \rightarrow L_2$).

Ⅱ. 설문 (2)의 해결

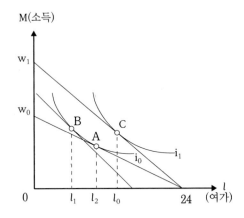

임금률이 상승해도 여가시간이 증가하는 현상은 위의 그래프와 같은 상황으로 이해될 수 있다. 이 경우도 설문 (1)의 경우와 마찬가지로 대체효과는 여가시간을 줄이고($A \rightarrow B$) 소득효과는 여가시간을 늘리는($B \rightarrow C$) 방향으로 작용한다. 다만, 소득효과가 대체효과보다 크게 작용하여 임금률이 상승함에도 불구하고 여가시간이 오히려 증가하는 현상이 나타나는 것이다($L_0 \rightarrow L_2$). 이러한 근로자는 여가시간에 대한 선호도가 높은 특징을 갖는 근로자로 이해할 수 있다.

김 시 원 / 전남대학교 경영대학 경제학과 교수

| 강 평 |

1. 노동공급은 노동시간과 여가시간 간의 최적선택에 의해 결정된다. 임금률 상승은 여가의 기회비용을 높여 여가를 줄이고 노동공급을 증가시키는 대체효과와 정상재인 여가시간을 늘이고 노동공급을 줄이는 소득효과가 있으며 노동공급은 두 가지 상반된 효과의 합으로 결정된다. 일반적으로 대체효과가 소득효과를 압도하기 때문에 임금률이 상승하면 노동공급이 증가하지만, 반대로 대체효과가 소득효과를 압도하여 노동공급이 감소하는 경우도 있다.

2. 제공된 답안은 대체로 정확하게 이 같은 내용을 잘 설명하고 있으며, 특별하게 지적할 만 한 점은 없어 보인다. 다만 그래프에서 수평축의 절편이 1이라는 표시와 기울기가 임금률 W와 같다는 표시가 누락되어 있어 좀 더 정확하게 그래프를 표시할 필요가 있다고 판단된다.

| 제3문 | 아래 제시된 피셔(I. Fisher)의 시점간 자원배분 모형을 토대로 소비자의 효용극대화에 대한 다음 질문에 답하시오. (총 30점)

$$\max U = U(C_1, C_2)$$
$$s.\,t.\ C_1 + \frac{C_2}{1+r} = Y_1 + \frac{Y_2}{1+r}$$

※ U는 소비자의 효용이고, C_1과 C_2는 각각 1기와 2기의 소비, Y_1과 Y_2는 각각 1기와 2기의 소득, r은 이자율을 나타냄

(1) 소비자가 1기에서 차입(borrowing)을 통해 효용을 극대화하고 있는 상황을 그래프를 이용하여 설명하시오. (5점)

(2) 위 (1)과는 달리 소비자가 차입이 불가능한 유동성 제약(liquidity constraint)에 직면했다고 가정할 때, 예산 제약조건의 변화를 그래프를 이용하여 설명하시오. (5점)

(3) 이 모형에서 유동성 제약이 소비자 효용에 미치는 영향을 그래프를 이용하여 설명하시오. (10점)

(4) 유동성 제약에 대하여 정부가 취할 수 있는 여러 가지 정책 중 하나를 선택하여, 그 정책의 장단점을 설명하시오. (10점)

Ⅰ. 설문 (1)의 해결

Ⅱ. 설문 (2)의 해결
  1. 유동성 제약
  2. 그래프의 도해

Ⅲ. 설문 (3)의 해결

Ⅳ. 설문 (4)의 해결

Ⅰ. 설문 (1)의 해결

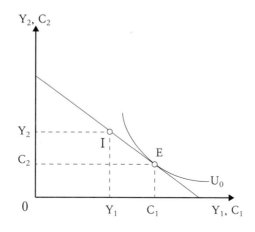

소비자의 초기부존점은 I이며 차입을 통해 E점을 소비하여 효용극대화를 달성하고 있다.

Ⅱ. 설문 (2)의 해결

1. 유동성 제약

유동성 제약이란 차입 등을 불가하게 하여 유동성을 의미하는 화폐자산에 대하여 미래의 소득을 현재 고려할 수 없도록 만드는 것을 의미한다.

2. 그래프의 도해

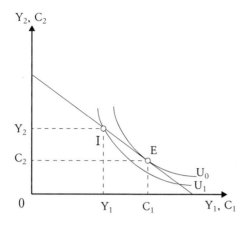

소비자가 유동성제약에 직면할 경우 차입이 불가능하므로 현재의 가처분소득 이상으로 소비할 수 없다. 따라서 소비자가 직면하는 예산선은 위와 같이 꺾인선 형태가 된다.

Ⅲ. 설문 (3)의 해결

설문 (1)과 (2)의 그래프에 따르면 유동성제약에 직면한 소비자의 효용은 U_0에서 U_1으로 감소한다. 이는 유동성제약으로 인해 효용함수의 기울기와 예산식의 기울기가 일치하는 최적 소비조건이 달성되지 못하기 때문이다.

Ⅳ. 설문 (4)의 해결

유동성제약에 대해 정부가 시행할 수 있는 여러 정책 중 대표적인 것으로 소상공인을 위한 융자지원 서비스가 있다. 이는 무하마드 유누스가 그라민 은행을 통해 방글라데시에서 성공적인 결과를 거둔 바 있는 마이크로크레딧에 착안한 정책이다. 이 정책으로 소상공인들은 차입기회를 얻어 유동성제약에서 벗어날 수 있다. 이는 담보 제공 여력이 없어 은행으로부터 대출을 받지 못하는 소비집단의 소비규모를 늘려 경제의 활력을 재고할 수 있다는 장점이 있다.

그러나 이러한 융자지원 정책이 유동성제약의 근본적인 원인을 해소할 수 있을지에 대해서는 의문이 존재한다. 유동성제약은 역선택 및 도덕적해이를 방지하기 위한 금융시스템 내의 선별 및 신호발송 장치들로 인해 발생한다고 볼 수 있다. 즉, 융자지원 정책이 경제적 자립을 뒷받침하는 단계까지 이르지 못하거나 상환의지를 장려하지 못한다면 유동성제약 해소를 위한 성공적인 정책으로 평가되기는 어려울 것이다.

┤ 강평 ├

1. 시점 간 소비선택은 현재소비와 미래소비에 대한 소비자 선호를 나타내는 한계대체율(현재−미래소비의 무차별곡선의 기울기)과 현재소비의 기회비용인 이자율에 의해 결정된다. 각 시점의 소비와 소득이 같은 점에서 무차별곡선의 기울기가 가파른 경우, 이는 현재소비의 기회비용 r에 비해 상대적으로 현재소비에 대한 선호가 강하다는 것을 의미하므로 소비자는 자금을 차입하여 현재소비는 증가시키고 미래소비는 줄임으로써 효용을 증가시킬 수 있다. 주어진 답안에는 이 같은 설명은 전혀 제공되어 있지 않으며, 그림도 최적소비점과 접하는 무차별곡선이 표시되어 있지 않다.

2. 유동성제약에 직면한 경우 예산제약선은 답안에 표시된 바와 같이 현재소득 Y_1에서 수직선이 된다. 이 경우 차입이 불가능하므로 소비자는 단지 각 시점의 소득을 전부 소비하며 ($C_1 = Y_1$, $C_2 = Y_2$), 효용은 (1)에 비해 감소한다. 제공된 답안에는 이 같은 점들이 잘 설명되어 있는 것으로 보인다.

3. 일반적으로 불경기 기간에는 저소득층이 유동성 제약에 직면할 가능성이 있다. 유동성제약을 완화하기 위해서는 금융기관들의 가계대출 담보요건이나 신용요건을 완화하는 정책들이 사용될 수 있다. 그러나 이러한 정책들은 도덕적 해이 문제가 있어 대출 부실화와 과도한 가계부채 증가 문제를 낳을 수 있다는 문제점이 있다. 주어지 답안의 소상공인을 위한 융자지원 서비스는 기업부문에 대한 투자지원 정책이므로 문제의 맥락에서 벗어나 답변으로 판단된다.

2012

| 제4문 | 최근 그리스와 스페인 등 유럽에서 진행되고 있는 재정위기로 인해 국제금융시장이 매우 불안정하고 글로벌 실물경제가 위축되고 있다. 이와 관련하여 다음 질문에 답하시오. (총 30점)

(1) 유럽 재정위기가 국제금융시장을 불안정하게 하는 이유를 설명하고, 이를 해소하기 위하여 강구되고 있는 다양한 대책에 관해 설명하고 평가하시오. (15점)

(2) 유럽 재정위기가 한국경제에 미치는 영향을 설명하고, 그 충격을 최소화하기 위한 대책을 제시하시오. (15점)

Ⅰ. 설문 (1)의 해결
  1. 삼원불가능성 정리와 유럽 재정위기
  2. 유럽 재정위기로 인한 국제금융시장의 불안정성
  3. 불안정성해소를 위한 대책
    (1) 재정위기국가의 퇴출
    (2) 공동채권의 발행

Ⅱ. 설문 (2)의 해결
  1. 한국경제에 미치는 영향
    (1) 금융시장 측면
    (2) 실물시장 측면
  2. 정책적 대응

답안작성 김 0 0 / 2011년도 5급 공채 재경직 합격

Ⅰ. 설문 (1)의 해결

1. 삼원불가능성 정리와 유럽 재정위기

삼원불가능성 정리(Impossible Trinity)란 환율의 안정성, 통화정책의 자주성, 자유로운 자본이동을 동시에 달성하는 것은 불가능하다는 정리이다.

그리스와 스페인 등의 유로존에 속한 국가들은 환율의 안정성과 자유로운 자본이동은 달성하고 있으나 통화정책의 자주성은 포기한 상황이다. 따라서 이 국가들은 글로벌 금융위기 이후 확장적 재정정책을 통해 경기를 부양하였고 재정적자가 누적됨에 따라 재정위기에 놓이게 되었다.

2. 유럽 재정위기로 인한 국제금융시장의 불안정성

국민소득 항등식을 변형하여 재정적자를 나타내면 다음과 같다.

$$Y = C+I+G+(X-M)$$

$$S = S_p + S_g = (Y - T - C) + (T - G)$$

$$\therefore G - T = (S_p - I) + (M - X)$$

따라서 재정적자는 민간저축과 해외저축의 합으로 표현된다. 확장적 재정정책을 시행할 경우 민간소비가 함께 증가하므로 민간저축의 증가는 크지 않다. 따라서 재정적자는 대부분 경상수지적자를 통해 충당된다. 이는 그리스와 스페인 등 재정위기를 겪는 유럽국가의 대외지급능력이 감소함을 의미한다.

이처럼 대외지급능력이 하락할 경우 투자자들은 이들 국가의 국채 매입을 기피하게 된다. 이는 그리스와 스페인 등의 국가들이 자금조달에 어려움을 겪는 금융위기까지 이어진다. 그러나 자주적인 통화정책이 불가능하므로 독자적인 타개책 마련이 어려운 상황이다. 따라서 일부 유로존 국가들의 금융위기는 유로존 전체로 전염될 가능성이 높다. 이는 국제금융시장에서 유로존 국가들의 채권에 대한 뱅크런을 유발할 우려가 크다.

3. 불안정성해소를 위한 대책

(1) 재정위기국가의 퇴출

재정위기를 겪는 국가들을 유로존에서 퇴출시킬 경우 전염효과를 차단할 수 있다. 이는 무분별한 재정적자의 확대에 대한 경고로도 해석할 수 있다. 따라서 유로존 내에 남은 국가들에 대한 일종의 자기구속장치로 기능하여 해외 투자자들의 신뢰도 확보가 가능해진다. 또한 퇴출된 재정위기국가들은 독자적인 통화정책 시행이 가능하게 되어 재정적자의 확대를 완화할 수 있다.

(2) 공동채권의 발행

공동채권이란 각 국가가 개별적으로 채권을 발행하는 것이 아닌 유로존 전체에서 발행하는 채권을 의미한다. 이 경우 재정위기를 겪는 국가들은 독자적으로 채권을 발행하는 경우보다 더 낮은 금리로 채권을 발행하여 자금을 조달하는 것이 가능하다. 그러나 이는 신용등급이 낮은 국가가 독일 등 신용등급이 높은 국가에 무임승차하는 도덕적 해이가 발생할 우려가 있다.

Ⅱ. 설문 (2)의 해결

1. 한국경제에 미치는 영향

(1) 금융시장 측면

우선, 해외투자자들이 우리나라의 금융시장에서 급격히 자금을 인출할 우려가 있다. 유럽 금융위기로 인해 금융기관에 대한 신뢰가 하락할 경우 지급준비금 확보를 위해 우리나라에 투자한 자금을 회수할 것이기 때문이다.

또한 자금이 유출되는 과정에서 원화가치가 급락하여 환율이 급등한다. 이는 수입재 가격 폭등으로 이어져 물가 상승 및 기업들의 이윤 감소로 이어질 수 있다.

끝으로 국제금융시장이 불안정해진다면 국내 금융기관들도 대출을 기피하는 신용경색이 발생할 가능성이 높다. 이는 소비 및 투자 하락으로 이어져 국내 경기 침체의 원인이 된다. 특히, 신용측면은 기대의 변화만으로도 경기침체를 유발하는 자기실현적 경제위기의 원인이 될 가능성이 높다.

(2) 실물시장 측면

유럽 재정위기는 유로존 국가들의 경기 침체를 유발하므로 이들의 수입수요는 하락한다. 이는 우리나라의 수출수요 감소로 이어진다. 우리나라가 수출의존도가 높은 나라임을 고려할 때 수출수요 감소는 우리나라의 경상수지 악화로 인한 경기 침체를 유발할 가능성이 높다.

2. 정책적 대응

자금유출을 방지하기 위해서 우리나라 금융기관의 상환능력이 충분함을 투명하게 공개할 필요가 있다. 또한, 선진국들과의 금리역전현상이 발생하지 않도록 통화정책을 실시해야 한다. 재정정책도 확장적 기조를 유지한다면 대내외 경제주체들에게 경기안정의지를 보여 불확실성을 해소하는데 기여할 수 있다. 이에 더하여 불필요한 신용경색을 방지하기 위해 정부 차원에서 신용보증을 제공하는 방안도 고려해야 한다.

| 강평 |

1. 통화연맹인 유로존에 가입한 국가들은 단일통화를 사용하게 되므로 통화정책의 자율성을 포기하게 되며, 이에 따라 재정정책에 경기부양을 의존할 하게된다. 제공된 답안에도 이 같은 취지로 설명하고 있으며, 적절한 답변으로 판단된다. 다만 삼원불가능성 정리까지 제시하며 설명하는 것은 부정확하지는 않지만 과도한 설명이라고 판단된다.

2. 재정적자의 지속은 과도한 국가부채 축적과 대외지급능력의 하락을 통해 재정위기 국가들의 국채를 매입한 금융기관들, 더 나아가서는 이들 금융기관들과 투자관계에 있는 또 다른 금융기관의 투자부실화로 연결되어, 유럽 금융시장의 전체의 시스템 리스크를 증가시키게 된다.

3. 주어진 답안에는 대체로 이 같은 위기의 전염과정을 잘 설명하고 있다. 그러나 위기해소를 위한 대책에서 가장 직접적인 방법인 유럽중앙은행에서 국채를 인수하는 방안에 대한 설명이 누락되었으며, 재정위기국가의 유로존 퇴출이 유로존 통화연맹 자체의 와해를 촉발할 수 있다는 점을 지적하지 않은 것도 문제점으로 보인다.

4. 우리나라와 유럽은 직접투자 규모가 그렇게 크지 않기 때문에, 전문가들은 대체로 유럽재정위기가 한국에 미치는 직접적인 영향도 크지 않은 것으로 보고 있다. 반면 주어진 답안은 국내금융시장으로부터 급격한 자금인출과 이로부터 유발되는 환율 급등 등, 직접적인 효과에 집중하고 있다. 유럽 재정위기가 국제금융시장을 교란하여 국제신용경색을 초래하여 우리나라 금융시장이 충격을 받는 간접적인 효과에 집중하여 설명하는 것이 더 바람직할 것으로 판단된다. 정책적 대응부분은 대체로 논리구조가 약한 것으로 보이며, 통화정책도 금리역전현상 문제를 지적할 뿐 구체적인 설명이 부족하다.

2012년도 입법고등고시 기출문제와 어드바이스 및 답안구성 예

| 제1문 (30점) |

위험기피자인 갑은 y라는 돈을 가지고 있다. 갑이 자가용으로 경부고속도로 서울요금소에서 부산요금소까지 가야한다. 서울요금소와 부산요금소간 고속도로속도제한은 전 구간이 시속 100km라고 가정하자. 이 속도 제한을 초과하여 달리는 경우 유일한 혜택은 초과한 시속 속도 (s) 만큼 1000원의 금전적 이득을 보는 것이다.

즉, 시속 101km(초과속도 s는 1)로 달리면 1000원, 시속 102km로 달리면 2000원의 금전적 이득을 보는 것이다. 속도 제한을 초과하여 달리는 유일한 비용은 속도위반이 경찰의 스피드건 (speed gun)에 촬영되어 도착시 벌금을 받는 것이다. 스피드건에 적발될 확률(P)과 적발되는 경우 벌금(C)은 속도제한을 초과하는 정도의 증가함수이다. 즉 $C = C(s)$, $C' > 0$, $P = P(s)$, $P' > 0$. 이 운전자는 과속에 따른 금전적 혜택과 금전적 손실에만 가치를 부여하며 전 구간을 동일한 속도로 달린다고 가정하자. (30점)

(1) 갑이 처한 최적화문제를 효용함수와 확률 및 관련 변수에 대해 적절한 기호(notation) 등을 이용하여 수식으로 표현하라. 그리고 속도제한을 준수하는 것이 최적인지 여부를 판단하라. (15점)

(2) 레이더감지기(radar dector)의 가격은 π이고 이를 설치하는 경우 과속으로 적발될 확률 (P)은 λ비율 수준으로 감소한다($P \rightarrow \lambda P$). 즉 시속 15km를 초과하여 달리는 경우 레이더감지기가 없을 시 적발될 확률이 0.2이고 레이더감지기를 설치하고 $\lambda = 0.5$인 경우 적발될 확률은 0.1이 된다. 주어진 π와 λ하에 갑이 처한 최적화문제를 표현하라. 그리고 레이더감지기를 설치를 위해 최대 얼마까지 지불할 용의가 있는지를 표현하라(hint: 레이더감지기 없을 때 최적속를 s^*, 레이더감지기 설치 시 최적속도를 s^λ로 놓을 것). (15점)

Advice

1. 설문 (1)은 우선 적발되는 경우와 그렇지 않은 경우의 확률, 소득, 효용을 정확히 표현할 수 있어야 한다.

   설문이 길어 복잡하게 느껴질 수 있지만 제시된 설명을 따라 식을 설계하면 체감만큼 어렵지는 않다. 이후 기대효용극대화문제를 풀어 속도제한 준수(s=0)이 최적인지를 확인하면 된다. 배점을 고려하여 조건부상품평면에서 그래프까지 도해하도록 한다.

2. 설문 (2) 역시 설문 (1)과 마찬가지로 제시된 조건에 따라 식을 재설계하는 것이 우선이다.

   이후 레이더감지기 설치 전후의 s값을 대입한 부등식을 세워 최대지불용의금액을 표현할 수 있다.

I. 설문 (1)의 해결	II. 설문 (2)의 해결
1. 운전자의 기대효용극대화 문제	1. 운전자의 기대효용극대화 문제
2. 속도제한의 준수여부	2. 최대지불용의금액 도출

| 제2문 (30점) |

경제 내에는 X재와 Y재 두 가지 재화가 존재한다. 두 재화의 공급은 모두 완전탄력적이다. 소비자의 소득은 I 로 주어져 있다.

(1) 먼저 예산선을 나타내는 수식을 도출하시오. 단, X재 가격은 P_X, Y재 가격은 P_Y 라고 하자. 다음으로 X축을 X재, Y축을 Y재로 하는 X-Y 평면에 우하향하고 볼록한 일반적 형태의 무차별곡선을 가정하고 소비자 선택의 균형점을 E_0으로 하여 나타내 보시오. (X재와 Y재의 균형소비량을 각각 X_0 및 Y_0로 표시하고, 예산선의 절편 및 기울기를 정확히 표시하시오.) (5점)

(2) 이제 정부가 X재에 대해서만 t의 종가세를 부과하였다. 세후 X재의 가격(세금포함)은 얼마가 될 것인가? 그 이유를 '조세의 귀착'이라는 개념을 이용하여 설명하시오. (5점)

(3) 그런데 종가세 부과 후 X재의 소비량(X_1)은 종가세 부과 이전과 달라지지 않았음이 관찰되었다. 이러한 사실을 근거로 국회의원 A씨는 "X재의 소비량이 과세 전후 변하지 않았으므로 X재에 대한 종가세 부과는 초과부담(excess burden)을 초래하지 않았다."고 주장하였다. 이러한 주장이 잘못되었음을 그림을 곁들여 설명하시오. (단, 초과부담은 세수를 초과하여 발생하는 후생감소분으로 정의된다.) (10점)

(4) 위 (1)로 돌아가서 이제는 X재와 Y재가 완전보완재라고 하자. 이 때 X재에 대한 종가세 부과는 초과부담을 초래하는가? 이에 답하고 그 경제학적 이유를 간략히 설명하시오. (10점)

Advice

1. 설문 (1)은 일반적 형태의 무차별곡선으로 한계효용이 체감하는 콥-더글라스(Cobb-Douglas) 효용함수를 설정하여 해결한다.

2. 설문 (2)는 공급이 완전탄력적이므로 조세는 상대적으로 비탄력적인 수요측에 완전히 귀착됨을 설명하면 된다.

3. 설문 (3)에서는 대등변화가 조세수입보다 큼을 그래프로 보여 초과부담이 발생함을 증명할 수 있다.

4. 설문 (4)는 앞의 분석과는 달리 레온티에프 효용함수를 전제한다. 즉, 초과부담의 원인인 대체효과가 발생하지 않아 종가세가 초과부담을 초래하지 않는다.

답안구성 예

Ⅰ. 설문 (1)의 해결
1. 예산선의 도출
2. 소비자의 효용극대화 문제
3. 소비자선택점의 도해

Ⅱ. 설문 (2)의 해결
1. 세후가격의 도출
2. 조세귀착의 분석

Ⅲ. 설문 (3)의 해결
1. 초과부담의 개념
2. 주장의 평가

Ⅳ. 설문 (4)의 해결
1. 두 재화가 완전보완재인 경우
2. 평 가

| 제3문 (25점) |

일국의 자본형성의 주 원천은 저축이며 저축은 다양한 경로를 통하여 경제에 영향을 미친다고 알려져 왔다. 최근 언론에서 다루어지고 있는 과소비 문제와 저출산 및 고령화로 인한 인구통계의 변화는 모두 일국의 저축률을 감소시키는 결과를 초래한다고 판단할 수 있다. 이러한 저축률의 변화가 경제에 미치는 영향에 대한 다음의 문항들에 답하시오.

(1) 저출산 및 고령화로 인한 인구통계의 변화는 다양한 경로를 통해 경제 주요변수에 영향을 미칠 수 있다. 항상소득가설(permanent income hypothesis)을 이용하여 고령화가 현재 소비수준에 미치는 영향을 설명하시오. (10점)

(2) 금융제도 또는 세제의 변화 역시 가계소비와 저축 행위의 변화를 초래하기도 한다. 만일 금융당국이 신용카드 발급대상을 제한함으로써 외상결제 중심의 구조를 바꾸려 한다면 이와 같은 제도의 변화가 단기적으로 민간투자와 국민소득에 어떠한 영향을 미치는지를 케인지언 모형을 이용해 분석하시오. (15점)

Advice

1. 설문 (1)은 우선 항상소득의 정의를 제시한 후 접근한다.
    고령화는 은퇴 후 기간의 연장, 부양계층 대비 피부양계층의 비율이 상승하는 현상으로 이해된다. 이에 착안하여 항상소득과 소비수준에 미치는 영향을 서술한다.

2. 설문 (2)에서 신용카드 발급제한은 일종의 차입제약으로 기능한다고 볼 수 있다.
    단순케인즈모형을 통해 접근할 경우 절약의 역설을 함의로 언급해주어야 한다. IS-LM모형을 통해 접근한다면 유동성함정의 가정을 추가하여 단순케인즈모형의 분석과 결론을 통일해주는 것도 답안의 일관성 확보에 유용한 접근법이라 생각된다.

┌─ **답안구성 예** ─────────────────────────────────

    Ⅰ. **설문 (1)의 해결**   Ⅱ. **설문 (2)의 해결**

      1. 항상소득가설   1. 차입제약의 개념

      2. 고령화가 현재소비수준에 미치는 영향   2. 신용카드 발급제한의 효과

| 제4문 (15점) |

근대 경제학 이론들에 의하면 사회과학으로서의 경제학과 자연과학의 가장 중요한 차이점 중의 하나는 경제학에서는 경제주체들의 forward-looking decision이 직접적으로 고려된다는 점이다. 경제주체들의 미래 경제환경에 대한 기대(expectations)가 경제학적으로 왜 중요한지에 대해 간략히 논의하고 이에 대한 보다 구체적인 근거를 최소한 2가지 경제모형의 예를 이용하여 설명하시오.

Advice

기대의 경제학적 중요성이 가장 부각되는 경우는 경기변동과 정책효과에 대해 분석하는 경우이다. 구체적인 근거로는 정책무력성명제, 리카도대등정리, 고통없는 디스인플레이션 등의 모형이 좋은 예시가 된다.

┌─ **답안구성 예** ─────────────────────────────────

    Ⅰ. **기대의 중요성**   Ⅲ. **기대와 고통없는 디스인플레이션**

    Ⅱ. **기대와 정책무력성명제**   Ⅳ. **종합적 평가**

| 제1문 | 어떤 경제모형(이하 기본모형)이 아래와 같이 주어졌을 때, 다음 물음에 답하시오. (필수 총 40점, 선택 총 20점)

○ 소비함수 : $C = 200 + 0.75(Y-T)$
○ 투자함수 : $I = 200 - 25r$
○ 실질화폐수요 함수 : $M^d/P = Y - 100(r + \pi^e)$
[Y는 국민소득, r은 실질이자율(%), G(정부지출) $= 100$, T(조세) $= 100$,
M^s(통화량) $= 1000$, π^e(기대물가상승률) $= 0$]

---

(1) 위의 기본모형에서 총수요곡선을 수식으로 표현하시오. (10점)

(2) 기본모형에서 총공급 부문을 아래와 같이 추가할 경우, 균형물가수준과 균형국민소득을 구하시오. (10점)

○ 총생산함수 : $Y = 935 + 2N - 0.05N^2$
○ 노동공급함수 : $N^s = 9 + w$ (N은 노동투입량, w는 실질임금)

---

(3) 기본모형에 루카스 공급곡선을 아래와 같이 추가한다[단, 위의 (2)에서 추가했던 부문은 제외]. P^e(기대물가수준) $= 3$일 때, 단기균형에서 물가 수준과 국민소득을 구하시오. (10점)

○ 루카스 공급곡선 : $Y = Y^* + 75(P-P^e)$ [Y^*(자연산출량) $= 900$]

---

(4) 위 (3)의 장기균형에서 물가수준, 기대물가수준 및 국민소득을 구하시오. (10점)

I. 설문(1)의 해결

1. 문제풀이의 방향

총수요곡선이란 일국 경제에서 물가(P)가 변함에 따라 수요측면의 균형을 가져오는 소득(Y)의 변화를 나타내는 궤적이다. 따라서 수요측면(재화시장과 화폐시장)이 동시에 균형을 이루도록 IS 곡선과 LM 곡선을 결합하여 물가(P)와 소득(Y)사이의 관계식을 도출한다.

2. 총수요곡선의 도출

(1) IS 곡선

IS 곡선은 재화시장의 균형을 이루는 소득(Y)과 이자율(r)의 조합을 연결한 궤적이다.

$$IS : Y = C+I+G$$
$$Y = 200+0.75(Y-100)+200-25r+100$$
$$정리하면, IS : Y = 1700-100r$$

(2) LM 곡선

LM 곡선은 화폐시장의 균형을 이루는 소득(Y)과 이자율(r)의 조합을 연결한 궤적이다.

$$LM : \frac{M^d}{P} = Y-100(r+\Pi^e), \text{ 균형에서 } M^d = M^s = 1000 \text{ 이므로,}$$
$$정리하면, LM : \frac{1000}{P} = Y-100r$$

(3) 총수요곡선의 수식적 표현

이자율(r)을 매개로 하여 위에서 도출한 IS 곡선과 LM 곡선을 결합한다.

$$AD : Y = 1700-Y+\frac{1000}{P}$$
$$정리하면, 총수요곡선 AD : Y = 850+\frac{500}{P}$$

3. 경제학적 함의

위에서 도출된 총수요곡선은 수요측 균형을 위한 물가(P) 와 소득(Y) 간의 반비례 관계를 나타낸다.

II. 설문 (2)의 해결

1. 문제풀이의 방향

총공급측과 총수요측이 동시에 균형을 이루는 물가와 소득수준이 균형물가 수준과 균형국민소득이다. 따라서 설문에 주어진 총공급 부문에서 노동시장의 균형조건을 이용하여 균형국민소득을 도출한 뒤 총수요측도 동시에 균형을 이루는 균형물가수준을 도출한다.

2. 균형국민소득과 균형물가수준의 도출

(1) 균형국민소득의 도출
이윤을 극대화하는 기업은 $MPN = w$ 수준에서 고용량을 결정한다.

$$MPN = \frac{dY}{dN} = 2-0.1N^d = w$$

따라서 노동수요함수 : $N^d = 20-10w$

노동공급함수 : $N^s = 9+w$

노동시장의 균형 : $N^d = N^s$ 에서 $W^* = 1$, $N^* = 10$ 이다.

즉 균형상태에서의 고용량은 10이며, 이를 총생산함수에 대입하면

$$Y = 935+20-5 \text{ 이므로 } Y^* = 950 \text{ 이다.}$$

(2) 균형물가수준의 도출
위에서 도출한 균형국민소득 $Y^* = 950$ 을 설문(1)에서 도출한 총수요곡선식에 대입하면,

$$950 = 850+\frac{500}{P} \text{ 이므로 } P^* = 5$$

(3) 결 과 (그림1)
균형물가수준 = 5, 균형국민소득 = 950

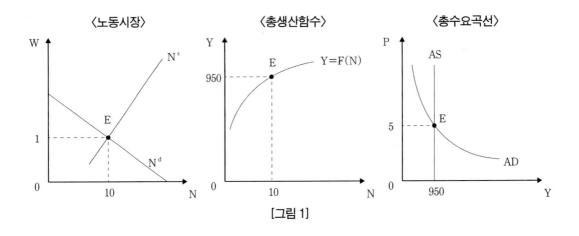

〈노동시장〉　　　　〈총생산함수〉　　　　〈총수요곡선〉

[그림 1]

Ⅲ. 설문(3)의 해결

1. 문제풀이의 방향

설문에서 주어진 정보를 토대로 한 루카스 공급곡선과 설문 (1)에서 도출한 총수요곡선이 만나는 곳에서의 물가와 소득수준이 바로 단기균형에서의 물가 수준과 국민소득이라고 할 수 있다.

2. 단기균형에서의 물가수준과 국민소득의 도출

(1) 단기균형의 의미

루카스 공급곡선에서 장기적으로는 합리적 기대를 바탕으로 실제물가(P)와 기대물가수준(P^e)이 일치한다고 본다. 따라서 설문에서 제시된 P^e = 3일때 실제물가와 기대물가 수준이 불일치하며 이때 수요측과 공급측의 균형을 이루는 물가수준과 국민소득이 단기균형이라 할 수 있다.

(2) 도 출

$$단기공급곡선\ SAS : Y = 900+75(P-3)$$
$$정리하면,\ SAS : Y = 675+75P$$
$$균형조건\ AD = SAS에서\ 850+\frac{800}{P} = 75P+675$$
$$즉,\ P^* = 4,\ Y^* = 975$$

(3) 결 과

단기균형에서 물가수준 = 4, 국민소득 = 975 이다.

3. 경제학적 함의

루카스 공급곡선을 상정할 경우 실제물가수준보다 기대물가수준이 낮을 경우 ($P > P^e$) 일국 경제의 소득수준은 (단기적으로) 자연산출량 수준을 초과한다.

Ⅳ. 설문 (4)의 해결

1. 문제풀이의 방향

장기균형에서는 실제물가와 예상물가수준이 일치하므로 ($P = P^e$) 루카스 공급곡선은 $Y = Y^* = 900$이 되어 자연산출량수준인 900에서 수직인 형태가 된다. 따라서 이러한 수직의 장기총공급곡선(LAS)과 앞서 도출한 총수요곡선이 만나는 곳에서의 물가수준, 기대물가수준, 국민소득을 도출한다.

2. 장기균형의 도출

(1) 수식적 접근

$$LAS : Y = Y^* = 900 \text{ 이므로,}$$

$$AD = LAS \text{에서 } 850 + \frac{500}{P} = 900 \text{ 계산하면, } P^* = 10$$

장기균형에서 $P = P^e$ 이므로 $P = P^e = 10$

(2) 결 과 (그림 2)

장기균형에서 물가수준 = 기대물가수준 = 10, 국민소득 = 900 이다.

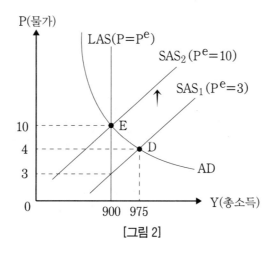

[그림 2]

3. 경제학적 함의

위 설문의 풀이에서 알 수 있듯이 장기적으로는 사람들이 물가를 정확하게 예측하므로 국민소득은 자연산출량 수준으로 회귀한다. 이를 근거로 루카스를 비롯한 합리적 기대학파는 정부의 정책이 장기적으로는 물가수준만 변화시킬 뿐 실물경제에 영향을 미치지 못한다고 하였다.

| 강 평 |

1. 답안이 대체로 잘 작성되어 있는데 답안작성의 전체적 맥락을 설명하면 다음과 같다. 먼저 총수요곡선은 물가 P와 소득 Y와의 관계이므로 이 관계를 소비 투자 및 화폐수용 함수로부터 유도하는 것이 필요하다. 이를 위해 이자율 r의 해를 구하는 과정이 선행되어야 한다.

2. 다음으로 총공급곡선 역시 물가 P와 소득 Y와의 관계를 유도하는 것이 필요한데, 이를 위하여 임금 w의 해를 구하는 것이 선행되어야 한다.

3. 다음으로 설문 (3)에서 루카스 공급 곡선의 경제적 의미에 대해 잘 이해할 필요가 있다. 답안에서 제시된 바와 같이 루카스 공급곡선을 상정할 경우 "실제물가수준보다 기대물가수준이 낮을 경우 $(P \rangle P^e)$ 일국 경제의 소득수준은 (단기적으로) 자연산출량 수준을 초과한다." 여기서 실제물가수준보다 기대물가수준이 낮을 경우가 왜 발생하는가 하는 점인데 이를 루카스는 정보의 차이에서 찾는다. 즉 기대물가 P^e가 '물가습득 정보'의 차이로 실제 P와 차이가 발생하면 이는 합리적 기대 가설과 배치되지 않는다.

| 제2문 | 특정재화의 공급이 갑과 을 2개 기업에 의해서 이루어지고, 이 재화에 대한 수요는 다음과 같다. 이 재화의 생산비용은 없는 것으로 가정한다. (필수 총 30점, 선택 총 15점)

가격 (원)	12	11	10	9	8	7	6	5	4	3	2	1	0
수량 (개)	0	100	200	300	400	500	600	700	800	900	1000	1100	1200

(1) 두 기업이 카르텔을 구성하여 생산량을 각각 반으로 **배분**할 경우 갑의 생산량과 이윤을 구하고, 이를 기초로 카르텔이 유지되기 어려운 이유를 설명하시오. (12점)

(2) 내쉬(Nash)균형을 설명하고 내쉬균형에서 갑의 생산량과 이윤을 구하시오.(10점)

(3) 갑과 을이 독자적으로 이윤극대화를 하는 경우의 시장생산량과 가격수준을 완전경쟁시장, 독점시장과 각각 비교하여 설명하시오.(8점)

Ⅰ. **설문 (1)의 해결**
　1. 문제풀이의 방향
　2. 갑의 생산량과 이윤
　　(1) 결합이윤을 극대화하는 생산량
　　(2) 결 론
　3. 카르텔이 유지되기 어려운 이유
　　(1) 이탈의 유인
　　(2) 카르텔 유지에 영향을 미치는 요인
Ⅱ. **설문 (2)의 해결**
　1. Nash 균형

　2. 내쉬균형에서 갑의 생산량과 이윤
　　(1) 문제풀이 방향
　　(2) 보수행렬을 통한 풀이
　　(3) 결 과
Ⅲ. **설문 (3) 의 해결**
　1. 완전경쟁시장의 경우
　2. 독점시장의 경우
　3. 갑과 을이 독자적으로 이윤극대화를 하는 경우
　4. 결과의 비교

답안작성　　　　　　　　　　　　　　　　이 0 0 / 2010년도 행정고시 재경직 합격

Ⅰ. 설문 (1)의 해결

1. 문제풀이의 방향

　명시적 담합모형인 카르텔 모형에서 카르텔의 목적은 결합이윤(joint profits)의 극대화 이다. 즉 이는 다공장 독점과 같은 경우로서 설문에서 제시된 정보를 바탕으로 결합이윤을 극대화하는 생산량을 우선적으로 도출한다.

288 경제학 기출문제 – 답안과 강평

2. 갑의 생산량과 이윤

(1) 결합이윤을 극대화하는 생산량

생산비용이 없으므로 ($TC_갑 = TC_을 = MC_갑 = MC_을 = 0$) 가격과 수량을 곱한 총수입이 이윤과 같다($TR = \pi$).

가격	12	11	10	9	8	7	6
수량	0	100	200	300	400	500	600
결합이윤	0	1100	2000	2700	3200	3500	3600

가격	5	4	3	2	1	0
수량	700	800	900	1000	1100	1200
결합이윤	3500	3200	2700	2000	1100	0

위 표를 보면 시장생산량이 600이 되어 가격이 6이 될 때 결합이윤이 3600으로 가장 많다. 설문에서 생산량은 절반씩 배분한다고 하였으므로, 갑과 을은 각각 300씩 생산하여 1800씩의 이윤을 얻게 된다.

(2) 결 론

갑의 생산량 = 300, 갑의 이윤 = 1800

3. 카르텔이 유지되기 어려운 이유

(1) 이탈의 유인

갑의 입장에서, 을이 300을 생산할 경우 자신은 독자적으로 400을 생산한다면 시장생산량은 700이 되고 시장가격은 5가 되어 을의 이윤은 1500으로 감소하는 반면 갑 자신의 이윤은 2000으로 증가하므로 독자적 행동을 통한 카르텔 이탈의 유인이 존재한다. 이는 을의 입장에서도 역시 마찬가지이다.

(2) 카르텔 유지에 영향을 미치는 요인

위와 같이 갑과 을은 카르텔 이탈의 유인이 존재하는데, 이러한 이탈행위를 적발하는 것이 어렵고, 이탈시 이탈자에 대한 보복의 강도가 약하다면 카르텔은 유지되기 매우 어렵다.

Ⅱ. 설문 (2)의 해결

1. Nash균형

상대방의 전략을 주어진 것으로 보고 이에 대한 자신의 최적 대응이 되는 전략을 내쉬전략이라 하며,

게임의 참여자들이 모두 내쉬전략을 사용하는 가운데 달성되는 균형을 내쉬균형이라 한다. 내쉬균형에서는 독자적 행동을 통하여 자신의 보수를 증가시킬 수 없다.

2. 내쉬균형에서 갑의 생산량과 이윤

(1) 문제풀이 방향

설문에서는 수요함수가 주어지지 않았으며, 연속적 함수의 가정이 주어지지 않았으므로 수식을 통하여 풀지 않고, 대신 보수행렬을 통하여 더 이상 이탈유인이 없는 내쉬균형을 도출한다.

		을 생산량		
		300	400	500
갑 생산량	300	(1800, 1800)	(1500, 2000)	(1200, 1200)
	400	(2000, 1500)	(1600, 1600)	(1200, 1500)
	500	(2000, 1200)	(1500, 1200)	(1000, 1000)

(2) 보수행렬을 통한 풀이

(단, 보수행렬에서 괄호안의 숫자는 (갑의 이윤, 을의 이윤) 을 나타낸다.)

① 갑이 300을 생산한다면 을은 400 또는 500을 생산하는 것이 최적대응이다.

　갑이 400을 생산한다면 을은 400을 생산하는 것이 최적대응이다.

　갑이 500을 생산한다면 을은 300 또는 400을 생산하는 것이 최적대응이다.

② 을의 생산량에 대하여 갑의 최적대응 또한 위와 같다.

③ 즉 갑과 을은 상대방의 생산량과 무관하게 자신은 항상 400을 생산하는 것이 최적대응이 된다.

④ 갑과 을이 각각 400씩 생산하는 전략은 내쉬전략이 되며, 이와같이 내쉬전략의 짝으로 이루어진 내쉬균형 상태에서 독자적 행동으로 인하여 자신의 이윤을 증가시킬 수 없으므로 안정적이다(본 답안에서는 답안의 간결한 표현을 위하여 각각의 생산량이 300, 400, 500인 경우만 고려하였으나, 모든 경우에 있어 갑과 을이 각각 400씩 생산하는 것이 내쉬균형이 된다).

(3) 결 과

설문의 풀이 결과 내쉬균형은 갑과 을이 각각 400씩 생산하는 상태이며 내쉬균형에서 갑의 생산량 = 400, 갑의 이윤 = 1600이다.

Ⅲ. 설문 (3) 의 해결

1. 완전경쟁시장의 경우

수요자와 공급자가 모두 가격수용자(price taker)로서 행동하며 이때 시장가격은 한계비용과 일치 (P

$= MC$)하는 수준에서 형성된다. 설문의 경우 생산비용이 없어 한계비용이 「0」이므로 이때 가격수준 = 0, 시장생산량 = 1200이다.

2. 독점시장의 경우

공급자가 유일하며 가격설정력을 갖게 되므로 독점적 공급자는 자신의 이윤을 극대화하는 수준의 가격을 설정한다. 이는 앞서 살펴본 설문(1)의 결과와 같고, 이때의 가격수준 = 6, 시장생산량 = 600이다.

3. 갑과 을이 독자적으로 이윤극대화를 하는 경우

비협조적 과점시장을 의미하는 것으로서, 전략변수를 생산량으로 하며 내쉬전략을 구사하는 꾸르노 모형을 상정할 경우 이는 앞서 살펴본 설문(2)의 결과와 같다. 이때의 가격수준 = 4, 시장생산량 = 800 이다.

4. 결과의 비교

	완전경쟁시장	독점시장	독자적 이윤극대화
가격수준	0	6	4
시장생산량	1200	600	800
소비자잉여	6600	1500	2800
생산자잉여	0	3600	3200
총 잉여	6600	5100	6000
후행손실	0	1500	600

(1) 갑과 을이 독자적으로 이윤극대화를 하는 경우 가격수준은 독점시장보다는 낮지만, 완전경쟁시장 보다는 높고, 시장생산량은 독점시장보다는 많지만 완전 경쟁시장보다는 적다.

(2) 효율성 측면에서(총 잉여 기준) 독점시장보다는 우월하다고 할 수 있지만, 완전경쟁시장 보다는 열등하다는 평가가 가능하다.

(3) 공평성 측면에서는 일률적인 평가를 내리기 어렵다. 다만 생산자보다는 소비자가 상대적으로 약자임을 상기한다면 공평성을 소비자잉여 측면에서 생각해 볼 수 있는데, 그렇다면 갑과 을이 독자적으로 이윤극대화를 하는 경우 독점시장보다는 우월하지만 여전히 완전경쟁시장보다는 열등하다는 평가를 할 수 있겠다.

┤ 강 평 ├

1. 답안이 대체로 잘 설명하고 있다. 답안에서 먼저 결합 이윤을 극대화 하고 이를 반으로 나누는 경우 카르텔이 유지되기 어렵다고 하는 것은 이 게임이 일회성이 아닌 반복적으로 계속되는 게임임을 의미한다.

2. 또 결합 이윤을 극대화 하고 이를 반으로 나누는 것이 '내쉬균형이 아님'을 의미하기도 한다. 참고로 반복 게임에서의 내쉬균형은 답안과 달리 commitment, punishment, tit for tat 개념 등 매우 복잡한 형태를 지니고 있음에 유의하자.

중국은 상대적으로 비숙련노동 집약적인 부품생산에 특화하고, 한국은 상대적으로 숙련노동 집약적인 R&D(연구개발)에 특화한다고 가정하자. 컴퓨터의 생산공정은 숙련노동 집약적인 R&D와 비숙련노동 집약적인 부품생산을 포함한다. 비숙련노동 임금 대비 숙련노동 임금이 중국에 비해 한국에서 더 높다고 할 때, 이는 다음과 같이 표현할 수 있다. (필수 총 30점, 선택 총 15점)

$$(W_u/W_s)^{중국} < (W_u/W_s)^{한국} \quad (W_u \text{는 비숙련노동 임금}, W_s \text{는 숙련노동 임금})$$

(1) 한국이 컴퓨터 생산공정 중 일부를 중국에 위탁하여 생산(아웃소싱)하는 경우 어떤 생산공정을 위탁생산하는 것이 바람직한지 그 이유를 설명하고, 중국에 위탁생산한 이후 각국의 비숙련노동 임금 대비 숙련노동 임금은 어떻게 변화하는지 설명하시오. (14점)

(2) 위탁생산 후 R&D와 부품을 상호 교환할 경우, 한국 기업이 위탁생산을 통해 얻게 되는 이득을 생산가능곡선(production possibility frontier)과 동량곡선(isoquant)을 이용하여 설명하시오. (16점)

2011

답안작성　　　　　　　　　　　　　　이 O O / 2010년도 행정고시 재경직 합격

Ⅰ. 문제풀이에 앞서

헥셔 – 오린 모형(Heckscher–Ohlin model)과 유사한 가정을 따른다.

① 2국의 존재 : 한국, 중국

② 2재화가 존재 : R&D, 부품생산

③ 2요소의 존재 : 숙련노동(L_s), 비숙련노동(L_u)

④ 요소는 산업산 이동이 가능하지만 국가간 이동은 불가능하다.

⑤ 국가간 기술이 동일하며 CRS, 완전경쟁시장, 완전고용이 이루어진다.

Ⅱ. 설문 (1)의 해결

1. 아웃소싱 생산공정의 선택

(1) 각국의 요소부존도와 상대임금

① 설문에 의하면 중국은 상대적으로 비숙련노동 집약적인 부품생산에 특화한다. 이는 중국이 상대적으로 비숙련 노동을 풍부하게 보유하고 있으며, 비숙련 노동 임금이 상대적으로 낮다는 의미이다.

② 설문에 의하면 한국은 상대적으로 숙련노동 집약적인 R&D에 특화한다. 이는 한국이 상대적으로 숙련노동을 풍부하게 보유하고 있으며, 숙련노동 임금이 상대적으로 낮다는 의미이다.

③ 이상의 내용을 정리하면,

$$요소부존도 : (\frac{L_s}{L_u})^{중국} \langle (\frac{L_s}{L_u})^{한국}$$

$$상대임금비 : (\frac{W_s}{W_u})^{중국} \rangle (\frac{W_s}{W_u})^{한국}임을 의미한다.$$

(2) 비교우위와 아웃소싱 생산공정

① 헥셔–오린 정리에 따르면 각국은 자국에 풍부하게 부존된 요소를 집약적으로 사용하는 산업에 비교우위를 갖는다.

② 따라서 중국은 비숙련노동을 집약적으로 사용하는 부품생산에 비교우위를 갖고, 한국은 숙련노동을 집약적으로 사용하는 R&D에 비교우위를 갖는다.

③ 즉 한국은 중국에 비하여 부품생산 1단위를 늘리기 위한 기회비용이 크기 때문에 '비교열위'에 있는 부품생산을 중국에 위탁하여 생산하는 것이 바람직하다.

2. 위탁생산 이후의 임금비율

(1) 중국의 경우

한국으로부터 부품생산을 아웃소싱받아 중국내 부품생산이 증가하고, 이로 인하여 부품생산에 집약적으로 필요한 비숙련 노동의 수요가 상대적으로 크게 증가하므로 비숙련노동 임금이 상대적으로 높아진다.

즉, 중국의 임금비율 $(\frac{W_s}{W_u})^{중국}$은 이전에 비하여 하락한다.

(2) 한국의 경우

부품생산공정을 중국에 아웃소싱 함으로써 한국내 부품생산이 감소하고, 이로 인하여 부품생산에 집약적으로 필요한 비숙련 노동의 수요가 상대적으로 크게 감소하므로 비숙련노동 임금이 상대적으로 낮아진다.

즉, 한국의 임금비율($\frac{W_s}{W_u}$)^{한국}은 이전에 비하여 상승한다.

Ⅲ. 설문 (2)의 해결

1. 설문의 의미

위탁생산 후 R&D와 부품을 상호 교환할 수 있다는 것은, 위탁생산과 국제교역이 마치 한국기업에게 부품생산 부문의 기술진보가 발생한 효과를 일으킴을 의미한다. 즉, 한국에 있는 숙련노동과 비숙련노동을 이용하여 생산 가능한 R&D 는 변함이 없지만, 위탁생산과 상호교환을 통하여 한국이 얻을 수 있는 부품생산량은 위탁생산과 국제교역 이전에 비하여 늘어나게 되기 때 문이다.

2. 동량곡선(isoquant)을 이용한 설명

(1) 그래프의 도해

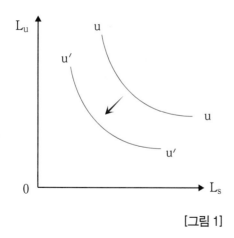

[그림 1]

(2) 설 명

① R&D 부문에서는 동량곡선에 변화가 없을 것이다.

② 부품생산 부문에서는 동량곡선에 변화가 있을 것인데, 위 그래프에서 uu는 아웃소싱 이전 부품(u) 한단위를 생산하는 동량곡선이다.

③ 아웃소싱과 상호교환을 통하여 기술진보와 같은 효과가 발생하므로, 부품 한단위를 생산하는 동량 곡선이 원점방향으로 이동하며, 이는 부품 한단위 생산에 필요한 숙련노동과 비숙련 노동의 투입량 이 감소함을 의미한다.

3. 생산가능곡선을 이용한 설명

(1) 그래프의 도해

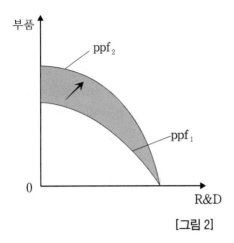

[그림 2]

(2) 설 명

① 위탁생산과 상호교환에 따른 동량곡선의 변화는 에지워드BOX 내의 계약곡선을 변화시킨다.

② 이를 생산가능곡선(PPF)로 나타낼 경우 위 그림과 같이 이전에 비하여 생산가능 곡선을 바깥쪽으로 확장시킨다.

③ 다만, 위탁생산과 상호교환이 발생하더라도 R&D부문의 생산성에는 변화가 없으므로, 생산가능곡선은 기술진보효과가 발생한 부품생산 부문이 늘어난 형태가 될 것이다.

④ 즉 한국기업은 위탁생산과 상호교환으로 인하여 위 그래프의 빗금친 부분만큼 생산가능역역이 늘어나는 이득을 얻게 된다.

Ⅳ. 결 론

설문의 풀이를 통하여 한국은 비교열위에 있는 부품생산 부문은 중국에 위탁생산 하는 것이 바람직함을 알 수 있고, 위탁생산과 동시에 R&D와 부품의 상호 교환이 가능하다면 위탁생산은 한국기업에 있어 부품생산 측면의 기술진보가 나타나는 효과가 있으므로 동량곡선은 원점방향으로 이동하고, 생산가능곡선이 확장되는 이득을 얻게 된다.

┤ 강 평 ├

1. 답안이 대체로 잘 설명하고 있다. 그러나 답안에서 위탁생산의 효과를 기술진보 차원에서 설명하고 있는데 엄밀하게 서술하면 동일 생산물을 생산하기 위한 투입요소의 감소를 의미하는 기술진보는 일어나지 않았으며 (답안에서 헥셔 올린 정리의 가정인 국가간 기술이 동일하다는 가정을 하고 있음을 상기) 단위 임금하락이 기술진보와 동일한 효과를 산출하고 있다는 점에 유의하자.

2. 즉 동일한 생산량을 얻기 위해 필요한 노동 투입량에 대한 생산비용이 아웃소싱을 통한 임금감소로 줄어드는데, 이는 임금변화 없이 달성되는 기술발전과 같은 의미를 지닌다.

| 제1문 | "시장이 최선이지만 만능은 아니다." 라는 말이 있다. (총 45점)

(1) "시장이 최선이다."라는 의미를 효율적인 자원배분의 관점에서 설명하시오. (10점)

(2) 시장이 제 기능을 못하는 여러 가지 경우가 있다. 이에 대하여 사례를 들어 설명하시오. (15점)

(3) 위 (2)와 관련하여 정부의 대처방안은 무엇인지 설명하시오. (10점)

(4) 정부 대처의 한계와 문제점에 대해 설명하시오. (10점)

Ⅰ. 설문 (1)의 해결
  1. 파레토 효율성(Pareto efficiency)
   (1) 파레토 효율성의 의의
   (2) 파레토 효율성의 한계조건
  2. 완전경쟁시장과 파레토효율성
  3. 후생경제학의 제1정리
   (1) 후생경제학의 제1정리의 의의
   (2) "시장이 최선이다."의 의미

Ⅱ. 설문 (2)의 해결
  1. 시장실패의 의의
  2. 시장실패의 원인
   (1) 불완전경쟁
   (2) 공공재
   (3) 외부효과

   (4) 불완전정보(비대칭정보)

Ⅲ. 설문 (3)의 해결
  1. 불완전경쟁의 해소
  2. 공공재의 공급
  3. 외부효과의 해결
   (1) 피구세의 부과
   (2) 오염배출권거래제도
  4. 불완전정보의 해결

Ⅳ. 설문 (4)의 해결
  1. 정부실패의 의의
  2. 정부개입의 한계
   (1) 효율성 측면에서의 한계
   (2) 공평성 측면에서의 한계
   (3) 행정적인 한계

답안작성
이OO / 2010년도 행정고시 재경직 합격

Ⅰ. 설문 (1)의 해결

1. 파레토 효율성(Pareto efficiency)

(1) 파레토 효율성의 의의

하나의 자원배분상태에서 다른 사람에게 손해가 가지 않으면서 어떤 사람에게 이득이 되는 변화(파레토 개선 : Pareto improvement)가 불가능한 상태를 파레토 효율적인 자원배분상태라 한다.

(2) 파레토 효율성의 한계조건

$$\text{생산의 효율성} : MRTS^x_{lk} = MRTS^y_{lk}$$
$$\text{소비의 효율성} : MRS^A_{XY} = MRS^B_{XY}$$
$$\text{종합적 효율성} : MRS_{XY} = MRT_{XY}$$

2. 완전경쟁시장과 파레토 효율성

완전경쟁시장에서는 모든 경제주체가 가격수용자로서 활동하기 때문에 $MRTS_{Lk} = \dfrac{w}{r}$이고, $MRS_{XY} = \dfrac{P_x}{P_y}$이다. 이때, 완전경쟁시장에서의 생산물가격은 한계비용과 동일하기 때문에 $MRS_{XY} = \dfrac{P_x}{P_y} = \dfrac{MC_x}{MC_y} = MRT_{XY}$이 성립한다.

3. 후생경제학의 제1정리

(1) 후생경제학의 제1정리의 의의

모든 소비자의 선호체계가 강단조성을 갖는 동시에 외부성이 존재하지 않는다면 일반경쟁균형의 배분은 파레토 효율적이다.

(2) "시장이 최선이다."의 의미

완전경쟁시장에서의 자원배분은 보이지 않는 손(invisible hand)에 의해 효율적인 자원배분을 달성하므로 효율적인 자원배분의 측면에서 최선이다.

Ⅱ. 설문 (2)의 해결

1. 시장실패의 의의

시장실패란 시장에 의한 자원배분이 파레토효율적인 상황을 달성하지 못하는 현상을 의미한다.

2. 시장실패의 원인

(1) 불완전경쟁

규모의 경제가 실현되어 자연독점체제가 구축되는 등의 이유로 완전경쟁시장이 달성되지 못하는 경우 시장가격이 기회비용을 정확하게 반영하지 못하여 사회적 후생손실을 초래한다.

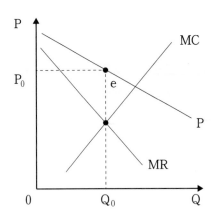

(2) 공공재

공공재(public goods)란 생산되는 즉시 집단의 모든 구성원이 함께 소비할 수 있는 재화나 서비스로서 소비의 비경합성과 배제불가능성을 그 특성으로 하는 재화를 의미한다. 이러한 공공재의 경우 무임승차자의 문제를 초래하여 과소공급의 문제가 발생한다.

(3) 외부효과

어떤 행위가 제3자에게 의도하지 않는 혜택이나 손해를 가하면서 그에 대한 대가가 오가지 않는 경우 외부효과(external effects)가 발생했다고 하는데, 사회적 편익·비용과 사적편익·비용이 괴리되어 자원배분의 비효율성이 초래된다.

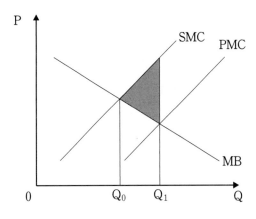

(4) 불완전정보(비대칭정보)

생산자와 소비자 간의 정보가 비대칭적인 상황이 일반적인 바, 이러한 정보의 비대칭상황에서는 역선택과 도덕적해이가 발생하여 시장에서의 거래가 비효율적이거나 시장의 형성이 이루어지지 않을 수 있다.

Ⅲ. 설문 (3)의 해결

1. 불완전경쟁의 해소

정부는 불완전경쟁의 상황을 해소하기 위하여 가격규제를 실시할 수 있다. 즉, 정부가 직접적으로 시장가격을 한계비용과 일치하도록 규제하는 경우 가격이 기회비용을 정확하게 반영하여 사회적 후생손실이 제거될 수 있다. 한편 직접적인 규제 외에도 독점시장에 존재하는 진입장벽을 제거하여 잠재적 경쟁자들이 생긴다면 경합시장모형에 따라 사회적 후생손실이 제거될 수 있다.

2. 공공재의 공급

공공재의 경우 무임승차자의 문제로 인해 사회적 후생손실이 발생하는 것이므로 사회적으로 바람직한 수준의 공공재를 정부가 공급하게 된다. 공공재의 비경합성으로 인해 공동소비가 이루어지므로 공공재에 대한 소비자들의 한계편익의 합이 생산의 한계비용과 일치할 때 공공재의 효율적인 공급이 이루어질 수 있다. 이때 소비자들이 자신의 진실한 선호를 표출하도록 하기 위하여 클라크 조세(Clarke Tax)를 부과하여 자신의 진실한 선호를 표출하는 것이 우월전략이 되도록 유도한다.

3. 외부효과의 해결

(1) 피구세의 부과

외부효과의 해결을 위하여 정부는 피구세를 부과하여 오염물질을 배출하는 기업이 인식하는 기회비용을 사회적인 기회비용의 수준과 동일한 수준으로 끌어올려 사회적으로 최적의 생산량을 유도할 수 있다. 이때 피구세의 크기는 사회적 최적산출량에서 나타나는 사회적 한계피해액만큼을 조세로 부과하게 된다.

(2) 오염배출권거래제도

정부는 달성하고자 하는 목표방출량에 해당하는 만큼의 오염배출권을 발행한 후 이를 기업에 분배하면 기업들은 이것을 자유롭게 거래하는 제도로서 정부가 정하는 방출량을 달성할 수 있다. 오염물질을 배출하는 기업마다 한계감축비용의 차이가 있으므로 서로에게 이익이 되는 방출권의 거래를 통해 사회적으로 최소의 비용으로 오염배출을 감축할 수 있다.

4. 불완전정보의 해결

정보가 불완전하다 하더라도 사회적으로 후생의 손실이 발생하는 이유는 정보의 비대칭상황으로 인한 것이므로 이를 해소하기 위하여 상대방이 불완전한 정보를 드러내도록 유도하기위한 장치를 마련하거나 자신의 정보를 드러내 비대칭정보의 상황을 막을 수 있다. 또한 완벽한 조건부청구권시장이 존재한다면 효율적인 자원배분을 달성할 수 있다.

Ⅳ. 설문 (4)의 해결
1. 정부실패의 의의
시장실패로 인해 정부가 시장에 개입하였음에도 불구하고 시장실패를 시정하지 못하고 오히려 비효율적인 결과를 초래했을 때 정부실패가 발생하였다고 한다.

2. 정부개입의 한계
(1) 효율성 측면에서의 한계
정부가 시장에 개입하여 시장실패를 치유하고 효율적인 자원배분을 달성하기 위해서는 시장에 대한 완벽한 정보를 갖고 있어야 하는데 현실적으로 정부가 모든 기업들의 비용구조와 개인들의 선호체계를 정확하게 알고 있지 못하므로 시장실패를 치유하지 못하고 비효율적인 결과를 초래할 수 있다.

(2) 공평성 측면에서의 한계
정부는 효율성만을 추구하지 않으며 공평성의 가치 또한 추구해야 한다. 따라서 자원배분의 비효율적인 상태가 존재하더라도 공평성을 추구하기 위하여 이를 용인할 수 있으며 소득분배를 위하여 효율성을 희생시키는 선택을 하기도 한다.

(3) 행정적인 한계
정부의 의사결정과정에는 정치적인 과정이 존재하여 효율적인 자원배분을 달성하기 어려운 경우가 존재한다. 또한 주어진 예산 하에서 정책을 실행해야 하므로 지나친 행정비용이 소요되는 정책은 실시하기 어려운 측면이 있으며 효율적인 자원배분을 위한 정책이 적자를 수반할 수밖에 없다면 정책을 실시하지 못하는 경우가 발생한다.

| 강 평 |

1. 대체로 답안이 잘 제시되었으나 분배문제에 대한 보완이 필요하다.

2. 즉 시장은 경제 내의 제한적인 재원 사용의 효율성은 보장하지만 구성원간 분배의 문제에는 전혀 역할을 하지 못하는 한계가 있다. 다시 말하여 시장 기능 자체는 파레토 효율을 달성하는 여러 점 가운데 최상의 분배를 달성하는 것의 선택에 대한 어떤 대안도 제시하지 못한다.

3. 이를 해소하기 위해 정부가 분배문제에 직접 개입하여 파레토 효율적인 점 들 중 사회후생함수를 극대화 하는 선택을 할 수 있도록 지원할 가능성에 대해 생각할 수 있다. 그러나 Arrow의 불가능성 정리에 따르면 상식적인 조건들을 만족시키는 사회후생함수는 존재하지 않으며 따라서 이런 접근의 한계로 지적될 수 있다.

| 제2문 | 최근 몇 년 간 원화의 대 달러 환율이 하락하고 있다 (총 30점)

(1) 이러한 환율 하락의 원인을 설명하시오. (10점)

(2) 환율하락이 우리 경제에 미치는 영향에 대해서 총수요–총공급모형을 이용하여 분석하시오. (10점)

(3) 환율하락에 대처하기 위한 중앙은행의 정책을 서술하시오. (10점)

답안작성

이 0 0 / 2010년도 행정고시 재경직 합격

Ⅰ. 설문 (1)의 해결

1. 환율의 결정이론

환율은 외환시장에서 결정되는 외화와 원화간의 상대가치를 나타내며 외환의 수요와 공급의 원리에 따라 결정된다. 이러한 환율의 결정이론으로서 일물일가의 법칙에 따라 경상수지 측면을 강조하는 구매력평가설과 자본수지 측면을 강조하는 이자율평가설에 따라 분석하도록 한다.

2. 경상수지의 지속적인 흑자 기록

구매력평가설에서 가정하는 일물일가의 법칙이 성립한다고 할때, 경상수지가 지속적으로 흑자를 기록한다는 것은 수출재의 가격(P)이 수입재의 가격(ePf)보다 상대적으로 낮다는 의미이다. 따라서 경상수지 흑자가 지속되는 상황에서는 수출대금으로 결제되는 외환이 국내로 많이 유입되어 외환의 공급이 증가하게 되고 구매력평가설에 따라 환율이 하락하게 된다.

3. 국내이자율과 해외이자율간의 차이

이자율평가설에 따를 때 자본이동이 완전히 자유로운 상황에서는 이자차익 거래에 의해 국내자산의 수익률과 해외자산의 수익률은 같아야 한다. 미국의 이자율이 우리나라의 이자율보다 낮은 상황임을 고려해 볼 때, 국내자산의 수익률이 더 크므로 원화에 대한 수요가 상대적으로 늘어나게 되고, 이를 해소하기 위해 외화가 유입되어 환율은 하락하게 된다.

II. 설문 (2)의 해결

1. 총수요곡선에 미치는 영향

환율이 하락하면 동일한 수출재의 외국통화 표시가격이 상승하므로 Marshall-Lerner 조건을 만족시킬 때, 순수출이 감소하게 된다. 총수요의 구성요소인 순수출이 감소하게 되면 총수요가 감소하여 AD 곡선이 좌측으로 이동하게 된다. 따라서 총생산은 감소하고 물가는 하락할 것으로 예상된다.

2. 총공급곡선에 미치는 영향

환율의 하락이 총수요의 감소로 이어지면 물가의 하락이 예상된다. 합리적 기대를 하는 경제주체들이 이러한 물가의 하락을 예측한다면 노동시장에서의 노동공급을 늘려 물가하락으로 인한 실질임금 증가에 대처할 것이다. 따라서 환율의 하락은 AS 곡선의 우측이동을 가져올 수 있다.

3. 경제에 미치는 영향

결국 총수요-총공급 모형에서 환율의 하락이 경제에 미치는 영향은 총수요곡선의 이동폭과 총공급곡선의 이동폭에 따라 다르게 나타난다. 경제가 Marshall-Lerner 조건을 만족하여 환율의 하락이 총수요 감소로 이어질 때, 이에 따른 물가의 하락을 경제주체들이 얼마나 정확하게 인식하고, 얼마나 빠르게 노동공급에 반영하느냐에 따라 경제에 미치는 영향은 달라질 수 있는 바, 일반적으로 환율의 하락은 순수출의 감소로 인해 경기침체를 불러일으키게 된다.

4. 그래프의 도해

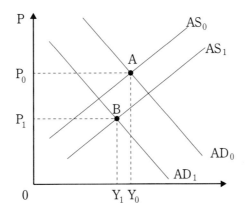

Ⅲ. 설문 (3)의 해결

1. 태화정책의 실시

외환당국의 외환시장 개입에 의한 외환변화가 본원통화의 변화로 그대로 나타나도록 허용하는 정책을 태화정책(비중화개입)이라고 한다. 환율의 하락에 대처하기 위해 외환시장에 과잉공급된 외환을 매입하고 이 과정에서 원화를 매도하게 되면 본원통화의 증가효과가 발생하고, 이에 따라 통화량이 증가하여 총수요가 증가하는 효과를 가져온다.

2. 불태화정책의 실시

외환시장 개입 결과 발생하는 본원통화의 변동을 외환당국이 국내자산이나 국내부채를 변동시켜 완전히 상쇄시키는 정책을 불태화정책(중화개입)이라고 한다. 이 경우 외환의 매입 과정과 함께 국채를 매도하거나 통화안정증권을 발행하여 시장에 유동성이 확대되는 것을 방지하게 되므로 환율을 유지시키면서 본원통화의 증가를 막을 수 있다.

3. 이자율 인하정책

환율의 하락이 외국의 이자율보다 국내 이자율이 높기 때문에 수익률이 높은 국내 자산에 대한 수요가 증가하여 이에 따른 자본유입으로 야기된 상황이라면 중앙은행은 국내 이자율을 낮추기 위한 정책을 실시할 수 있다. 이 경우 확장적 통화정책을 통해 이자율을 낮춰 환율의 하락에 대응할 수 있다.

┤ **강 평** ├

1. 답안 1 보완

환율하락 요인의 분석은 단기적으로 이자율 평가설을 적용할 수 있으며 보다 장기적으로는 구매력평가설의 적용이 가능하다. 이자율평가설을 적용하는 경우 환율하락 (원/달러 환율기준, 원화 가치 상승)은 통화정책에 의한 국내이자율 상승 또는 장기 예상 환율상승 등 모두에 의해 유발 될 수 있다. 여기서 장기 예상 환율은 구매력 평가에 의해 결정되는 경우 국내물가의 상대적 하락에 의해 유발될 수 있다.

2. 답안 2 보완

한편 단기 모형에서는 가격이 고정된다고 가정하므로, 환율하락은 실질환율의 하락과 경상수지 흑자 감소를 불러와 총수요 및 균형소득 감소를 궁극적으로 초래하게 된다. 이와 같은 전개의 가정은 답안에서 제시된 대로 'Marshall-Lerner 조건이 만족'되는 경우이다. 그러나 장기적으로는 소득감소로 국내물가가 하락하게 되며 이로 인해 실질환율이 상승하게 되고 경상수지도 개선되며 잠재생산량이 회복되는 단계를 거치게 된다.

3. 답안 3 보완

이런 환율 하락에 대처하기 위하여 중앙은행은 확장적 통화정책으로 국내이자율 하락과 이에 따른 환율상승을 유도할 수 있다. 물론 이는 단기대책이다.

신고전학파 경제성장모형과 관련하여 다음 물음에 답하시오. (총 25점)

$$Y_t = K^a_t(A_t L_t)^{1-a} : t\text{기의 생산함수}$$
$$K_t = sY_t - \delta K_t : \text{자본축적함수}$$

〔단, Y : 산출량, A : 기술수준, K : 자본스톡, L : 노동, s : 저축률(상수), δ : 감가상각률, a : 자본계수, n : 인구증가율(상수), g_A : 기술증가율(상수)〕

(1) 균제상태(steady state)하에서 1인당 국민소득수준과 경제성장률(Y의 성장률)을 도출하시오. (10점)

(2) M, N 두 나라는 저축률을 제외한 모든 조건이 동일하고, N국의 저축률(s_N)은 M국의 저축률(s_M)보다 높으며, M국은 황금률 균제상태에 도달해있다. M국의 저축률 (s_M)을 도출하고, 두 국가 간의 저축률 차이가 1인당 국민소득, 1인당 소비, 경제성장률 (Y의 성장률)에 미치는 영향을 분석하시오. (15점)

Ⅰ. 설문 (1)의 해결
  1. 균제상태의 의의
  2. 균제상태의 도출
    (1) 1인당 국민소득수준의 도출
    (2) 경제성장률의 도출

Ⅱ. 설문 (2)의 해결
  1. 황금률에서의 저축률 도출
    (1) 황금률의 정의
    (2) M국의 저축률 도출
  2. 두 국가 간의 비교분석

답안작성
이OO / 2010년도 행정고시 재경직 합격

Ⅰ. 설문 (1)의 해결

1. 균제상태의 의의

매기간 1인당 자본은 투자된 만큼 증가하고 감가상각, 인구증가에 따른 요구자본량 만큼 감소한다. 이때 균제상태에서는 1인당 변수들이 일정하므로 1인당 자본의 변화가 없을 때 균제상태에 도달한다. 위 생산함수는 CRS 생산함수이고 국민소득은 소비와 저축에 이용되며 저축은 모두 투자로 이어진다고 가정한다.

2. 균제상태의 도출

$$Y_t = K_t^a (A_t L_t)^{1-a}$$

$$K_t = sY_t - \delta K_t$$

(1) 1인당 국민소득수준의 도출

Y_t, K_t를 각각 효율노동량인 A_t L_t로 나누어 이를 y_t, k_t라 하면 $y_t = k_t^a$

$$\Delta k_t = sy_t - \delta k_t - nk_t = 0$$

$sk_t^a - \delta k_t - nk_t = 0$이므로 k_t에 대하여 정리하면 $k_t = (\frac{n+\delta}{s})^{1-a}$

$$\therefore k_t = (\frac{n+\delta}{s})(\frac{n+\delta}{s})^{\frac{a}{1-a}}$$

y_t 는 효율노동량 1인당 국민소득수준$(\frac{Y_t}{A_t L_t})$ 이므로 기술수준인 A_t를 곱해주면 1인당 국민소득수준$(\frac{Y_t}{L_t})$을 도출할 수 있다.

$$\frac{Y_t}{L_t} = A_t (\frac{n+\delta}{s})^{\frac{a}{1-a}}$$

(2) 경제성장률의 도출

Y_t의 성장률은 1인당 국민소득수준을 로그를 취한 후 시간에 대해 미분하여 도출할 수 있다.

$$ln \frac{Y_t}{L_t} = lnA_t + \frac{a}{1-a} ln(\frac{n+\delta}{s})$$

n, s, δ는 상수이므로

$$\dot{Y}_t - \dot{L}_t = \dot{A}_t$$

$\dot{L}_t = n$, $\dot{A}_t = g$이므로 경제성장률은 $n+g$로 도출된다.

II. 설문 (2)의 해결

1. 황금률에서의 저축률 도출

(1) 황금률의 정의

균제상태에서의 1인당 소비를 극대화하는 자본축적을 황금률의 자본축적이라 한다.

$$Maxc^* = f(k^*) - (n+\delta)k^*$$

$$F.O.C : \frac{\partial c^*}{\partial k^*} = 0$$

$$\therefore MPK = n+\delta$$

(2) M국의 저축률 도출

$$MPK = a \cdot k_t^{a-1} = n+\delta$$

$$\therefore k_t = (\frac{n+\delta}{a})^{1-a}$$

균제상태에서 $k_t = (\frac{n+\delta}{a})^{1-a}$이므로

$$s_m = a$$

2. 두 국가 간의 비교분석

M국의 경우 현재 저축률이 황금률에서의 저축률과 동일하기 때문에 1인당 소비가 극대화되어 있는 상태이다. 이에 반해 N국은 저축률이 황금률에서의 저축률에 비해 높기 때문에 과다한 자본축적을 경험하게 된다. 이에 따라 1인당 소비를 극대화시키기 위해서는 저축률을 낮추어야 하는데 저축을 줄이면 투자가 감소하므로 자본량이 감소하고 이에 따른 생산의 감소를 경험할 수 있다.

강 평

1. 먼저 제시된 답안 중 오타 또는 수정이 필요한 개념을 아래와 같이 바로 잡는다.

   (1) $K_t = sY_t - \delta K_t$: 자본축적함수 → $\Delta K_t = sY_t - \delta K_t$

   (2) 균제상태에서 $k_t = (\frac{n+\delta}{a})^{1-a}$ 이므로 → 균제상태에서 $k_t = (\frac{n+\delta}{S_M})^{1-a}$ 이므로

   (3) 황금률의 정의 : 균제상태에서의 1인당 소비를 극대화하는 자본축적을 → 균제상태에서의 1인당 소비를 극대화하는 자본수준

   (4) k^* : 균제수준 1인당 자본량으로 명확히 정의하는 것이 좋다.

   (5) 균제상태에서 $k_t = (\frac{n+\delta}{a})^{1-a}$ 이므로 $s_m = a$ → 균제상태에서 $k^* = (\frac{n+\delta}{a})^{1-a}$ 이므로 $s_m = a$

2. 이와 함께 설문 (2)에 대한 답안을 수정, 보완하는 것도 필요하다. N국 역시 장기에는 균제상태에 도달하나 단지 균제상태가 황금률이 아닐 뿐이다.

   N국은 가정에 의해 $s_N \rangle a = s_m$ 이므로 균제상태에서 ① 1인당 소비가 M국보다 작으며, ② N국의 1인당 소득은 $\frac{Y_t}{L_t} = A_t (\frac{n+\delta}{S_N})^{\frac{a}{1-a}}$ 으로 주어지므로 M국의 1인당 소득은 $\frac{Y_t}{L_t} = A_t (\frac{n+\delta}{S_M})^{\frac{a}{1-a}}$ 보다 작아지고, ③ 경제성장률 (Y의 성장률)은 답안과 같이 경제성장률이 $n+g$로 주어지므로 저축률과 무관하다.

2011년도 입법고등고시 기출문제와 어드바이스 및 답안구성 예

| 제1문 (30점) |

미국은 2008년도 금융위기를 극복하기 위해 금리인하와 대규모의 양적완화통화정책을 실시한 바 있다. 이런 정책은 미국뿐만 아니라 한국에도 지대한 영향을 끼쳤다. 미국은 개방대국이며, 국제간 완전한 자본이동을 가정할 때 아래의 문제에 답하시오.

(1) 우리나라를 개방소국(small open economy)으로 가정할 때 한국경제에 미치는 영향을 먼델-플레밍(Mundell-Fleming) 모형을 이용하여 변동환율제도와 고정환율제도의 경우를 각각 비교 설명해보시오. (10점)

(2) 상기 (1)의 결과를 기초로 할 때, 환율제도와 인플레이션의 관계를 설명하시오. 또한 인플레이션이 우려될 때, 이를 완화시키기 위하여 취할 수 있는 방안에 대하여 설명하시오. (10점)

(3) 상당수의 신흥개도국들(한국, 브라질 등)은 급격한 외화자본의 유출입을 막기 위하여 다양한 조치를 취한다. 상기 (1)에서 외화자본 유입을 완전히 통제할 경우에 어떻게 달라지는지 먼델-플레밍 모형을 이용하여 변동환율제도와 고정환율제도의 경우를 각각 비교 설명하시오. (10점)

▲dvice

1. 설문 (1)에서 우선 먼델-플레밍 모형의 IS, LM, BP의 식을 정확히 제시해야 한다.
   개방소국 가정에 유의하며 양적완화는 BP곡선의 하방이동으로 반영한다. 새로운 대내균형에서 국제수지는 흑자가 되므로 환율제도에 따라 최종균형의 모색과정을 보이면 된다.

2. 설문 (2)에서는 설문 (1)의 분석 결과를 기초로 인플레이션 우려가 높은 환율제도를 찾고 이를 상쇄할 적절한 재정, 통화, 환율정책수단을 제시한다.

3. 설문 (3)의 외자유입 통제조치로 인해 BP곡선의 형태는 수직이 된다. 이후의 분석에서 각 환율제도에 맞게 환율의 변동으로 충격을 흡수하는지 통화량의 조정으로 충격을 흡수하는지를 보인다. 세 문항 모두 그래프의 도해가 함께 이루어져야 한다.

답안구성 예

I. 설문 (1)의 해결
  1. 모형의 설정
  2. 변동환율제의 경우
  3. 고정환율제의 경우

II. 설문 (2)의 해결

  1. 환율제도와 인플레이션의 관계
  2. 환율제도별 인플레이션 완화 방안

III. 설문 (3)의 해결
  1. 변동환율제의 경우
  2. 고정환율제의 경우

| 제2문 (30점) |

다음과 같이 소득세제를 정의해보자. 연소득이 1000만원 미만인 구간에서는 소득세율이 10%이고, 1000만원 이상인 구간에서는 20%의 소득세율이 적용된다. 근로자에게 주어진 총 가용시간은 200시간이고, 비노동 소득은 0이라고 가정하자.

(1) 소득세에 있어서 누진세를 명확하게 정의하고 위의 소득세제가 누진세임을 보이시오. (5점)

(2) 세전 시간당 임금을 10만원이라고 하자. 이 근로자의 예산제약선을 여가-소비평면에 정확하게 그리시오(단위는 만원으로 표시하시오). (5점)

(3) 정부가 1000만원 미만 구간의 세율을 10%에서 5%로 인하하는 감세조치를 하였을 때, 소득이 1000만원 미만인 근로자의 노동공급에 미치는 효과를 설명하시오. 단, 논의상 필요한 가정이 있으면 명확하게 밝히시오. (10점)

(4) 누진소득세제 하에서 (3)번과 같은 소득세율 인하가 소득 1000만원 이상인 근로자에게 미치는 효과를 설명하시오. (10점)

Advice

1. 설문 (1)에서 누진세제란 소득이 증가함에 따라 평균세율이 증가하는 조세구조를 의미한다.
   설문에 제시된 각 구간의 평균세율을 도출하여 누진세제임을 보인다.

2. 설문 (2)에서 예산선은 세전소득 1000만원(100시간)을 기준으로 꺾인 형태가 된다.

3. 설문 (3)에서 감세조치의 효과는 여가가 정상재인 경우와 열등재인 경우로 나누어 분석해야 한다. 소득효과가 다른 방향으로 작용하기 때문이다.

4. 설문 (4)도 설문 (3)과 같이 두 경우로 나누어 분석한다. 다만 대체효과가 발생하지 않는다는 차이점에 유의하도록 한다.

답안구성 예

I. 설문 (1)의 해결
  1. 누진세의 개념
  2. 세율구조의 분석

II. 설문 (2)의 해결
  1. 예산선의 도출
  2. 예산선의 도해

III. 설문 (3)의 해결
  1. 예산선의 도출
  2. 노동공급에의 효과

IV. 설문 (4)의 해결
  1. 여가가 정상재인 경우
  2. 여가가 열등재인 경우

| 제3문 (40점) |

다음과 같은 성장모형을 고려하자. 이하에서 언급하는 각 기간의 길이는 매우 짧기 때문에 총 자본이 기간 중 어느 시점에 측정되었는지는 문제가 되지 않는다.

- 총생산함수는 $Y = K^{0.3} \tilde{L}^{0.7}$ 이다. 여기에서 Y는 각 기간의 총산출, K는 해당 기의 총자본, $\tilde{L}$은 유효단위로 측정한 해당 기간의 노동투입량이다. 노동자들이 가진 인적자본의 수준은 1 혹은 2이며, 전체 노동투입량 L 중에서 인적자본수준이 2인 노동자들이 공급한 노동이 차지하는 비중이 $0\langle\sigma\langle 1$이면, 해당 기간의 유효단위 노동투입량은 $\tilde{L} = (1+\sigma)L$이다.

- 노동자들의 노동공급은 완전비탄력적이며, 각 노동자는 각 기간에 한 단위의 시간만 일하고자 한다. 전체 노동인구 N중에서 인적자본수준이 2인 노동자들이 차지하는 비중 $0\langle\theta\langle 1$와 각 기간의 노동인구증가율 $n = \triangle N/N$은 일정한 값으로 주어진다.

- 각 기간 총자본의 증가분은 $\triangle K = I - \delta K$이다. 여기에서 I는 해당 기간의 총투자이며, 상수 $0\langle\delta\langle 1$는 감가상각률이다. 총투자는 해당 기간의 총산출과 일정한 비율을 유지한다. 즉, $I = sY$이고, 투자율 $0\langle s\langle 1$는 일정한 값이다.

- 이 경제의 모든 시장은 가격이 신축적인 완전경쟁시장이며, 노동시장은 서로 다른 인적자본수준의 노동자들이 참여하는 두 개의 시장으로 분리되어 있다. 기업들은 모두 동질적이며, 매기 가계로부터 자본을 임대 받고 각 유형의 노동자들을 고용하여 이윤을 극대화하는 생산을 한다.

노동자 1인당 자본은 $k = K/L$로, 노동자 1인당 산출은 $y = Y/L$로 표시한다.

(1) 주어진 노동자 1인당 자본(k)에서 해당 기간의 노동자 1인당 산출(y)과 노동자 1인당 투자 (I/L)가 어떻게 결정되는지 보여라. (10점)
(2) 주어진 노동자 1인당 자본수준(k)에서 해당 기 노동자 1인당 자본의 증가분($\triangle k$)이 어떻게 결정되는지 보여라. (10점)
(3) 전체 노동인구 가운데 인적자본수준이 2인 노동자들이 차지하는 비중이 20%에서 50%로 갑자기 증가하는 경우, 해당 기간의 노동자 1인당 산출(y)과 전체 소득 중 노동소득의 비중은 각각 어떻게 변하는가? (10점)
(4) 상기 (3)번의 사건 이후 인적자본수준이 2인 노동자들이 차지하는 비중이 50%를 계속 유지한다면, 장기적으로 노동자 1인당 산출(y), 노동자들의 평균실질임금, 전체 소득 중 노동소득의 비중은 각각 어떻게 몇 % 변하는가? (10점)

Advice

1. 설문 (1)의 해결을 위해 우선 설문의 주어진 조건에 따라 총생산함수를 노동투입량 L의 함수로 변형한다.

변형된 식의 양변을 L로 나누면 1인당 산출을 구할 수 있다. 1인당 투자도 마찬가지로 도출 가능하다.

2. 설문 (2)는 자본의 증가분은 실제투자량에서 필요투자량을 뺀 값으로 정의된다는 점에 착안하여 해결한다.

3. 설문 (3)의 1인당 산출변화는 설문 (1)에서 구한 식에 인적자본수준이 2인 노동자의 비중을 대입하여 도출할 수 있다. 총소득 중 노동소득의 비중은 (노동의 한계생산*노동투입량)/총소득에 해당하는 값이다.

4. 설문 (4)는 인적자본수준이 2인 노동자의 비중을 0.5로 유지한 채 균제상태의 1인당 산출을 도출하여 해결한다. 실질임금은 노동의 한계생산으로 구하면 되고 총소득 중 노동소득의 비중은 설문 (3)과 같이 해결 가능하다.

답안구성 예

Ⅰ. **설문(1)의 해결**
   1. 1인당 산출의 도출
   2. 1인당 투자의 도출

Ⅱ. **설문 (2)의 해결**
   1. 1인당 자본증가율의 관계식 도출
   2. 1인당 자본의 증가분 도출

Ⅲ. **설문 (3)의 해결**

   1. 1인당 산출의 변화
   2. 전체소득 중 노동소득의 비중

Ⅳ. **설문 (4)의 해결**
   1. 1인당 산출의 변화
   2. 평균실질임금의 변화
   3. 전체소득 중 노동소득의 비중

| 제1문 | 동질적 상품을 판매하는 기업들이 꾸르노 경쟁(Cournot competition)을 하는 과점 시장에서 각 기업의 추측된 변화(conjectural variation)는 0이라고 가정했을 때, 각 기업의 시장지배력을 측정하는 러너지수(즉, 가격과 한계비용의 차이)는 어떤 요인 들에 의해서 결정되는가? (필수 총 14점, 선택 총 7점)

I. 꾸르노 경쟁과 기업의 추측된 변화(CV)가 「0」 이라는 가정의 의미

II. 러너지수의 정의

III. 꾸르노 경쟁 균형에서의 러너지수
  1. 모형의 가정

2. 꾸르노 경쟁균형의 도출
3. 러너지수의 도출

IV. 결 론 (러너지수를 결정하는 요인)
  1. 기업의 한계비용 (c)
  2. 과점기업의 수 (n)

답안작성   김 O O / 2010년도 행정고시 재경직 합격

I. 꾸르노 경쟁과 기업의 추측된 변화(CV)가 「0」이라는 가정의 의미

과점시장에서 기업은 전략적 상황에 직면해 있으며, 수량변수를 전략변수로 사용하고, 상대방의 전략이 정해져있다고 가정한뒤에 자신의 이윤을 극대화하는 내쉬전략을 사용한다.

II. 러너지수의 정의

러너지수(Lerner Index)는 시장에서 기업의 독점도를 나타내는 지표로서 다음과 같이 나타낼 수 있다.

$$L = \frac{P-MC}{P}$$

Ⅲ. 꾸르노 경쟁 균형에서의 러너지수

1. 모형의 가정

시장의 수요함수는 $Q_d = 1-P$ 이며, 개별기업의 한계비용이 c이며, n개의 기업이 꾸르노 경쟁을 하는 과점시장을 가정한다.

2. 꾸르노 경쟁균형의 도출

$$\text{개별기업의 최적반응 함수 : } q_i = \frac{1-\sum_{j \neq i} q_i - c}{2}$$

$$\text{꾸르노 경쟁균형에서의 개별기업의 생산량 : } q_i = \frac{1-c}{1+n}$$

$$\text{시장 전체의 생산량 : } Q = \frac{n(1-c)}{1+n}$$

$$\text{시장가격 : } P = \frac{1+nc}{1+n}$$

3. 러너지수의 도출

꾸르노 경쟁균형에서 개별기업의 러너지수는 다음과 같다.

$$L = \frac{P-MC}{P} = \frac{1-c}{1+nc}$$

Ⅳ. 결 론 (러너지수를 결정하는 요인)

1. 기업의 한계비용 (c)

기업의 한계비용이 증가하면 러너지수는 작아진다. 한계비용의 증가는 꾸르노 경쟁균형의 시장가격 (P)를 상승시키지만, 그것보다는 러너지수 자체가 감소하는 효과가 크기 때문이다.

2. 과점기업의 수 (n)

n이 커질수록 러너지수는 작아진다. 이는 기업의 수가 증가할수록 독점도가 감소하는 것을 말해준다.

| 강 평 |

1. 동질적 상품을 판매하는 기업들이 꾸르노 경쟁을 하는 경우 기업의 시장지배력을 측정하는 러너지수(가격과 한계비용의 차이: $L = \dfrac{P-MC}{P}$)는 어떤 요인들에 의해서 결정되는지를 묻는 질문이다.

2. 이 지수의 취지는 완전경쟁시장인 경우 「0」이며 독점기업인 경우 $L > 0$ 이라는 인식에서 출발한다. 즉 균형가격이 높을수록 독점에 가깝게 되는 것이다. 여기서 한계비용은 주어진 것으로 가정하므로 균형가격을 결정하는 것이 중요하다.

3. 답안의 최적반응 함수는 상대방의 생산량을 주어진 것으로 할 때 개별기업의 이윤극대화의 1계조건으로 부터 나오며 모든 기업의 최적반응 함수를 동시에 만족시키는 해가 개별기업의 생산량이 된다. 러너지수는 기업의 수 n이 무한대로 갈 때 「0」이 되며 완전경쟁시장으로 근접함을 알 수 있다.

| **제2문** | 언론기사를 보면 '최근 OECD통계에 의하면, 우리나라의 실업률은 매우 낮은데도 불구하고 고용률이 높지 않고 오히려 매우 낮은 이상 현상'이 나타나고 있다고 보도하고 있다. 한편, 많은 경제학자들은 유럽이 높은 실업률을 겪고 있는 원인들 중의 하나로 엄격한 고용보호제를 들고 있다. 이에 따라 우리나라에서도 고용문제를 해결하는 방안의 하나로 엄격한 고용보호제를 완화해야 한다는 일부 주장들이 있다. (단, 고용률(%) = (취업자수/생산가능인구)X100) (필수 총 30점, 선택 총 15점)

(1) 생산가능인구를 P, 경제활동인구를 L, 취업자수를 E, 실업자수를 U라고 할 때 고용률과 실업률의 관계식을 도출하고, 이에 근거하여 언론보도의 '이상 현상'을 설명하시오. (10점)

(2) 이론적으로나 경험적으로 엄격한 고용보호제가 실업률에 미치는 영향은 불확실하다. 그 이유는 무엇인가? (10점)

(3) 반면에 엄격한 고용보호제는 고용률을 감소시키는 것으로 나타나고 있다. 그 이유는 무엇인가? (10점)

Ⅰ. **설문 (1)의 해결**
  1. 고용률과 실업률의 정의
  2. 고용률과 실업률의 관계식 도출
  3. 설문의 '이상현상'의 분석
    (1) 실업률과 고용률의 역관계 (-u)
    (2) 생산가능인구 중 경제활동인구의 비율 (L/P)

Ⅱ. **설문 (2)의 해결**
  1. '엄격한 고용보호제'의 의미
  2. 고용보호제가 실업률에 미치는 효과
    (1) 실업자의 숫자 감소 (실업률의 감소요인)

    (2) 실업자의 실업기간 증가 (실업률의 증가 요인)
  3. 고용보호제가 실업률에 미치는 영향이 불확실한 이유

Ⅲ. **설문 (3)의 해결**
  1. 고용률과 실업률과의 관계
  2. 고용보호제도로 고용률이 감소하는 이유
    (1) 취업준비기간의 증가
    (2) 여성 및 고령자의 가사종사비율 증가
    (3) 취업실패 및 장기간 실업으로 실망실업자의 증가

2010

답안작성   김 ㅇㅇ / 2010년도 행정고시 재경직 합격

Ⅰ. **설문 (1)의 해결**
  1. 고용률과 실업률의 정의

$$교용률(e) = \frac{E}{P} = \frac{E}{L+L'} \quad (L' = 비경제활동인구)$$

$$실업률(u) = \frac{U}{L}$$

2. 고용률과 실업률의 관계식 도출

$$e = \frac{E}{L+L'} = \frac{L-U}{L+L'}, \text{ 분자와 분모를 } L \text{로 나누어주면}$$

$$e = \frac{1-\dfrac{U}{L}}{\dfrac{P}{L}} = \frac{1-u}{\dfrac{P}{L}} = (1-u)\frac{L}{P}$$

즉, 고용률은 $(1-u)$ 와 L/P의 함수가 된다.

3. 설문의 '이상현상'의 분석

(1) 실업률과 고용률의 역관계 ($-u$)

일반적으로 위 관계식에서 보듯이 실업률과 고용률은 역의 관계를 갖는다.

(2) 생산가능인구 중 경제활동인구의 비율 (L/P)

하지만 실업률이 낮은 상태라도, 생산가능인구(P)에서 경제활동인구(L)의 비율이 낮아진다면 고용률이 하락할 수 있다. 즉 상대적으로 비경제활동인구(L')의 비중이 늘어난다면, 실업률이 낮아도 고용률이 매우 낮을 수 있다.

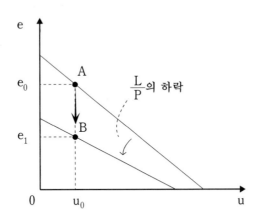

Ⅱ. 설문 (2)의 해결

1. '엄격한 고용보호제'의 의미

엄격한 고용보호제란 노동자의 고용안정성을 위하여, 기업이 노동자를 마음대로 해고할 수 없도록 하는 제도를 의미한다. 반대로는 기업이 새로운 노동자를 고용할 수 없는 효과를 포함한다고 볼 수 있다.

2. 고용보호제가 실업률에 미치는 효과

(1) 실업자의 숫자 감소 (실업률의 감소요인)

고용보호제의 직접적인 효과로서 기업이 고용된 노동자를 해고할 수 없으므로 실업자의 숫자가 감소할 것이며, 이는 실업률의 하락 요인이 된다.

(2) 실업자의 실업기간 증가 (실업률의 증가요인)

고용보호제로 인해 기업이 신규노동자를 고용시키는 부담이 증가하게 되므로, 새롭게 고용을 늘리지 않아 낙인이론, 내부자-외부자이론에서 말하는 바와 같이 한번 실업하게 된 노동자는 장기간 실업상태에 놓이게 된다.

3. 고용보호제가 실업률에 미치는 영향이 불확실한 이유

위에서 분석한 바와 같이 실업자의 숫자가 감소하는 것은 실업률의 감소요인이 되지만, 한번 실업한 노동자는 재취업이 어렵게 되므로 이는 실업률이 증가하는 요인이 된다.

즉 2가지 상충되는 효과로 인해 고용보호제도가 실업률에 미치는 전체적인 효과는 불확실하게 된다.

Ⅲ. 설문 (3)의 해결

1. 고용률과 실업률과의 관계

설문(1)에서 본 바와 같이 고용률과 실업률의 관계는 역관계가 성립하지만, 다른 방향의 효과가 나타나는 것은 생산가능인구 중 비경제활동인구의 비율(L'/P)이 문제된다. 즉, 비경제활동인구(L')가 고용보호제로 변화한다면, 고용보호제가 실업률에 미치는 영향은 불확실하지만, 고용률은 감소할 수 있다.

2. 고용보호제도로 고용률이 감소하는 이유

(1) 취업준비기간의 증가

취업을 준비하는 기간으로서 학업을 하는 학생은 실업자가 아니라 비경제활동인구에 포함된다. 즉 고용보호제가 있는 상황에서는 재취업이 어려우므로, 첫 취업을 안정적이며 좋은 직장을 가지려고 노력하므로 취업준비기간이 늘어나 비경제활동인구의 비율이 증가해 고용률이 감소할 수 있다.

(2) 여성 및 고령자의 가사종사비율 증가

고용보호제도로 가계에서 2차 노동자라고 할 수 있는 여성 및 고령자의 재취업이 어려워진다면, 가정의 가사일에 이들이 종사할 수 있게 되며, 이러한 경우 사실상 취업을 못해 가사일을 하더라도 비경제활동인구로 분류되어 고용률은 하락할 수 있다.

(3) 취업실패 및 장기간 실업으로 실망실업자의 증가

취업에 실패하거나 장기간 실업상태에 있는 경우, 구직 자체를 포기하는 실망실업자가 될 수 있으며, 이러한 경우에는 실업자가 아닌 비경제활동인구로 분류되어 고용률은 하락할 수 있다.

| 강평 |

1. 먼저 고용률과 실업률이 각각 생산가능인구와, 경제활동인구 중 고용자수와 실업자수를 계측한다는 면에서 상이하다는 것을 인식할 필요가 있다.

2. 이 양자의 차이는 답안에서 주어진 대로 $e = (1-u)\dfrac{L}{P}$ 주어지며, 따라서 고용률과 실업률은 단순히 서로 선형 역관계가 아니라 $\dfrac{L}{P}$ (경제활동인구/생산가능인구) 비에 의해 영향을 받음을 의미한다.

3. 여기서 엄격한 고용보호제는 실업률에 미치는 효과는 불분명한 반면 생산가능인구가 경제활동인구로 진입하는 것을 막아 낮은 실업률에도 높은 고용률로 이어지는 것을 막을 수 있다. 이 점이 문제의 핵심 취지로 보인다.

| 제3문 | 두 재화 *X*재와 *Y*재를 소비하는 소비자의 효용함수는 $U(X, Y) = XY$이고 예산선은 $P_X X + P_Y Y = M$일 때, 다음 물음에 답하시오.
(단, *X*의 가격은 P_X, *Y*의 가격은 P_Y, 소비자의 소득은 M이다) (필수 총 26점, 선택 총 13점)

(1) $P_Y = 1$달러일 때, 소비자의 지출함수를 구하시오 (8점)

(2) $P_Y = 1$달러, M = 100달러일 때, P_X가 1달러에서 0.25달러로 하락한다면 소비자의 총 효용은 얼마만큼 변화하는 가? (8점)

(3) $P_Y = 1$달러, M = 100달러일 때, P_X가 1달러에서 0.25달러로 하락한다면 보상변화의 측면에서 소비자의 이득이 얼마가 되는가? (10점)

Ⅰ. **설문 (1)의 해결**
 1. 지출함수의 의의
 2. 설문의 지출함수의 도출

Ⅱ. **설문 (2)의 해결**
 1. $P_X = 1$ 인 경우 소비자의 효용
 2. $P_X = 0.25$ 인 경우 소비자의 효용
 3. 소비자의 총 효용의 변화

 4. 그래프의 도해

Ⅲ. **설문 (3)의 해결**
 1. 보상변화의 의미
 2. 보상변화의 도출
 3. 보상변화 측면에서의 소비자의 이득
 4. 그래프의 도해

답안작성
김 0 0 / 2010년도 행정고시 재경직 합격

Ⅰ. 설문 (1)의 해결
1. 지출함수의 의의
 지출함수(Expenditure function)란 어떠한 가격체계에서 특정한 효용을 달성하기 위해 최소한으로 지출해야하는 금액을 나타내는 함수를 말한다.

$$e = e(P_X, P_Y, u)$$

2. 설문의 지출함수의 도출

$$\min e = P_XX+P_YY = P_XX+Y$$
$$s.t \ \ U = XY$$
$$foc : MRS_{XY} = P_X$$
$$\therefore \ P_XX = Y$$

이를 제약식과 목적함수에 연립하여 풀면 다음과 같은 지출함수가 도출된다.

$$e = 2\sqrt{P_X \cdot U}$$

Ⅱ. 설문 (2)의 해결

1. $P_X = 1$ 인 경우 소비자의 효용
설문 (1) 에서 구한 지출함수에 $e = 100$, $P_X = 1$을 대입하면 $u = 2500$이 된다.

2. $P_X = 0.25$ 인 경우 소비자의 효용
지출함수에 $e = 100$, $P_X = 0.25$를 대입하면 $u = 10000$이 된다.

3. 소비자의 총 효용의 변화
X재의 가격하락에 따라 소비자의 효용은 7500만큼 증가하였다.

4. 그래프의 도해

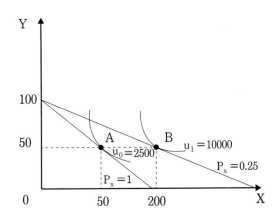

Ⅲ. 설문 (3)의 해결

1. 보상변화의 의미

　보상변화(Compensating Variation: CV)란 재화의 상대가격이 변화하였을때, 가격이 변하기 전의 효용수준을 달성하기 위해 변화된 가격체계 하에서 보상해 주어야 하는 소득액을 말한다. 이를 지출함수와 관련한 식으로 쓰면 다음과 같다.

$$CV = e(P_0, U_0) - e(P_1, U_0) = M - e(P_1, U_0)$$

2. 보상변화의 도출

$$CV = 100 - e(P_X = 0.25, U = 2500) = 50$$

3. 보상변화 측면에서의 소비자의 이득

X 재의 가격하락에 따라 소비자가 얻는 이익을 보상변화 개념으로 측정하면 50이 된다.

4. 그래프의 도해

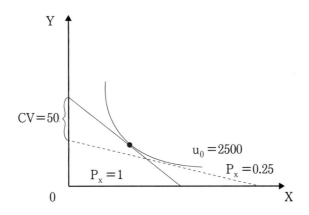

| 강 평 |

1. 설문 (3)에 대한 답안에 보완이 필요한 것으로 보인다. 먼저 문제는 효용을 지출로 평가하는 것에 관한 것이다.

2. 제시된 답안에서는 보상변화의 의미를 '가격이 변하기 전의 효용수준을 달성하기 위해 변화된 가격체계 하에서 보상해주어야 하는 소득액'으로 정의하였는데 '가격하락에 따라 동일한 효용을 달성하기 위해 필요한 지출액의 감소'라고 표현하는 것이 해당 문제에 보다 정확한 것으로 보인다. 이는 답안의 「4」의 그래프를 이해하기 위해서도 필요한 개념이다.

3. 먼저 가격하락으로 예산 제약선이 반시계 방향으로 확장 이동하는데, 가격하락전과 동일한 효용수준을 달성하려면 바뀐 예산 제약선이 수평이동하여 그래프의 점선과 같이 무차별곡선과 접할 때 Y 절편의 이동 정도가 '가격하락에 따라 동일한 효용을 달성하기 위해 필요한 지출액의 감소'가 되는 것이다.

| 제4문 | 거시경제정책의 과제는 실업과 인플레이션 관리라고 말할 수 있다. 그렇지만 알려진 바에 의하면 실업과 인플레이션의 상충관계로 인해 경제정책의 어려움이 가중되고 있다. 실업과 인플레이션의 상충관계 그리고 총수요(AD)-총공급(AS) 곡선을 이용하여 다음 물음에 답하시오. (필수 총 30점, 선택 총 15점)

(1) "인플레이션은 언제, 어디서나 화폐적 현상"이라는 밀턴 프리드만의 주장을 고전학파 경제학의 이분성(classical dichotomy)과 화폐의 중립성 개념을 그림에 적절히 반영하여 설명하시오. (10점)

(2) 원유가의 상승으로 인한 스테그플레이션이 발생할 경우 정책담당자들은 보통 재정정책이나 금융정책을 이용하여 총공급 충격을 상쇄시키려는 노력을 한다. 이와 같은 총공급곡선의 이동에 대응한 총수요 관리정책이 물가와 산출량에 미치는 효과를 설명하시오. (10점)

(3) 합리적 기대 모형은 물가상승에 대한 경제안정화정책일지라도 금융당국이 정책을 시행하는 것이 바람직하지 않다고 주장한다. 합리적 기대론의 이러한 주장을 뒷받침하는 근거를 제시해 보시오. (10점)

Ⅰ. 설문 (1)의 해결
  1. 프리드만의 주장에 대한 설명
  2. 경제적 이분성과 화폐의 중립성
   (1) 의 의
   (2) 실업과 인플레이션의 상충관계(필립스 곡선) 에서의 논의
   (3) AD-AS 곡선에서의 논의
  3. 소 결

Ⅱ. 설문 (2)의 해결
  1. 스테그플레이션과 같은 공급충격의 효과와 총수요 관리정책
  2. 총수요 관리정책과 효과

   (1) 확장적 총수요관리정책 (수용정책)
   (2) 긴축적 총수요관리정책 (억제정책)
  3. 소 결

Ⅲ. 설문 (3)의 해결
  1. 물가상승에 대한 경제안정화정책과 이에 대한 합리적기대론의 반론
  2. 희생률의 정의
  3. 정책의 신뢰성 문제
   (1) 정책의 신뢰성이 있는 경우
   (2) 정책의 신뢰성이 없는 경우
  4. 결 론

Ⅰ. 설문 (1)문의 해결

1. 프리드만의 주장에 대한 설명

신고전파의 화폐수량방정식 $MV = PY$ 를 변화율에 관한 식으로 바꾼다면 다음과 같다.

화폐의 변화율+유통속도의 변화율 = 인플레이션율+경제성장률

$$(\mu + v = \pi + \lambda)$$

이에 장기적으로 유통속도가 일정하고 경제가 자연산출량수준으로 수렴한다면, 화폐의 변화율과 인플레이션율이 같아진다는 밀턴 프리드만(Milton Friedman)의 화폐측면에 의한 인플레이션의 설명이 된다.

2. 경제적 이분성과 화폐의 중립성

(1) 의 의

경제적 이분성이란 경제내의 명목변수는 실질변수의 변화에 영향을 주지 않는다는 고전학파적 사고체계를 의미하며, 화폐의 중립성이란 명목변수 중 특히 화폐가 실질변수에 영향을 주지 못한다는 명제를 말한다.

(2) 실업과 인플레이션의 상충관계(필립스 곡선)에서의 논의

인플레이션과 실업율의 상충관계라는 명목변수와 실질변수간의 역관계에서 고전적 이분성이 성립하기 위해서는 경험적으로 나타난 고전적 필립스곡선 논의와는 다르게 필립스 곡선이 수직의 형태를 띠어야 한다. 이에 대해 새케인즈학파의 이력현상이 존재하지 않는다는 가정하에 적응적 기대, 혹은 합리적 기대에서 자연실업률 가설이 성립한다면 장기, 혹은 예측오차가 없는 필립스 곡선(Phillips curve)은 수직의 형태를 가지고, 고전적 이분성이 성립할 수 있다.

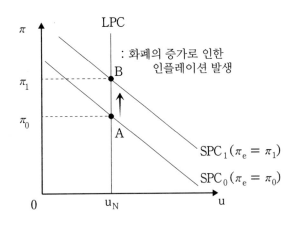

(3) AD-AS 곡선에서의 논의

화폐수량설($MV = PY$)에 의해 우하향하는 총수요곡선을 도출할 수 있다. 이에 화폐적 충격이 실질변수인 산출량에 영향을 주지 않기 위해서는 AS 곡선이 수직의 형태를 가져야 한다. AS 곡선이 수직이기 위해서는 노동시장과 재화시장에서 합리적 기대하 예측오차가 없거나, 가격이나 임금변수가 신축적이어야 한다. 만약 이런 조건들이 성립한다면 AS 곡선이 수직의 형태를 가져 고전적 이분성이 성립할 수 있다.

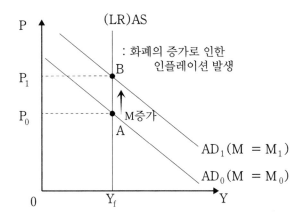

3. 소 결

가격변수가 신축적이며, 완전한 정보나 완전한 예측이 된다는 고전학파 계열의 가정이 성립한다면, 필립스곡선과 AS 곡선이 수직이 되어 고전적 이분성이나 화폐의 중립성이 성립할 수 있다.

Ⅱ. 설문 (2)의 해결

1. 스테그플레이션과 같은 공급충격의 효과와 총수요 관리정책

원유가 상승으로 스테그플레이션이 나타난다는 것은 부정적 공급충격이 있다는 것으로, $AD-AS$ 모형에서 AS 곡선이 좌향이동하는 현상이 나타나는 것이다. 이에 대해 AD 곡선이 그대로 있다면 물가는 상승하고 산출량은 감소하는 경제충격이 있을 수 있기 때문에, 정책당국은 충격을 완화시키기 위하여 AD 곡선을 이동시키는 총수요관리정책을 사용하게 된다.

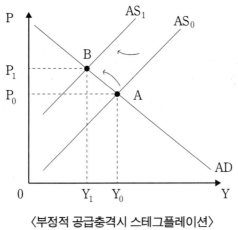

〈부정적 공급충격시 스테그플레이션〉

2. 총수요 관리정책과 효과

(1) 확장적 총수요관리정책 (수용정책)

스태그플레이션이 나타난 상황에서 확장적 총수요 관리정책을 사용한다면, AD 곡선을 우향이동시키므로 산출량은 부정적 공급충격 전의 상황을 회복할 수 있다. 하지만 물가수준은 스태그플레이션보다 높은 수준으로 상승할 수 밖에 없다. 이처럼 스태그플레이션 상황에서 산출량을 회복하기 위해 물가수준의 상승을 감수하는 총수요 관리정책을 수용정책이라고 한다.

(2) 긴축적 총수요관리정책 (억제정책)

스태그플레이션이 나타난 상황에서 긴축적 총수요관리정책을 사용한다면, AD 곡선을 좌향이동시키므로 물가수준은 부정적 공급충격 전의 수준을 회복할 수 있다. 하지만 산출량은 스태그플레이션이 나타난 상황보다 작은 상황이 된다. 이처럼 스태그플레이션 상황에서 물가상승을 억제시키기 위해 산출량의 감소를 감수하는 총수요 관리정책을 억제정책이라고 한다.

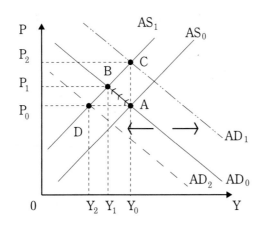

A : 초기점 (Y_0, P_0)
B : Stagflation 상황 (Y_1, P_1)
C : 수용정책 (Y_0, P_2)
D : 억제정책 (Y_2, P_0)

3. 소 결

부정적 공급충격 하 스테그플레이션이 나타난 상황이라면, 물가안정과 산출량 유지라는 경제목표 2가지를 모두 이룰 수 없다. 이처럼 2개의 정책목표를 달성하기 위해 1개의 정책수단밖에 없는 경우에는 한 가지 정책목표를 포기할 수 밖에 없는데, 이를 틴버겐의 법칙이라고 한다.

III. 설문 (3)의 해결
1. 물가상승에 대한 경제안정화정책과 이에 대한 합리적기대론의 반론

합리적 기대가 도입된 필립스 곡선은 다음과 같은 형태를 가진다.

$$\Pi = \Pi_e + a(u - u_N) + \upsilon \qquad (a < 0)$$

이러한 필립스곡선 상황에서, 금융당국은 물가 상승이 나타나는 경우, 긴축적 화폐금융정책을 사용하여 물가를 안정화시키는 정책을 사용할 수 있다. 이러한 반인플레이션정책에 대해 합리적 기대론자가 반대한다면 그 이유는 정부정책의 신뢰성 문제에 따른 희생률 논의를 생각할 수 있다.

2. 희생률의 정의

희생률은 인플레이션가감정책을 위한 긴축적 화폐금융정책에 따라 인플레이션이 감소하는 비율에 대비 실업률의 증가율, 혹은 산출량의 감소율로 나타날 수 있다.

$$희생률(SR) = \frac{누적실업률의\ 증가율(산출량의\ 감소율)}{누적\ 인플레이션의\ 감소율}$$

3. 정책의 신뢰성 문제
(1) 정책의 신뢰성이 있는 경우

정부의 정책이 신뢰성 있다면 합리적 기대하 민간의 기대인플레이션이 정부의 목표인플레이션에 맞춰서 하락하기 때문에 필립스 곡선 자체가 하향 이동하여 희생 없는 인플레이션의 감소를 달성할 수 있다.

(2) 정책의 신뢰성이 없는 경우

정부 정책의 신뢰성이 없다면 민간의 기대인플레이션이 정부의 목표인플레이션에 맞춰서 하락하지 않고, 필립스곡선이 그대로 있는 경우 반인플레이션정책으로 인해 실업률이 증가할 수 있기 때문에 인플레이션 감소에 따른 높은 실업률을 감수하여야 한다.

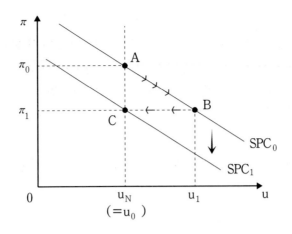

① 신뢰성 없는 경우 (A→B→C)
② 신뢰성 있는 경우 (A→C)

4. 결론

합리적기대론자는 정부의 준칙주의 등을 통해서 정책의 신뢰성이 있는 경우에만 희생없는 인플레이션 감소를 달성할 수 있다고 생각한다. 따라서 만약 정부의 신뢰성이 없는 상황에서 물가상승에 대한 금융정책을 사용한다면 높은 희생률이 나타날 수 있기 때문에 금융당국의 정책시행에 반대할 수 있다.

| 강 평 |

1. 설문 (3)은 즉 합리적 기대 모형은 물가상승에 대한 경제안정화정책일지라도 금융당국이 정책을 시행하는 것이 바람직하지 않다고 주장의 근거에 대한 것이다.

2. 제시된 답안에는 통화정책의 신뢰성 유무에 따라 정책 효과가 달라진다고 서술하고 있으며 신뢰성이 없는 경우 (A→B→C)의 궤적을 따른다고 서술하고 있다.

3. 그러나 이러한 이동에는 케인지언적인 가격경직성으로도 설명이 가능하므로 반드시 정책의 신뢰성만에 따른 결과로 해석하는 것은 무리가 있는 것으로 보인다.

2010년도 입법고등고시 기출문제와 어드바이스 및 답안구성 예

| 제1문 (40점) |

무수히 많은 동질적인 소비자와 동질적인 기업들로 구성된 경제를 생각해보자.
소비자와 기업 모두 단 한 기간 동안만 존재하고 활동하는 것으로 가정한다. 소비자에게는
한 단위의 시간이 주어져 있으며, 시간은 여가와 노동 두 가지 용도로 사용될 수 있다. 소비자
의 효용은 소비와 여가 수준에 의해서 결정된다. 즉, $U = U(c, l)$, 여기서 c 는 소비를, l 은 여
가를 나타낸다. 효용함수는 한계효용체감의 법칙을 만족한다. 기업은 노동만을 생산요소로
이용하여 상품을 생산하며 이윤극대화를 목표로 한다. 생산함수는 $Y = zF(N)$이며 Y는 생산량,
N은 노동투입, z는 총요소생산성을 나타내며, $F(\cdot)$는 한계생산성체감의 법칙을 만족한다. 편
의상 소비자는 기업을 소유하는 것으로 가정하자. 따라서 발생하는 이윤은 모두 소비자의 비
노동소득이 된다.

(1) 소비자의 효용극대화를 달성하는 소비와 여가의 조합을 그림으로 나타내시오. 또한 기업의
 이윤극대화를 달성하는 노동투입을 그림으로 나타내시오. (10점)
(2) 이 경제의 일반균형이 무엇인지 정의하고 효용함수가 $U(c, l) = c \cdot l$ 이고 생산함수가 $Y =$
 $4\sqrt{N}$ 인 경우, 일반균형에서 소비, 노동, 임금, 생산량, 이윤을 구하시오. 또한 이 일반균형
 에서 자원배분이 사회적으로 최적임을 보이시오. (15점)
(3) 문제 (2)의 효용함수와 생산함수를 그대로 가정하자. 정부가 존재하여 노동소득에 대해 t%
 의 소득세를 부과하고 이로부터 얻어지는 세수를 모두 소비자에게 다시 이전지출하는 조세
 정책을 시행한다고 하자. 이때 일반균형에서 소비, 노동, 임금, 생산량, 이윤이, 소득세가 없
 던 문제 (2)의 값들과 비교하여 어떻게 변화하는지 식을 이용해서 보이고, 문제 (1)에서의
 그림들이 어떻게 달라지는지 보이시오. (15점)

Advice

1. 설문 (1)은 소비자의 효용극대화 문제와 기업의 이윤극대화 문제를 설정하여 해결한다.

2. 설문 (2)에서 일반균형이란 재화시장과 노동시장이 모두 균형을 달성하는 상태를 의미한다. 이때
 왈라스 법칙(Walars' law)에 의해 한 시장이 균형을 달성하면 다른 시장도 균형이 되므로 노동시
 장의 균형을 도출하여 해결하면 된다. 자원배분의 효율성 충족 여부는 소비와 여가의 한계대체율
 (MRS), 여가와 생산의 한계변환율(MRT), 임금률(w)가 일치하는지를 검토하여 판단한다.

3. 설문 (3)은 임금률에 t%의 세율을 반영하여 설문 (2)와 같은 과정을 거쳐 해결하면 된다. 이때 조
 세쐐기에 따른 비효율성의 발생을 경제학적 함의로 서술해주어야 한다.

Ⅰ. 설문 (1)의 해결

1. 소비자의 효용극대화 문제
2. 소비자의 최적선택 도출
3. 기업의 이윤극대화 문제
4. 기업의 최적선택 도출

Ⅱ. 설문 (2)의 해결

1. 일반균형의 개념

2. 일반균형의 도출
3. 자원배분의 사회적 최적여부 판단

Ⅲ. 설문 (3)의 해결

1. 소비자의 최적선택 도출
2. 일반균형의 도출
3. 결과 비교

| 제2문 (30점) |

한국과 미국이 벌이는 비(非)협조적 무역 게임의 보수행렬(payoff matrix)이 다음의 표와 같이 주어졌다. 한국은 행(row)으로 나열돼 있는 두 전략 '무(無)관세'와 '관세' 중 하나를, 미국은 열(column)로 나열돼 있는 두 전략 '무관세'와 '관세' 중 하나를 선택한다. 두 나라의 선택은 동시적이며 독립적이라 가정한다. 한국의 전략과 미국의 전략이 만나는 각 방(cell)에는 각국이 받게 될 보수가 적혀 있다. 각 방 금액(단위: 조) 뒤 괄호 안의 글자는 각 나라를 의미한다.

<table>
<tr><td></td><td colspan="2" align="center">미국</td></tr>
<tr><td></td><td align="center">무관세</td><td align="center">관세</td></tr>
<tr><td rowspan="2">한국</td><td align="center">3(한), 3(미)</td><td align="center">1(한), 4(미)</td></tr>
<tr><td align="center">3(한), 3(미)</td><td align="center">2(한), 2(미)</td></tr>
</table>

(1) 한국의 최적대응(best responses)을 구하고 그것이 왜 최적대응인지 간략하게 설명하시오. (5점)

(2) 이 게임의 내쉬(Nash)균형을 구하고 그것이 왜 내쉬균형인지 간략하게 설명하시오. (5점)

(3) 이 내쉬균형과 '죄수들의 딜레마(prisoners' dilemma)'의 관계를 보수행렬의 숫자를 사용해 간략히 설명하시오. (5점)

(4) 이 게임이 일회성(一回性)으로 끝나지 않고 계속 반복될 때는 어떤 변화가 가능한지 설명하시오. (수식을 사용하지 않더라도 보수행렬의 숫자를 이용해 논리적으로 설명하면 충분함.) (5점)

(5) 한·미 자유무역협정(FTA)을 이 게임을 이용해 게임이론 관점에서 간략하게 설명하시오. (게임이론 관점을 벗어나 신문기사 스타일로 쓰면 감점처리 됨.) (5점)

(6) 이명박대통령은 올 4월초 워싱턴포스트(WP)와의 인터뷰에서 "한·미 FTA는 중국 변수를 염두에 둬야 한다."며, "한·중 FTA를 할지 여부는 우리 측의 결정에 달려있다고 봐도 과언이 아닐 것"이라고 말했다. 이 발언이 한·미 FTA에 미칠 영향에 대해 협조적 게임과 비협조적 게임

의 차이를 염두에 두고 설명하시오(앞 게임의 보수행렬 숫자를 생각하지 말고 답안 작성하기 바람). (5점)

Advice

1. 설문 (1)은 주어진 보수행렬에서 한국의 우월전략을 찾아 해결한다.

2. 설문 (2)는 내쉬전략과 내쉬균형의 개념을 정확히 제시하고 변경 유인이 없다는 점을 보이면 된다.

3. 설문 (3) 역시 죄수딜레마의 개념을 제시한 후 그에 맞는 설명을 제시하여 해결한다.

4. 설문 (4)에서는 무한반복, 방아쇠전략을 가정하여 협조를 위한 할인율의 범위를 도출한다.

5. 설문 (5)는 FTA가 일종의 구속장치로 기능하여 죄수딜레마 문제를 벗어날 수 있게 한다는 점을 언급하면 된다.

6. 설문 (6)은 중국 변수의 등장이 한미FTA에서 우리나라에 유리한 영향을 미치는지 불리한 영향을 미치는지를 분석해야 한다. FTA가 협조 파트너를 모색하는 게임 상황임에 착안하여 해결한다.

답안구성 예

Ⅰ. 한국의 우월전략	Ⅳ. 반복게임의 경우
Ⅱ. 내쉬균형의 의미	Ⅴ. 한미 FTA에의 적용
Ⅲ. '죄수들의 딜레마'의 의미	Ⅵ. 발언의 평가

| 제3문 (30점) |

전통적 IS-LM 모형과 AD-AS 모형을 활용하여 다음의 질문에 답하시오.

(1) 2008년 9월 발생한 Lehman Brothers 파산 직후 국제금융시장은 1920년대말의 대공황 이래 가장 심각한 위기국면에 있었다고 할 수 있다. 이와 같은 금융시장의 충격이 생산(혹은 소득), 이자율 및 물가에 미치는 효과를 분석하시오. (15점)

(2) 이와 같은 위기에 대응하여 세계경제의 주요국들은 G-20 등을 중심으로 거시경제 정책을 공조해 오고 있다. 각국의 자본시장은 완전히 개방되어 있고 환율도 완전한 변동환율제를 따르고 있을 경우, 통화정책과 재정정책 중 각국의 정책공조가 더욱 필요한 정책은 무엇인지 논하시오. (15점)

Advice

1. 설문 (1)은 경기침체상황을 IS-LM모형과 AD-AS모형으로 분석하는 문제이다.
   기본적인 문제이나 분석에 앞서 각 모형의 정확한 수식을 제시하고 금융시장 충격임을 고려하여
   이를 중심으로 전달경로를 서술해야 한다.

2. 설문 (2)는 변동환율제를 채택하고 있다는 가정이 힌트이다.
   2국모형을 설정하여 통화정책과 재정정책 중 환율 변동을 통해 상대국의 궁핍화를 유발하는 정
   책이 무엇인지를 찾아내면 된다.

답안구성 예

Ⅰ. 설문 (1)의 해결
  1. 모형의 설정
  2. 주요 변수에의 영향

Ⅱ. 설문 (2)의 해결

1. 모형의 설정
2. 확장적 통화정책의 경우
3. 확장적 재정정책의 경우
4. 종합적 평가

| 제1문 | A국의 거시경제변수들 사이에 다음과 같은 관계가 있다.

$$\pi_t = \pi_t^e + b(Y_t - Y^*)$$

여기서 π_t는 t기의인플레이션율 π_t^e는 t기의 기대인플레이션율, Y_t는 t기의 생산량 Y^*는 잠재생산량이다. 단, 잠재생산량은 상수이며 b는 양수로 가정한다. (필수 총 30점, 선택 총 15점)

(1) $\pi_t^e = \pi_{t-1}$ 과 같이 적응적기대를 가정할 경우, 희생률을 정의하고 위 식에서 어떻게 표현되는 지 구하시오. (6점)

(2) (1)과 같이 적응적기대를 가정할 경우, 인플에이션율 (π_t)과생산량 (Y_t)에 대한 데이터를 이용 하여 희생률과 잠재생산량 (Y^*)의 값을 추정하는 방법을 설명하시오. (6점)

(3) (1)과 같은 적응적기대 하에서 인플레이션율을 현재의 6%에서 3%로 낮추려는 정책을 추진 할 때, 6%에서 3%로 한번에 낮추는 정책과 6%에서 1% 포인트씩 단계적으로 낮추는 정책 사 이에 경제의 조정과정은 어떤 차이가 있는지 비교 설명하시오. (6점)

(4) 합리적기대를 가정할 경우의 희생률은 적응적기대 하에서의 희생률과 어떻게 다른지 위의 관계식을 이용하여 비교하시오. (6점)

(5) 이상의 논의로부터 얻을 수 있는 정책적 시사점을 설명하시오. (6점)

Ⅰ. 설문 (1)의 해결
  1. 희생률의 의의
  2. 희생률의 도출

Ⅱ. 설문 (2)의 해결
  1. 잠재생산량의 추정

Ⅲ. 설문 (3)의 해결
  1. 디스인플레이션의 의의

  2. 적응적 기대하에서 급랭정책과 점진정책의 비교

Ⅳ. 설문 (4)의 해결
  1. 합리적 기대((rational expectation)의 의의
  2. 합리적 기대 하에서의 희생률

Ⅴ. 설문 (5)의 해결 - 정책적 시사점
  1. 고통 없는 디스인플레이션
  2. 가격의 신축성 여부

Ⅰ. 설문 (1)의 해결

1. 희생률의 의의

희생률(sacrifice ratio)이란 인플레이션율을 1% 포인트 낮추기 위해 감수해야 하는 산출량의 감소비율을 뜻한다.

2. 희생률의 도출

인플레이션율의 변화정도를 $\pi_t - \pi_{t-1}$라고 하고, 산출량의 변화정도를 $Y_t - Y^*$ 라고 할 때 희생률은 $\dfrac{Y_t - Y^*}{\pi_t - \pi_{t-1}}$ 가 된다.

이때, 주어진 총생산함수식과 적응적기대를 고려하면,

$Y_t - Y^* = \dfrac{1}{b}(\pi_t - \pi_{t-1})$ 이므로 희생률은 $\dfrac{1}{b}$ 이 된다.

Ⅱ. 설문 (2)의 해결

1. 잠재생산량의 추정

$$\pi_t - \pi_{t-1} = b(Y_t - Y^*) \cdots ①$$
$$\pi_{t-1} - \pi_{t-2} = b(Y_{t-1} - Y^*) \cdots ②$$
$$\cdots$$
$$\pi_1 - \pi_0 = b(Y_1 - Y^*) \cdots ③$$

①, ②, $\cdots$, ③ 식을 모두 더해 Y^*에 관해 정리하면,

$$Y^* = \dfrac{1}{b_t}(\pi_0 - \pi_t) + (Y_1 + \cdots + Y_t) \text{ 가 된다.}$$

이때, 매 기간 인플레이션율과 생산량에 대한 데이터를 관찰·측정할 수 있으므로 잠재생산량을 추정할 수 있다.

III. 설문 (3)의 해결

1. 디스인플레이션의 의의

물가수준자체의 하락을 의미하는 디플레이션(deflation)과 달리 디스인플레이션(disinflation)이란 인플레이션율의 하락을 의미한다.

2. 적응적 기대하에서 급랭정책과 점진정책의 비교

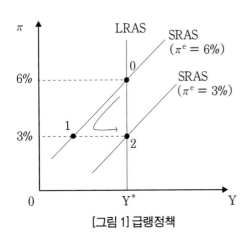

[그림 1] 급랭정책

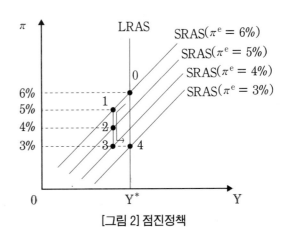

[그림 2] 점진정책

통화당국이 인플레이션을 낮추기 위해 긴축정책을 시행하면, 민간의 기대 인플레이션이 고정된 단기에서는 단기 총공급곡선을 따라 경제가 이동하게 된다. 그러나 다음기에 민간이 기대를 조정하게 되면 단기 총공급곡선 자체가 이동하므로 경제는 다시 장기 총공급곡선 위에서 균형을 회복하게 된다.

급랭정책은 [그림 1]에서 보듯 1기만에 목표인플레이션율을 달성할 수 있으나 단기간에 매우 큰 경기 침체(생산량감소)를 수반한다. 이와는 달리 점진 정책은 매기간 경기침체의 폭은 급랭정책에 비하여 크지 않으나 불황기가 길어지는 문제점이 발생한다.

IV. 설문 (4)의 해결

1. 합리적 기대(rational expectation)의 의의

경제주체들이 그 시점까지 이용가능한 모든 정보를 사용하여 기대를 형성하는 방식을 의미하며, 적응적 기대와 달리 체계적 오차를 유발하지 않는다는 특징을 갖는다.

$$\pi_t^e = \mathrm{E}[\,\pi_t\,|\,Q_{t-1}],\ (단\ Q_{t-1}는\ t-1기에\ 사용가능한\ 모든\ 정보)$$

2. 합리적 기대 하에서의 희생률

$$희생률 = \frac{Y_t - Y^*}{\pi_t - \pi_{t-1}} \text{ 가 된다.}$$

$$\text{그런데 } Y_b - Y^* = \frac{1}{b}(\pi_t - \pi_t^e) \text{이므로}$$

$$희생률은 \frac{1}{b} \cdot \frac{\pi_t - \pi_t^e}{\pi_t - \pi_{t-1}} \text{가 된다.}$$

평균적으로 윗 식의 분자가 0이 되므로 합리적 기대하에서 희생률은 평균적으로 0의 값을 가진다고 할 수 있다.

V. 설문 (5)의 해결 - 정책적 시사점

1. 고통 없는 디스인플레이션

앞의 논의를 통해 사람들의 기대형성 방식에 따라 희생률의 크기가 달라짐을 알 수 있다.

경제주체들이 합리적으로 기대를 형성하고 통화당국의 인플레이션 저감정책을 신뢰한다면, 희생률이 0에 가까울 수 있으나(painless disinflation)민간이 통화당국을 불신하여 기대를 변화시키지 않는 경우 경제는 단기적으로 비용을 부담해야함을 알 수 있다. 따라서 통화당국이 경제 주체들로부터 신뢰를 얻는 것이 중요한 문제가 된다.

2. 가격의 신축성 여부

다만, 새케인즈학파에서 주장하듯 경제내부의 가격변수가 비신축적이어서 단기적으로 시장이 청산되지 않을 경우 희생률은 「0」이 될 수 없다.

또한 이력가설(hysteresis)이 성립할 경우 자연률 수준 자체가 인플레이션 저감정책에 따라 변화할 수 있으므로 희생률 역시 「0」이 될 수 없다. 그러므로 디스인플레이션 정책에 따른 경기침체의 비용이 매우 작거나 일시적으로 발생하기보다는 크거나 장기적으로 발생할 수 있으므로 이에 대한 세밀한 접근이 필요하다.

| 강 평 |

1. 설문 (4)에서 합리적 기대를 가정할 경우의 인플레이션 예측에 대해 정확히 서술하고 있지 않다.

   즉 $\pi_t = \pi_t^e + e_t$이며 e_t를 인플레이션 예측 오차로 정의할 때 이의 저건부 기댓값 $E_{t-1}e_t = 0$임을 명확히 할 필요가 있다.

2. $Y_b - Y^* = \dfrac{1}{b}(\pi_t - \pi_t^e)$는 $Y_t - Y^* = \dfrac{1}{b}(\pi_t - \pi_t^e)$의 오기로 보인다.

| 제2문 | 서브 프라임 모기지 사태 이후에 세계는 총수요충격으로 인한 경기침체에 직면하고 있다. (필수 총 30점, 선택 총 15점)

(1) 많은 국가들은 현재의 경기침체를 극복하기 위해 유동성 확대정책을 사용하고 있다. 이 정책이 중요하게 사용되는 이유를 1930년대의 대공황 때와 비교하여 서술하시오. 그리고 AD –AS모형을 사용하여 이 정책의 타당성에 대하여 설명하시오. (20점)

(2) 대국의 정부지출 확대정책이 소국의 거시경제에 미치는 효과에 대하여 개방거시모형을 이용하여 설명하시오 (10점)

Ⅰ. 설문 (1)의 해결
 1. 대공황의 발생원인
 2. 현재의 경제 위기
 3. AD-AS 모형에 의한 도해

Ⅱ. 설문 (2)의 해결
 1. 대국 정부지출 확대의 효과
 2. 소국 개방경제에 미치는 효과

답안작성   김 0 0 / 2009년도 행정고시 재경직 합격

Ⅰ. 설문 (1)의 해결

1. 대공황의 발생원인

(1) 지출가설에 따르면 주식시장의 붕괴 및 은행도산의 확산에 따른 신용붕괴 등의 이유로 소비와 투자가 급감하고, 균형재정을 유지하기 위한 정부의 긴축재정정책으로 정부지출이 줄어들어 대공황이 발생했다고 한다.

(2) 한편, 통화가설에 의하면 급격한 통화공급의 감소가 대공황의 원인이라고 보지만 이 기간 중 물가하락에 따른 실질잔고의 증가를 고려하면 주된 원인으로 보기는 어렵다는 주장도 있다.

(3) 그런데 일반적으로 물가하락은 케인즈효과, 피구효과 및 실질 환율효과 등의 경기 안정화 효과를 갖지만, 유동성 함정에 빠진 상태에서 추가적인 디플레이션 기대는 실질이자율을 높이는 효과를 가져와 경기를 더욱 침체시키는 불안정화효과를 가질 수도 있다. 즉 통화긴축이 추가적으로 IS곡선을 좌측으로 이동시켜 대공황을 더욱 심각하게 만든 것이다.

2. 현재의 경제 위기

금융기관의 부실로 발생한 경제위기는 가계 실질소득의 감소 및 부채 조정에 따른 소비감소와 불확실성 증가에 따른 투자감소 등의 실물부문의 충격은 물론, 화폐수요증가 및 통화승수의 감소에 따른 화폐공급감소라는 화폐 부문의 충격도 유발한다.

그런데 통화당국의 급격한 유동성 확대정책은 유동성 함정에 빠진 경제 내에서 기대인플레이션을 유발시켜 피셔방정식에 따라 실질 이자율을 낮추는 효과를 가진다.

(명목이자율 = 실질이자율+기대인플레이션율) 이에 따라 투자 등의 증가로 총수요가 증가하여 대공황 때와는 달리 심각한 불황의 확산을 막고 불황의 극복을 기대할 수 있는 것이다.

3. AD – AS 모형에 의한 도해

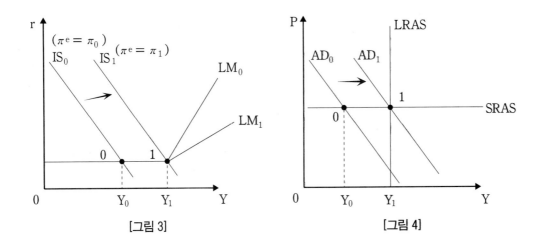

[그림 3]   [그림 4]

지난 4월, G-20 정상의 런던 회담의 결과에서처럼 대규모 재정정책의 시행과 자유무역에의 신뢰는 IS곡선을 우측으로 이동시키는 원인으로 작용할 수 있다. 그러나 과도한 정부 부채에의 우려 등으로 그 기제가 원활하게 작동하지 않을 수도 있는 바, 의도적인 유동성 확대에 의한 기대인플레이션의 유발은 불황을 극복하는 결과를 가져올 수 있다.

Ⅱ. 설문 (2)의 해결
1. 대국 정부지출 확대의 효과

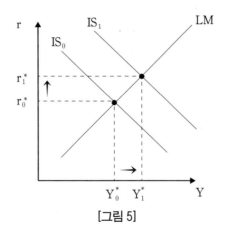

[그림 5]

대국의 정부지출 확대는 대국의 총수요를 증가시켜 대국의 국내이자율을 상승시키고 이는 곧 세계이자율의 상승으로 나타난다.

2. 소국 개방경제에 미치는 효과

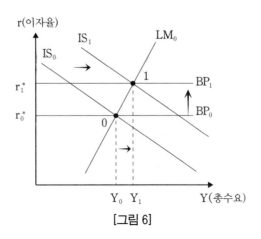

[그림 6]

자본이동이 완전 자유롭고 소국이 변동환율제를 채택하고 있다고 가정하자.

그렇다면 세계이자율의 상승으로 일시적으로 소국에서 대국으로 자본이 이동하게 되고 이에 따라 소국의 화폐가치가 하락하게 된다. 만일 단기에 물가가 경직적이라면 명목환율의 상승은 곧 실질환율의 상승을 의미하므로 소국의 재화와 서비스 가격이 상대적으로 싸지게 되어 순수출이 증가한다. 이에따라 경제는 새로운 균형점으로 이동한다.

즉, 대국이 견인기관차가 되어 대국의 불황은 물론 소국의 불황도 극복할 수 있게 되었으므로 과거 대공황 시기의 인근 궁핍화정책의 폐해를 인식하고 전세계적인 합의를 통해 보다 적극적인 위기 극복이 필요한 시점이다.

┤ 강 평 ├

1. 설문 (2)에 대한 답안을 변동환율제와 고정환율제로 나누어 답할 수 있다. 먼저 변동환율제 하에서는 보장되지 않는 이자율 평가설(uncovered interest rate parity)*에 따라 대국 이자율의 상승에도 소국 이자율이 변화할 필요가 없다. 왜냐 하면 소국 화폐의 가치 하락으로 보전이 되기 때문이다.

2. 만일 단기적으로 물가가 경직적이라면 답안대로 수출 증가와 경기진작이 이루어 질 수 있다 (* 답안에 '소국에서 대국으로 자본이 이동하게 되고' 라고 서술하고 있으나 소국 화폐의 가치 하락으로 보전이 되므로 자본이 반드시 이동할 필요는 없다. 대국 이자율의 상승에도 양국의 채권 수익률에는 변화가 없다).

3. 다만 고정환율제인 경우 대국 이자율의 상승에 따라 소국 이자율도 상승하여야 고정환율제가 유지되므로 대국의 정부지출 확대정책이 오히려 소국의 거시경제 침체를 가져올 수 있다.

| 제3문 | 한국의 A기업과 일본의 B기업이 시장진입과 관련하여 서로 경쟁관계에 있다고 하자. 두 기업 모두 제품을 생산하여 세계시장에서 경쟁하는 경우 각각 천만달러의 손해를 입을 것이고, 어느 한 기업만 생산하고 다른 기업이 포기한다면 생산하는 기업의 이익은 8천만 달러가 되나 포기한 기업의 이익은 0이 되며 둘다 포기하는 경우 두 기업의 이익은 모두 0이 될 것이라고 한국정부는 예측하였다. 문제를 단순히 하기 위해 이익을 제외한 다른 조건들은 모두 동일하다고 가정한다. (필수 총 20점, 선택 총 10점)

(1) 위 상황을 보수행렬로 표현하고 내쉬균형을 구하시오. (4점)

(2) 한국정부가 자국기업에게 유리한 균형을 얻을 수 있도록 사용할 수 있는 정책을 예를 들어 제시하고 그러한 정책이 게임의 결과를 어떻게 바꾸는지 설명하시오. (8점)

(3) B기업의 수익에 대한 한국정부의 예측에 오류가 존재하여 위와 같은 정부의 전략적 정책이 성공하지 못하는 경우를 예를 들어 설명하시오. (8점)

Ⅰ. **설문 (1)의 해결**
  1. 보수행렬의 도출(단위 : 만 달러)
  2. 내쉬균형의 도출
    (1) 내쉬균형의 의의
    (2) 내쉬균형의 도출
Ⅱ. **설문 (2)의 해결**
  1. 전략적 무역 정책의 실시

  2. 보수행렬의 도출
  3. 내쉬균형의 도출
Ⅲ. **설문 (3)의 해결**
  1. 전략적 무역 정책의 한계
  2. 보수행렬의 도출
  3. 균형의 도출

답안작성

김 0 0 / 2009년도 행정고시 재경직 합격

Ⅰ. 설문 (1)의 해결

1. 보수행렬의 도출(단위 : 만 달러)

A기업＼B기업	생 산	생산포기
생 산	(−1000, −1000)	(8000, 0)
생산포기	(0, 8000)	(0, 0)

2. 내쉬균형의 도출

(1) 내쉬균형의 의의

각 경기자가 상대방의 전략을 주어진 것으로 보고 자신에게 최적인 전략을 선택할 때 이 전략을 내쉬전략이라 하고, 내쉬전략의 짝을 내쉬균형(Nash Eguilibrium)이라고한다.

(2) 내쉬균형의 도출

A기업이 생산하는 경우 B기업은 생산포기를 선택하게 되고 이때 A기업이 행동을 바꿀 유인이 없으므로(생산, 생산포기)가 내쉬균형이 된다. 마찬가지로(생산포기, 생산)의 짝도 내쉬균형이 된다. 즉 내쉬균형이 2개 존재한다.

II. 설문 (2)의 해결

1. 전략적 무역 정책의 실시

설문에서와 같이 세계시장이 완전 경쟁적이지 못하고 독과점적일 때, 때로는 정부의 개입이 상대국의 후생 감소와 자국의 후생 증대를 가져올수 도 있다. 이와 같은 전략적 무역정책(strategic trade policy)의 일환으로 한국정부의 A기업에 대한 보조금 지급의 경우를 살펴보자.

2. 보수행렬의 도출

한국 정부가 A기업의 생산을 장려하기 위해 2000만달러의 생산보조금을 지급했다고 하자. 그러면 게임의 구조가 아래와 같이 변한다.

A기업　　　　　B기업	생산	생산포기
생산	(1000, −1000)	(10000, 0)
생산포기	(0, 8000)	(0, 0)

3. 내쉬균형의 도출

이제 A기업은 B기업의 생산전략과 무관하게 무조건 생산을 하는 것이 더 큰 이익을 얻는 길이므로 생산을 하게 된다. 즉 생산이라는 우월 전략을 갖는다. 이때 B기업은 생산을 포기하는 것이 더 유리하게 되므로 최종 균형은(생산, 생산포기)가 된다.

만일 처음에 B기업이 생산을 하고 있었다면 정부의 보조금 지급으로 A기업이 B기업이 얻고 있던 이익 8000만 달러를 얻게 되므로 보조금 2,000만 달러를 제외한 6,000만 달러만큼의 순이익을 한국이 얻게 된다.

Ⅲ. 설문 (3)의 해결

1. 전략적 무역 정책의 한계

그러나 전략적 무역정책은 일정한 한계를 갖고 있다. 우선 이런 정책이 사용될 수 있는 산업이 현실 세계에서 많다고 볼 수 없다. 또 상대국의 보복을 불러와 무역전쟁을 일으킬 소지가 많다. 그리고 정부가 정확한 보수행렬을 구성할 만큼의 정보를 얻기가 쉽지 않다. 세 번째의 경우를 좀 더 살펴보자.

2. 보수행렬의 도출

정부가 예상한 것과 달리 B기업의 생산성이 높아 실제로는 이익이 각 경우에 있어서 2000만 달러 더 많다고 하자. 그렇다면 실질 보수 행렬은 아래와 같다.

A기업＼B기업	생 산	생산포기
생 산	(1000, 1000)	(10000, 0)
생산포기	(0, 10000)	(0, 0)

3. 균형의 도출

A기업과 B기업은 모두 상대방의 전략과 무관하게 생산을 하는 것이 유리한 우월전략이므로 균형은 두 기업이 모두 생산하는(생산, 생산) 점이된다.

그런데 A국의 경우 보조금 2000만 달러를 감안할 경우 실제로는 1000만 달러의 순손실을 입게 되며 B국 역시 단독 생산시의 이익보다 작은 이익만을 얻게 된다. 전세계적으로 A국이 전략적 무역정책을 사용하지 않는다면 1조 달러의 이익을 얻지만 A국의 개입이 있을 경우 「0」의 순이익만을 얻게 된다.

| 강 평 |

1. 설문 (3)에서 B기업의 수익에 대한 한국정부의 예측에 오류가 존재하여 위와 같은 정부의 전략적 정책이 성공하지 못하는 경우를 예를 정부가 예상한 것과 달리 B기업의 생산성이 높아 실제로는 이익이 각 경우에 있어서 2000만 달러 더 많능 경우를 들었다. 그러나 이 보다는 상대국의 보복을 불러오는 경우가 더 현실적인 것으로 보인다.

2. 즉, 한국 정부가 A기업의 생산을 장려하기 위해 2000만달러의 생산보조금을 지급한 것처럼 일본 정부도 A기업의 생산을 장려하기 위해 2000만달러의 생산보조금을 지급하는 경우이다. 이 경우 게임의 보수 행렬은 다음과 같이 주어진다.

A기업 \\ B기업	생 산	생산포기
생 산	(1000, 1000)	(10000, 0)
생산포기	(0, 10000)	(0, 0)

3. 이 경우 내쉬균형은 (생산, 생산) 이 되어 보조금을 제외한 보수는 −1000이 되어 생산 포기보다 나쁜 결과를 가져오게 된다.

| 제4문 | 한국이 외국으로부터 수입하는 자동차들 중에는 저가 자동차(저급 자동차)보다 고가 자동차(고급 자동차)가 더 많은 현상을 흔히 목격할 수 있다. (필수 총 20점, 선택 총 10점)

(1) 이러한 현상을 목격할 수 있는 이유를 경제 원리에 입각하여 설명하시오. (10점) (단, 분석의 편의를 위하여 저가 자동차와 고가 자동차 단위당 수송비용은 동일하고 두 재화에 대한 소득 소비 곡선은 직선이며 한국 사람들과 외국사람들의 소득 및 두 종류의 자동차에 대한 무차별 곡선의 형태는 동일하다고 가정한다.

(2) 위의 설명을 뒷받침할 수 있는 그래프를 그리고 유사한 사례를 들어보시오. (10점)

I. 설문 (1)의 해결	II. 설문 (2)의 해결
1. 소비자 선택의 기본 원리 2. 상대가격의 변화와 소비비율의 변화	

답안작성

김 ㅇㅇ / 2009년도 행정고시 재경직 합격

I. 설문 (1)의 해결

1. 소비자 선택의 기본 원리

주어진 예산 제약하에서 효용을 극대화하기 위해서 합리적인 경제주체들은 재화의 상대가격과 한계대체율이 일치하는 점에서 소비 의사결정을 내리게 된다.

즉, $\frac{P_x}{P_y}$ = MRSx,y의 관계를 만족하는 점에서 저가 자동차와 고가 자동차의 소비량과 소비비율이 결정된다. (X재: 저가 자동차, Y재: 고가 자동차, P_i : i재의가격)

2. 상대가격의 변화와 소비비율의 변화

외국과 무역이 이루어지면 수송비(s)가 발생하므로 자동차의 상대가격이 변하게 되고 이에 따라 자동차 소비 비율 역시 무역 이전과 달라지게 된다.

즉, $\frac{P_x}{P_y}$ = MRSx,y의 최적 소비조건이 $\frac{P_x+s}{P_y+s}$ = MRSx,y 로 바뀌며 $\frac{P_x}{P_y} < \frac{P_x+s}{P_y+s}$ 의 관계를 가지므로 가격효과가 일어난다.

① 상대적으로 더 싸진 재화를 더 많이 소비하는 대체효과는 무역 이후에 고가 자동차를 그 전보다 더 많이 소비하는 방향으로 작용하며,

② 수송비의 존재로 실질 소득이 감소하여 소득 효과는 두 자동차 소비를 이전보다 줄이는 방향으로 작용하지만 소득소비곡선이 직선이므로 소비비율의 변화를 유발하지는 않는다.

따라서 전체적으로 무역 이후에 한국 사람들은 고가 자동차의 소비를 상대적으로 더 늘리게 되며 그 결과 설문과 같은 현상이 나타난다.

Ⅱ. 설문 (2)의 해결

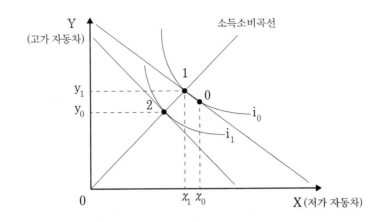

최초의 균형점은 0점이지만 무역이후 고가 자동차의 상대가격이 더 싸지면 예산선의 기울기가 그림과 같이 가팔라지면서 원점으로 이동하게 되고, 2점에서 새로운 균형을 달성한다. 이 때 고가 자동차의 소비비율이 0점에 비해 더 커지게 되는 것을 알 수 있다. 따라서 고가 자동차의 수입 비율이 더 많은 것이다.

올 4월 일시적으로 돼지고기 삼겹살의 가격이 2배 가량 뛴 적이 있다. 이때 돼지 목살 등 기타 부위의 가격은 소폭 상승했거나 변동이 없었는데 삼겹살 가격의 상승률이 워낙 컸기 때문에 소비자들의 씀씀이가 줄어드는 와중에서도 삼겹살 소비비율이 더 크게 줄어들었다. 이런 경우도 설문의 사안과 유사하다고 볼 수 있다.

┤ 강 평 ├

설문 (1)에 대한 답안 중 부등식 $\dfrac{P_x}{P_y} < \dfrac{P_x+s}{P_y+s}$ 이 왜 성립하는 지에 대한 설명이 없다.

이는 수송비 s에 대한 미분 $\partial(\dfrac{P_x+s}{P_y+s})/\,\partial s = \dfrac{P_y-P_x}{(P_y+s)^2} > 0$ 임으로 성립하게 된다.

| **제1문** | 다음은 정부의 각 공공사업에 대한 연도별 순편익과 순편익의 현재가치의 합을 나타내고 있다. (총 35점)

공공사업명	각 연도의 순편익 (단위 : 억 원)		순편익의 현재가치의 합 (할인율=5%)
	연도 0	연도 1	
A	−70	100	25.2
B	−50	70	16.7
C	−30	55	22.4
D	−10	20	9.1

(1) 정부의 공공사업에 대한 비용−편익 분석 수단인 현재가치기준과 내부수익률기준에 대하여 각각 설명하시오. (10점)

(2) 위의 표에서 순편익의 현재가치의 합은 어떻게 계산된 것인지 설명하시오. (7점)

(3) 위의 네 가지 공공사업 중에서 오직 하나의 사업만을 시행할 수 있다고 할 때 정부가 어느 사업을 선택해야 하는지와 그 이유를 설명하시오. (8점)

(4) 이제 정부가 연도 0에 80억 원의 예산만을 확보하였다고 가정하자. 이 경우 어느 사업을 선택해야 하는지와 그 이유를 설명하시오. 위의 설문 (3)에서 선택한 사업이 이번에도 포함되었는지 여부와 그 이유를 설명하시오. (10점)

I. 설문 (1)의 해결
 1. 비용−편익 분석의 의미
 2. 현재가치기준과 내부수익률기준의 의의
   (1) 현재가치기준의 의의
   (2) 내부수익률기준의 의의
 3. 각 기준의 한계
   (1) 현재가치기준의 한계
   (2) 내부수익률기준의 한계

II. 설문 (2)의 해결

 1. 순편익의 현재가치의 합 도출식
 2. 각 공공사업의 도출방식

III. 설문 (3)의 해결
 1. 분석의 가정
 2. 정부의 선택 및 그 이유

IV. 설문 (4)의 해결
 1. 분석의 가정
 2. 가능한 대안의 도출 및 선택
 3. 설문 (3)의 결과와의 비교

Ⅰ. 설문 (1)의 해결

1. 비용-편익 분석의 의미

비용-편익 분석이란 특정한 투자계획을 실천에 옮길것인가를 고려하는 과정에서, 발생하는 비용과 창출되는 편익을 분석하는 행위를 의미한다. 비용-편익 분석의 방법은 대표적으로 현재가치기준과 내부수익률기준이 있다.

2. 현재가치기준과 내부수익률기준의 의의

(1) 현재가치기준의 의의

현재가치기준은 어떤 투자계획의 타당성을 현재가치로 환산된 순편익에 기초해 평가하는 방법이다. 여기서 현재가치란 예상되는 비용과 편익을 적절한 비율로 할인하여 구해지는 값이다. 이는 기회비용을 반영함을 의미하기도 한다.

현재가치기준에 의해 평가된 사업은 양(+)의 값을 가질 경우에 일반적으로 채택가능성을 인정받게 된다. 또한 여러 사업을 비교할 경우에는 우선순위를 결정하는 것에 도움을 준다.

(2) 내부수익률기준의 의의

어떠한 투자계획이 의미하는 기간당 수익률을 계산해 내부수익률이라 부르고, 이에 기초해 투자계획의 타당성을 평가하는 것이 내부수익률기준이다.

이에 따르면 내부수익률이 투자계획에 소요되는 자금의 기회비용을 뜻하는 할인율보다 클 경우에 채택가능성을 인정받게 되며, 여러 사업을 비교할 경우에는 내부수익률이 높은 순으로 우선순위를 배정하게 된다.

3. 각 기준의 한계

(1) 현재가치기준의 한계

공공부문에 있어서의 현재가치기준은 과연 시장이자율을 그대로 사용할 것인가에 대한 문제가 있다. 공공부문은 민간부문과는 달리 여러가지 복합적인 목표를 추구하기 때문이다. 또한 시장가격 자체가 변화하는 경우 편익과 비용을 측정하기 힘들다는 문제도 있다.

(2) 내부수익률기준의 한계

이 역시 현재가치기준의 경우와 마찬가지로 기준이 되는 이자율 산정의 어려움과 편익 및 비용의 측정 어려움의 한계를 갖는다. 또한 내부수익률기준은 사업의 규모를 고려하지 않는다는 점 및 내부수익률이 복수해를 갖는 경우가 있다는 문제를 추가로 갖는다.

II. 설문 (2)의 해결

1. 순편익의 현재가치의 합 도출식

순편익의 현재가치의 합은,

$$NPV = B_0 - C_0 + \frac{B_1 - C_1}{1+r} + \cdots + \frac{B_n - C_n}{(1+r)^n}$$

와 같은 도출식으로 결정된다.

2. 각 공공사업의 도출방식

위의 도출식에 근거하면,

$$A : -70 + 100/1.05 = 25.2$$
$$B : -50 + 70/1.05 = 16.7$$
$$C : -30 + 55/1.05 = 22.4$$
$$D : -10 + 22/1.05 = 9.1$$의 방식으로 도출됨을 알 수 있다.

III. 설문 (3)의 해결

1. 분석의 가정

정부는 오직 하나의 사업만을 시행할 수 있으며, 예산의 제약은 없다고 가정한다. 또한, 편익과 비용에 관한 모든 정보를 알고 있음을 가정한다.

2. 정부의 선택 및 그 이유

현재가치기준에 의하면 A공공사업이 그 현재가치가 가장 높으므로 최우선의 대안이 된다. 반면 내부수익률기준에 의하면 D공공사업이 그 내부수익률이 가장 높으므로 최우선의 대안이 된다.

A와 D의 대안 중에서 정부의 예산제약이 없으므로 정부는 현재가치가 가장 높은 A를 선택할 것이다. 만약 D를 선택한다면, 내부수익률은 높으나 해당 공공사업으로 얻어지는 현재가치가 A의 그것에 비해 현저하게 적기 때문이다. 즉 예산제약이 없는 상황에서는 정부는 현재가치의 기준에 의해서 사업은 선정한다.

Ⅳ. 설문 (4)의 해결

1. 분석의 가정

공공사업에 대한 정부의 예산은 연도 0에 80억 원뿐이라고 가정한다. 즉 이 경우에서는 80억 원의 예산제약 하에서 두 가지 이상의 공공사업의 시행도 가능하다.

2. 가능한 대안의 도출 및 선택

80억 원의 예산제약 하에서는 (A), (B), (C), (D), (A,D), (B,C), (B,D), (C,D)의 8가지 대안만이 가능하다.

각각의 경우 순편익의 현재가치의 합을 구하여 비교하면 (B,C)의 경우가 39.1억 원으로 가장 큰 값을 갖는다. 따라서 80억 원의 예산제약 하에서는 B사업과 C사업을 선택하며, 이에 따라 39.1억원의 순편익의 현재가치를 기대할 수 있다.

3. 설문 (3)의 결과와의 비교

설문 (3)의 경우 A공공사업이 선택되는 반면, 설문 (4)의 경우에는 B와 C사업이 선택된다. 이는 앞에서 언급한 바와 같이 예산제약이 있기 때문이다. A공공사업과 병행될 수 있는 사업은 D공공사업뿐이지만, 이의 경우에는 순편익의 합이 B와 C를 선택하는 것보다 작다.

| 강 평 |

1. 내부수익률(r)을 계산하는 방법에 대한 소개가 답안에 없는데 이는

$$연도\ 1\ 편익/(1+r) = 연도\ 0\ 비용$$

을 만족시키는 r로 표시된다.

2. 설문 (3)의 답안에서 정부의 예산제약이 없으므로 정부는 현재가치가 가장 높은 사업을 선정한다고 서술하고 있으나, 그 보다는 내부수익률 기준으로 한 사업선정 결과에 대해서도 기술하는 것이 타당하다고 생각된다.

| 제2문 | 교토의정서 등과 같은 환경오염과 관련된 국제적 협약의 발효는 환경오염을 발생시키는 생산 활동의 사회적 가치에 대한 재고를 요구하고 있다. 한강 상류에 있는 세 기업 A, B, C가 생산과정에서 발생하는 폐수를 매년 각각 a톤씩 방류한다고 하자. (총 35점)

(1) 방류하는 폐수의 피해가 계산되지 않은 사적인 시장균형에서는 세 기업이 생산하는 재화의 균형가격과 균형거래량이 사회적으로 바람직한 수준에 비해 어떻게 결정되는가? (10점)

(2) 정부의 개입 없이도 외부성을 발생시키는 당사자 간의 거래를 통하여 외부성 문제가 해결될 수 있다는 이론적 근거를 설명하시오. 아울러 이를 실행하는데 따르는 현실적 어려움에 대해서도 설명하시오. (10점)

(3) 시장실패를 조정하기 위하여 정부가 현재 폐수방류량 $3a$톤을 $\frac{2}{3}$ 수준으로 낮추고자 $2a$톤의 폐수방류를 허가하는 폐수방류권을 판매한다고 가정하자. 세 기업 A, B, C의 톤당 폐수 감축비용이 각각 a. b. c라고 할 때 동일한 가격으로 판매되는 폐수방류권의 최고가격은 어떻게 결정되며, 이 때 감축에 소요되는 사회적 총비용은 얼마인가? (5점)
(단, a〉b〉c〉0 이다)

(4) 폐수방류권이 무상으로 각 기업에게 $\frac{2}{3}a$톤씩 나누어지고 폐수방류권의 거래가 금지된다면 폐수 감축에 소요되는 사회적 총비용은 얼마인가? (5점)

(5) (4)에서 나누어진 폐수방류권이 거래될 경우 폐수 감축에 소요되는 사회적 총비용이 최저가 되는 효율적인 배분상태가 달성될 수 있음을 설명하시오. (5점)

2009

I. 설문 (1)의 해결

1. 외부성의 문제

외부성의 문제란 어떤 행위가 제3자에게 의도하지 않는 혜택이나 손해를 가져다주는데, 이에 대한 대가나 지불이 없는 경우 나타나는 문제를 의미한다.

외부성은 소비의 외부성과 생산의 외부성으로 분류될 수 있으며, 이로운 외부성과 해로운 외부성으로도 구분이 가능하다.

2. 설문의 외부성

(1) 설문의 외부성의 종류

설문의 외부성은 기업의 생산과정에서 발생하는 폐수의 문제로 해로운 생산의 외부성으로 분류할 수 있다.

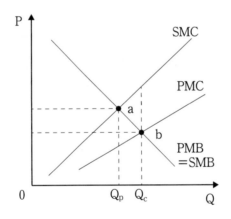

(2) 설문의 균형가격과 균형거래량

위의 그래프처럼 해로운 생산의 외부성이 발생할 시에는 사회적한계비용(SMC)가 사적한계비용(PMC)보다 크다. 하지만 개인의 이윤극대화 전략은 사적한계비용과 사적 한계편익(PMB)가 일치하는 지점에서 이루어진다. 결국 균형점은 b점에서 이루어지며, 이는 사회적으로 바람직한 지점인 a점보다 균형가격은 낮으나 생산량은 많음을 알 수 있다.

II. 설문 (2)의 해결

1. 외부성문제 해결의 방법 및 선택

위와 같은 외부성의 문제를 해결하는 방법으로는 직접통제, 환경세부과, 오염허가서 발급, 소유권의 확립 등의 방법이 있다. 설문의 경우에서는 당사자 간의 거래를 통한 외부성 해결을 묻고 있는 바, 코우즈 정리를 통하여 접근하겠다.

2. 코우즈 정리의 의의

(1) 개 념

외부성을 일으키는 경제적 매개체에 대한 사적 소유권을 명확히 규정할 경우 그 귀속방향과 관계없이 효율적 자원배분 달성이 가능하다는 이론이다. 이를 위한 가정으로는 이해 당사자의 확정이 용이해야 하며, 거래 및 협상 비용이 무시할 정도로 작고, 소유권의 귀속에 따른 자산효과가 없어야 함이 언급된다.

(2) 작동원리

만약 한강에 대한 소유권이 기업측에 주어 진다면 기업측은 자신의 이윤을 극대화 하는 지점인 b점을 선택한다. 이때 사회적 최적의 지점인 a점이 선택될 경우에 비해 기업은 빗금친 부분인 '1'의 부분만큼의 이득이 발생하는 반면, 일반 시민들은 '1+2'만큼의 비용이 발생한다. 따라서 당사자간의 협상을 통해 a점의 달성이 가능하다.

또한 소유권이 일반 시민에게 있을 경우에는 일반 시민은 기업에 대해 한강 오염을 금지시킬 것 이다. 이때 사회적 최적지점인 a점으로 갈 경우 발생하는 기업의 이득은 '3+4'의 크기이나, 일반 시민의 비용은 '4'의 크기이므로 이의 사이에서 가격이 결정되며 결국 a점에서 균형이 이루어진다.

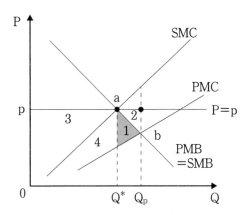

3. 코우즈 정리의 시사점 및 현실적 문제점

우리는 이를 통해 환경문제에 있어서 정부의 직접적, 적극적 개입이 반드시 요구되는 것은 아니며, 소유권의 확립이라는 최소한의 개입을 통해서도 문제의 해결이 가능함을 알 수 있다.

그러나 이해당사자의 확정이 용이하지 않으며, 협상비용 발생시 무임승차자의 발생이 가능하다는 점 등이 있다. 이는 애초에 협상 자체가 시작되지 못할 수 있다는 점을 지적하는 것이다. 위의 경우 일반 시민의 범위를 어느 선까지 인정해야 하는지 여부 및 협상과정에서의 비용 발생이라는 점이 문제로 다가온다. 또한 소유권의 귀속방향은 분배의 문제를 유발한다는 한계점이 있다.

III. 설문 (3)의 해결

1. 가정의 설정

사회적으로 바람직한 폐수의 방류량은 2α톤이라고 가정한다. 즉 정부는 사회적 최적의 폐수방류량을 달성하기 위해 2α에 해당하는 폐수방류권을 판매하고 있는 것이다.

2. 설문의 해결

각 기업은 감축비용보다 폐수방류권의 가격이 낮을 시에는 폐수방류권을 구입하는 반면에, 감축비용보다 폐수방류권의 가격이 높을 시에는 감축을 선택할 것이다. 설문에서 공급은 2α로 고정되어 있는 반면, 수요는 계단형의 모습을 띄게 된다. 만약 폐수방류권의 가격이 a보다 높을 시에는 어느 기업도 구입하지 않으나 a보다 낮고 b보다 높을 시에는 A기업이 α만큼 구입한다. 또한 가격이 b와 c의 사이일 경우에는 B기업도 α만큼 구입할 것이므로 가격은 c와 b의 사이에서 형성되며, 따라서 최고가격은 b가 된다.

결국 C기업만이 폐수를 감축할 것이며, 그 비용은 $c\alpha$의 크기로 이는 감축에 소요되는 사회적 총비용이며, 위의 그래프의 빗금 친 부분의 넓이에 해당한다.

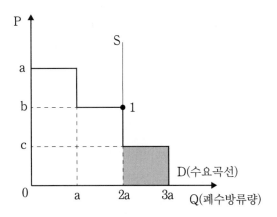

IV. 설문 (4)의 해결

1. 가정의 설정

역시 사회적으로 바람직한 폐수의 방류량은 2α톤이라고 가정한다. 또한 폐수방류권의 거래가 금지되므로 각 기업은 $\frac{2}{3}\alpha$톤을 배출하며 나머지 $\frac{1}{3}\alpha$톤을 감축할 것이다.

2. 설문의 해결

A기업은 $\frac{1}{3}\alpha$a의 비용을 소요하여 감축할 것이며, B기업은 $\frac{1}{3}\alpha$b의 비용을 소요하여 감축할 것이고, C기업은 $\frac{1}{3}\alpha$c의 비용을 소요하여 감축할 것이다.

따라서 $\frac{1}{3}\alpha$(a+b+c)의 사회적 총비용이 발생한다.

V. 설문 (5)의 해결

1. 가정의 설정

역시 사회적으로 바람직한 폐수의 방류량은 2α톤이라고 가정한다. 또한 폐수방류권의 거래가 허용되며, 거래비용은 발생하지 않음을 가정한다.

2. 설문의 해결

A기업의 톤당 감축비용은 a로 C기업의 톤당 감축비용인 c보다 크다. 따라서 A기업은 C기업에게 $\frac{1}{3}\alpha$만큼의 폐수방류권을 사게 된다.

B기업의 톤당 감축비용은 b로 C기업의 톤당 감축비용인 c보다 크다. 따라서 마찬가지로 B기업은 C기업에게 $\frac{1}{3}\alpha$만큼의 폐수방류권을 사게 된다.

이에 따라 A기업과 B기업은 각각 α톤을 배출하며, C기업은 α톤을 감축하게 된다. 이는 위에서 언급한 최적 폐수배출량인 2α톤과 같은 값이다. 결국 자유로운 거래를 통해 사회적으로 최적 폐수방출량의 달성이 가능하다.

3. 정책적 함의

이는 직접규제 방식에 비해 사회적 비용이 절감된다는 측면과 정책당국이 기업의 비용구조에 대한 정보를 획득할 필요성이 적다는 측면, 시장 환경의 변화와 관계없이 목표수준을 안정적으로 유지가능하다는 장점이 있다. 하지만 초기 배분시 배분 기준의 설정 문제와 진입장벽으로 악용될 가능성이 있다는 문제점이 있다.

강 평

1. 외부성을 일으키는 경제적 매개체에 대한 사적 소유권을 명확히 규정할 경우 그 귀속방향과 관계없이 효율적 자원배분 달성이 가능하다는 코우즈 정리(Coase theorem)에 관한 문제이다.

2. 문제를 풀기 위하여 기업의 가능한 선택에 대해 먼저 명확히 하는 것이 필요하다. 기업 입장에서는 비용을 들여 폐수방류량을 감축하거나 감축하지 않고 폐수방류권을 구입하는 두 가지 방법이 있다.

3. 폐수방류량을 감축비용이 주어져 있을 때, 이 두 방법간의 비용 차이는 가격설정에 따라 결정된다. 여기서 문제에서는 분명하게 나와 있지 않으나 설문 (3)의 경우 암묵적으로 정부에서 폐수방류권의 가격을 결정한다고 가정 하에 문제를 풀 필요가 있다.

| 제3문 | 이자율은 국민경제전체에 커다란 영향을 미친다. 다른 조건이 일정한 경우, 이자율이 하락하면 투자가 증가하고 이자율이 상승하면 투자가 감소하는 것이 일반적이다. 그런데 현실경제에 있어서 이자율이 낮은 수준인데도 불구하고 투자가 증가하지 않는 경우도 있다. (총 30점)

(1) 이자율결정이론을 세 가지 이상 열거하고 각각을 설명하시오. (12점)

(2) 이자율의 변화가 부동산가격에 영향을 미칠 수 있다. 그 경로를 설명하시오. (8점)

(3) 이자율이 낮은 수준임에도 불구하고 투자가 증가하지 않는 경우에 대하여 그 이유를 이론적 근거를 들어 설명하시오. (10점)

Ⅰ. **설문 (1)의 해결**
  1. 대부자금시장 모형
   (1) 개 념
   (2) 그래프의 도해 및 해석
  2. 유동성 선호 모형
   (1) 개 념
   (2) 그래프의 도해 및 해석
  3. 새고전학파의 일반균형론
   (1) 개 념

  (2) 그래프의 도해 및 해석
Ⅱ. **설문 (2)의 해결**
  1. 부동산 가격 결정식
  2. 설문의 해결
Ⅲ. **설문 (3)의 해결**
  1. 신용경색의 가능성
  2. 투자의 옵션가설
  3. 야성적 충동
  4. 정책적 함의

답안작성

최 ○ ○ / 2009년도 행정고시 재경직 합격

Ⅰ. 설문 (1)의 해결

1. 대부자금시장 모형

(1) 개 념

대부자금시장 모형이란 이자율을 대부자금시장에서의 자금공급과 수요의 균형점에서 결정됨을 설명하는 이론이다. 대부자금시장에서의 공급이라고 할 수 있는 저축과 수요라고 할 수 있는 투자 및 재정적자의 균형에서 결정됨을 보여준다. 이는 실질이자율 결정모형이라고 볼 수 있다.

(2) 그래프의 도해 및 해석

아래 그래프처럼 대부자금시장에서의 공급곡선과 수요곡선이 만나는 1점에서 균형이 이루어지며, 이때의 이자율은 r_0에서 나타난다. 이는 이자율이 올라가면 더 많은 자금이 공급되는 반면, 수요는 작아지는 현상의 근거도 된다. 이자율 결정의 과정을 매우 간단하게 나타낸다는 장점이 있으나, 화폐 전체의 수요와 공급이 아닌 대부가 가능한 자금에 대해서 국한시켜 분석하고 있다는 비판이 있다.

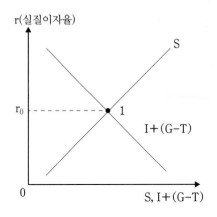

2. 유동성 선호모형

(1) 개 념

유동성 선호모형이란 이자율을 대부자금시장에서의 자금공급과 수요의 균형점에 국한시킴을 넘어서 화폐 전체에 대한 수요와 공급에 의해 결정된다고 본다. 이는 단기적인 명목 이자율 결정모형으로 볼 수 있다.

(2) 그래프의 도해 및 해석

다음 그래프처럼 화폐시장에서의 공급곡선과 수요곡선이 만나는 2점에서 균형이 이루어지며, 이때의 이자율은 r_2에서 나타난다. 이는 외생적으로 주어지는 화폐공급과 이자율에 반비례하는 화폐수요를 근거로 도출된다. 화폐 수요가 이자율의 감소함수인 것은 투기적 수요의 측면에 주목하였기 때문이다. 대부자금시장 모형이 갖고 있는 협소함을 보충하였으나, 화폐공급의 내생적 특성이나 거래적 화폐수요의 측면 간과, 개방경제에서의 적합성 등 여러 문제점이 제기되고 있다.

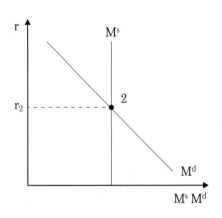

3. 새고전학파의 일반균형론

(1) 개 념

새고전학파의 일반균형론은 노동시장과 화폐시장 및 생산물시장을 모두 고려하는 이론이다. 그 중 생산물 시장에서의 총공급곡선과 총수요곡선에 의해 이자율이 결정됨을 보여준다.

(2) 그래프의 도해 및 해석

아래 그래프처럼 생산물시장에서의 공급곡선과 수요곡선이 만나는 3점에서 균형이 이루어지며, 이때의 이자율은 r_3에서 나타난다. 이는 노동 시장에서 기간간 대체가설에 의해 우상향하는 총공급곡선과 소비와 투자의 이자율에 대한 역의 관계에 의해 우하향하는 총수요곡선을 근거로 도출된다. 기존의 부분균형의 한계를 보완하였다.

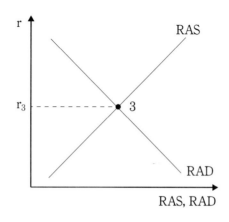

II. 설문 (2)의 해결

1. 부동산 가격 결정식

부동산 가격이 임대료와 이자율에 의해서만 결정됨을 가정하였을 때 그 결정식은

$$PV = \frac{D_1}{(1+r)} + \frac{D_2}{(1+r)^2} + \cdots + \frac{D_n}{(1+r)^n} + \cdots \text{ 이 된다.}$$

2. 설문의 해결

즉, 위의 식은 임대수익이 일정할 경우 부동산의 현재가치는 이자율과 역의 관계에 있음을 나타낸다. 또한 이자율의 상승은 차입비용의 증가를 일으킬 수 있으므로 D가 감소할 가능성이 있으며, 대체투자 수익률이 증가할 가능성이 크기 때문에 부동산의 가격하락을 가속시킬 우려가 있다. 결국 이러한 요인들로 인하여 부동산 가격은 이자율의 변화에 영향을 받게 된다.

Ⅲ. 설문 (3)의 해결

1. 신용경색의 가능성

신용경색(credit crunch)이 나타날 경우 투자는 이자율에 비탄력적이 된다. 이는 이자율경로가 작동하는 대신 신용경로가 작동하는 근거가 된다. 우측의 그래프의 경우 확장적 통화정책으로 이자율이 하락함에도 비탄력적인 IS곡선 때문에 투자가 증가하지 않고 있음을 나타내고 있다.

이는 주로 불확실성의 상황이나, 불황에 많이 나타나는 것으로 분석된다.

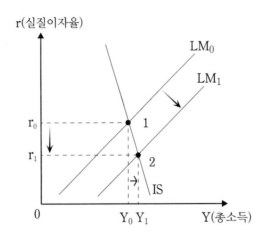

2. 투자의 옵션가설

투자의 옵션가설에 따르면 투자는 비가역적 성격을 갖고 있기 때문에 불확실성이 만연한 경제상황에서는 투자가 이자율에 크게 영향 받지 않는다. 이는 불확실성이 클 경우에는 이자율이 낮은 수준이라도 '투자보류'라는 일종의 옵션을 손에 쥐고 있는 편이 합리적일 수 있다는 가정에 입각한다.

3. 야성적 충동

케인즈에 따르면 투자는 이자율과 같은 경제지표에 의해 움직이기 보다는 기업가의 직관이나 오랜 경험 등에 의해 결정된다. 따라서 이자율이 낮은 수준에 있다고 해도 투자가 쉽게 증가하지 않는 현상이 나타날 수 있다.

4. 정책적 함의

불확실성이 만연하거나 불황의 경제상황에서는 이자율 경로의 작동에 제한될 수 있다.

따라서 정책당국은 투자의 증대를 위하여 단순한 이자율 하락 정책에 그쳐서는 안되며, 신용경로와 관련된 여타 정책을 활용할 필요가 있다. 물론 이를 위해서는 세밀한 경제상황의 분석 및 진단이 선행되어야 한다. 이는 서브프라임 모지기론 파동 등으로 시작된 세계적 경제 불황이 나타나고 있는 현재, 적지 않은 함의를 지닌다.

김 윤 영 / 단국대학교 경영경제대학 무역학과 교수

| 강 평 |

1. 설문(3)에 대한 답안에서 이자율이 낮은 수준임에도 불구하고 투자가 증가하지 않는 경우에 대하여 그 이유를 신용경색의 가능성으로 설명하면서 비탄력적인 IS 곡선 때문에 투자가 증가하지 않고 있음을 나타내고 있다고 서술하고 있으나, 좀 더 정확히는 이자율 하락에도 투자가 증가하지 않아 IS 곡선이 비탄력적이라고 서술하는 것이 맞는 것으로 보인다.

2. 이자율 하락에도 투자가 증가하지 않는 이유는 투자가 이자율 만이 아니라 미래의 투자 수익 전망에도 의존하는데, 미래의 투자 수익 전망이 나쁘기 때문에 그런 결과가 나오는 것이다.

| 제1문 (50점) |

200명의 소비자로 구성되어 있고, $t = 1$과 $t = 2$의 두 기간 동안 지속되는 다음과 같은 시장경제를 분석해 보자. 모든 소비자는 두 기간에 걸친 소비, c_1과 c_2에 대하여 동일한 선호체계를 가지고 있고, 이는 효용함수 $u(c_1, c_2) = c_1^2 c_2$로 표현된다고 한다. 1기의 소득 m_1과 2기의 소득 m_2의 흐름에 따라 소비자들은 두 가지 유형으로 분류되는데, 유형 A의 소비자들은 $m_1 = $ M과 $m_2 = 0$의 소득을 얻는 반면에 유형 B의 소비자들은 $m_1 = 0$과 $m_2 = $ M의 소득을 얻는다. 두 유형의 소비자들의 숫자는 각기 100명으로 같다. 또한 이들은 금융시장에 참가하여 주어진 이자율 r 하에서 자유롭게 자금을 빌리거나 빌려줄 수 있다. 분석을 단순화하기 위하여 인플레이션은 없다고 가정하자.

(1) 두 유형의 소비자의 효용극대화 문제를 쓰고 이를 풀어서, 개별 소비자의 각 기간의 소비에 대한 수요함수를 구하라.
(2) (1)에서 구한 개인수요함수를 이용하여 금융시장에서의 자금에 대한 시장수요함수와 시장공급함수를 구하라.
(3) 금융시장에서의 균형 이자율과 자금거래량을 구하고, 이를 그래프로 그려라. 시장균형 하에서 각 소비자는 어떠한 소비 행위를 보이는가?
(4) 이제 정부가 금리 수준이 너무 높다고 판단하고 $\bar{r} = 0.5$의 이자율 상한제를 도입하기로 결정하였다. 이 이자율 상한제의 경제적 효과를 설명하라.
(5) (4)의 이자율 상한제 하에서 각 유형의 소비자의 소비 행위는 어떻게 바뀌는가? Slutsky 방정식을 이용하여 소비 행위의 변화를 대체효과와 소득효과로 나누어서 설명하고, 이를 그래프로 그려라(유형 B의 소비자의 경우에는 원하는 자금을 성공적으로 빌린 소비자를 분석할 것임).
(6) 각 소비자의 효용함수가 $u(c_1, c_2) = c_1 c_2^2$ 이라면 시장균형이 어떻게 바뀌는지 간단히 설명하라. 왜 이처럼 다른 결과가 나타나게 되는지 경제적 이유도 설명해 보라.

✦advice
1. 설문 (1)에서는 최적소비조건 MRS $= 1 + r$ 을 활용하여 소비함수를 도출한다.

2. 설문 (2)에서 자금의 시장수요함수는 차입자의 수요함수를, 시장공급함수는 저축자의 공급함수를 수평합하여 도출할 수 있다.

3. 설문 (3)에서는 설문 (2)에서 도출한 시장수요함수와 시장공급함수가 교차하는 점을 찾아 시장균형을 구하면 된다. 각 소비자 소비행위의 특성은 콥-더글라스 효용함수가 가진 특성에 착안하여 서술한다.

4. 설문 (4)의 이자율 상한제와 관련하여서는 자금의 초과수요에 따른 비효율성 및 불공평성을 언급해주어야 한다.

5. 설문 (5)는 저축자와 차입자에게 소득효과가 작용하는 방향이 다름을 유의하며 해결한다.

6. 설문 (6)에서는 소비함수가 2기 소비를 선호하는 형태로 달라진다. 인플레이션이 없다는 가정에 따를 때 명목이자율과 실질이자율이 같으므로 균형이자율은 음의 값을 가질 수 없다는 점을 주의하며 해결해야 한다.

답안구성 예

Ⅰ. 설문 (1)의 해결
1. 소비자의 효용극대화문제
2. 수요함수의 도출

Ⅱ. 설문 (2)의 해결
1. 시장수요함수의 도출
2. 시장공급함수의 도출

Ⅲ. 설문 (3)의 해결
1. 금융시장 균형의 도출 및 도해
2. 소비행위의 종합적 평가

Ⅳ. 설문 (4)의 해결

1. 초과수요의 도출
2. 이자율 상한제의 비효율성

Ⅴ. 설문 (5)의 해결
1. A유형 소비자의 경우
2. B유형 소비자의 경우

Ⅵ. 설문 (6)의 해결
1. 소비함수의 도출
2. 자금 수요·공급함수의 도출
3. 시장균형의 도출
4. 종합적 평가

| 제2문 (30점) |

일반적으로 금융위기 기간에는 금융시장의 불안으로 신용경색 현상이 발생하고 이것은 다시 실물경제에 영향을 주게 된다. 이러한 상황과 관련된 다음의 문항에 답하시오.

(1) 폐쇄경제를 상정하고 신용경색이 금융시장의 여러 변수들과 실물경제에 미치는 영향에 대하여 분석하라. 특히 이자율, 국채 금리와 회사채 금리의 격차, 수익률 곡선의 기울기, 통화승수에 대한 효과를 분석하고, 실물경제에 대한 파급효과에 대하여 서술하라.
(2) 글로벌 금융위기에 대응하여 중앙은행이 확장적인 통화공급으로 대응하였을 경우에 (1)에서의 분석과 달라지는 점들을 지적하고, 변동환율제를 채택하고 있는 한국과 같은 소국개방경제를 상정하였을 때 환율, 경상수지, 자본수지 등에 대한 영향을 설명하라.

(3) 일부 국가들이 시행하고 있는 것처럼, 주요 통화에 대하여 국내통화의 가치를 고정시키는 (pegged) 고정환율제, 또는 최소한 관리변동환율제를 운용할 경우, 글로벌 금융위기 상황에서 환율의 안정성을 확보할 수 있다는 주장이 대두되기도 한다. 이러한 주장의 문제점 또는 한계점을 설명하라.

Advice

1. 설문 (1)은 신용경색의 개념을 충실히 따라 해결하면 된다. 이자율 외의 요인으로 신용공급이 결정되므로 이자율은 안정적으로 유지되나 신용감소폭이 더욱 커질 것이다. 또한 경기불황기에는 신용스프레드가 상승하고 장단기금리역전우려가 높아지므로 이를 답안에 반영하면 된다.

2. 설문 (2)에서는 변동환율제를 가정한 IS-LM-BP모형을 활용해 확장적 통화정책의 효과를 서술하여 해결한다. 설문 (1)과의 비교를 요구하므로 신용스프레드, 수익률곡선의 형태 등에 대해서도 언급해주도록 한다.

3. 설문 (3)에서는 고정환율제를 채택할 경우 생산물시장의 충격이나 해외부문에서 비롯되는 충격에 대해 총소득의 변동성이 커짐을 한계점으로 제시한다.

답안구성 예

I. 설문 (1)의 해결
  1. 신용경색의 개념
  2. 금융시장의 주요 변수에 미치는 영향
  3. 실물경제에 미치는 영향

II. 설문 (2)의 해결
  1. 모형의 설정
  2. 주요 변수에의 영향

III. 설문 (3)의 해결
  1. 주장의 근거: 화폐부문충격
  2. 주장의 한계: 실물부문충격

| 제3문 (20점) |

국제금융이론에는 케인지언 모형과 화폐주의자 모형이 있다. 이 모형들과 관련하여 다음 질문들에 답하시오.

(1) 케인지언 모형과 화폐주의자 모형의 근본적인 차이점은 무엇인가?

(2) 자국의 소득증가가 경상수지에 미치는 영향에 대해 두 모형의 결론이 서로 다른데 어떻게 다르고 그 이유는 무엇인가?

(3) 환율결정이론을 보면 화폐주의자들은 통화량의 증가율, 물가상승률, 평가절하율이 모두 같다고 한 반면, 케인지언들은 평가절하율이 통화량의 증가율보다 더 높을 수 있다고 주장한다. 그 이유는 무엇이고 어떻게 다른지를 분석하라.

Advice

1. 설문 (1)은 가격경직성과 가격신축성을 중심으로 두 모형의 상이한 특성들을 제시하여 해결한다.

2. 설문 (2)에서 케인지언 모형은 생산물시장을 통한 조정경로를, 화폐주의자 모형은 화폐시장을 통한 조정경로를 강조하므로 이에 부합하는 수식과 그래프를 활용한다.

3. 설문 (3)은 구매력평가설과 오버슈팅모형을 통해 해결한다. 이때 두 학파간 주장이 상이한 핵심 원인으로 가격신축성에 대한 전제가 다름을 명시해야 한다.

답안구성 예

Ⅰ. **설문 (1)의 해결**
  1. 케인지언 모형의 주장
  2. 화폐주의자 모형의 주장

Ⅱ. **설문 (2)의 해결**
  1. 케인지언 모형의 경우

  2. 화폐주의자 모형의 경우

Ⅲ. **설문 (3)의 해결**
  1. 케인지언 환율모형의 경우
  2. 화폐주의자 환율모형의 경우

| 제1문 | 개별 노동공급곡선은 일반적으로 우상향하는 형태를 가진다. 그러나 고소득층의 경우 개별 노동공급곡선이 후방굴절하는 경우가 발행할 수도 있다. (필수 총 20점, 선택 총 10점)

(1) 고소득층의 개별 노동공급곡선이 우하향하는 부분을 무차별곡선과 예산선 을 이용하여 대체효과와 소득효과로 나누어 설명하시오. (14점)(단, 임금이 상승했다고 가정한다)

(2) 효용극대화에 기초한 노동공급모형이 갖는 한계점을 지적하시오. (6점)

Ⅰ. **설문 (1)의 해결**
　1. 임금률 상승의 효과

2. 후방굴절형 노동공급곡선
Ⅱ. **설문 (2)의 해결**

답안작성　　　　　　　　　　　　　　이 ○ ○ / 2007년도 행정고시 재경직 합격

Ⅰ. 설문 (1)의 해결

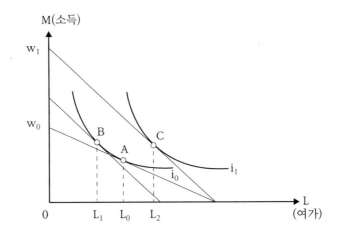

1. 임금률 상승의 효과

임금률이 w_0에서 w_1으로 상승함에 따라 「여가–소득」 평면에서의 예산선의 기울기가 가팔라지며 대체효과에 의해 여가 소비량이 L_0에서 L_1로 감소한다. 대체효과는 여가가 정상재이거나 열등재임에 상관없이 언제나 여가소비를 줄이는 방향으로 작용한다. 임금률 상승에 따른 가격효과는 대체효과와 소득효과의 합으로 나타내어지는바, 임금률이 상승함에 따라 동일한 노동시간의 노동공급에도 실질 소득은 증가하게 되어 소득효과가 발생하며, 이는 여가가 정상재인지 열등재인지에 따라 그 효과가 상반된 방향으로 나타난다. 여가가 정상재임을 가정할 때, 임금률 상승에 따른 소득효과는 여가소비를 증가시키는 방향으로 작용하며, 만약 소득효과의 크기가 대체효과의 크기보다 클 때, 임금률 상승에 따라 여가소비량이 증가하고 노동공급 시간은 감소하게 되어, 우하향하는 노동공급곡선이 도출된다.

2. 후방굴절형 노동공급곡선

후방굴절형 노동공급곡선에서 우하향하는 부분은 '소득효과≥대체효과' 인 경우이고, 우상향하는 부분은 '소득효과≤대체효과' 인 경우에 해당한다. 일반적으로 저소득계층의 경우 임금률이 상승하는데 따르는 대체효과의 크기가 소득효과를 압도하기 때문에 노동공급곡선이 우상향 하는 형태로 나타나지만, 고소득 계층의 경우 이미 충분한 임금소득을 얻고 있기 때문에 임금률 상승에 따른 추가적인 노동공급에서 얻는 효용의 증가분 보다 여가시간을 증가시킴으로써 얻는 효용의 증가분이 더 큰 경우 일정 임금률 이상에서 우하향하는 노동공급곡선이 나타날 수 있다.

Ⅱ. 설문 (2)의 해결

효용극대화에 기초한 노동공급모형의 경우, 근로자의 효용을 결정하는 변수로서 여가와 임금소득만을 고려하기 때문에 자신이 받는 임금률의 변화에 따라 노동공급량이 달라지지만, 실제로 노동자의 노동공급은 자신이 받는 임금률 외에도 다른 사람이 받고있는 임금률의 영향을 받기도 한다. 즉, 효용함수가 $U = U(w, L, w', C)$와 같이 w'(다른 직업의 임금률) 또는 C(작업환경)의 함수가 된다고 가정할 때 단지 임금률의 변화에 따라 노동공급량을 변화시키지 않는다. 뿐만 아니라, 임금률 변화에 따라 자신의 효용을 극대화 시켜주는 노동시간을 선택할 수 있는 직업은 거의 없으며, 대부분의 직장에서는 일정시간의 최소 노동시간을 요구하고 있기 때문에 자신의 효용을 극대화하는 노동공급량을 자유로이 조절하는 것은 현실적으로 거의 불가능하다. 효용극대화에 기초한 노동공급모형은 현실설명력에 있어 일정한 한계를 지니게 되며, 특히 개인마다 선호하는 가치가 상이하므로 소득·여가와의 가치도 고려할 필요가 있다.

┤ 강 평 ├

1. 노동공급곡선에 대해 잘 파악하고 있는가를 묻는 문제이다. 풀이 과정에서는 지문에 주어져 있듯이 '고소득층의 개별노동공급곡선이 우하향하는 부분'에 대해 보다 집중적으로 설명해야 할 것이다. 이 점에 비추어 임금률이 상승할 경우 노동공급이 감소하는 경우를 여가−소득 평면에 나타내 주고 그에 대해 보다 집중적으로 분석하는 것이 좋겠다. 비임금소득이 「0」이라고 가정했다는 점도 밝혀 주는 것이 좋겠다.

2. 한편 여가−소득 평면을 이용하여 분석하고 있으므로 임금률이 상승할 경우 소득효과가 왜 노동공급을 감소시키는 것으로 나타나며 대체효과가 왜 노동공급을 증가시키는 것으로 나타나는지 그 이유를 보다 자세히 밝히는 것이 좋겠다.

3. 소득효과의 경우 노동을 공급한다는 것은 '시간'을 판매한다는 것인데 시간의 가격이 올랐기 때문에 소득이 증가한 것으로 나타난다는 점, 그래서 여가소비를 증가시킨다는 점을 밝히는 것이 좋다.

4. 또한 임금률은 여가소비의 기회비용이라는 점에 비추어 볼 때 임금률 상승은 여가의 기회비용 상승을 의미하며, 이에 따라 대체효과에 의해 여가소비가 줄어들고 그 결과 노동공급이 증가한다는 점을 밝히는 것이 좋겠다.

| **제2문** | 어떤 산업이 두 개의 기업으로 구성된다고 하자. 두 기업의 생산비용은 0이고 시장
수요함수는 $q = 120-4p$이다. (필수 총 30점, 선택 총 15점)
(단, 사회후생은 소비자 잉여와 생산자 잉여의 단순 합이라고 가정한다)

(1) 두 기업이 꾸르노(Cournot)방식으로 경쟁한다면, 각 기업의 반응함수(reaction function)는 무엇인가? (6점)

(2) 꾸르노 균형가격과 균형생산량, 그리고 사회후생을 구하시오. (6점)

(3) 두 기업이 베르뜨랑(Bertrand)방식으로 경쟁할 경우의 균형가격과 균형생산량, 사회후생을 구하시오. (6점)

(4) 두 기업이 합병한 경우의 균형가격과 균형생산량, 사회후생을 구하시오. (6점)

(5) 정부가 위의 여러 가지 방식(꾸르노, 베르뜨랑, 합병)을 선택할 수 있다면, 정책당국자로서 선택해야 할 방식의 순서와 그 이유를 기술하시오. (6점)

답안작성

이 ○ ○ / 2007년도 행정고시 재경직 합격

Ⅰ. 설문 (1)의 해결

시장의 역수요 곡선은 $P = 30-\frac{1}{4}Q$로 나타나며, $Q = q_1+q_2$(단, q_1, q_2는 기업 1, 2의 생산량)로 나타낼 수 있다.

꾸르노 방식의 경쟁이란, 산출량을 전략변수로 하여 상대기업의 생산량을 주어진 것으로 받아들인 후, 자신의 이윤을 극대화 하는 생산량을 결정하는 과점시장의 경쟁방식이다.

기업1과 기업2의 이윤을 π_1, π_2라 하면 (F.O.C) $\frac{d\pi_1}{dq_1} = 0$, $\frac{d\pi_2}{dq_2} = 0$을 만족시키는 q_1, q_2가 기업의 이윤극대화 산출량이 된다.

$$\text{Max } \pi_1 = p \cdot q_1 = [30 - \frac{1}{4}(q_1 + q_2)] \cdot q_1$$

$\frac{d\pi_1}{dq_1} = 30 - \frac{1}{2}q_1 - \frac{1}{4}q_2 = 0$이 되어 기업1의 반응곡선(Reaction Curve)은 $q_1 = 60 - \frac{1}{2}q_2$ 로 도출할 수 있다.

마찬가지로

$$\text{Max } \pi_2 = p \cdot q_2 = [30 - \frac{1}{4}(q_1 + q_2)] \cdot q_2$$

$$\frac{d\pi_2}{dq_2} = 30 - \frac{1}{2}q_2 - \frac{1}{4}q_1 = 0$$이 되어

기업2의 반응곡선은 $q_2 = 60 - \frac{1}{2}q_1$이 된다.

Ⅱ. 설문 (2)의 해결

두 반응곡선이 만나는 점에서 기업1과 기업2의 이윤극대화 산출량이 결정되며, 균형생산량은 이 균형가격은 $q_1 = q_2 = 40$이 된다.

이때 사회 후생은 소비자 잉여와 생산자 잉여의 합으로 구해지는 바, 생산자 잉여는 기업의 이윤에서 생산비용을 뺀 값이며 소비자 잉여는 역수요 곡선을 통해 도출 할 수 있다.

소비자 잉여의 크기는 $\frac{1}{2} \cdot 20 \cdot 80 = 800$으로,

생산자 잉여의 크기는 $\pi_1 + \pi_2 - (c_1 + c_2) = 2 \cdot 40 \cdot 10 = 800$으로 구해지며, 따라서 총 사회후생은 1600이 된다.

Ⅲ. 설문 (3)의 해결

1. 베르뜨랑 방식의 의의

베르뜨랑 방식의 경쟁이란, 기업이 가격을 전략변수로 삼아 상대 기업의 가격을 주어진 것으로 받아들인 후 자기 기업의 이윤을 극대화 하는 가격을 결정하는 경쟁방식을 의미한다.

$$\text{Max } \pi_1 = (p_1 - c_1) \cdot q_1(p_1, p_2),$$

$q_1(p_1, p_2)$는 기업 1의 잔여수요함수이며 만약 두 재화가 완전대체재라면 잔여수요함수가 아닌 기업1의 수요함수가 된다.

$$q_1(p_1, p_2) =$$

$$\begin{cases} 0 & (p_1 > p_2) \\ \dfrac{1}{2}(120-4p_1) & (p_1 = p_2) \\ 120-4p_1 & (p_1 < p_2) \end{cases}$$

$$\text{Max } \pi_1(p_1, p_2) =$$

$$\begin{cases} 0 & (p_1 > p_2) \\ \dfrac{1}{2}(120-4p_1) \cdot (p_1-c) & (p_1 = p_2) \\ 120-4p_1 \cdot p_1 - c(120-4p_1) & (p_1 < p_2) \end{cases}$$

2. 그래프의 도해

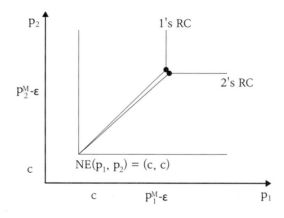

두 기업의 반응곡선은 $p_1 = p_2 = mc$에서 만나며, 유일한 내쉬균형은 한계생산비용이 곧 가격이 되는 점에서 형성된다. 설문의 경우 한계비용이 0이므로 균형시장가격 P = 0이 되고 균형생산량 Q = 120이며 따라서 각 기업은 60씩 생산하게 된다. 이때 생산자 잉여는 0이며 소비자 잉여는 $\dfrac{1}{2} \cdot 30 \cdot 120 = 1,800$이 되어 모든 사회 잉여는 소비자 잉여로 귀속되며 자중손실(deadweight loss)이 발생하지 않아 완전경쟁시장과 같은 효율성을 달성할 수 있다.

Ⅳ. 설문 (4)의 해결

1. 합병의 경우

합병하는 경우 시장에서는 합병한 기업은 독점자로서의 위치를 가지게 되면서, 이윤극대화를 추구하게 된다.

2. 합병시의 균형생산량, 균형가격, 사회후생

두 기업이 합병을 하는 경우 시장은 독점시장과 같은 형태가 되어 $MR = MC$가 되는 수준에서 생산량을 결정한다.

따라서 $MR = \dfrac{d\pi}{dQ} = 30 - \dfrac{1}{2}Q = MC = 0$을 만족시키는 균형생산량은 60, 균형가격은 15가 되며, 소비자 잉여는 $\dfrac{1}{2} \cdot 15 \cdot 60 = 450$, 생산자 잉여는 $60 \cdot 15 = 900$이 되어 총 사회후생의 크기는 1,350이 된다.

3. 그래프의 도해

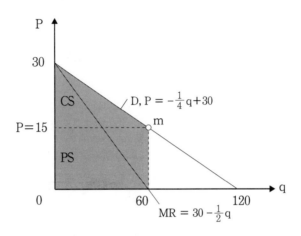

V. 설문 (5)의 해결

정책당국자는 정책의 목표가 사회후생 극대화 또는 소비자후생 극대화에 있다면, 베르뜨랑, 꾸르노, 합병의 순서로 정책을 선택해야 한다.

꾸르노, 베르뜨랑, 합병의 방식 중 완전경쟁시장에 가까운 것은 베르뜨랑 경쟁방식에 의한 생산방식이다. 만약 재화간 차별성이 없는 동질재화를 생산함을 가정하는 경우, 가격을 전략변수로 삼아 경쟁하는 기업들은 상대방이 책정하는 가격보다 약간 낮은 가격만 설정하여도 시장의 수요를 모두 자신의 것으로 만들 수 있기 때문에 제품의 가격을 낮출 유인이 존재하며, 이는 제품의 가격이 한계비용과 같아질 때 까지 계속된다. 따라서 동질과점하 베르뜨랑 경쟁방식은 자중손실을 유발하지 않고 사회후생을 극대화시켜주기 때문에 정책당국자가 선택하기에는 최선의 방식이 될 수 있으며, 그 다음으로는 수량으로 경쟁하는 꾸르노 방식을, 그리고 마지막으로 독점하의 사회후생수준을 가져다주는 합병의 방식을 선택해야 한다.

┤ 강 평 ├

1. 과점시장이론을 정확하게 파악하고 있는가를 묻는 문제이다. 먼저 수학적인 측면에서 볼 때
전도함수의 기호를 쓰는 대신 편도함수의 기호를 사용해야 한다. 변수가 2개 이상 있을 경우
극대화를 하기 위해서는 편도함수를 사용해야 한다는 것이다.
편도함수를 구하는 과정에서 편미분을 하게 되는데 이 문제의 경우 이것은 상대방의 산출량
을 주어진 것으로 간주하고 자신의 이윤을 극대화한다는 의미를 담고 있다. 즉 내쉬전략을
사용한다는 의미를 담고 있는 것이다.

2. 생산자잉여는 이윤에서 생산비용을 빼 준 값이 아니다. 생산자잉여는 총수입에서 가변비용
을 빼 준 값이므로 오히려 이윤에 고정비용을 더해준 값이다.

3. 이 문제에서는 사회후생이 소비자잉여와 생산자잉여의 합이라고 가정하고 있다. 그러므로
사회후생을 구할 때 소비자잉여와 생산자잉여를 각각 구해서 합해도 되지만 산출량에 대한
사회적 가치를 직접 구해도 된다.
다시 말하면 생산된 수량에 대응한 수요곡선 아래 부분의 면적을 구해 주어도 된다는 의미이
다. 이 경우 문제의 성격상 비효율의 크기를 밝혀 주는 것이 좋겠다.

4. 이 경우에도 그림이 왜 이렇게 그려지는지 간단한 설명을 첨부하는 것이 필요하다.

5. 이 경우에도 자중손실의 크기를 밝혀 주는 것이 좋겠다.

| 제3문 | 1970년대에 발생한 두 차례의 오일쇼크(oil shocks) 이후, 미국은 비교적 신속하게 이전의 실업률에 가깝게 복귀한 반면 많은 유럽국가는 오랫동안 이전의 실업률로 복귀하지 못하였다. (필수 총 30점, 선택 총 15점)

(1) 원유가 생산요소의 하나로 투입되는 다음과 같은 생산함수를 가정하자.
$$Q = F(L, K, Oil)$$
각 생산요소의 한계생산은 체감한다고 가정한다. 오일쇼크가 발생한 후 실업률이 단·장기적으로 어떻게 변화하는가를 미국과 유럽국가의 경우로 나누어 설명하시오. (20점)
(단, 주어진 생산함수를 이용하여 실질임금의 조정 속도 및 자연실업률과 관련하여 설명하시오)

(2) 많은 유럽국가의 경우와 같이 실업률이 지속성을 보이는 이유들을 실질임금의 조정과 관련하여 설명하시오. (10점)

Ⅰ. **설문 (1)의 해결**
  1. 노동수요
  2. 그래프의 도해
  3. 미국과 유럽의 경우
Ⅱ. **설문 (2)의 해결**

  1. 경직성의 이유
  2. 효율임금가설
  3. 내부자–외부자모형
  4. 암묵적 고용계약모형
  5. 소 결

답안작성   이 ○ ○ / 2007년도 행정고시 재경직 합격

Ⅰ. 설문 (1)의 해결

1. 노동수요

노동수요는 생산물시장의 파생수요이기 때문에 한 단위의 노동을 추가적으로 투입함으로써 얻을 수 있는 재화의 가치인 노동의 한계생산물가치($VMP_L = MR \cdot MP_L$)가 곧 노동수요함수가 된다.

이 때 재화시장이 완전경쟁시장이라면 $MR = P$이므로 기업이 지급하는 실질 임금($\frac{W}{P} = w$)은 곧 MP_L이 된다. 설문의 경우 각 생산요소는 한계생산성이 체감한다고 하였으므로 노동수요곡선은 우하향하는 형태로 나타낼 수 있다.

오일 쇼크는 유가 상승으로 이어져 부정적인 생산성 충격으로 작용하는 바, 오일가격의 상승으로 오일 투입량이 감소한다. 이 때, 생산함수의 각 생산요소가 보완적인 관계에 있다면 오일 투입량의 감소는 이전에 비해 노동의 한계생산성을 감소시킨다. 즉, 다음과 같은 생산함수에서 노동의 한계생산성을 도출할 수 있고, 오일투입의 감소는 노동의 한계생산성을 하락시키는 요인으로 작용하게 된다.

$$Q = F(L, K, oil) = L^{\alpha} \cdot K^{\beta} \cdot oil^{\gamma}$$

$$MP_L = \frac{\partial Q}{\partial L} = \alpha \cdot \frac{K^{\beta} \cdot oil^{\gamma}}{L^{1-\alpha}} \quad (\text{단}, \alpha, \beta, \gamma \geq 0)$$

이 때 부정적인 생산성 충격으로 인해 노동의 한계생산성이 감소하고, 이는 노동수요의 감소로 이어지는바, 만약 실질임금이 경직적이라면 비자발적 실업이 발생하고, 시간이 경과함에 따라 실질임금이 조정되는 과정에서 균형고용량은 감소하고 실질임금은 하락하게 된다. 이는 결국 산출량의 감소로 이어지며, 시장의 실업률은 자연실업률 수준을 상회하게 된다.

2. 그래프의 도해

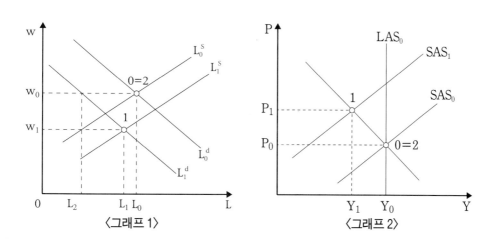

〈그래프 1〉   〈그래프 2〉

즉, 최초 0점에서 부정적 공급충격으로 인해 노동수요 곡선이 좌측으로 평행이동 하는 과정에서, 단기적으로 실질임금이 경직적이라면, $\overline{L_0 L_1}$ 만큼의 비자발적 실업이 발생하게 되고 이는 필립스 곡선상에서 0점에서 1점으로의 변화로 나타낼 수 있으며 실질임금이 경직적이지 않다면, 실질임금은 즉각적으로 w_0에서 w_1으로 하락하고 비자발적 실업은 존재하지 않아 노동시장이 청산되고 필립스 곡선상의 2점으로 이동하게 된다.

3. 미국과 유럽의 경우

설문에서 유럽 국가의 경우 실업률이 이전의 실업률 수준으로 회복하지 못한 것은 실질임금의 조정속도가 느려서 자연실업률 수준 이상의 실업률이 단기에서 뿐만 아니라 장기에서도 지속된 것으로 설명할 수 있고, 이에 비해 미국은 실질임금의 조정속도가 상대적으로 빠른 편이어서 단기적으로는 실업률이 증가할 수 있으나, 곧 이전의 실업률 수준으로 실업률이 회복된 것으로 설명할 수 있다.

Ⅱ. 설문 (2)의 해결

1. 경직성의 이유

실질임금이 단기적으로 뿐만 아니라 장기적으로도 경직적이라면, 비자발적 실업이 구조적 실업으로 고착화 되는 과정에서 자연실업률 수준 자체가 상승하게 될 가능성이 높으며, 이는 지속적인 실업 현상으로 이어진다. 유럽국가의 경우 실질임금이 경직적이고, 그 조정속도가 느렸기 때문에 원래의 자연실업률 수준 이상에서 새로운 자연실업률이 결정되는 실업의 이력현상(Hysteresis)이 나타난 것으로 판단할 수 있다. 이와 같은 현상이 나타나는 원인은 실질임금의 경직성을 설명하는 이론들로 분석이 가능하다.

2. 효율임금가설

효율임금가설(Efficient wage hypothesis)은 노동시장을 청산시키는 수준에서의 실질임금이 아니라 기업의 이윤을 극대화 시켜주는 수준에서 균형 실질임금이 결정되기 때문에 불리한 공급 측 충격으로 인해 노동 수요가 감소하더라도 일정한 실질임금 수준을 지급하려는 기업 입장에서는 고용량은 큰 폭으로 줄이기 되어 실질임금은 최초 수준에서 경직성을 보이게 됨을 설명한다.

3. 내부자-외부자모형

내부자-외부자 모형(Insider-outsider model)은 실질임금이 경직적인 이유를 설명함에 있어, 일단 비자발적 실업이 발생하는 경우 실직된 사람들은 외부자로서 임금협상 과정에서 자신들의 이해를 관철시킬 수 없기 때문에 소수의 내부자들이 임금협상 시 이전보다 높은 수준의 임금을 제시하여 협상이 타결되는 경우 외부자들의 취업은 그만큼 더 어려워지고 실질임금은 내부자들에 의해 결정되는 경직성을 보임을 그 근거로 들고 있다.

4. 암묵적 고용계약모형

마지막으로 암묵적 고용계약모형(Implicit contract of employment model)은 노동자는 위험 기피적이어서 노동시장의 수급상황에 따른 불안정한 임금보다는 확실한 임금을 선호한다고 가정하고 그에 따라 확실성 대등액에 해당하는 일정한 실질임금을 보장받기를 원하기 때문에 기업은 일정 수준의 실질임금을 지급하여, 그러한 암묵적 계약임금 수준에서 임금은 경직적이 될 확률이 높음을 들어 실질임금의 경직성을 설명하고자 한다.

5. 소 결

실질임금이 위와 같은 이유들이 복합적으로 작용하여 장기적으로도 경직적이라면, 노동시장에 충격이 발생하는 경우 실질임금의 조정속도가 매우 느려지게 되며, 그 과정에서 발생하는 비자발적 실업이 구조적 실업으로 고착화되고 실업의 이력현상으로 이어져 경제 내 실업률 수준이 최초의 자연실업률 수준으로 회복되지 못한 채 높은 수준에서 유지되는 현상이 나타날 수 있는 것이다.

| 강 평 |

1. 서두에

출제된 시험문제는 비교적 무난하게 출제된 것 같다. 우리 주변에서 일어나는 각종 경제환경 변화에 우리 경제가 어떤 영향을 어떤 이유로 받게 되는지를 이해해야 함은 미래의 정책담당자가 되길 원하는 수험생에게는 너무도 당연한 책임의식이라 하겠다. 그래야만 문제를 해결할 열쇠를 찾을 수 있기 때문이다. 교과서를 충분히 이해하려고 하는 것은 너무나도 필수적이고도 당연한 학습태도라 하겠다. 그러나 기계적인 이해나 단편적인 지식의 습득으로 당락을 결정한다는 것은 국가적으로 불행한 역선택(adverse selection)이므로 이번 시험의 채점은 전체적인 흐름을 이해하고 그것을 적당히 답안지에 반영해 주는 것은 고득점의 불가결한 요소라고 생각된다.

따라서 본 강평자는 그 점을 염두에 두고 답안을 제시해 보았다는 점을 이해해 주기 바란다.

2. 답안 예시

(1) 어떻게 접근할 것인가?

실업문제에 관한 이야기라면, 먼저 노동시장을 언급해야 할 것이다. 생산요소로서의 노동은 파생수요이므로 필연적으로 생산함수가 매개되어야 산출과 고용이 논의될 수 있다. 실업의 지속성은 경제의 총공급 및 경제구조와 밀접한 관련이 있다. 특히 노동시장의 제도, 예를 들어 실업보험(우리나라는 고용보험이라고 한다)의 존재와 그 포괄범위, 노동조합의 정치경제적 영향력과 밀접한 관련이 있다. 노동시장이 유연하지 못하면 가격(실질임금)의 불균형(실업) 조정기능이 약화되고, 조정에 따른 기간이 길어져 고통(비용)이 그만큼 커진다는 것을 말한다. 미국과 유럽의 실업률의 차이는 바로 이런 구조적·공급측·제도적·역사적 측면이 반영된 결과이다.

석유가 중간재로서 필수적인 생산요소가 되는 경우에, 석유가격의 급등과 같은 오일쇼크는 요소가격의 급등을 의미하므로 기업은 생산요소 투입을 절약하도록 만든다. 이는 산출의 감퇴로 이어지고 노동·자본·석유의 사용은 상호 한계생산성을 떨어뜨려 전체적인 생산성 감퇴로 이어진다. 경제에 부정적인 생산성 충격(adverse productivity shock)으로 다가온 것이다.

거시문제로서의 실업은 인플레이션과 pair skating의 묘기를 연출하는 동반자격이다. 연기자가 서로 호흡을 제대로 맞추어야 훌륭한 performance를 보여줄 수 있다. 그런데 연기자에게 외부적인 충격이 가해지면 pair skating의 연기수준은 급격히 저하되고 만다. 당연히 성적은 뚝 떨어질 것이다. 필립스 곡선을 가지고 이야기하면 바깥쪽으로 이동하여 인플레이션과 실업률이 모두 상승하는 결과를 초래하고 만다. 그런데 일시적인 충격으로 인한 악영향이 오래 지속될 것인가는 노동시장과 재화(산출물)시장이 얼마나 밀접하게 연결되어 있는가, 충격을 이겨내고 소화해 낼 수 있는 역량이 얼마나 큰가에 달려있다. 노동집약도가 얼마나 큰가, 자본집약도가 얼마나 큰가, 석유의존도가 얼마나 큰가에 달려있다. 일반적으로 전통적인 제조업이 첨단 IT산업보다 충격이 미치는 강도가 클 것이다.

그 다음, 충격에 따른 파급효과가 얼마나 지속될 것인가는 일차적으로 노동시장의 충격흡수 능력에 좌우된다. 노동시장이 유연하여 노동의 조정이 쉬울수록 충격은 시장내부의 자체조절 능력에 의해 얼마 지나지 않아 사라질 것이다. 이 경우 충격은 '일시적'이다. 스태그플레이션도 일시적이며 deflation gap(침체 격차)이 존재하므로 원자재 가격, 임금 등의 요소가격이 하락 하여 실업은 단기간에 원상복귀될 것이다.

그러나 노동시장이 유연하지 못하여 임금의 하방경직성이 존재하면 사정은 달라진다. 나아가 소위 시장에 나타난 충격이 오래도록 시장참여자나 경제주체의 뇌리에 남아 있도록 만들면 충격은 일시적이 아닌 '지속적' 충격이 되어 그 효과는 지속되고 만다. 실업의 지속성 (persistency)은 결국 경기순환적 실업보다 구조적인 형태의 실업의 비중을 늘이고, 특히 장기 실업자나 실망실업자를 양산하고 그들이 새로운 직장을 구하는 데 무척 어렵고 많은 시간 탐색 과정을 거치도록 만들기 때문에 사회적 비용을 증가시킨다. 따라서 총수요를 조절하는 단순한 경기부양정책을 통해 해결되지 못하고, 노동시장 전반의 구조개혁과 경제의 체질개선을 통해 생산성을 향상시키는 '장기적인 공급측면의 정책'이 필요하게 된다.

나아가 '다른 조건이 일정하다면' 상대적으로 실업자의 수가 작고 실업률이 낮은 것이 바람직 하지만, 그에 못지않게 중요한 것이 '고용의 질'이다. 누구나 보다 좋은 직장을 얻고자 한다. 그 렇다면 마지못해 직장을 구한다음 얼마 다니지 않고 이직을 하거나 그만둔다면 마치 '사랑 없 이 결혼'하여 이혼율이 급증하는 현상과 다를 바 없다. 그 어느 것이나 노동시장을 교란하고 사 회적 비용을 증가시킨다. 취업의 질적 측면은 무시되고 단지 '취업률'을 기준으로 대학교의 질 을 평가하는 것이 위험한 것과 마찬가지이다.

실업률의 지속성은 앞에 든 예를 가지고 비유하자면 얼음의 질이 좋지 않은 상태가 지속되는 것과 같다. 임금의 하방경직성이 사태를 악화시키고 조정속도가 느릴 경우 아래에서 보는 것처 럼 상대적으로 높은 비용(희생비율, sacrifice ratio)을 경제에 부담시키게 된다.

이 때 연기자의 심리적 상태에 초조감이 곁들어지면 사태는 매우 악화되고 만다. pair skating의 호흡에 이상기류가 발생함을 의미한다. 이상기류의 하나가 '이력현상 hysteresis'이 라고 생각하면 된다. 왜 빙질이 좋지 못한가? 빙질은 하나의 경제구조 내지는 경제여건을 말한 다. 실업의 문제에서 실질임금의 조정속도 내지 경직성은 바로 노동시장의 여건과 환경 내지 그 나라(또는 EU와 같은 국가그룹) 고유의 역사적·제도적 요인이다. 이것은 장기적 요인이 된 다고 볼 수 있다.

빙질이 좋지 못한 것 외에 연주자의 그 날의 컨디션에도 좌우된다. 그러나 이것은 단기적 요 인일 수 있다. 나아가 심리적 요인이 작용할 수도 있다. 이상기류를 형성하는 심리적(의학적· 정신적) 요인의 하나가 바로 '이력효과 또는 기억효과 hysteresis'이라고 생각하면 된다. 심리적 요인이 장기화될 수도 있다. 한 번의 실수가 아니라 실수가 반복되다 보면 징크스가 되어 항상 그 악몽에서 벗어나지 못하는 징크스가 되어 버린다. 유럽은 통상 이러한 징크스에 시달리고 있다고 알려져 있다.

(2) 분석도구

이제 경제학 교과서에 있는 기본적인 방정식과 수식 및 그림을 떠올려 보자.

먼저, 이윤극대화의 조건이다. 그 다음 노동시장의 수요와 공급곡선이다. 마지막으로 필립스 곡선이다. 자연실업률이 장·단기 구분의 분수령이다. 이 3가지를 적절히 연결하여 어떤 고난도의 pair skating을 연출해 내느냐는 기본기에 충실하면서 반복된 연습을 효과적으로 하는 요령이 곁들여지면 최고점수를 얻을 수 있을 것이다.

가. 기본기의 활용

요소시장이론은 거시경제학의 노동시장 관련 분석(고용, 산출, 실업, 균형임금 등)에 있어서 기본이 된다. 노동수요는 노동의 한계생산물가치가 기업에게 부가하는 기여분인 만큼, 그에 상응하는 실질임금이 동일할 때까지 투입하여 이윤을 극대화할 수 있다. 요소시장이 완전경쟁적이라면 실질임금은 생산함수에서 구한 노동의 한계생산(성)과 같다는 경제학의 기본적 원리(한계원리)로부터 출발한다.

나. 생산함수의 구체적 적용

대부분의 교과서에는 Cobb-Douglass형의 생산함수가 소개되어 있다. 이것을 활용하자. 더구나 한계생산은 체감한다고 지문에 전제하고 있다.

$$Q = F(L, K, O) = L^a K^\beta L^\gamma$$
$$(\text{단}, 0 \leq a, \beta, \gamma < 1) \cdots (1)$$
$$MP_L = \partial Q / \partial L = a \frac{K^\beta \cdot O^\gamma}{L^{1-a}} \cdots (2)$$

식 (2)가 알려주는 바는 노동의 한계생산성은 (다른 요소가 일정할 때: 이것은 편미분 $\partial Q / \partial L$로 표현되었다) L이 증가하면 감소한다는 것이다. 즉, 체감하고 있다(독자들은 또한 $MP_L = Q/L = AP_L$이 됨을 확인하라).

석유가격의 상승으로 석유는 필수적인 요소이고 요소간의 대체탄력성이 「0」에 가까운 극단적인 경우가 아니라면, 석유수요와 석유투입은 감소한다. 그런데 노동의 한계생산성이 석유투입물의 (+)의 함수이므로 석유투입이 감소하면 식 (2)에서 보는 것처럼 노동의 한계생산성은 하락한다. 즉, 부정적인 오일쇼크는 노동수요곡선을 왼쪽으로 '이동'시키게 된다.

위의 사실을 노동이라는 단일변수를 중심으로 노동의 수요·공급곡선을 그릴 수 있다. 체감하는 현상은 우하향하는 노동수요곡선으로 나타난다. 이런 우하향하는 노동수요곡선은 석유가격 상승이 노동수요를 위축시키므로 좌측으로 이동시킨다.

다. 경직성을 어떻게 나타낼 것인가?

가격의 경직성이란 수요·공급이 균형에서 벗어나, 초과수요나 초과공급이 있음에도 불구하고 가격이 그에 대응하여 오르거나 내리지를 않는다는 것을 말한다. 물론 이것은 주로 단기적 현상이라고 교과서에서 가르치고 있다. 흔히 장기와 단기의 총공급곡선을 설명하는 부분에서 지적되는 설명이다. 필립스곡선 역시 총공급곡선과 '동전의 양면'이므로 같이 적용된다. 그리하여 필립스곡선을 우측으로 '이동'시켜 경제에 전반적으로 부정적인 영향을 초래한다. Stagflation이 나타나는 것이다.

라. 유럽과 미국의 차이?

조정의 속도는 결국 빙질이나(노동시장, 경제구조의 여건) 좋지 않아서 생긴다고 앞에서 비유를 들어 이야기 하였다. 그리고 때로는 '이력현상' 때문에 단기적 요인이 아닌 장기적 요인으로 고착되어 '고질병' 내지 '만성질환'이 된다. 충격이 일시적인 영향으로 그치는 것이 아니라, 지속적인 악영향을 초래하고 경제에 오래도록 발목을 잡게 되는 것이다.

노동시장이 씽씽하고 유연성이 넘치고, 탄력적인 경우라면, 일시적으로 실수를 하더라도 쉽게 툭툭 털어버리고 다음 대회에 임하여 좋은 성적을 올릴 수 있다. 김연아 선수가 그러하듯이 잠재능력대로 충분히 실력을 발휘한다. 잠재능력을 표현하는 것이 잠재산출수준이고 그것에 대응하는 것이 '자연실업률' 상태로 복귀하게 되는 것이다. 경제는 자체적으로 가격기구가 작동하여 '자동안정장치 (Automatic Stabilizer)'가 작동하게 되는 것이다. 나아가, 자동안정장치가 작동하는 경우 시장에 정부가 개입하는 안정화 정책을 실시하는 경우에 비해 오히려 인플레이션율이 낮아지기까지 하는 것이다(이것은 교과서의 원론적 내용이다).

이력현상은 마치 생선이 신선도가 떨어지면 손으로 눌렀다가 떼어도 그 자욱이 계속 남는다. 즉 충격이 나타난 다음 그 요인이 사라져도, 계속 그 여운이 남아 기분을 괴롭히는 것을 의학에서는 '히스테리(hysteresis)'라고 한다. 선수가 히스테리를 부리고 짜증을 내면 연기는 더욱 꼬여가고 그 결과는 매우 심각해진다. 스태그플레이션이 서구경제와 한국경제에 엄청난 '충격'이고 오래 지속되게 만든 사실을 상기해보라.

적어도 유럽은 노동시장이 유연하지 못하여 과거의 실수가 반복되는 '고질병' 내지 '만성질환'에 시달려왔다고들 한다. 그래서 노동시장의 유연성을 키우기 위한 개혁이 절실한 것이고 유럽은 지금 그러한 개혁이 지속되고 있다. 석유비생산국가인 한국이 오랫동안 대체연료 개발과 태양열을 이용한 난방장치 개발 등을 통해 또 다른 오일쇼크에 대비하는 장기 에너지 정책을 마련해오고 있는 것은 바로 오일쇼크가 일시적 충격으로 그치는 것이 아니라 '지속적'인 영향을 초래하기 때문이고, 노동시장의 유연성이 매우 낮기 때문임을 이해할 수 있을 것이다.

| 제4문 | 경제성장에 관한 *AK* 모형에 대하여 다음 질문에 답하시오. (필수 총 20점, 선택 총 10점)

(1) 아래의 주어진 수식을 이용하여 *AK* 모형을 간단히 설명하고, 1인당 성장률을 구하시오. (10점)

$$Y = AK, \quad \dot{K} = sY - \delta K, \quad \frac{\dot{L}}{L} = n$$

(단, *Y* = 산출, *A* = 상수, *K* = 자본, *s* = 저축률, *δ* = 감가상각률, *L* = 노동, *n* = 인구증가율이다)

(2) 우리나라의 1인당 경제성장률 4%를 지속적으로 달성하기 위해서는 저축률이 어느 수준으로 유지되어야 하겠는가? (10점)

(단, 우리나라의 자본－산출계수($\frac{K}{Y}$)는 4이고, GDP가운데 감가상각이 차지하는 비율은 16%이며, 인구증가율은 2%이다)

Ⅰ. 설문 (1)의 해결	Ⅱ. 설문 (2)의 해결
1. AK 모형의 의의 2. 1인당 성장률의 도출	

답안작성

이 ○ ○ / 2007년도 행정고시 재경직 합격

Ⅰ. 설문 (1)의 해결

1. AK 모형의 의의

AK 모형은 자본의 개념을 물적 자본에 한정하지 않고 인적 자본까지 포함시킨 새로운 개념으로 이해한 성장 모형으로서, $\frac{dY}{dK} = A = MP_k$가 되어 자본의 한계생산성이 체감하지 않고 일정하게 된다. 따라서 Solow의 성장모형과는 달리, 경제가 균제상태(steady state)로 수렴하지 않고 외생적 기술진보에 대한 가정 없이도 단순히 자본이 축적됨에 따라 지속적인 성장이 가능함을 설명할 수 있음에 그 의의가 있다.

2. 1인당 성장률의 도출

$y = Y/L$, $k = K/L$이라고 하면 1인당 성장률은 $Y = A \cdot K$를 L로 나눈 뒤, 시간에 대해 미분하여 구할 수 있으며 $\dfrac{\dot{y}}{y} = \dfrac{\dot{A}}{A} + \dfrac{\dot{k}}{k}$이고, A는 상수라 하였으므로 $\dfrac{\dot{A}}{A} = 0$이 되어 $\dfrac{\dot{y}}{y} = \dfrac{\dot{k}}{k}$으로 나타낼 수 있다.

1인당 자본량의 운동방정식을 구하면,

$$\dot{k} = \frac{d(\frac{K}{L})}{dt} = \frac{dK}{dt} \cdot \frac{1}{L} - \frac{K}{L^2} \cdot \frac{dL}{dt} =$$

$$\dot{k} \cdot \frac{1}{L} - \frac{K}{L^2} \cdot \dot{L} = \frac{\dot{K}}{L} - \frac{\dot{L}}{L} \cdot \frac{K}{L} = \frac{\dot{K}}{L} - n \cdot k \text{ 이고,}$$

자본의 변화량은 순투자와 대체투자의 합으로 구성되는 바,

$$\frac{\dot{K}}{L} = \frac{sY - \delta K}{L} = s \cdot \frac{Y}{L} - \delta \cdot \frac{K}{L} = sy = \delta k \text{ 이므로}$$

$\dot{k} = sy - \delta k - nk$, $\dfrac{\dot{y}}{y} = \dfrac{\dot{k}}{k} = s \cdot \dfrac{y}{k} - (n+\delta) = s \cdot A - (n+\delta)$의 1인당 성장률을 도출할 수 있다.

Ⅱ. 설문 (2)의 해결

설문 (1)에서 1인당 경제성장률을 도출하는 식은 다음과 같고,

$$\frac{\dot{y}}{y} = s \cdot A - (n+\delta) = 4\%,$$

$$\frac{\delta K}{Y} = 16\%\text{에서 } \frac{K}{Y} = 4 \text{ 이므로 } \delta = 4\%, \ n = 2\% \text{ 이므로}$$

$$A = \frac{Y}{K} = \frac{\frac{Y}{L}}{\frac{K}{L}} = \frac{y}{k} = \frac{1}{4}\text{이므로}$$

$s = 0.4$ 즉, 저축률은 40%가 되어야 1인당 경제성장률이 4%로 유지될 수 있다.

| 강 평 |

1. 경제성장 일반

보통 AK모형은 내생적 성장이론에서 이야기되지만 솔로우 모형의 변형이다. 학생들은 경제성장을 올바로 이해하고 자유자재로 응용할 수 있기 위해서는 솔로우의 모형 그 자체를 출발점으로 할 필요가 있다. 다만, 불필요하게 수식이나 그래프에 현혹되거나 지루하게 생각하여 본래의 중요한 의미와 핵심을 놓치는 일이 없어야 하겠다.

경제성장은 실질GDP(실질 총산출)이 늘어나는 현상이고, 이로 인해 1인당 실질소득이 늘어나 보다 소비를 많이하여 삶의 질을 높여나가기 위한 수단의 확충을 의미한다. 물질적 제약으로부터 완화·해방되기 위함이다.

그렇다면, 어떻게 하면 한 나라의 생산능력(산출능력, 공급능력)을 지속적으로 키워나갈 수 있는가? 핵심은 노동의 생산력(생산성)이다. 노동의 생산성은 일하는 노동자가 주어진 한 시간당 보다 많은 산출을 할 수 있는 정도를 말하는 것이니, 이것은 자본이라는 생산능력 향상 수단을 많이 비축·저장할 때 가능해진다. 결국, 저축을 많이 해야 한다는 말이다. 그러나 저축은 당장 현재의 소비를 억제해야 하기 때문에 누구나, 어느 나라나, 언제나 가능한 것이 아니다. 그 만큼 자본축적은 힘든 과정이고 사회적으로 의사의 일치를 보기도 쉬운 일이 아니다.

결국, 경제성장의 금과옥조는 '저축'에 있으며, '저축은 미덕'이다. 그러나 저축을 어떻게 효과적으로 투자로 연결시키느냐 역시 중요하다. 투자의 효율성이 문제가 되는 것이다. 투자의 효율성은 자본의 한계생산성을 의미한다.

2. 핵심적 성장 방정식(Solow Fundamental Equation)

여기서 저축과 투자의 균형은 거시경제의 단기균형이든, 장기균형 성장과정에서건 핵심적인 조건방정식이 된다(Fundamental Equation for Equilibrium).

솔로우 모형은 기술적으로 말해 〈저축 = 투자〉의 균형조건이 key가 된다. 그리고 자본축적이 핵심적인 성장의 요건이므로 자본의 운동방정식(law of motion, law of capital accumulation)이 제약조건이 된다. 이 제약조건은 바로 사회의 저축에 대한 합의가 반영된다. 그런데 자본축적 방정식은 투자의 정의식이기도 하다.

그러면 AK모형은 어떻게 접근하면 되는가?

성장이란 산출능력의 증가이므로 생산함수를 우선 고려해 보아야 하겠다.

한계생산성은 체감하는 것이 일반적이다. 그리고 솔로우 모형은 이 전제하에서 출발한다.

AK모형은 이 전제를 포기하고 '규모불변의 생산함수 Constant Return to Scale/CRS'를 이용하여 솔로우 모형이 설명하기 어려운 부분을 보완한 것이다.

성장이론을 이해하는데 있어서 핵심은 다음과 같은 3가지이다. 솔로우의 기본방정식(성장방정식)은 아래의 3개로부터 도출된다. 아래의 수식들은 연속시간 모형 대신 이산기간 모형으로 나타낸다. 연속시간은 동일한 구조이다.

① 생산함수 설정
② Fundamental Equation ($S = I$)
③ 자본축적 방정식(투자의 정의식)

(1) 생산함수/편의상 Cobb-Douglass 생산함수

$$Y = F(K, L, T) = AK^{\alpha}L^{\beta} \cdots (1)$$

여기서, K = 자본, L = 노동, T = 기술수준 (또는 total factor productivity/TFP)을 나타낸다. TFP는 요소총생산성으로, 노동과 자본 이외의 생산요소가 산출에 기여하는 부분을 말하는데 Solow residual(솔로우 잔차)이라고도 한다.

$$\alpha + \beta = 1이면\ CRS가\ 된다.$$

이제 이 조건 하에서 L을 인적자본이라고 보아 자본의 범위를 확대하여 $L = K$로 대체하면 위의 생산함수는 $Y = AK$가 된다. 즉 생산함수는

$$Y = AK^{\alpha}L^{\beta} = AK^{\alpha}K^{\beta} = AK^{\alpha+\beta} = AK \cdots (2)$$

저축=투자: $S = I \cdots (3)$

자본축적방정식은 $K_{+1} = I + (1-\delta)K \cdots (4)$

여기서 아래첨자 '+1'은 한기 후의 기간을 나타낸다.

(2) Solow Fundamental Equation

$$\Delta K = sF - \delta K \cdots (5)$$

$$\Delta k = sf - (n+\delta)k \cdots (6)$$

여기서 s는 저축률을 나타내고 소문자는 '1인당 변수'이다.

$$k = K/L, y = F(\ldots)/L = Y/L = f(k)를\ 나타낸다.$$

결국 위식은 $S = I$를 이용하고, $S = sY$, $K_{+1} = I+(1-\delta)K$를 정리하여 $K_{+1}-K = I-\delta K$로 바꾸면 좌변은 ΔK가 되어 구해지는 것이다.

3. 특수한 경우로서의 AK모형

그러면, 식 (5)는 식 (7)이 되고, 식 (6)은 식 (8)이 된다.

이 때 $F = Y = AK$를 대입한다.

$$\Delta K/K = [sY-\delta K]/K = [sAK-\delta K]/K = sA-\delta \cdots (7)$$
$$\Delta k/k = \Delta K/K - \Delta L/L = \Delta K/K-n = sA-\delta-n \cdots (8)$$

솔로우 모형이나 AK모형이나 '안정상태 sready state'를 대상으로 하고,

$\Delta k/k = \Delta y/y$가 되기 때문에(이것은 쉽게 확인된다. A는 상수이므로 자본의 성장률과 산출의 성장률이 동일하다)

결국, 성장률은 다음과 같다.

$$g_y = g_k = sA-(\delta+n)$$

4. 방정식의 활용

주어진 자료를 대입하여 저축률을 구하면 40%가 된다. 결국, 솔로우 모형의 변형으로서 AK모형은 기술진보가 없는 '안정상태'에서 '1인당 성장률'은 0가 아니라, $sA \rangle (\delta+n)$이면 지속적 성장이 가능함을 보여준다. 그러나 이것은 규모에 대한 수익감소(Decreasing Return to Scale: DRS)가 아니라 'CRS'를 통해 가능한 것이다.

| 제1문 | 두 재화 x와 y가 거래되는 시장에서 어떤 소비자의 효용함수가 다음과 같다고 할 때, 다음 물음에 답하시오. (총 40점)

$$U(x, y) = x^\alpha y^{1-\alpha}$$

(단, x의 가격은 P_x, y의 가격은 P_y, 이 소비자의 소득은 M이다)

(1) 효용극대화 소비자 균형(최적)조건을 도출하고, 이 조건이 성립하지 않는 경우 이 소비자의 효용이 극대화되지 않음을 보이시오. (10점)

(2) 이 소비자의 재화 x와 y에 대한 수요함수와 소득소비곡선(ICC)의 함수식을 도출하고, 이 결과를 이용하여 재화 x의 엥겔곡선을 구하시오. (10점)

(3) P_x는 5천원, P_y는 1만원으로 주어졌을 때, 이 소비자의 소득이 250만원에서 250만 1원으로 증가했다고 하자. 이 경우 효용의 변화분을 구하시오. (10점)

(4) 대체재, 보완재, 정상재, 사치재, 그리고 열등재를 정의하고, 재화 x와 y가 어떤 재화에 해당하는지 설명하시오. (10점)

I. 설문 (1)의 해결

소비자의 효용은 효용함수에서 도출된 무차별곡선이 예산선과 접할 때의 재화 소비량을 소비하는 경우 극대화되며, 이는 두 재화 X, Y 소비의 한계대체율(MRS_{xy})이 곧 재화의 상대가격($\frac{P_x}{P_y}$)과 일치함을 의미한다. 이를 라그랑지안 함수를 이용하여 분석해보면,

$$LAPLACE = U(X, Y) + \lambda_1(P_x \cdot X + P_y \cdot Y - M)$$

$$\frac{dLAPLACE}{dX} = \frac{dU}{dX} + \lambda_1 \cdot P_x = 0$$

$$[\frac{dU}{dX} = MU_x = a \cdot \frac{Y^{1-a}}{X^{1-a}} = a \cdot (\frac{Y}{X})^{1-a}] \cdots ①$$

$$\frac{dLAPLACE}{dY} = \frac{dU}{dY} + \lambda_1 \cdot P_y = 0$$

$$\frac{dU}{dY} = MU_y = (1-a) \cdot \frac{X_a}{Y_a} = (1-a) \cdot (\frac{X}{Y})^a \cdots ②$$

$$\frac{dLAPLACE}{d\lambda_1} = P_x \cdot X + P_y \cdot Y - M = 0$$

$$P_x \cdot X + P_y \cdot Y = M \cdots ③$$

에서 ①식을 ② 식으로 나누면,

$$\frac{MU_x}{MU_y} = MRS_{xy} = \frac{\lambda_1 P_x}{\lambda_1 P_y} = \frac{P_x}{P_y}$$

의 효용극대화 조건이 도출된다.

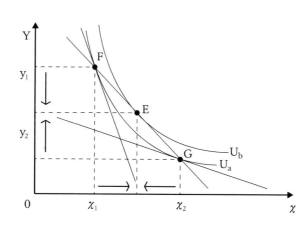

위의 그림은 무차별곡선이 예산선과 접할 때, 주어진 예산 제약 하에서 소비자의 효용이 극대화됨을 보여주고 있으며, 오른쪽의 그림은 소비자의 효용 극대화 조건을 만족시키지 못하여 예산선과 무차별곡선이 교차함에 따라 소비자의 효용이 증가할 여지($U_a \rightarrow U_b$)가 존재함을 보여주고 있다.

II. 설문 (2)의 해결

1. 수요곡선의 도출

위의 효용극대화 조건을 ③식에 대입하여 정리하면,

$$MRS_{xy} = \frac{MU_x}{MU_y} = \frac{a}{1-a} \cdot \frac{Y}{X} = \frac{P_x}{P_y}$$

$$\frac{P_x}{P_y} \cdot X + Y = \frac{M}{P_y}, \quad \frac{a}{1-a} \cdot Y + Y = \frac{1}{1-a} \cdot Y,$$

$$Y = (1-a) \cdot \frac{M}{P_y}의 \ Y재 \ 수요함수를 \ 도출 \ 할 \ 수 \ 있다.$$

X재의 경우 위와 같은 방식으로 수요함수를 도출 할 수 있으며, $X = a \cdot \frac{M}{P_x}$이 된다.

소득–소비곡선(ICC)은 $X-Y$ 평면상에서 소득이 증가함에 따라 소비자의 효용이 극대화 되는 재화소비량을 연결한 곡선으로서 일종의 확장경로가 되며, X재 수요함수와 Y재 수요함수를 연립하면, $Y = \frac{1-a}{a} \cdot \frac{P_x}{P_y} \cdot X$의 소득–소비곡선(ICC)이 도출된다.

엥겔곡선이란 소득과 재화 소비량간의 관계를 소득–재화 평면에 나타낸 곡선으로서, X재의 엥겔곡선은 $M = \frac{1}{a} \cdot P_x \cdot X$가 되어 기울기가 $\frac{P_x}{a}$인 직선이 된다.

2. 엥겔곡선의 도출

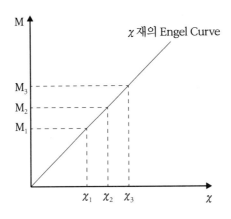

Ⅲ. 설문 (3)의 해결

X , Y재의 수요함수를 이용해 간접효용함수를 구하면,

$$V = U(X^*, Y^*) = (a \cdot \frac{M}{P_x})^a \cdot [(1-a) \cdot \frac{M}{P_y}]^{(1-a)} \text{이 도출된다.}$$

소득이 1원 증가할 때 효용의 변화분을 계산하면,

$$\frac{dV}{dM} = (\frac{a}{P_x})^a \cdot (\frac{1-a}{P_y})^{(1-a)} \text{이므로 } P_x = 5,000, P_y = 10,000\text{을 대입하여 계산하면,}$$

$$(2 \cdot \frac{a}{1-a})^a \cdot \frac{1-a}{10,000} \text{가 도출된다.}$$

즉, 소득이 250만원에서 250만 1원으로 1원만큼 증가할 때, 효용은

$$(2 \cdot \frac{a}{1-a})^a \cdot \frac{1-a}{10,000} \text{ 크기만큼 변화하는 것이다.}$$

Ⅳ. 설문 (4)의 해결

1. 대체재·보완재·독립재의 의의

가격이 상승함에 따라 재화에 대한 수요가 감소하는 수요의 법칙이 성립함을 가정 할 때, 대체재란 어떤 재화의 가격이 상승함에 따라 해당 재화의 수요가 증가하는 관계에 있는 재화를 의미하며, 보완재는 어떤 재화의 가격 상승에 따라 해당 재화에 대한 수요도 감소하는 관계에 있는 재화를 의미한다. 두 재화의 특성은 교차탄력성의 개념을 이용하여 설명 할 수 있으며, $\varepsilon_x = \frac{dX}{dP_y} \cdot \frac{P_y}{X}$로 나타낼 수 있고 이 값이 「0」보다 크면 X재는 Y재의 대체재가 되며 「0」이면 독립재, 「0」보다 작으면 보완재라고 한다.

설문의 경우 X재의 수요함수는 Y재의 가격과 무관한 함수로 나타내어지는 바, Y재의 가격이 변하더라도 X재의 수요량은 불변이기 때문에 교차탄력성은 「0」의 값을 가지며, 따라서 X재와 Y재는 독립재의 관계에 있다고 판단된다. 이는 콥-더글라스 효용함수의 특징 중 하나로서 X-Y 평면에서 X재의 가격소비곡선(PCC)이 수평의 형태로 나타나며 X재에 대한 지출금액이 소득 중 항상 일정비율로 나타나는 데서 알 수 있다.

2. 정상재·사치재·필수재·열등재의 의의

다음으로, 정상재, 사치재, 열등재는 재화의 소득탄력성을 통해서 구분되어지는 재화의 특징으로서, 소득이 증가함에 따라 어떤 재화에 대한 수요가 소득 증가분 이상으로 증가할 때, 그 재화의 소득탄력성은 「1」보다 큰 사치재로 분류되며, 「0」과 「1」 사이일 때 필수재, 「0」보다 작은 경우 열등재로 분류된다.

즉, 어떤 재화의 가격이 하락한다고 가정하면, 수요의 법칙이 성립하는 대체효과에 의해 한 재화가격의 하락은 해당 재화에 대한 수요를 증가시키며, 그 과정에서 실질소득이 증가함에 따라 소득효과가 발생한다. 이 때 소득이 증가함에 따라 재화수요가 감소하는 재화를 열등재라고 하며, 재화의 소득탄력성이 음(−)의 값을 가져 대체효과와 소득효과가 반대방향으로 작용하는바 최초 소비량보다 재화 소비가 증가하거나 감소할 수 있다. 일반적으로는 열등재라고 하더라도 대체효과가 더 커서 재화 가격 하락 시 재화소비가 증가하여 우하향 하는 수요곡선이 도출 되지만, 예외적으로 소득효과가 대체효과 보다 큰 경우 재화가격 하락에도 불구하고 오히려 재화소비량이 감소하는 경우도 있는데 이러한 재화를 열등재의 특수한 형태로서 기픈재(giffen goods)라고 한다.

정상재의 경우 필수재와 사치재로 다시 구분 할 수 있는데, 소득증가율에 대한 재화소비량의 증가율이 「0」보다는 크지만 「1」과 같거나 작은 경우 필수재로 분류하며, 그 값이 「1」보다 클 때 사치재가 된다. 즉, 재화가격 하락으로 인해 실질소득이 증가할 때 그러한 소득의 변화분에 비해 재화에 대한 수요가 매우 탄력적으로 반응하는 경우 그 재화를 사치재로 정의하며, 필수재의 경우라면 소득의 변화와 큰 상관없이 일정수준을 소비하고자 하기 때문에 재화의 소득탄력성이 「1」 이하의 값으로 나타나는 것이다.

이상의 결과를 정리하면,

$\varepsilon_x^M = \dfrac{dX}{dM} \cdot \dfrac{M}{X}$의 값이 「0」보다 작은 경우를 열등재로 「0」과 「1」사이의 값이면 필수재로 「1」보다 큰 값이면 사치재가 된다. 설문의 경우 X재의 수요함수를 통해 X재 소비의 소득탄력성을 구해보면, 그 값은 「1」이 되고 따라서 정상재로 분류되고, 그 중에서도 필수재에 가까운 재화라고 볼 수 있다.

1. 효용함수가 주어졌을 때 그로부터 얻게 되는 수요함수 및 그와 관련된 내용들을 잘 파악하고 있는가를 묻는 문제이다. 특히 구체적인 값을 구하도록 요구하고 있기 때문에 라그랑지함수(Lagrangean Function)를 다룰 수 있어야 할 것이다.

2. 풀이에 대해 구체적으로 검토해 보기로 하자. 먼저 수학적인 측면에서 볼 때 전도함수의 기호를 사용하는 대신 편도함수의 기호를 사용해야 한다. 변수가 2개 이상 있을 경우 극대화를 하기 위해서는 편도함수를 사용해야 한다는 것이다. 편도함수를 구하는 과정에서 편미분을 하게 되는데 이 경우 한계효용도 얻게 된다. 그런데 한계효용은 다른 상품의 수량은 일정하게 주어져 있는데 해당 상품의 수량을 증가시킬 때 효용이 얼마나 증가하는가를 나타낸다. 편도함수는 바로 이러한 개념을 반영하고 있다.

3. 효용이 극대화되지 않는 경우에 대해 한계대체율이 가격비율보다 큰 곳에서 무차별곡선이 예산선과 만나는 경우와 한계대체율이 가격비율보다 작은 곳에서 무차별곡선이 예산선과 만나는 경우를 구분하여 답해주는 것이 바람직하다. 물론 각각의 경우 그 이유를 설명해 주어야 할 것이다. 직관적으로는 X재 소비에 대한 기회비용과 그 한계편익을 비교하는 셈이 될 것이다. 이때 한계대체율은 한계편익으로 해석할 수 있다는 점에 주목하자. 한편 그림에 예산선, 무차별곡선 등 그 명칭을 표기해 주면 좋겠다.

4. ICC(소득소비곡선)를 구할 때에는 M이 변할 때 X도 변하고 Y도 변하므로 X와 Y의 관계에서 M이 매개변수의 역할을 한다는 점을 밝혀 주는 것이 좋겠다.

5. 소득의 한계효용을 구하는 문제이다. 포락선정리(envelope theorem)를 적용하면 라그랑지 승수의 값이 소득의 한계효용이 된다는 것을 알 수 있다. 그러므로 이 경우에는 소득이 변하기 이전 상태에서의 라그랑지 승수의 값을 구해 주어도 된다.

6. Y재의 가격이 떨어질 경우를 생각해 보자. 이 경우 콥-더글라스 효용함수에서는 대체효과가 소득효과에 의해 정확하게 상쇄되어 나타난다. 그리하여 소득효과까지 포함된 경우에 주목하면 Y재의 가격이 변하더라도 X재의 수요량이 변하지 않는다. 따라서 두 재화는 서로 독립재(independent goods)라고 볼 수 있다. 이처럼 소득효과까지 포함하여 평가하는 것이 조대체재(gross substitutes), 조보완재(gross complements)의 개념이다. 그러나 소득효과를 제거하고 생각하면 Y재의 가격이 떨어질 경우 X재의 수요량이 감소하고 그 대신 Y재의 수요량이 증가한다.

7. 즉 X재를 Y재로 대체하게 된다. 이렇게 볼 경우 두 재화는 대체재라고 볼 수 있다. 이처럼 소득효과를 제거하고 평가하는 것이 순대체재(net substitutes)와 순보완재(net complements)의 개념이다. 이 문제의 경우 두 상품은 순대체재의 성격을 지닌다. 한편 풀이에서 '수요의 법칙이 성립하는'이라는 문구는 삭제해야 한다.

| 제2문 | 우리나라에서 물가안정을 위해 통화정책의 중간목표로 활용하고 있는 이자율(콜금리)과 관련하여 다음 물음에 답하시오. (총 30점)

(1) 통화량과 이자율의 목표수준을 동시에 달성할 수 없는 이유를 그래프를 이용하여 설명하시오. (10점)

(2) 이자율(콜금리) 목표를 달성하기 위하여 중앙은행이 이용하는 정책수단과 콜금리 변동이 실물경제에 영향을 미치는 경로에 대하여 설명하시오. (10점)

(3) 신용카드 보급의 증가로 국내 통화수요가 감소하는 경우, 경제안정화를 위해서 이자율 목표제가 통화량 목표제보다 유리한지를 IS – LM 모형을 이용하여 설명하시오. (10점)

Ⅰ. **설문 (1)의 해결**

Ⅱ. **설문 (2)의 해결**
  1. 전통적인 견해
    (1) 이자율 경로
    (2) 환율경로

2. 신용중시 견해
  (1) 의 의
  (2) 신용중시 견해에 의한 통화량 전달경로

Ⅲ. **설문 (3)의 해결**

답안작성

이 0 0 / 2007년도 행정고시 재경직 합격

Ⅰ. 설문 (1)의 해결

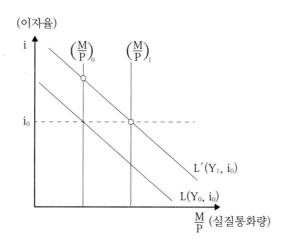

소득의 증가라는 외생적 충격으로 인해 화폐수요가 증가할 때, 화폐시장의 균형을 위해서는 이자율이 상승해야 하지만 중앙은행이 일정수준의 이자율 i_0를 목표로 하는 경우 증가하는 화폐수요를 흡수하기 위해 화폐공급량을 $(\frac{M}{P})_0$ 에서 $(\frac{M}{P})_1$으로 증가시켜야 하므로 이 경우 일정수준의 통화량 목표치를 동시에 달성하는 것은 불가능하다.

마찬가지로 일정한 수준의 통화량을 목표로 하는 경우, 소득의 증가로 인한 화폐수요 증가 시 화폐시장의 균형을 위해서는 이자율이 상승해야 하는 바, 일정 수준의 이자율을 동시에 목표로 하는 것은 불가능하다.

중앙은행이 금리를 조절하기 위해서 사용하는 정책은 직접적으로 콜금리 목표치를 설정하여 통화량을 조절하는 방법이 있는데, 이는 주로 환매조건부채권(RP: Repurchase Agreements)을 발행함으로써 통화량을 감소시키는 경로로 이루어진다. 콜금리는 은행 간 단기수신 금리로서 중앙은행이 RP를 발행하여 판매하는 경우, 은행간 여유자금이 감소하여 콜금리가 인상되게 된다. 그 밖에도 직접적으로 지급준비율을 인상시켜 중앙은행 지준예치금을 증가시키는 방법을 통해 통화량을 감소시키는 방법, 공개시장조작을 통해 통화안정증권을 발행함으로써 시중통화량을 흡수하는 방법, 재할인율 정책을 통해 할인율을 상승시킴으로써 통화량을 감소시키는 방법 등을 통해 금리를 인상시킬 수 있다. 반대로 금리를 하락시키고자 한다면 위의 정책들을 반대로 수행하면 될 것이다.

Ⅱ. 설문 (2)의 해결

통화공급이 생산에 영향을 미치는 경로를 통화정책의 전달경로(monetary transmission mechanism)이라고 한다. 통화정책의 전달경로와 관련하여 케인즈학파와 통화론자간에는 ① 통화량이 영향을 미치는 자산의 범위와 ② 이자율의 매개 여부에 대해 견해가 대립하고 있다.

그리고 최근에 이르러서는 금융시장의 정보불완전성과 은행의 역할을 중시하는 신용경로라는 새로운 견해가 대립하고 있다.

1. 전통적인 견해

통화공급이 증가하면 유동성효과로 인해 (실질)이자율이 하락하고, 실질이자율이 하락하면 투자가 증가하며, 투자가 증가하면 생산이 증가한다. 이것은 전통적인 케인즈학파의 견해라고 할 수 있다. 주목해야 할 사실은 투자에 영향을 미치는 이자율은 장기실질이자율이라는 것이다. 그런데 중앙은행이 조절하는 것은 단기명목이자율(예를 들면, 콜금리나 연방준비기금 이자율 등)이라고 할 수 있다.

그렇다면 단기명목이자율의 변화가 어떻게 장기실질이자율의 변화로 연결되는가? 그것은 물가가 경직적인 경우 가능하다. 물가가 경직적이면 명목이자율의 변화는 실질이자율의 변화로 연결된다. 단기실질이자율이 변화하면 피셔의 방정식에서 보여지듯이 장기실질이자율도 변화할 것이다.

통화론자들과 케인즈학파는 통화공급의 증가가 투자증가 혹은 소비증가로 연결되는 경로로 다음과 같은 가능성들을 제시하고 있다.

(1) 이자율 경로

통화량의 변화 → 이자율의 변화 → 일생소득가설, 피구의 자산이론, 피셔 2기간모형 → 소비(C)

통화량의 변화 → 이자율의 변화 → 이자율과 투자의 감소함수 → 투자(I)

자산가격 경로 : 통화량의 변화 → 이자율의 변화 → 토빈 q → 투자(I)

(2) 환율경로

통화량의 변화 → 이자율의 변화 → 이자율 재정조건($IRPC$) → 경상수지(NX)

2. 신용중시 견해

(1) 의 의

케인즈의 견해에 의하면 통화량은 이자율을 매개로 하여 간접적으로 실물경제에 영향을 미치는데, 불황의 경우 통화량이 증가해서 이자율이 하락하더라도 은행이 대출을 늘리지 않으므로 통화량의 증가가 민간의 소비나 투자를 거의 증가시키지 못한다.

신용중시 견해는 케인즈의 견해를 비판하면서 통화정책은 통화량이 대출로 이어지는 경우에 한해서만 그 효과가 발생한다는 전제하에서 모색되는 새로운 통화량의 전달경로이다.

• 전제 : 채무자의 신용에 대한 정보의 비대칭이 존재한다.

정보의 비대칭으로 인해 이자율의 경직성이 나타나고, 경직된 이자율 하에서 자금의 초과수요가 발생하면 주어진 자금을 할당하는 신용할당(credit rationing)이 나타난다.

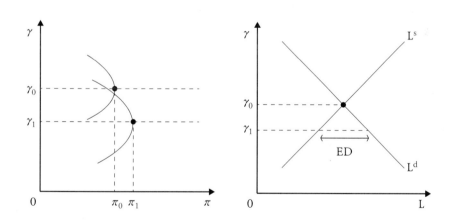

(2) 신용중시 견해에 의한 통화량 전달경로(아래에는 통화량 증가의 경우를 가정하고 기술)

가. 은행대출 경로

통화량 증가 → 은행예금의 증가 → 은행대출의 증가 → 투자, 소비, 생산의 증가

나. 재무제표 경로

통화량 증가 → (γ 하락 → 채권보다 주식매입) → 주식가격 증가 → 기업의 자본금 증가 → 역선택의 문제가 감소하여 은행이 기업에 대한 대출을 증가, 기업의 입장에서 무리한 곳에 투자하는 도덕적 해이의 문제 감소 → 기업의 투자 증가, 생산증가

다. 가계 재무제표 경로

통화량 증가 → (이자율 하락) → 은행예금 대신 내구재 및 주택 구입 증가 → 생산증가

Ⅲ. 설문 (3)의 해결

신용카드 보급의 증가로 화폐수요가 감소하는 것은 화폐시장에서 발생한 충격의 일종으로 작용하며, 이 경우 경기 안정화를 위해서는 이자율 목표가 타당하다고 보여진다.

케인지안의 견해에 의하면 경기불안정의 원인이 화폐시장에 있으므로 이자율 중간목표가 우월하다고 한다.

* 경제교란 요인이 화폐부문에 있는 경우 이자율 목표가 우월하다.
* 실제로 화폐공급함수 $M = mB$에서 통화승수(m)는 가변적이고 민간에 의해서도 결정되므로 불안정하여 중앙은행은 통화량을 정확하게 조절하기 힘들다.
* 화폐유통속도(V)도 불안정하여 화폐수요함수 $MV = Py$도 불안정하다. 이는 통화량 조절을 통해 경기안정화가 불가능하다는 것을 의미한다.
* 이자율은 중앙은행이 ① 공개시장조작 ② 재할인율정책 등을 통해 어느 정도 통제·조절할 수 있다.
* 파급경로(간접적) : 통화량변화는 이자율 변화를 통해 실물경제에 영향을 미친다. 따라서 투자를 안정시키기 위해서는 이자율이 안정되어야 한다.

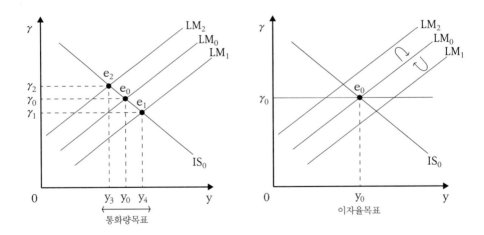

[통화량목표] 화폐부문이 교란(LM 변동)될 때, 통화량목표(M = α%고정)를 세우는 경우

[이자율목표] 화폐부문이 교란(LM 변동)될 때, 이자율목표($y_0 = \beta$%고정)를 세우는 경우

| 강 평 |

1. 배 경

(1) 미국 등의 주요 국가에서 제2차 세계대전 이래 통화정책의 기조변화와 중간목표의 선택의 역사적 흐름을 잠시 언급하도록 하겠다. 이 이야기의 핵심은 제도적으로 은행 등 금융기관에 대해 1933년 은행법(Glass-Steagall Act)이 1999년 폐기되기 전까지 그 영향하에 있었다는 것과 거시경제의 안정화 정책의 효과와 필요성 등 전반적인 거시안정화 정책의 논란 속에서 진행되어 왔다는 것이다.

(2) 그리고 금융혁신과 금융자유화의 물결 속에서 통화량의 범위가 넓어지고 나아가 통화량과 실물경제 변수(예를들어 GDP)간에 상관관계가 달라지고, 불명확해지는 시장의 흐름이 바뀌어 왔음을 염두에 두어야 한다. 나아가 개방경제가 확대됨에 따라 고정환율제도 하에서는 통화량의 조절가능성이 약화된다는 사실이다(내생성 논쟁). 금융시장의 자유화 이전에는 대부분의 금리가 정책금리였고, 자유로운 시장금리의 영역도 매우 협소하였다. 개발도상국일수록 그 정도는 심했다. 우리나라 역시 1990년대에 들어와 본격적으로 시장 자유금리가 정착되는 분위기였다.

(3) 따라서 금융자율화가 이루어지기까지는 대체로 통화량을 통화정책의 중간목표로 삼는 것이 보다 용이하였고, 미국 등에서는 과거 이자율보다는 통화량을 정책목표로 삼은 경우가 빈도에 있어서 더 많았다. 특히, 통화주의자들의 주장이 받아들여진 경우는 그러하였다.

(4) 그러면 문제에 들어가서 왜 이론적으로 이자율과 통화량이라는 2가지 수단을 동시에 선택할 수 없는지에 대해 설명을 해보자. 이는 현실경제에 있어서 때로는 혼용하기도 한다는 것을 배제하지는 않는다. 즉, 통화량을 중간목표로 선택하더라도 보조 수단으로 이자율을 통제하거나 조절하기도 하며, 이자율을 중간목표로 하면서도 그 외의 총량변수로서 통화량(어느 지표를 사용하는가의 문제는 별도로 하고서라도)을 조절하기도 한다. 그러나 양자를 동시에 이용하는 것은 논리적으로는 불가능하다는 것이다.

2. 중간목표 선정의 어려움 (이자율과 통화량의 동시 선택의 불가능성)

보다 자세한 내용은 오상근 저, 거시경제학 교과서를 읽어보길 바란다.

3. 이자율 목표의 정책 파급 경로

자세한 내용은 오상근 저, 거시경제학 교과서를 읽어보길 바란다.

4. 신용카드 보급의 경우 이자율 목표제의 효과 우월성에 대해

신용카드 보급은 금융혁신이라는 외부적 충격이고, 이런 불확실성은 화폐시장에서 발생한 것이므로 이자율 목표가 더 효과적이다.

| 제3문 | 최근 우리는 자주 "앞으로 한미 FTA가 발효되고 미국 경기가 호황국면에 돌입하면 한국의 대미 수출이 크게 증가할 것이다."라는 기사를 접한다. 이와 같은 전망을 토대로 다음 물음에 답하시오. (총 30점)

(1) 한국이 자유변동환율제도를 채택하고 있는 경우, 대미 수출의 증가가 단기에 있어서 원/달러 환율(₩/$)에 미치는 효과를 화폐시장과 외환시장의 균형조건을 이용하여 분석하시오. (15점)(단. 미국화 한국의 통화량은 변동하지 않는다고 가정한다)

(2) 이와 같은 대미 수출의 증가가 한국의 국민소득에 미치는 효과는 환율이 고정될수록 커지겠는가? 그렇다면(또는 그렇지 않다면) 그 이유를 설명하시오. (15점)

Ⅰ. 설문 (1)의 해결 | Ⅱ. 설문 (2)의 해결

답안작성 이 ○ ○ / 2007년도 행정고시 재경직 합격

Ⅰ. 설문 (1)의 해결

대미 수출 증가가 단기에 있어 환율에 미치는 영향을 분석하는 경우, 단기 상황을 가정하였으므로 물가는 경직적이며, 따라서 단기적 환율 결정에 관한 UIRP(Uncovered Interest Rate Parity) 조건을 이용하여 환율변화 양상의 분석이 가능하다.

우선 균형국민소득 결정에 관한 항등식을 통해 순수출의 증가가 경제에 미치는 영향을 분석하면,

$$Y \equiv C+I+G+NX$$
$$Y-C-T = S_P, \ T-G = S_G$$
$$(Y-C-T)+(T-G)-I \equiv NX$$
$$S_P+S_G-I \equiv NX, \ S-I \equiv NX$$

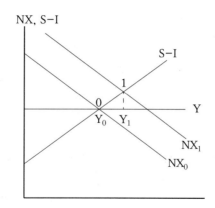

위 그림에서 우리나라 순수출의 증가($NX_0 \rightarrow NX_1$)는 자국 균형국민소득을 $Y_0 \rightarrow Y_1$ 으로 증가시키며 새로운 균형에서 경상수지는 흑자영역에 놓인다.

이는 화폐시장에서 화폐수요의 증가를 가져오며, 주어진 화폐공급량 하에서 화폐시장의 균형을 이루기 위해서는 시장이자율이 상승해야 한다.

또한 외환시장에서 자본이동이 자유로운 경우라면 단기 이자율 평형 조건은

$i = i^* + \dfrac{e^e - e}{e}$(단, i는 국내투자수익률, i^*는 미국투자수익률, $\dfrac{e^e - e}{e}$ 는 예상환율변화율)로 도출되며 화폐시장에서 이자율이 상승함은 곧 우리나라의 투자수익률이 미국에 비해 상승함을 의미하는 바, 원화에 대한 수요가 급증하여 원화가치가 상승하고 자유변동환율제도 하에서 환율은 하락 압력에 놓인다. 이를 그래프로 나타내면,

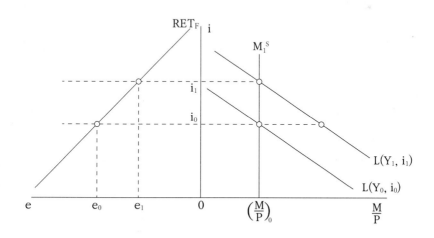

RET_F는 미국의 예상 투자수익률을 의미하며, 그 곡선이 한국의 투자수익률과 일치하는 수준에서 균형환율이 결정되고, 따라서 국내이자율이 i_0에서 i_1으로 상승할 때, 환율은 e_0에서 e_1으로 하락하게 된다.

II. 설문 (2)의 해결

만약 환율이 고정환율제도라면, 위와 같이 순수출이 증가하여 국민소득이 증가하는 경우 환율 하락압력이 발생하는 바, 이를 상쇄시키기 위하여 중앙은행은 원화에 대한 공급량을 증가시키려고 할 것이며, 통화량 변동을 수반하지 않는 불태화 정책은 사용하지 않는다고 가정하였으므로, 국내 원화공급량은 환율방어 과정에서 증가하게 된다. 이는 이자율을 i_0수준에서 일정하게 유지하고자 하는 경우 화폐시장의 균형을 위해 화폐수요가 늘어난 화폐공급량만큼 증가함으로써 그것을 흡수해야 하므로 국민소득이 큰 폭으로 증가하고 이로 인해 저축 또한 큰 폭으로 증가한다. 따라서 LM곡선은 우측으로 이동하며 균형국민소득은 Y_2까지 증가하는 효과를 가져온다.

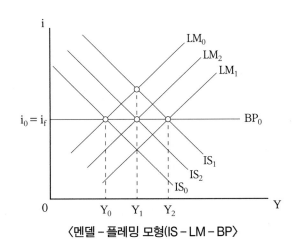

〈멘델 – 플레밍 모형(IS – LM – BP)〉

반면 설문 (1)과 같이 자유변동환율제도를 가정하는 경우 순수출의 외생적 증가는 자국 화폐가치의 상승으로 이어져 환율 하락압력을 발생시키며, 환율이 하락하는 과정에서 외생적으로 증가했던 순수출이 감소하여 경제는 최초의 균형국민소득수준으로 돌아오는 바, 자본이동이 완전히 자유로운 자유변동환율제도 하에서는 국외에서 발생한 충격으로부터 국내 경제가 완전히 차단되는 차단효(insulation effect)가 발생함을 알 수 있다.

즉, 대미수출의 증가가 한국 국민소득에 미치는 효과는 환율이 고정 될수록 그 효과가 커진다.

| 강 평 |

1. 분석도구의 선택

여러가지로 접근이 가능하리라 생각한다. 문제는 답안 작성자가 어느 정도 소화해낼 자신이 있는지, 지문에 제시한 요구조건을 어느 정도 잘 반영할 수 있는가에 따라 취사선택하면 될 것이다.

시험합격자가 작성한 답안이 제시되어 있으므로, 중복을 피하기 위해 강평자로서는 IS-LM-BP 곡선을 이용한 Mundell-Fleming 모형을 가지고 설명해보자. 다 잘 알고 있겠지만, 이 M-F 모형은 단기분석에는 유용한 모형이다.

2. 모형의 구조

대부분의 표준적인 국내외 교과서에 소개되므로 지면의 제약상 그림은 생략하기로 한다. 모형은 재화시장, 화폐시장 및 외환시장을 토대로 구성되는 Mundell-Fleming의 IS-LM-BP모형이다. BP는 국제수지 균형을 나타내는 것이고 이는 외환시장의 균형을 나타낸다.

(1) 분석의 Key

자본이동에 관한 가정을 해야 한다. 완전한 자본이동의 경우와 불완전한 자본이동의 경우에는 완전한 자본이동을 전제로 설명하고, 불완전이동의 경우 그 차이만 간단히 설명하는 것으로 충분할 것이다.

변동환율제도에서는 대외적 변화(국제수지의 변화)에 따른 충격을 환율이 흡수하므로, 통화량은 2차적인 변화 '파급효과'가 없게 된다. 따라서 LM곡선의 2차적인 이동이 나타나지 않는다. 외부로부터 발생한 충격이 차단되는 '차단효과 insulation effect'가 나타난다.

고정환율제도에서는 대외적 변화가 2차적으로 통화량을 변화시킨다. 이 경우 중앙은행이 불태화정책을 실시하지 않는다면(2번째 문제에서 이런 가정을 하고 있다), 통화량은 '내생화'된다. 따라서 LM 곡선의 2차적인 이동이 수반된다.

그 과정이나 효과는 재정지출의 증가나 수출증가를 위한 평가절상정책, 수출 촉진정책과 마찬가지이다. 단 재정지출의 확대의 경우 국제수지의 구성상에 차이가 발생하지만, 대미수출의 경우는 재정지출의 경우와 달리 아무런 차이도 없다.

(2) 과정과 결과: 변동환율제도의 경우[설문 (1)]

대미수출의 증가는 일종의 해외시장에 나타나는 긍정적인 충격(favorable shock)으로 '일시적인 효과'가 나타난다. 그 과정이나 효과는 재정지출의 증가나 수출증가를 위한 평가절상 정책, 수출 촉진정책과 마찬가지이다. 어느 경우나 변동환율제도에서는 그 효과가 일시적이고 단지 환율(단기적으로 물가가 고정되어 있으므로 실질환율이나 명목환율이나 움직임은 동일한 방향, 동일한 크기로 나타난다)만 하락(자국통화 가치의 상승)한다. 반면 고정환율의 경우는 반대로 실질적인 경기확장 효과가 발생한다.

- 재화시장: 순수출은 GDP의 구성요인이므로 대미수출의 증가는 총수요 확대효과를 가져온다. 이는 곧 IS곡선의 오른쪽 이동으로 표현된다.
- 화폐시장: LM곡선은 가정에 따라 미국과 한국의 통화량이 고정되어 있으므로 충격이 나타나도 이동하지 않는다. 그러나 수출증대에 따른 실질GDP(또는 국민소득)의 증가는 원화에 대한 거래적 화폐수요가 늘어나서 화폐공급은 일정하다고 가정하였으므로 화폐에 대한 초과수요 상태에 놓인다. 그 결과 금리가 상승한다.
- 외환시장: 총수요 확대에 따라(IS 곡선의 오른쪽 이동) 앞에서 본 것처럼 국내금리는 세계금리보다 높아지게 된다. 이에 따라 대외적인 불균형이 초래된다. 국제수지가 흑자가 된다. 이 흑자로 인해 자국통화가치는 올라간다. 즉, W/$ 명목환율과 실질환율은 하락한다.

이 때 단기에서 물가가 고정되어 있으므로 당연히 인플레이션율은 「0」가 되고, 따라서 명목금리와 실질금리의 구분은 환율의 경우와 마찬가지로 불필요하다.

이제 높아진 원화가치, 즉 하락한 환율로 인해 순수출 확대효과는 반전한다. 따라서 오른쪽으로 이동한 IS곡선은 다시금 왼쪽으로 축소이동하여 금리는 다시금 원래의 균형수준으로 하락 반전하게 된다. 이 과정에서 올라간 금리가 민간투자를 밀어내는 '구축효과'가 발생함은 물론이다. 그러나 대체로 환율효과가 압도적이다. 결국, 환율효과가 순수출의 일시적 증가를 완전히 상쇄시키는 것이다.

3. 결 론

실질GDP, 실질(명목)이자율, 국제수지 모두 불변. 그러나 환율은 하락. 투자 감소

화폐시장에서 이자율 상승 후 다시금 하락반전하여 원래수준으로 되돌아간다

외환시장에서 환율 하락

한 가지 국제수지 구성상에 대해 언급이 필요하다(추가 득점 요인?)

처음의 균형이 예를 들어 경상수지와 자본수지가 모두 균형이어서 국제수지(또는 종합수지)가 균형이었다면, 대미수출의 호조에 따라 경상수지는 흑자가 되지만, 이 흑자는 환율하락으로 완전상쇄되어 다시금 경상수지는 균형을 이룬다. 자본수지 역시 처음에는 흑자가 되나 이자율이 하락반전하므로 다시금 균형을 이룬다. 이와 같은 결과는 국내재정지출 확대의 경우와는 차이가 있음을 부연해 둔다.

4. 설문 (2)의 경우

(1) 고정환율제도의 경우에는 대미수출의 증가는 통화량의 확대를 내생적으로 동반한다. 이 경우에는 국내의 통화량이 변동하지 않는다는 (1)의 가정은 당연히 성립하지 않는다. 따라서 문제에서 그런 가정은 하지 않았고 대신 중앙은행은 불태화정책을 실시하지 않는다는 가정을 하였다.

(2) 경상수지 증가로 인해 늘어나는 통화량 증가(LM 곡선이 2차적으로 오른쪽 이동을 한다)는 국내시장에서 금리를 인하시키는 힘으로 작용한다. 이에 따라 총수요 확대효과는 투자의 증가를 통해 증폭된다.

(3) 외환시장에서 늘어나는 외환($의 공급 증가로 $의 초과공급 현상 발생)으로 인해 발생하는 환율하락(원화가치 상승, 달러가치 하락) 압력은 고정환율제도에서는 중앙은행이 달러를 매입하여야 하므로 당연히 원화공급이 늘어난다. 화폐시장에서 원화의 초과공급이 발생하는 것은 이 때문이다. 그래서 이자율이 하락하는 것이다.

(4) 소 결
실질 GDP 증가. 금리(명목과 실질 모두) 하락. 투자 증가. 민간저축 증가

(5) 불완전한 자본이동
가. 고정환율제도하의 재정정책의 효과

고정환율제도하에서 재정정책의 효과(순수출 증대의 효과)는 자본이동이 클수록 그 효과가 크며, 자본이동이 제약된 상태에서는 '구축효과'에 의해서 그 효과가 감소된다. 통화정책의 경우, 자본이동의 유무와 상관없이 장기적으로 효과는 없으며 다만 국제수지가 회복되는 속도는 자본이동이 이자율에 얼마나 민감하게 반응하느냐(즉 BP 곡선의 기울기 여하)에 따라 비례하게 된다.

나. 변동환율제도하의 재정정책의 효과

변동환율제도하에서는 재정정책의 효과(순수출 증대의 효과)는 국제간 자본이동이 자유로울수록 그 효과가 작다. 완전한 자본이동의 경우 그 효과는 문제의 경우에서처럼 거의 사라진다. 통화정책의 경우 반대로 자본이동이 자유로울수록[BP 곡선이 가로축(수평축)에 평행에 가까울수록] 그 효과가 커진다.

2007년 입법고등고시 기출문제와 어드바이스 및 답안구성 예

| 제1문 (40점) |

통화정책의 효과가 실물경제에 파급되는 경로를 통화정책의 파급경로 혹은 전달경로 (transmission mechanism)라 한다.

(1) 통화정책의 가능한 파급경로들을 설명하고, 한국은행이 통화정책 목표를 달성하기 위하여 콜금리 목표를 인상할 때 실물경제 및 물가상승 압력에 미치는 영향을 경로별로 논하여라.

(2) 통화정책에 관한 실증분석을 수행하는 연구자들은 통화정책의 파급경로를 '블랙박스(black box)'라고 부르는데 왜 이런 이름이 붙었는지 설명하여라.

Advice

1. 설문 (1)의 경우 통화정책의 전달경로로 신용경로, 기대경로, 환율경로, 금리경로, 자산경로 등이 있다. 콜금리는 은행간 단기대차에 적용되는 금리로 콜금리 인상은 긴축적 통화정책이 시행됨을 의미한다. 따라서 긴축적 통화정책의 효과를 각 경로별로 서술하여 해결한다.

2. 설문 (2)의 경우 블랙박스란 투입과 산출은 명확히 드러나지만 중간 경로는 불확실한 관계를 의미한다. 통화정책의 시차와 파급경로의 특성을 고려할 때 그 복잡성을 반영한 개념이라는 점에 초점을 두고 서술하면 된다. 다만 오늘날에는 지속적인 연구를 통해 통화정책의 전달 경로를 보다 명료히 규명할 수 있게 되었음을 언급해준다.

답안구성 예

Ⅰ. **설문 (1)의 해결**
  1. 콜금리 인상의 의미
  2. 신용경로의 분석
  3. 기대경로의 분석
  4. 환율경로의 분석

  5. 금리경로의 분석
  6. 자산경로의 분석

Ⅱ. **설문 (2)의 해결**
  1. 블랙박스의 개념
  2. 통화정책의 파급경로와 블랙박스

| 제2문 (60점) |

1. 새누리 마을에 사는 다섯 명의 주민들이 공동으로 활용할 수 있는 복합스포츠센터를 지으려고 한다. 복합스포츠센터를 짓기 위해서 마을이 부담해야 하는 금액은 연간 100만원이라고 하자. 마을의 각 주민이 복합스포츠센터로부터 얻는 한계편익(marginal benefit)은 아래 표와 같고, 이들의 한계편익은 모든 사람들이 알고 있다고 가정하자. (30점)

주 민	복합스포츠센터의 한계편익 (원/연)
김영철	35만
오갑수	30만
현정수	25만
박미경	19만
이영훈	15만

(1) 마을의 주민들이 사적 이익을 위해서 투표한다고 가정할 때, 각 사람에게 매년 20만원씩 세금을 부과해서 복합스포츠센터를 짓자는 주민발의가 통과될 것인가? 단 모든 주민이 투표하며 통과여부는 과반수 찬성으로 한다고 하자.

(2) 민간기업이 복합스포츠센터를 짓고 주민들에게 매년 원하는 만큼 이용할 수 있는 정액요금을 책정하도록 하는 안을 고려해보자. 단 정액요금을 지불한 주민들만 복합스포츠센터를 이용할 수 있다. 민간 기업이 단일 가격만 책정할 수 있다면 복합스포츠센터를 지을 민간기업이 있겠는가?

(3) 민간기업이 사람들마다 다른 가격을 책정할 수 있도록 허용하되, 복합스포츠센터를 짓고 운영할 권리를 경매를 통해서 민간기업에게 파는 안을 고려해보자. 단 요금을 지불하는 사람만 복합스포츠센터를 이용할 수 있다. 복합스포츠센터를 짓고 운영하는 권리를 얻기 위해서 민간기업이 입찰하는 최대 금액은 얼마가 될 것인가?

Advice

1. 설문 (1)은 해결에 앞서 각 주민의 행동원리를 서술해주어야 한다.
   경제주체의 행동원리에 대한 서술은 합리적 인간을 전제하는 경제학의 기본 가정을 설문에 구체적으로 적용하는 과정이므로 누락한다면 답안의 논리성이 약화된다. 설문에서는 세금보다 한계편익이 큰 주민이 복합스포츠센터 건설에 동의한다.

2. 설문 (2)는 정액요금제 하에서 기업이 받을 수 있는 최대수입을 고정비용과 비교하여 복합스포츠센터의 건설여부를 판단한다.

3. 설문 (3)의 경우 기업은 1급 가격차별 하에서 누리는 이윤보다 작거나 같을 때 입찰한다. 이때 이윤은 총수입에서 고정비용을 뺀 값임을 유의해야 한다.

2. 효용함수가 $U(X_1, X_2) = X_1 X_2$인 경우 다음 물음에 답하라. P_1과 P_2는 재화 1과 2의 가격, X_1과 X_2는 재화 1과 2의 수량, M은 화폐소득을 각각 나타낸다고 하자. (30점)

(1) 마샬의 수요함수를 도출하라.
(2) 간접효용함수를 도출하라.
(3) 힉스의 보상수요함수를 도출하라.
(4) 지출함수를 도출하라.

Advice

1. 설문 (1)은 효용극대화 문제를 설정하고 최적소비조건을 활용하여 보통수요함수를 도출하여 해결한다.

2. 설문 (2)는 설문 (1)에서 도출한 보통수요함수를 효용함수에 대입하여 해결한다.

3. 설문 (3)은 지출극소화 문제를 설정하고 최적소비조건을 제약조건에 대입하여 해결한다.

4. 설문 (4)는 보상수요함수를 지출함수에 대입하여 해결한다. 설문에 해당하는 내용은 아니지만 도출한 각 함수 간의 관계에 대해서도 숙지해둘 필요가 있다.

경제학 기출문제 - 답안과 강평 -

초 판 발 행	2020년 02월 10일
전 면 개 정 판 발 행	2020년 11월 18일
전 면 개 정 판 발 행	2021년 12월 20일
전 면 개 정 판 발 행	2022년 10월 17일
전 면 개 정 판 발 행	2023년 09월 25일

편 저 자 **고시계사 편집국**
발 행 인 **정 상 훈**
디 자 인 **신 아 름**
발 행 처 **고시계사**

서울특별시 관악구 봉천로 472
코업레지던스 B1층 102호 고시계사

대 표 817-2400   팩 스 817-8998
考試界·고시계사·미디어북 817-0419
www.gosi-law.com
E-mail : goshigye@chollian.net

정가 25,000원   ISBN 978-89-5822-634-5 93320

법치주의의 길잡이 70년 月刊 **考試界**